à travers le monde francophone

PROMENADES

VISTA
HIGHER LEARNING

à travers le monde francophone

PROMENADES

Cherie Mitschke

Cheryl Tano

VISTA
HIGHER LEARNING

Boston, Massachusetts

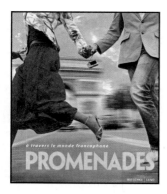

The **PROMENADES** cover features a photo of two friends crossing the **Champs-Élysées** in front of the **Arc de Triomphe**. Their lively stroll through Paris is symbolic of the exploration that you are about to begin of the French-speaking world.

Publisher: José A. Blanco
Vice President & Editorial Director: Beth Kramer
Managing Editor: Rafael Ríos
Project Manager: Isabelle Alouane
Developmental Editor: Armando Brito
Design and Production Team: María Eugenia Castaño, Oscar Diez, Nicholas Ventullo

TO THE STUDENT

Welcome to **PROMENADES**, a brand-new introductory French program from Vista Higher Learning. In French, the word **promenades** means *strolls*. The major sections in **PROMENADES** are strolls planned to help you learn French and explore the cultures of the French-speaking world in the most user-friendly way possible. In light of this goal, here are some of the features you will encounter in **PROMENADES**.

- A unique, easy-to-navigate design built around color-coded sections that appear either completely on one page or on two facing pages

- Abundant illustrations, photos, charts, graphs, diagrams, and other graphic elements, all created or chosen to help you learn

- Integration of a specially shot video, in each lesson of the student text

- Clear, concise grammar explanations in an innovative format, which support you as you work through the practice activities

- Practical, high-frequency vocabulary for use in real-life situations

- Ample guided vocabulary and grammar exercises to give you a solid foundation for communicating in French

- An emphasis on communicative interactions with a classmate, small groups, the whole class, and your instructor

- Systematic development of reading and writing skills, incorporating learning strategies and a process approach

- A rich, contemporary cultural presentation of the everyday life of French speakers and the diverse cultures of the countries and areas of the entire French-speaking world

- Exciting integration of culture and multimedia through TV commercials and short films

- A full set of completely integrated print and technology ancillaries to make learning French easier

- Built-in correlation of all ancillaries, right down to the page numbers

PROMENADES has thirteen units with two lessons in each unit, followed by an end-of-unit **Savoir-faire** section and a list of active vocabulary. To familiarize yourself with the textbook's organization, features, and ancillary package, turn to page xii and take a stroll through the **PROMENADES** at-a-glance section.

TABLE OF CONTENTS

	contextes	roman-photo	lecture culturelle

structures	synthèse	savoir-faire

TABLE OF CONTENTS

		contextes	roman-photo	lecture culturelle

structures	synthèse	savoir-faire

TABLE OF CONTENTS

		contextes	roman-photo	lecture culturelle

structures	synthèse	savoir-faire

TABLE OF CONTENTS

structures	**synthèse**	**savoir-faire**

UNIT OPENERS
outline the content and features of each unit.

La famille et les copains

UNITÉ

3

Pour commencer
• Combien de personnes y a-t-il?
• Où sont ces personnes?
• Que font-elles?
• Ont-elles l'air agréables ou désagréables?

Pour commencer activities jump-start the units, allowing you to use the French you know to talk about the photos.

Content thumbnails break down each unit into its two lessons and one **Savoir-faire** section, giving you an at-a-glance summary of the vocabulary, grammar, cultural topics, and language skills on which you will focus.

CONTEXTES
presents and practices vocabulary in meaningful contexts.

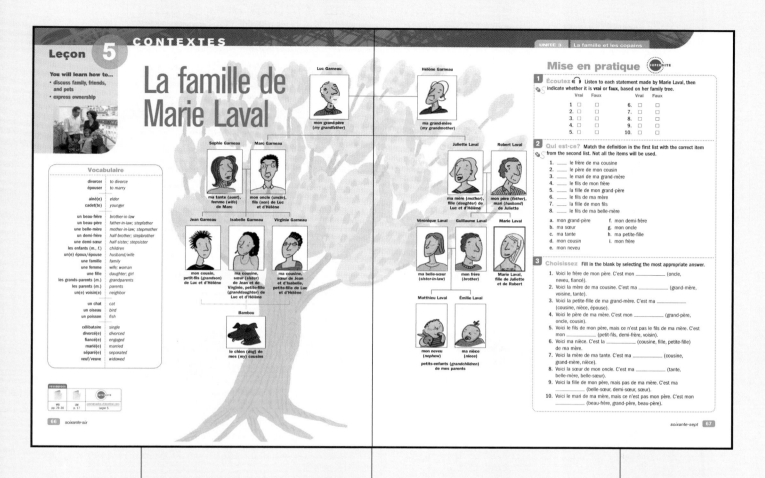

Communicative goals highlight the real-life tasks you will be able to carry out in French by the end of each lesson.

Illustrations High-frequency vocabulary is introduced through expansive, full-color illustrations.

Vocabulaire boxes call out other important theme-related vocabulary in easy-to-reference French-English lists.

Ressources boxes let you know exactly what print and technology ancillaries you can use to reinforce and expand on every section of every lesson in your textbook.

Mise en pratique always begins with a listening activity and continues with activities that practice the new vocabulary in meaningful contexts.

Mouse icons identify activities from the book that are on the Supersite with auto-grading.
Supersite icons show when additional activities or materials are available for you to use.

CONTEXTES

has communication activities. **Les sons et les lettres** presents the rules of French pronunciation and spelling.

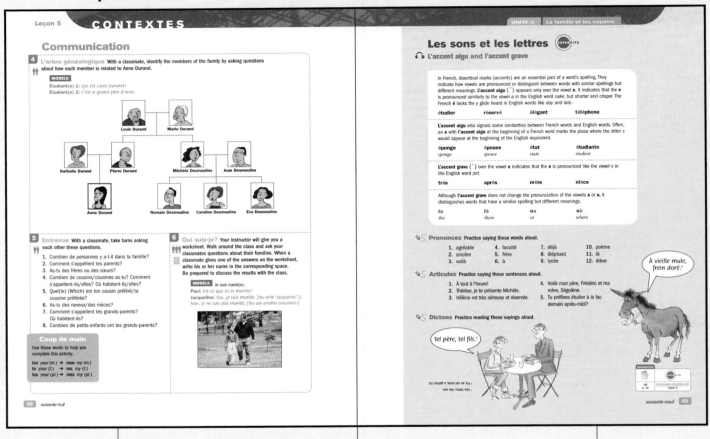

Communication activities allow you to use the vocabulary creatively in interactions with a partner, a small group, or the entire class.

Icons provide on-the-spot visual cues for various types of activities: pair, small group, listening-based, video-related, handout-based, information gap and internet activities. For a legend explaining all icons used in the student text, see page xxiv.

Explanation Rules and tips to help you learn French pronunciation and spelling are presented clearly with abundant model words and phrases.

Coup de main provides handy, on-the-spot information that helps you complete the activities.

The headset icon at the top of the page indicates when an explanation and activities are recorded for convenient use in or outside of class.

Practice Pronunciation and spelling practice is provided at the word- and sentence-levels. The final activity features illustrated sayings and proverbs so you can practice the pronunciation or spelling point in an entertaining cultural context.

ROMAN-PHOTO
tells the story of a group of students living in Aix-en-Provence, France.

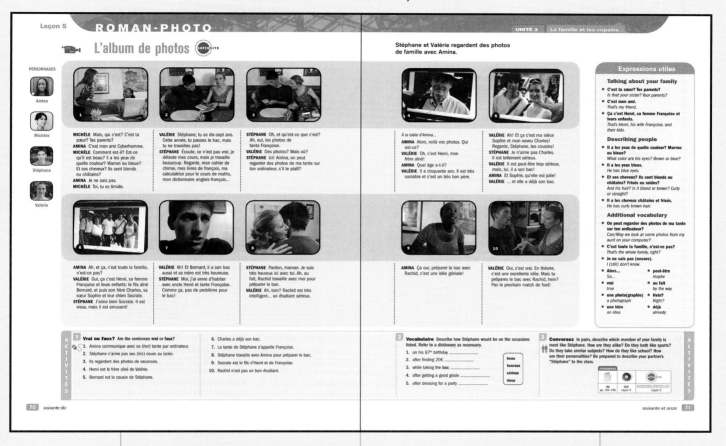

Personnages The photo-based conversations take place among a cast of recurring characters—four college students, their landlady (who owns the café downstairs), and her teenage son.

Roman-photo video episodes The **Roman-photo** episode appears in the **Roman-photo** part of the Video Program. To learn more about the video, turn to page xxii.

Expressions utiles organizes new, active words and expressions by language function so you can focus on using them for real-life, practical purposes.

Conversations The conversations reinforce vocabulary from **Contextes**. They also preview structures from the upcoming **Structures** section in context and in a comprehensible way.

PROMENADES AT A GLANCE

LECTURE CULTURELLE
explores cultural themes introduced in **CONTEXTES** and **ROMAN-PHOTO.**

Video icons in one of the **Lecture culturelle** sections of each unit mean that an episode of **Flash culture**, a cultural video related to the lesson's theme, is available for viewing. To learn more about the video, see page xxiii.

Stratégie boxes offer different helpful techniques that you can use to improve your French reading skills.

Portrait profiles people, places, and events throughout the French-speaking world, highlighting their importance, accomplishments, and/or contributions to the cultures of the French-speaking people and the global community.

Culture à la loupe presents a main, in-depth reading about the lesson's cultural theme. Full-color photos bring to life important aspects of the topic, while charts with statistics and/or intriguing facts support and extend the information.

Le monde francophone puts the spotlight on the people, places, and traditions of the countries and areas of the French-speaking world.

Sur Internet boxes with provocative questions and photos direct you to the **PROMENADES** Supersite where you can continue to learn more about the topics in **Lecture culturelle, Flash culture,** and the lesson's theme.

STRUCTURES
uses innovative design to support the learning of French.

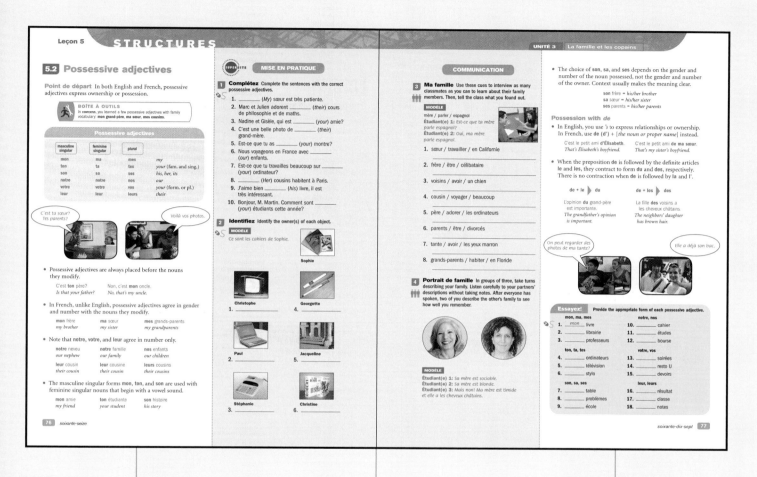

Text format For each grammar point, the explanation and practice activities appear on two facing pages. Grammar explanations in the outside panels offer handy on-page support for the activities in the central panels, providing you with immediate access to information essential to communication.

Graphics-intensive design Photos from the **PROMENADES** Video Program consistently integrate the lesson's video episode and **Roman-photo** section with the grammar explanations. Additional photos, drawings, and graphic devices liven up activities and heighten visual interest.

Essayez! offers you your first practice of each new grammar point. They get you working with the grammar point right away in simple, easy-to-understand formats.

Mise en pratique activities provide a wide range of guided exercises in contexts that combine current and previously learned vocabulary with the current grammar point.

Communication activities offer opportunities for creative expression using the lesson's grammar and vocabulary. You should do these activities with a partner, in small groups, or with the whole class.

SYNTHÈSE

pulls the lesson together with cumulative practice in **Révision** and wraps up with two alternating features.

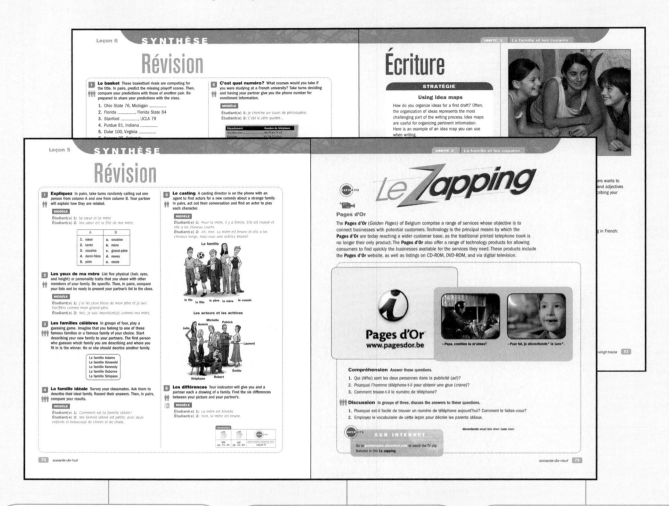

Révision activities integrate the lesson's two grammar points with previously learned vocabulary and structures, providing consistent, built-in review as you progress through the text.

Stratégie, on the **Écriture** page, gives you useful hints and techniques that prepare you for the writing task presented in **Thème**.

Le zapping features television commercials or, in two cases, short films in French supported by background information, images from the clips, and activities to help you understand and check your comprehension.

Information gap activities, identified by the interlocking puzzle pieces, engage you and a partner in problem-solving situations. You and your partner each have only half of the information you need, so you must work together to accomplish the task at hand.

Pair and group icons call out the communicative nature of the activities. Situations, role plays, games, personal questions, interviews, and surveys are just some of the types of activities that you will experience.

Sur Internet boxes let you know that support for **Le zapping** is available on the **PROMENADES** Supersite. You can also watch the commercials and the short films there.

SAVOIR-FAIRE
Panorama presents the French-speaking world.

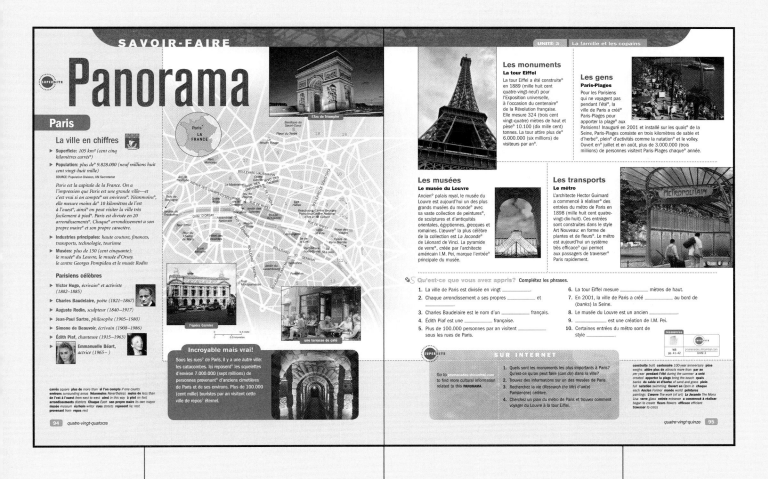

La ville/Le pays/La région en chiffres provides interesting key facts about the featured city, country, or region.

Maps point out major cities, rivers, and other geographical features and situate the featured place in the context of its immediate surroundings and the world.

Readings A series of brief paragraphs explores different aspects of the featured place's culture such as history, landmarks, fine art, literature, and bits of everyday life.

Incroyable mais vrai! highlights an intriguing fact about the featured place or its people.

Qu'est-ce que vous avez appris? exercises check your understanding of key ideas, and **ressources** boxes reference the two pages of additional activities in the **PROMENADES** Workbook.

Sur Internet offers Internet activities on the **PROMENADES** Supersite for additional avenues of discovery.

SAVOIR-FAIRE

Lecture, found in the last two units of the book, develops reading skills in the context of the unit's theme.

Readings of literary pieces, presented at the end of the last two units, are directly tied to the unit theme and recycle vocabulary and grammar you have learned.

Avant la lecture presents valuable reading strategies and pre-reading activities that strengthen your reading abilities in French.

Après la lecture includes post-reading activities that check your comprehension of the reading.

Vocabulaire
summarizes all the active vocabulary of the unit.

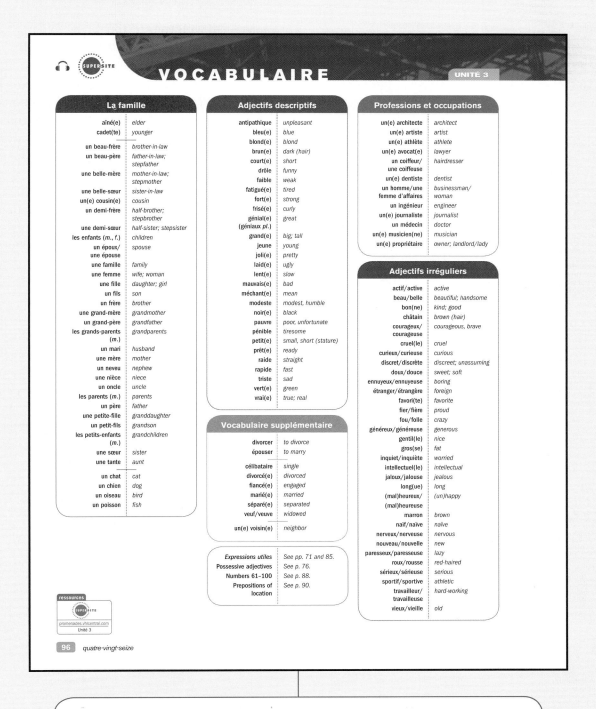

VOCABULAIRE — SUPERSITE — UNITÉ 3

La famille

aîné(e)	elder
cadet(te)	younger
un beau-frère	brother-in-law
un beau-père	father-in-law; stepfather
une belle-mère	mother-in-law; stepmother
une belle-sœur	sister-in-law
un(e) cousin(e)	cousin
un demi-frère	half-brother; stepbrother
une demi-sœur	half-sister; stepsister
les enfants (m., f.)	children
un époux/ une épouse	spouse
une famille	family
une femme	wife; woman
une fille	daughter; girl
un fils	son
un frère	brother
une grand-mère	grandmother
un grand-père	grandfather
les grands-parents (m.)	grandparents
un mari	husband
une mère	mother
un neveu	nephew
une nièce	niece
un oncle	uncle
les parents (m.)	parents
un père	father
une petite-fille	granddaughter
un petit-fils	grandson
les petits-enfants (m.)	grandchildren
une sœur	sister
une tante	aunt
un chat	cat
un chien	dog
un oiseau	bird
un poisson	fish

Adjectifs descriptifs

antipathique	unpleasant
bleu(e)	blue
blond(e)	blond
brun(e)	dark (hair)
court(e)	short
drôle	funny
faible	weak
fatigué(e)	tired
fort(e)	strong
frisé(e)	curly
génial(e) (géniaux pl.)	great
grand(e)	big; tall
jeune	young
joli(e)	pretty
laid(e)	ugly
lent(e)	slow
mauvais(e)	bad
méchant(e)	mean
modeste	modest, humble
noir(e)	black
pauvre	poor, unfortunate
pénible	tiresome
petit(e)	small, short (stature)
prêt(e)	ready
raide	straight
rapide	fast
triste	sad
vert(e)	green
vrai(e)	true; real

Vocabulaire supplémentaire

divorcer	to divorce
épouser	to marry
célibataire	single
divorcé(e)	divorced
fiancé(e)	engaged
marié(e)	married
séparé(e)	separated
veuf/veuve	widowed
un(e) voisin(e)	neighbor

Expressions utiles	See pp. 71 and 85.
Possessive adjectives	See p. 76.
Numbers 61–100	See p. 88.
Prepositions of location	See p. 90.

Professions et occupations

un(e) architecte	architect
un(e) artiste	artist
un(e) athlète	athlete
un(e) avocat(e)	lawyer
un coiffeur/ une coiffeuse	hairdresser
un(e) dentiste	dentist
un homme/une femme d'affaires	businessman/ woman
un ingénieur	engineer
un(e) journaliste	journalist
un médecin	doctor
un(e) musicien(ne)	musician
un(e) propriétaire	owner; landlord/lady

Adjectifs irréguliers

actif/active	active
beau/belle	beautiful; handsome
bon(ne)	kind; good
châtain	brown (hair)
courageux/ courageuse	courageous, brave
cruel(le)	cruel
curieux/curieuse	curious
discret/discrète	discreet; unassuming
doux/douce	sweet; soft
ennuyeux/ennuyeuse	boring
étranger/étrangère	foreign
favori(te)	favorite
fier/fière	proud
fou/folle	crazy
généreux/généreuse	generous
gentil(le)	nice
gros(se)	fat
inquiet/inquiète	worried
intellectuel(le)	intellectual
jaloux/jalouse	jealous
long(ue)	long
(mal)heureux/ (mal)heureuse	(un)happy
marron	brown
naïf/naïve	naïve
nerveux/nerveuse	nervous
nouveau/nouvelle	new
paresseux/paresseuse	lazy
roux/rousse	red-haired
sérieux/sérieuse	serious
sportif/sportive	athletic
travailleur/ travailleuse	hard-working
vieux/vieille	old

Recorded vocabulary The headset icon at the top of the page and the **ressources** box at the bottom of the page highlight that the active lesson vocabulary is recorded for convenient study and practice on the **PROMENADES** Supersite.

THE *ROMAN-PHOTO* EPISODES

Fully integrated with your textbook, the **PROMENADES** Video contains twenty-six dramatic episodes, one for each lesson of the text. The episodes present the adventures of four college students who are studying in the south of France at the **Université Aix-Marseille**. They live in apartments above **Le P'tit Bistrot**, a café owned by their landlady, Valérie Forestier. The video tells their story and the story of Madame Forestier and her teenage son, Stéphane.

The **Roman-photo** section in each textbook lesson is actually an abbreviated version of the dramatic episode featured in the video. Therefore, each **Roman-photo** section can be done before you see the corresponding video episode, after it, or as a section that stands alone in its own right.

As you watch each video episode, you will first see a live segment in which the characters interact using vocabulary and grammar you are studying. As the video progresses, the live segments carefully combine new vocabulary and grammar with previously taught language. You will then see a **Reprise** segment that summarizes the key language functions and/or grammar points used in the dramatic episode.

THE CAST
Here are the main characters you will meet when you watch the PROMENADES Video:

Of Senegalese heritage
Amina Mbaye

From Washington, D.C.
David Duchesne

From Paris
Sandrine Aubry

From Aix-en-Provence
Valérie Forestier

Of Algerian heritage
Rachid Khalil

And, also from
Aix-en-Provence
Stéphane Forestier

THE *FLASH CULTURE* SEGMENTS

For one lesson of each unit, a **Flash culture** segment allows you to experience the sights and sounds of France, the French-speaking world, and the daily life of French speakers. Each segment is two to three minutes long and is correlated to your textbook in the **Sur Internet** box in **Lecture culturelle**.

Hosted by the **PROMENADES** narrators, Csilla and Benjamin, these segments transport you to a variety of venues: schools, parks, public squares, cafés, stores, cinemas, outdoor markets, city streets, festivals, and more. They also incorporate mini-interviews with French speakers in various walks of life.

The footage was filmed taking special care to capture rich, vibrant images that will expand your cultural perspectives with information directly related to the content of your textbook. In addition, the narrations were carefully written to reflect the vocabulary and grammar covered in **PROMENADES**.

ICONS AND *RESSOURCES* BOXES

Icons

These icons in **PROMENADES** alert you to the type of activity or section involved.

Icons legend		
🎧 Listening activity/section		Ⓢ Additional content found on the Supersite
Activity also on the Supersite		Video-based activity/section
Pair activity		Information Gap activity
Group activity		Feuille d'activités

- The Information Gap activities and those involving **Feuilles d'activités** (*activity sheets*) require handouts that your instructor will give you.

- The listening icon appears in **Contextes**, **Les sons et les lettres**, and **Vocabulaire** sections.

- The video icon appears in **Roman-photo**, either one of the **Lecture culturelle** sections, and **Le zapping.**

Ressources Boxes

Ressources boxes let you know exactly which print and technology ancillaries you can use to reinforce and expand on every section of every lesson in your textbook. They even include page numbers when applicable. See the next page for a description of the ancillaries.

Ressources boxes legend		
Workbook WB pp. 29–30		DVD DVD Leçon 5
Lab Manual LM p. 17		Ⓢ PROMENADES Supersite promenades.vhl.central.com Leçon 5
Video Manual VM pp. 219–220		

Powered by

MAESTRO®

Free with the purchase of a new textbook, the **PROMENADES** Supersite provides a wealth of learning tools for students.

- Interactive practice activities with auto-grading and real-time feedback
  - directed practice from the textbook, including audio activities
  - additional practice for each and every textbook section
- Audio practice
  - record-and-compare audio activities
  - all audio material related to the **PROMENADES** program
- Complete **Roman-photo** and **Flash culture** video programs

Plus MP3 files for the complete audio program

virtual interactive text

This completely online and interactive Student Edition provides access to the complete textbook and integrated Supersite resources from any computer.

- Click right on the textbook page to complete mouse-icon activities online
- Access all assigned textbook activities (mouse-icon) via vText
- View and access all Supersite media resources
- Print vocabulary and grammar pages for use as study guides, take notes, and highlight important information
- Quickly search table of contents or browse by page number
- Automatically record completed textbook activities in the instructor gradebook

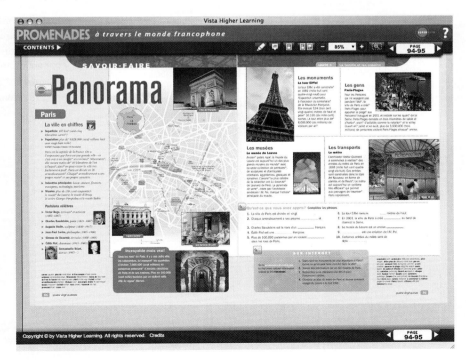

STUDENT ANCILLARIES

- **Workbook/Video Manual**
  The Workbook activities provide additional practice of the vocabulary and grammar in each textbook lesson and the cultural information in each unit's **Panorama** section. The Video Manual includes pre-viewing, viewing, and post-viewing activities for the **PROMENADES** Video.

- **Lab Manual**
  The Lab Manual contains activities for each textbook lesson that build listening comprehension, speaking, and pronunciation skills in French.

- **Lab Program MP3s***
  The Lab Program MP3s provide the recordings to be used in conjunction with the activities in the Lab Manual.

- **Textbook MP3s***
  The Textbook MP3s contain the recordings for the listening activities in **Contextes**, **Les sons et les lettres**, and **Vocabulaire** sections.

- **ROMAN-PHOTO***
  The **Roman-photo** video includes French and English sub-titles for every episode. The DVD is available for purchase.

- **Online Workbook/Video Manual/Lab Manual**
  Incorporating the **PROMENADES** Video, as well as the com-plete Lab Program, this component delivers the Workbook, Video Manual, and Lab Manual online with automatic scoring. Instructors have access to the powerful Maestro® classroom management and gradebook tools that allow in-depth tracking of students' scores.

- **PROMENADES Supersite****
  Your passcode to the Supersite (promenades.vhlcentral.com) gives you access to a wide variety of activities for each section of every lesson of the student text; auto-graded exercises for extra practice of vocabulary, grammar, video, and cultural content; reference tools; the **Le zapping** TV clips; the complete Video Program; the Textbook MP3s, and the Lab Program MP3s.

- **vText Virtual Interactive Text**
  Provides the entire student edition textbook with note-taking and highlighting capabilities. It is fully integrated with Supersite and other online resources.

*Available on the Supersite
**Included with the purchase of a new Student Text*

INSTRUCTOR ANCILLARIES

- **Instructor's Annotated Edition (IAE)**
  The IAE provides comprehensive support for classroom teaching: expansions, variations, teaching tips, cultural information, additional activities, and the answer key to the textbook activities.

- **Workbook/Video Manual/Lab Manual Answer Key***

- **PROMENADES Video Program on DVD**
  This DVD contains the complete **PROMENADES** Video Program, both the **Roman-photo** episodes and the **Flash culture** segments, with French and English subtitles.

- **Overhead Transparencies***
  The Overhead Transparencies consist of maps of the French-speaking world, the textbook's **Contextes** illustrations, and other images from the student text.

- **Testing Program***
  Two versions of tests for each lesson, semester exams and quarter exams, listening scripts, answer keys, and optional reading, cultural, and video test items. It is provided in ready-to-print PDFs and in RTF Word processing files for ease of editing.

- **Testing Program MP3s***
  These audio files provide the recordings of the Testing Program's listening sections.

- **PROMENADES Supersite**
  In addition to access to the student site, the password-protected instructor site offers a robust course management system that allows instructors to assign and track student progress.

- **vText Virtual Interactive Text***
  The entire student edition textbook is integrated with the Supersite and additional resources online. It provides a connection to the gradebook that allows the student to see assigned textbook activities. Scores for activities completed are automatically recorded to the instructor gradebook.

On behalf of its authors and editors, Vista Higher Learning expresses its sincere appreciation to the many college professors nationwide who reviewed materials from **PROMENADES**. Their input and suggestions were vitally helpful in forming and shaping the program in its final, published form.

We also extend a special thank you to the contributing writer whose hard work was central to bringing **PROMENADES** to fruition: Nora Portillo.

In-depth reviewers

Dorothy E. Diehl
Saint Mary's University of Minnesota

Lynne Wettig
Park University, Kansas

Reviewers

Antoinette Alitto
Harrisburg Area Community College, PA

Bruce Anderson
University of California, Davis

Eileen M. Angelini
Philadelphia University

John Angell
University of Louisiana at Lafayette

Christine Armstrong
Denison University, OH

Frederique Arroyas
University of Guelph, ON, Canada

Anne-Catherine Aubert
Rutgers University, NJ

Stacey Ayotte
University of Montevallo, AL

Julie A. Baker
University of Richmond, VA

Lynne Barnes
Colorado State University

Judith Baughin
University of Cincinnati

Mayrene Bentley
Northeastern State University, OK

Alan R. Bettler
Eastern Kentucky University

Catherine Black
Wilfrid Laurier University, ON, Canada

Maxime Blanchard
CUNY, NY

Anne-Sophie Blank
University of Missouri-St. Louis

Elizabeth Blood
Salem State College, MA

Evelyne M. Bornier
Southeastern Louisiana University

Odette Borrey
Santiago Canyon College, CA

Nadine Bouchardon
University of Regina, SK, Canada

Sarah B. Buchanan
University of Minnesota-Morris

Valerie Budig-Markin
Humboldt State University, CA

Joanne Burnett
University of Southern Mississippi, MS

Phoebe Busges
Gonzaga College High School, Washington, DC

Dolores Buttry
Lebanon Valley College, PA

Stephen A. Canfield
Eastern Illinois University

Michael N. Carty
Dalton State, GA

Mylene Catel
SUNY-Potsdam, NY

Brigitte Chase
Chemeketa Community College, OR

Frances S. Chevalier
Norwich University, VT

Hope Christiansen
University of Arkansas

Robert E. Chumbley
Louisiana State University

Andrea Ciccone
St. Scholastica Academy, IL

Donna Clopton
Cameron University, OK

Walter Collins
University of South Carolina

Edgard Coly
Monterey Institute of International Studies, CA

Kathy Comfort
University of Arkansas

Teresa Cortey
Glendale College, CA

Mary Beth Crane
College of Southern Idaho

Françoise De Backer
The University of Texas

Geraldine de Callo
Sidwell Friends School, Washington, DC

Dominick De Filippis
Wheeling Jesuit University, WV

Margaret Dempster
Northwestern University, IL

Signe Denbow
Ohio University

Georges Detiveaux
Cy-Fair College, TX

Peter Dola
The University of North Carolina at Greensboro

Linda Downing
Diablo Valley College, CA

Susan J. Dudash
Utah State University, UT

Catherine Dunand
Northeastern University, MA

Vicki Earnest
Calhoun Community College, AL

Emily Easton
Columbia College, IL

Wade Edwards
Longwood University, VA

Linda Elliott-Nelson
Arizona Western College

Angela Elsey
University of California-Santa Cruz

Kevin Elstob
California State University, Sacramento

Laila Fares
St. Petersburg College, FL

Eduardo A. Febles
Simmons College, MA

Hilary Fisher
University of Oregon-Eugene, OR

Michael Fuller
California State University-Stanislaus

Sébastien Garaud
United Nations International School,
NY

Maria Antonieta Garcia
Florida International University

James Garofolo
Southern Connecticut State University

Joseph Garreau
University of Massachusetts-Lowell

Claire Gaudissart
University of New Hampshire

Chaudron Gille
Gainesville State College, GA

Lenuta Giukin
SUNY Oswego, NY

Gary M. Godfrey
Weber State University, UT

Evadne P. Goodhue
Simpson College, IA

Helene Grall-Johnson
University of Denver, CO

John Greene
University of Louisville, KY

Josephine Grieder
Rutgers University, NJ

Luc Guglielmi
Kennesaw State University, GA

Mort Guiney
Kenyon College, OH

Jennifer Guiraud
Alfred University, NY

Elizabeth M. Guthrie
University of California-Irvine

Kwaku A. Gyasi
University of Alabama-Huntsville

Jeanne Hageman
North Dakota State University

Sharon Hagerman
Kentucky Wesleyan College, KY

Cynthia Hahn
Lake Forest College, IL

Kirsten Halling
Wright State University, OH

Elizabeth Locey Hampe
Emporia State University, KS

Cheryl M. Hansen
Weber State University, UT

Hollie Harder
Brandeis University, MA

Margaret Harp
University of Nevada-Las Vegas

Matthew Hilton-Watson
University of Michigan-Flint

Bette G. Hirsch
Cabrillo College, CA

Martine Howard
Camden County College, NJ

Pascale Hubert-Leibler
Columbia University, NY

Harriet Hutchinson
Bunker Hill Community College, MA

E. Joe Johnson
Clayton State University, GA

Michele Jones
St. John's University, NY

James M. Kaplan
Minnesota State University-Moorhead

Debra J. Katz
Camel High School, IL

Stacey Katz
University of Utah

Christina Kauk
Santa Rosa Junior College, CA

Brian G. Kennelly
Webster University, MO

Eileen Ketchum
Muhlenberg College, PA

Kelly Kidder
Lipscomb University, TN

Caren Kindel
Kent State University, OH

Ann Kirkland
Hanover College, IN

Hélène Knoerr
University of Ottawa, ON, Canada

Jeanette R. Kraemer
Marquette University, WI

Kathy Krause
University of Missouri-Kansas City

Brigitte Kyle
The Bishop's School, CA

Pierre J. Lapaire
University of North Carolina-
Wilmington

Josée Lauersdorf
Luther College, IA

Donna J. Laugle
Wright State University, OH

Hope Leith
Malaspina University College, BC,
Canada

Berenice Le Marchand
San Francisco State University

Jane Leney
University of Western Ontario, ON,
Canada

Marcia Lodl
St. Ignatius College Prep, IL

Kathryn Lorenz
University of Cincinnati

Juliette Luu-Nguyen
Simon Fraser University, BC, Canada

Norma Mabry
Rye Country Day School, NY

M. Kathleen Madigan
Rockhurst University, MO

Katherine Maestretti
Lakeside School, WA

Chantal R. Maher
Palomar College, CA

Rachel Major
Brandon University, MB, Canada

D. Brian Mann
North Georgia College & State
University

Vidal Martin
Everett Community College, WA

George J. McCool
Towson University, MD

Joanne McKinnis
The University of Texas at San
Antonio

Helene McLenaghan
University of Waterloo, ON, Canada

Carol McLeod
The Delphian School, OR

Christine McWebb
University of Waterloo, ON, Canada

Hassan Melehy
University of North Carolina at
Chapel Hill

Hedwige Meyer
University of Washington

Elizabeth B. Mikesell
Pima Community College, AZ

Nicole Mills
University of Pennsylvania

Robert P. Moore
Loyola Blakefield, MD

John Moran
New York University

Brigitte Moretti-Coski
Ohio University

Laurie Moshier-Menashe
Yakima Valley Community College,
WA

Lucille P. Mould
University of South Carolina

Doug Mrazek
Clark College, WA

Shonu Nangia
Louisiana State University at
Alexandria

Octave Naulleau
Nazareth College of Rochester, NY

Brigitte Nicolet
Burr and Burton Academy, VT

Ofelia Nikolova
Southern Illinois University

Eva Norling
Bellevue Community College, WA

Annette Olsen-Fazi
Texas A&M International University

Roz Orbison
The Rivers School, MA

Mirta Pagnucci
Northern Illinois University

Pamela Paine
Auburn University, AL

Michèle Pedrini
Pasadena City College, CA

Scooter Pegram
Indiana University-Northwest

Donald Perret
Emerson College, MA

Marina Peters-Newell
University of New Mexico

Erica Piedra
Sierra College, CA

Barbara Place
Manchester Community College, CT

Nathalie Porter
Vanderbilt University, TN

Aaron Prevots
Southwestern University, TX

Patrice J. Proulx
University of Nebraska at Omaha

Denis M. Provencher
University of Maryland, Baltimore
County

Margaret Quéguiner
SUNY Plattsburgh, NY

Danielle Raquidel
University of South Carolina, Upstate

Jo Ann M. Recker
Xavier University, OH

Brian J. Reilly
Yale University, CT

Marie-Noelle Rinne
Lakehead University, ON, Canada

Linda Robins
Bergen Community College, NJ

Steven R. Rodgers
University of Puget Sound, WA

Elizabeth A. Rubino
Northwestern State University, LA

Sylvia Rucker
Evergreen Valley College, CA

Arlene J. Russell
Purdue University, IN

Christine Sagnier
Princeton University, NJ

Marjorie Salvodon
Suffolk University, MA

Hélène Sanko
John Carroll University, OH

Kelly Sax
Indiana University

Alice Thornton Schilling
La Jolla Country Day School, CA

Alison P. Schleifer
Hopkins School, CT

Jean Marie Schultz
University of California-Santa Barbara

Andree Schute
St. Joseph Notre Dame High School,
CA

Gail Schwab
Hofstra University, NY

Benjamin M. Semple
Gonzaga University, WA

Patricia J. Siegel-Finley
SUNY Brockport

Gregg Siewert
Truman State University, MO

Susan Skoglund
Kirkwood Community College, IA

Kathleen Smith
Western Kentucky University

Marie-Madeleine Stey
Capital University, OH

Felicia B. Sturzer
University of Tennessee at
Chattanooga

Eloise Sureau
Butler University, IN

Carmen Swoffer-Penna
Binghamton University, NY

Alistaire Tallent
Colorado College

James Tarpley
Florida State University

Kendall B. Tarte
Wake Forest University, NC

Scott Taylor
Pacific Lutheran University, WA

Sandrine Teixidor
Randolph-Macon College, VA

Sharon Thorpe
Pacific Hills School, CA

Fred Toner
Ohio University

Franklin I. Triplett
Mount Union College, OH

Roberta Tucker
University of South Florida

Flavia Vernescu
University of Northern Iowa

Joelle Vitiello
Macalester College, MN

Lesley H. Walker
Indiana University-South Bend

Mark West
Taylor University, IN

ACKNOWLEDGMENTS

Trina Whitaker
University of Minnesota

Catherine L. White
University of Cincinnati, OH

Cybelle Wilkens
Georgia Tech University

Sharon Wilkinson
West Virginia University

Lawrence Williams
University of North Texas

Terri Woellner
University of Denver, CO

Holly York
Emory University, GA

Paulette M. York
Kent Place School, NJ

Michael Zoltak
Spokane Community College, WA

En vacances

Pour commencer

- Indiquez les couleurs qu'on voit (*sees*) sur la photo.
- Quel temps fait-il?
- Quel(s) vêtement(s) Stéphane porte-t-il?
- Quelle(s) activité(s) Stéphane peut-il pratiquer là où il se trouve?

Savoir-faire

Panorama: **Provence-Alpes-Côte d'Azur** and **Rhône-Alpes**

Leçon **13**

You will learn how to...

- describe trips you have taken
- tell where you went

Bon voyage!

une sortie

Il utilise un plan. (utiliser)

le soleil!

Elle bronze. (bronzer)

la plage

la mer

les gens (m.)

le journal

Vocabulaire

faire du shopping	to go shopping
faire un séjour	to spend time (somewhere)
partir en vacances	to go on vacation
prendre un train (un taxi, un (auto)bus, un bateau)	to take a train (taxi, bus, boat)
rouler en voiture	to ride in a car
un aéroport	airport
un arrêt d'autobus (de bus)	bus stop
un billet aller-retour	round-trip ticket
un billet (d'avion, de train)	(plane/train) ticket
un (jour de) congé	day off
une douane	customs
une gare (routière)	train station (bus station)
une station (de métro, de train)	(subway/train) station
une station de ski	ski resort
un ticket (de bus, de métro)	(bus/subway) ticket
des vacances (f.)	vacation
un vol	flight
à l'étranger	abroad, overseas
la campagne	country(side)
une capitale	capital
un pays	country
(en/l') Allemagne (f.)	(to, in) Germany
(en/l') Angleterre (f.)	(to, in) England
(en/la) Belgique (belge)	(to, in) Belgium (Belgian)
(au/le) Brésil (brésilien(ne))	(to, in) Brazil (Brazilian)
(en/la) Chine (chinois(e))	(to, in) China (Chinese)
(en/l') Espagne (f.)	(to, in) Spain
(en/l') Irlande (irlandais(e)) (f.)	(to, in) Ireland (Irish)
(en/l') Italie (f.)	(to, in) Italy
(au/le) Japon	(to, in) Japan
(en/la) Suisse	(to, in) Switzerland

ressources

| WB pp. 85–86 | LM p. 49 | SUPERSITE promenades.vhlcentral.com Leçon 13 |

Mise en pratique

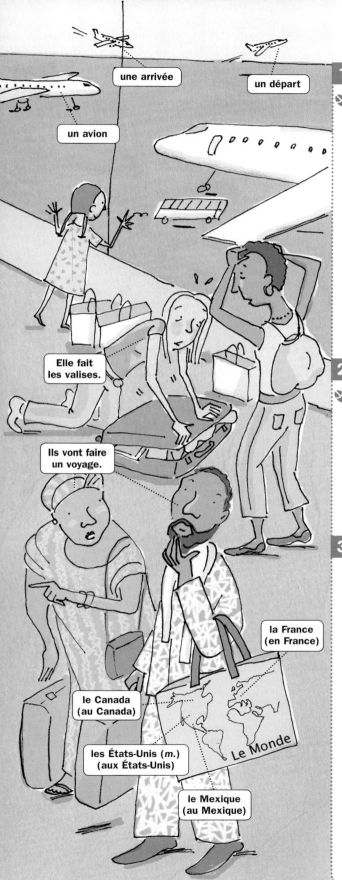

une arrivée

un départ

un avion

Elle fait
les valises.

Ils vont faire
un voyage.

la France
(en France)

le Canada
(au Canada)

les États-Unis (*m.*)
(aux États-Unis)

Le Monde

le Mexique
(au Mexique)

1 **Écoutez** 🎧 Écoutez Cédric et Nathalie parler de leurs vacances.
Ensuite (*Then*), complétez les phrases avec un mot ou une expression de
la section **CONTEXTES**. Notez que toutes les options ne sont pas utilisées.

1. _____ Nathalie va partir...
2. _____ Nathalie a déjà...
3. _____ Nathalie va peut-être...
4. _____ La famille de Cédric...
5. _____ Paul pense que
   l'Espagne est...
6. _____ Pour Cédric, les plages
   du Brésil...
7. _____ Un jour, Cédric va faire...
8. _____ Nathalie va utiliser...

a. sont idéales pour bronzer.
b. son billet d'avion.
c. le plan de Paris de Cédric.
d. la capitale du Mexique.
e. le tour du monde.
f. à l'étranger.
g. n'a pas encore décidé entre
   l'Espagne, le Mexique et
   le Brésil.
h. un pays superbe.
i. conduire Nathalie
   à l'aéroport.
j. faire un séjour en Italie.

2 **Chassez l'intrus** Indiquez le mot ou l'expression qui ne convient pas.

1. faire un séjour, partir en vacances, un jour de congé, une station de ski
2. un aéroport, une station de métro, une arrivée, une gare routière
3. une douane, un départ, une arrivée, une sortie
4. le monde, un pays, le journal, une capitale
5. la campagne, la mer, la plage, des gens
6. prendre un bus, un arrêt de bus, utiliser un plan, une gare routière
7. bronzer, prendre un avion, un vol, un aéroport
8. prendre un taxi, rouler en voiture, un vol, une gare routière

3 **Les vacances** Justine va partir en vacances demain. Complétez le
paragraphe avec les mots et expressions de la liste. Notez que toutes les
options ne sont pas utilisées.

aller-retour	faire ma valise	sortie
une arrivée	pays	station
faire un séjour	plage	taxi
faire du shopping	prendre un bus	vol

Demain, je pars en vacances. Je vais (1) _____ avec mon frère à
l'île Maurice, une petite île (*island*) tropicale dans l'océan Indien. Nous allons
(2) _____ pour l'aéroport à 7h. Mon frère veut (*wants*) prendre un
(3) _____, mais moi, je pense qu'il faut économiser parce que j'ai
envie de (4) _____ au marché et dans les boutiques de Port-Louis,
la capitale. Le (5) _____ est à 10h. Nous n'avons pas besoin de
visa pour le voyage; pour entrer dans le (6) _____, il faut seulement
montrer un passeport et un billet (7) _____. J'ai acheté un nouveau
maillot de bain pour aller à la (8) _____. Et maintenant, je vais
(9) _____!

Communication

4 **Répondez** Avec un(e) partenaire, posez-vous les questions suivantes et répondez-y à tour de rôle.

1. Où pars-tu en vacances cette année? Quand?
2. Quand fais-tu tes valises? Avec combien de valises voyages-tu?
3. Préfères-tu la mer, la campagne ou les stations de ski?
4. Comment vas-tu à l'aéroport? Prends-tu l'autobus? Le métro?

5. Quelles sont tes vacances préférées?
6. Quand utilises-tu un plan?
7. Quel est ton pays favori? Pourquoi?
8. Dans quel(s) pays as-tu envie de voyager?

5 **Décrivez** Avec un(e) partenaire, écrivez une description des images. Donnez autant de (*as many*) détails que possible. Ensuite (*Then*), rejoignez un autre groupe et lisez vos descriptions. L'autre groupe doit deviner (*must guess*) quelle image vous décrivez.

1.

2.

3.

4.

5.

6.

6 **Conversez** Votre professeur va vous donner, à vous et à votre partenaire, une feuille d'activités. L'un de vous est un(e) client(e) qui a besoin de faire une réservation pour des vacances, l'autre est l'agent de voyages. Travaillez ensemble pour finaliser la réservation et compléter vos feuilles respectives. Attention! Ne regardez pas la feuille de votre partenaire.

7 **Un voyage** Vous allez faire un voyage en Europe et rendre visite à votre cousin, Jean-Marc, qui étudie en Belgique. Écrivez-lui une lettre et utilisez les mots de la liste.

un aéroport	la France
la Belgique	prendre un taxi
un billet	la Suisse
faire un séjour	un vol
faire les valises	un voyage

- Parlez des détails de votre départ.
- Expliquez votre tour d'Europe.
- Organisez votre arrivée en Belgique.
- Parlez de ce que vous allez faire ensemble.

Les sons et les lettres

ch, qu, ph, th, and gn

The letter combination **ch** is usually pronounced like the English *sh*, as in the word *shoe*.

| chat | chien | chose | enchanté |

In words borrowed from other languages, the pronunciation of **ch** may be irregular. For example, in words of Greek origin, **ch** is pronounced **k**.

| psychologie | technologie | archaïque | archéologie |

The letter combination **qu** is almost always pronounced like the letter **k**.

| quand | pratiquer | kiosque | quelle |

The letter combination **ph** is pronounced like an **f**.

| téléphone | photo | prophète | géographie |

The letter combination **th** is pronounced like the letter **t**. English *th* sounds, as in the words *this* and *with*, never occur in French.

| thé | athlète | bibliothèque | sympathique |

The letter combination **gn** is pronounced like the sound in the middle of the English word *onion*.

| montagne | espagnol | gagner | Allemagne |

Prononcez Répétez les mots suivants à voix haute.

1. thé
2. quart
3. chose
4. question
5. cheveux
6. parce que
7. champagne
8. casquette
9. philosophie
10. fréquenter
11. photographie
12. sympathique

Articulez Répétez les phrases suivantes à voix haute.

1. Quentin est martiniquais ou québécois?
2. Quelqu'un explique la question à Joseph.
3. Pourquoi est-ce que Philippe est inquiet?
4. Ignace prend une photo de la montagne.
5. Monique fréquente un café en Belgique.
6. Théo étudie la physique.

Dictons Répétez les dictons à voix haute.

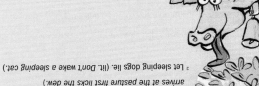

La vache la première au pré lèche la rosée.[1]

N'éveillez pas le chat qui dort.[2]

[2] Let sleeping dogs lie. (lit. Don't wake a sleeping cat.)

[1] The early bird gets the worm. (lit. The cow who arrives at the pasture first licks the dew.)

ROMAN-PHOTO

De retour au P'tit Bistrot

PERSONNAGES

David

Rachid

Sandrine

Stéphane

À la gare...

RACHID Tu as fait bon voyage?

DAVID Salut! Excellent, merci.

RACHID Tu es parti pour Paris avec une valise et te voici avec ces énormes sacs en plus!

DAVID Mes parents et moi sommes allés aux Galeries Lafayette. On a acheté des vêtements et des trucs pour l'appartement aussi.

RACHID Ah ouais?

DAVID Mes parents sont arrivés des États-Unis jeudi soir. Ils ont pris une chambre dans un bel hôtel, tout près de la tour Eiffel.

RACHID Génial!

DAVID Moi, je suis arrivé à la gare vendredi soir. Et nous sommes allés dîner dans une excellente brasserie. Mmm!

DAVID Samedi, on a pris un bateau-mouche sur la Seine. J'ai visité un musée différent chaque jour: le musée du Louvre, le musée d'Orsay...

RACHID En résumé, tu as passé de bonnes vacances dans la capitale... Bon, on y va?

DAVID Ah, euh, oui, allons-y!

STÉPHANE Pour moi, les vacances idéales, c'est un voyage à Tahiti. Ahhh... la plage, et moi en maillot de bain avec des lunettes de soleil... et les filles en bikini!

DAVID Au fait, je n'ai pas oublié ton anniversaire.

STÉPHANE Ouah! Super, ces lunettes de soleil! Merci, David, c'est gentil.

DAVID Désolé de ne pas avoir été là pour ton anniversaire, Stéphane. Alors, ils t'ont fait la surprise?

STÉPHANE Oui, et quelle belle surprise! J'ai reçu des cadeaux trop cool. Et le gâteau de Sandrine, je l'ai adoré.

DAVID Ah, Sandrine... elle est adorable... Euh, Stéphane, tu m'excuses une minute?

DAVID Coucou! Je suis de retour!

SANDRINE Oh! Salut, David. Alors, tu as aimé Paris?

DAVID Oui! J'ai fait plein de choses... de vraies petites vacances! On a fait...

ACTIVITÉS

1 **Les événements** Mettez les événements suivants dans l'ordre chronologique.

_____ **a.** Rachid va chercher David.

_____ **b.** Stéphane parle de son anniversaire.

_____ **c.** Sandrine va faire une réservation.

_____ **d.** David donne un cadeau à Stéphane.

_____ **e.** Rachid mentionne que David a beaucoup de sacs.

_____ **f.** Stéphane met les lunettes de soleil.

_____ **g.** Stéphane décrit (*describes*) ses vacances idéales.

_____ **h.** David parle avec Sandrine.

_____ **i.** Sandrine pense à ses vacances.

_____ **j.** Rachid et David repartent en voiture.

David parle de ses vacances.

STÉPHANE Alors, ces vacances? Tu as fait un bon séjour?

DAVID Oui, formidable!

STÉPHANE Alors, vous êtes restés combien de temps à Paris?

DAVID Quatre jours. Ce n'est pas très long, mais on a visité pas mal d'endroits.

STÉPHANE Comment est-ce que vous avez visité la ville? En voiture?

DAVID En voiture!? Tu es fou! On a pris le métro, comme tout le monde.

STÉPHANE Tes parents n'aiment pas conduire?

DAVID Si, à la campagne, mais pas en ville, surtout une ville comme Paris. On a visité les monuments, les musées...

STÉPHANE Et Monsieur l'artiste a aimé les musées de Paris?

DAVID Je les ai adorés!

SANDRINE Oh! Des vacances!

DAVID Oui... Des vacances? Qu'est-ce qu'il y a?

SANDRINE Je vais à Albertville pour les vacances d'hiver. On va faire du ski!

SANDRINE Est-ce que tu skies?

DAVID Un peu, oui...

SANDRINE Désolée, je dois partir. J'ai une réservation à faire! Rendez-vous ici demain, David. D'accord? Ciao!

Expressions utiles

Talking about vacations

- **Tu es parti pour Paris avec une valise et te voici avec ces énormes sacs en plus!**
  You left for Paris with one suitcase and here you are with these huge extra bags!

- **Nous sommes allés aux Galeries Lafayette.**
  We went to the Galeries Lafayette.

- **On a acheté des trucs pour l'appartement aussi.**
  We also bought some things for the apartment.

- **Moi, je suis arrivé à la gare vendredi soir et nous sommes allés dîner.**
  I got to/arrived at the station Friday night and we went to dinner.

- **On a pris un bateau-mouche sur la Seine.**
  We took a sightseeing boat on the Seine.

- **Vous êtes restés combien de temps à Paris?**
  How long did you stay in Paris?

- **On a pris le métro, comme tout le monde.**
  We took the subway, like everyone else.

- **J'ai fait plein de choses.**
  I did a lot of things.

- **Les musées de Paris, je les ai adorés!**
  The museums in Paris, I loved them!

Additional vocabulary

- **Alors, ils t'ont fait la surprise?**
  So, they surprised you?

- **J'ai reçu des cadeaux trop cool.**
  I got the coolest gifts.

- **Le gâteau, je l'ai adoré.**
  The cake, I loved it.

- **Tu m'excuses une minute?**
  Would you excuse me a minute?

- **Oui, formidable!**
  Yes, wonderful!

- **Qu'est-ce qu'il y a?**
  What is the matter?

- **Désolé(e), je dois partir.**
  Sorry, I have to leave.

---

2 **Questions** Répondez aux questions suivantes.

1. David est parti pour Paris avec combien de valises? À son retour (*Upon his return*), est-ce qu'il a le même nombre de valises?

2. Qu'est-ce que David a fait pour ses vacances?

3. Qu'est-ce que David donne à Stéphane comme cadeau d'anniversaire? Stéphane aime-t-il le cadeau?

4. Quelles sont les vacances idéales de Stéphane?

5. Qu'est-ce que Sandrine va faire pour ses vacances d'hiver?

3 **Écrivez** Imaginez: vous êtes David, Stéphane ou Sandrine et vous allez en vacances à Paris, Tahiti ou Albertville. Écrivez un e-mail à Madame Forestier. Quel temps fait-il? Où est-ce que vous restez? Quels vêtements est-ce que vous avez apportés? Qu'est-ce que vous faites chaque jour?

ressources		
VM pp. 211–212	DVD Leçon 13	promenades.vhlcentral.com Leçon 13

A C T I V I T É S

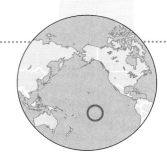

CULTURE À LA LOUPE

Tahiti

Tahiti, dans le sud° de l'océan Pacifique, est la plus grande île° de la Polynésie française. Elle devient° un protectorat français en 1842, puis° une colonie française en 1880. Depuis 1959, elle fait partie de la collectivité d'outre-mer° de Polynésie française. Les langues officielles de Tahiti sont le français et le tahitien.

Le tourisme est une activité très importante pour l'île. Ses hôtels de luxe et leurs fameux bungalows sur l'eau accueillent° près de 200.000 visiteurs par an. Les touristes apprécient Tahiti pour son climat chaud, ses plages superbes et sa culture riche en traditions. À Tahiti, il y a la possibilité de faire toutes sortes d'activités aquatiques comme du bateau, de la pêche, de la planche à voile ou de la plongée°. On peut aussi faire des randonnées en montagne ou explorer les nombreux lagons bleus de l'île. Si on n'a pas envie de faire de sport, on peut se relaxer dans un spa, bronzer à la plage ou se promener° sur l'île. Papeete, capitale de la Polynésie française et ville principale de Tahiti, offre de bons restaurants, des boîtes de nuit, des boutiques variées et un marché.

sud *south* **la plus grande île** *the largest island* **devient** *becomes* **puis** *then* **collectivité d'outre-mer** *overseas territory* **accueillent** *welcome* **plongée** *scuba diving* **se promener** *go for a walk*

Coup de main

Si introduces a hypothesis. It may come at the beginning or at the middle of a sentence.

si + *subject* + *verb* + *subject* + *verb*

Si on n'a pas envie de faire de sport, on peut se relaxer dans un spa.

subject + *verb* + **si** + *subject* + *verb*

On peut se relaxer dans un spa si on n'a pas envie de faire de sport.

ACTIVITÉS

1 **Répondez** Répondez aux questions par des phrases complètes.

1. Où est Tahiti?
2. Quand est-ce que Tahiti devient une colonie française?
3. De quoi fait partie Tahiti?
4. Quelles langues parle-t-on à Tahiti?
5. Quelle particularité ont les hôtels de luxe à Tahiti?

6. Combien de personnes par an visitent Tahiti?
7. Pourquoi est-ce que les touristes aiment visiter Tahiti?
8. Quelles sont deux activités sportives que les touristes aiment faire à Tahiti?
9. Comment s'appelle la ville principale de Tahiti?
10. Où va-t-on à Papeete pour acheter un cadeau pour un ami?

STRATÉGIE

Breaking up the reading

Once you have finished the preliminary reading activities such as examining the visuals and skimming, you are ready for an in-depth reading. Here again, the goal is not to understand everything. Consider the divisions of the text (for example, the stanzas in a poem or paragraphs in a short story), and use them to break up the selection. During a close reading, smaller blocks of text will make the experience feel more manageable.

LE MONDE FRANCOPHONE

Les transports

Voici quelques faits insolites° dans les transports.

Au Canada Inauguré en 1966, le métro de Montréal est le premier du monde à rouler° sur des pneus° plutôt que° sur des roues° en métal. Chaque station a été conçue° par un architecte différent.

En France L'Eurotunnel (le tunnel sous la Manche°) permet aux trains Eurostar de transporter des voyageurs et des marchandises entre la France et l'Angleterre.

En Mauritanie Le train du désert, en Mauritanie, en Afrique, est peut-être le train de marchandises le plus long° du monde. Long de 3 km en général, le train fait deux ou trois voyages chaque jour du Sahara à la côte ouest°. C'est un voyage de plus de 600 km qui dure° 12 heures. Un des seuls moyens° de transport dans la région, ce train est aussi un train de voyageurs.

faits insolites *unusual facts* **rouler** *ride* **pneus** *tires* **plutôt que** *rather than* **roues** *wheels* **conçue** *designed* **Manche** *English Channel* **le plus long** *the longest* **côte ouest** *west coast* **dure** *lasts* **seuls moyens** *only means*

PORTRAIT

Le musée d'Orsay

Le musée d'Orsay est un des musées parisiens les plus° visités. Le lieu n'a pourtant° pas toujours été un musée. À l'origine, ce bâtiment° est une gare, construite par l'architecte Victor Laloux et inaugurée en 1900 à l'occasion de l'Exposition universelle. Les voies° de la gare d'Orsay deviennent° trop courtes et en 1939, on décide de limiter le service aux trains de banlieue. Plus tard, la gare sert de décor à des films, comme *Le Procès* de Kafka adapté par Orson Welles, puis° elle devient théâtre, puis salle de ventes aux enchères°. En 1986, le bâtiment est transformé en musée. Il est principalement dédié° à l'art du dix-neuvième siècle°, avec une collection magnifique d'art impressionniste.

les plus *the most* **pourtant** *however* **bâtiment** *building* **voies** *tracks* **deviennent** *become* **puis** *then* **ventes aux enchères** *auction* **principalement dédié** *mainly dedicated* **siècle** *century*

Danseuses en bleu,
Edgar Degas

SUPERSITE

SUR INTERNET

Qu'est-ce que le funiculaire de Montmartre?

Go to promenades.vhlcentral.com to find more cultural information related to this **LECTURE CULTURELLE.** Then watch the corresponding **Flash culture.**

---

2 **Vrai ou faux?** Indiquez si les phrases sont **vraies** ou **fausses**. Corrigez les phrases fausses.

1. Le musée d'Orsay a été un théâtre.
2. Le musée d'Orsay a été une station de métro.
3. Le musée d'Orsay est dédié à la sculpture moderne.
4. Il y a un tunnel entre la France et la Guyane française.
5. Le métro de Montréal roule sur des roues en métal.
6. Le train du désert transporte aussi des voyageurs.

3 **Comment voyager?** Vous allez passer deux semaines en France. Vous avez envie de visiter Paris et deux autres régions. Par petits groupes, parlez des moyens (*means*) de transport que vous allez utiliser pendant votre voyage. Expliquez vos choix (*choices*).

ressources	
VM pp. 251–252	SUPERSITE promenades.vhlcentral.com Leçon 13

ACTIVITÉS

STRUCTURES

13.1 The *passé composé* with *être*

Point de départ In **Leçon 11**, you learned to form the **passé composé** with **avoir**. Some verbs, however, form the **passé composé** with **être**.

- To form the **passé composé** of these verbs, use a present-tense form of **être** and the past participle of the verb that expresses the action.

PRESENT TENSE	PAST PARTICIPLE		PRESENT TENSE	PAST PARTICIPLE
Je **suis**	**allé.**	Il	**est**	**sorti.**

- Many of the verbs that take **être** in the **passé composé** involve motion. You have already learned a few of them: **aller**, **arriver**, **descendre**, **partir**, **passer**, **rentrer**, **sortir**, and **tomber**.

Jean-Luc **est parti** en vacances.
Jean-Luc left on vacation.

Je **suis tombé** de la chaise.
I fell from the chair.

Tu es parti pour Paris.

Mes parents sont arrivés des États-Unis.

- The past participles of verbs conjugated with **être** agree with their subjects in number and gender.

Charles, tu **es allé** à Montréal?
Charles, did you go to Montreal?

Florence **est partie** en vacances.
Florence left on vacation.

Mes frères **sont rentrés**.
My brothers came back.

Elles **sont arrivées** hier soir.
They arrived last night.

- To make a verb negative in the **passé composé**, place **ne/n'** and **pas** around the auxiliary verb, in this case, **être**.

Marie-Thérèse **n'est pas sortie**?
Marie-Thérèse didn't go out?

Nous **ne sommes pas allées** à la plage.
We didn't go to the beach.

Je **ne suis pas passé** chez mon amie.
I didn't drop by my friend's house.

Tu **n'es pas rentré** à la maison hier.
You didn't come home yesterday.

1 **Un week-end sympa** Carole raconte son week-end à Paris. Complétez l'histoire avec les formes correctes des verbes au passé composé.

Thomas et moi, nous (1) _____ (partir) de Lyon samedi et nous (2) _____ (arriver) à Paris à onze heures. Nous (3) _____ (passer) à l'hôtel et puis je (4) _____ (aller) au Louvre. En route, je (5) _____ (tomber) sur un vieil ami, et nous (6) _____ (aller) prendre un café. Ensuite, je (7) _____ (entrer) dans le musée. Samedi soir, Thomas et moi (8) _____ (monter) au sommet de la tour Eiffel et après nous (9) _____ (sortir) en boîte. Dimanche, nous (10) _____ (retourner) au Louvre. Ouf... je suis fatiguée.

2 **Dimanche dernier** Dites ce que (*what*) ces personnes ont fait dimanche dernier. Utilisez les verbes de la liste.

MODÈLE

Laure est allée à la piscine.

aller	rentrer
arriver	rester
monter	sortir

Laure

1. je

3. nous

2. tu

4. Pamela et Caroline

3 **L'accident** Le mois dernier, Djénaba et Safiatou sont allées au Sénégal. Racontez (*Tell*) leur histoire. Avec un(e) partenaire, complétez les phrases au passé composé. Ensuite, mettez-les dans l'ordre chronologique.

____ a. les filles / partir pour Dakar en avion

____ b. Djénaba / tomber de vélo

____ c. elles / aller faire du vélo dimanche matin

____ d. elles / arriver à Dakar tard le soir

____ e. elles / rester à l'hôtel Sofitel

____ f. elle / aller à l'hôpital

COMMUNICATION

4 Les vacances de printemps Avec un(e) partenaire, parlez de vos dernières vacances de printemps. Répondez à toutes ses questions.

MODÈLE

quand / partir
Étudiant(e) 1: *Quand es-tu parti(e)?*
Étudiant(e) 2: *Je suis parti(e) vendredi soir.*

1. où / aller
2. avec qui / partir
3. comment / voyager
4. à quelle heure / arriver
5. où / rester
6. combien de temps / rester
7. que / visiter
8. sortir / souvent le soir
9. que / acheter
10. quand / rentrer

5 Enquête Votre professeur va vous donner une feuille d'activités. Circulez dans la classe et demandez à des camarades différents s'ils ont fait ces choses récemment (*recently*). Présentez les résultats de votre enquête à la classe.

MODÈLE

Étudiant(e) 1: *Es-tu allé(e) au musée récemment?*
Étudiant(e) 2: *Oui, je suis allé(e) au musée jeudi dernier.*

Questions	Nom
1. aller au musée	François
2. passer chez ses amis	
3. sortir en boîte	
4. rester à la maison pour écouter de la musique	
5. partir en week-end avec un copain	
6. monter en avion	

6 À l'aéroport Par groupes de quatre, parlez d'une mauvaise expérience dans un aéroport. À tour de rôle, racontez (*tell*) vos aventures et posez le plus (*most*) de questions possible. Utilisez les expressions de la liste et d'autres aussi.

MODÈLE

Étudiant(e) 1: *Quand je suis rentré(e) de la Martinique, j'ai attendu trois heures à la douane.*
Étudiant(e) 2: *Quelle horreur! Pourquoi?*

arriver	partir
attendre	perdre
avion	prendre un avion
billet (aller-retour)	sortir
douane	vol

- Here are a few more verbs that take **être** instead of **avoir** in the **passé composé**.

Some verbs used with *être*			
entrer	*to enter*	**naître**	*to be born*
monter	*to go up; to get in/on*	**rester**	*to stay*
mourir	*to die*	**retourner**	*to return*

Mes parents **sont nés** en 1958 à Paris.
My parents were born in 1958 in Paris.

Ma grand-mère maternelle **est morte** l'année dernière.
My maternal grandmother died last year.

- Note that the verb **passer** takes **être** when it means *to pass by*, but it takes **avoir** when it means *to spend time*.

Maryse **est passée** par la douane.
Maryse passed through customs.

Maryse **a passé** trois jours à la campagne.
Maryse spent three days in the country.

- To form a question using inversion in the **passé composé**, invert the subject pronoun and the conjugated form of **être**. Note that this does not apply to other types of question formation.

Est-elle restée à l'hôtel Aquabella?
Did she stay at the Hotel Aquabella?

Vous êtes arrivée ce matin, Madame Roch?
Did you arrive this morning, Mrs. Roch?

- Place short adverbs such as **déjà**, **encore**, **bien**, **mal**, and **beaucoup** between the auxiliary verb **être** or **pas** and the past participle.

Elle **est déjà rentrée** de vacances?
She already came back from vacation?

Nous **ne sommes pas encore arrivés** à Aix-en-Provence.
We haven't arrived in Aix-en-Provence yet.

Essayez! Choisissez le participe passé approprié.

1. Vous êtes (nés/**né**) en 1959, Monsieur?
2. Les élèves sont (partis/parti) le 2 juin.
3. Les filles sont (rentrées/rentrés) de vacances.
4. Simone de Beauvoir est-elle (mort/morte) en 1986?
5. Mes frères sont (sortis/sortie).
6. Paul n'est pas (resté/restée) chez sa grand-mère.
7. Tu es (arrivés/arrivée) avant dix heures, Sophie.
8. Jacqueline a (passée/passé) une semaine en Suisse.

13.2 Direct object pronouns

Point de départ In **Leçon 12**, you learned about indirect objects. You are now going to learn about direct objects.

| DIRECT OBJECT | INDIRECT OBJECT |

J'ai donné **un cadeau à ma sœur**.
I gave a gift to my sister.

- Note that a direct object receives the action of a verb directly and an indirect object receives the action of a verb indirectly. While indirect objects are frequently preceded by the preposition **à**, no preposition is needed before the direct object.

J'emmène **mes parents**.   *but*   Je parle **à mes parents**.
I'm taking my parents.   *I'm speaking to my parents.*

Tes parents sont allés te chercher?

Tu m'excuses une minute?

Direct object pronouns

	singular		plural
me/m'	*me*	nous	*us*
te/t'	*you*	vous	*you*
le/la/l'	*him/her/it*	les	*them*

- You can use a direct object pronoun in the place of a direct object noun.

Tu fais **les valises**?   Tu **les** fais?
Are you packing the suitcases? *Are you packing them?*

Ils retrouvent **Luc** à la gare. Ils **le** retrouvent à la gare.
They're meeting Luc at   *They're meeting him at*
the station.   *the station.*

- Place a direct object pronoun before the conjugated verb.

Les langues? Laurent et Xavier   Les étudiants **vous**
les étudient.   ont entendu.
Languages? Laurent and Xavier   *The students heard*
study them.   *you.*

---

1 **On fait beaucoup** Dites ce que (*what*) ces gens font le week-end. Employez les pronoms d'objet direct.

MODÈLE

Il l'écoute.

Dominique écoute ce CD.

1. Benoît regarde ses films.

3. Il mange son gâteau.

2. Ma mère admire cette robe.

4. Ils achètent ces lunettes.

2 **À la plage** La famille de Dalila a passé une semaine à la mer. Dalila parle de ce que (*what*) chaque membre de sa famille a fait. Employez des pronoms d'objet direct.

MODÈLE

J'ai conduit Yassim à la plage. *Je l'ai conduit à la plage.*

1. Mon père a acheté le journal tous les matins.
2. Ma sœur a retrouvé son petit ami au café.
3. Mes parents ont emmené les enfants au cinéma.
4. Mon frère a invité sa fiancée au restaurant.
5. Anissa a porté ses lunettes de soleil.
6. À midi, Chekib a pris des baguettes.

3 **Des doutes** Julien et sa petite amie Caroline sont au café. Il est inquiet et lui pose des questions sur leurs vacances avec ses parents. Avec un(e) partenaire, jouez les deux rôles. Ensuite, présentez la scène à la classe.

1. Tes parents m'invitent au bord de la mer?
2. Tes parents vont m'écouter?
3. Quelqu'un va m'attendre à l'aéroport?
4. Ton frère va nous emmener sur son bateau?
5. Tu penses que ta famille va m'aimer?
6. Tu m'adores?

COMMUNICATION

4 **Le départ** Clémentine va partir au Cameroun chez sa correspondante (*pen pal*) Léa. Sa mère est avec elle et veut (*wants*) être sûre qu'elle n'a pas oublié un objet important, mais sa fille n'a presque rien (*nothing*) fait. Avec un(e) partenaire, jouez leur conversation en utilisant les phrases de la liste.

MODÈLE

Étudiant(e) 1: *Tu as acheté le cadeau pour ton amie?*
Étudiant(e) 2: *Non, je ne l'ai pas encore acheté.*
Étudiant(e) 1: *Quand vas-tu l'acheter?*
Étudiant(e) 2: *Je vais l'acheter cet après-midi.*

acheter ton billet d'avion	faire tes valises
avoir l'adresse de Léa	prendre tes lunettes
chercher un maillot de bain	préparer tes vêtements
confirmer l'heure de l'arrivée	trouver ton passeport

5 **À Tahiti** Imaginez que vous allez partir à Tahiti. Avec un(e) partenaire, posez-vous ces questions. Il/Elle vous répond en utilisant le pronom d'objet direct approprié. Ensuite, alternez les rôles.

MODÈLE

Est-ce que tu prends le bus pour aller à la plage?
Non, je ne le prends pas.

1. Est-ce que tu prends l'avion?
2. Qui va t'attendre à l'aéroport?
3. Quand as-tu fait tes valises?
4. Est-ce que tu as acheté ton maillot de bain?
5. Est-ce que tu prends ton appareil photo?
6. Où as-tu acheté tes vêtements?
7. Tu vas regarder la télévision tahitienne?
8. Vas-tu essayer les plats typiques de Tahiti?

- In a negative statement, place the direct object pronoun between **ne/n'** and the conjugated verb.

  Le chinois? Je **ne le parle pas**.
  Chinese? I don't speak it.

  Elle **ne l'a pas** pris à 14 heures?
  She didn't take it at 2 o'clock?

- When an infinitive follows a conjugated verb, the direct object pronoun precedes the infinitive.

  Marcel va **nous écouter**.
  Marcel is going to listen to us.

  Tu ne préfères pas **la porter** demain?
  Don't you prefer to wear it tomorrow?

Et le gâteau, je l'ai adoré!

Les musées, je les ai adorés!

- When a direct object pronoun is used with the **passé composé**, the past participle must agree with it in both gender and number.

  J'ai mis **la valise** dans la voiture ce matin.
  I put the suitcase in the car this morning.

  ▶ Je **l'ai mise** dans la voiture ce matin.
  I put it in the car. this morning.

  J'ai attendu **les filles** à la gare.
  I waited for the girls at the station.

  ▶ Je **les** ai **attendues** à la gare.
  I waited for them at the station.

Essayez! | **Répondez aux questions en remplaçant l'objet direct par un pronom d'objet direct.**

1. Thierry prend le train? Oui, il __le__ prend.
2. Tu attends ta mère? Oui, je _____ attends.
3. Vous entendez Olivier et Vincent? Oui, on _____ entend.
4. Le professeur te cherche? Oui, il _____ cherche.
5. Barbara et Caroline retrouvent Linda? Oui, elles _____ retrouvent.
6. Vous m'invitez? Oui, nous _____ invitons.
7. Tu nous comprends? Oui, je _____ comprends.
8. Elles regardent la mer? Oui, elles _____ regardent.
9. Chloé aime écouter la musique classique? Oui, elle aime _____ écouter.
10. Vous avez regardé le film *Chacun cherche son chat*? Oui, nous _____ avons regardé.

Révision

1 Il y a dix minutes Avec un(e) partenaire, décrivez dans cette scène les actions qui se sont passées (*happened*) il y a dix minutes. Utilisez les verbes de la liste pour faire des phrases. Ensuite, comparez vos phrases avec les phrases d'un autre groupe.

> **MODÈLE**
>
> **Étudiant(e) 1:** *Il y a dix minutes, M. Hamid est parti.*
> **Étudiant(e) 2:** *Il y a dix minutes,…*

aller	partir
arriver	rentrer
descendre	sortir
monter	tomber

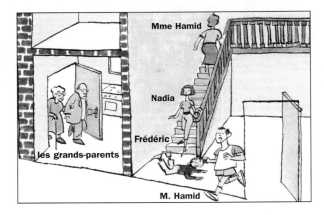

2 Qui aime quoi? Votre professeur va vous donner une feuille d'activités. Circulez dans la classe pour trouver un(e) camarade différent(e) qui aime ou qui n'aime pas chaque lieu de la liste.

> **MODÈLE**
>
> **Étudiant(e) 1:** *Est-ce que tu aimes les aéroports?*
> **Étudiant(e) 2:** *Je ne les aime pas du tout, je les déteste.*

3 Les pays étrangers Par groupes de quatre, interviewez vos camarades. Dans quels pays étrangers sont-ils déjà allés? Dans quelles villes? Comparez vos destinations puis présentez toutes les réponses à la classe. N'oubliez pas de demander:

- quand vos camarades sont parti(e)s
- où ils/elles sont allé(e)s
- où ils/elles sont resté(e)s
- combien de temps ils/elles ont passé là-bas

4 La valise Sandra et Jean sont partis en vacances. Voici leur valise. Avec un(e) partenaire, faites une description écrite (*written*) de leurs vacances. Où sont-ils allés? Comment sont-ils partis?

5 Un long week-end Avec un(e) partenaire, préparez huit questions sur le dernier long week-end. Utilisez les verbes de la liste. Ensuite, par groupes de quatre, répondez à toutes les questions.

> **MODÈLE**
>
> **Étudiant(e) 1:** *Où es-tu allé(e) vendredi soir?*
> **Étudiant(e) 2:** *Vendredi soir je suis resté(e) chez moi. Mais samedi je suis sorti(e)!*

aller	sortir
arriver	rentrer
partir	rester
passer	retourner

6 Mireille et les Girard Votre professeur va vous donner, à vous et à votre partenaire, une feuille sur le week-end de Mireille et de la famille Girard. Attention! Ne regardez pas la feuille de votre partenaire.

> **MODÈLE**
>
> **Étudiant(e) 1:** *Qu'est-ce que Mireille a fait vendredi soir?*
> **Étudiant(e) 2:** *Elle est allée au cinéma.*

ressources		
WB pp. 87–90	LM pp. 51–52	SUPERSITE promenades.vhlcentral.com Leçon 13

Le Zapping

Le TER

En 1984, la SNCF (Société nationale des chemins de fer° Français) met en place dans 20 régions le TER (Transport Express Régional). Les trains TER relient° les villes d'une même région ou de différentes régions. Il y a, entre autres, le TER Picardie et le TER Alsace. Ces trains sont rapides, confortables et pratiques pour éviter° les embouteillages° du matin et du soir. Les TER concrétisent la décentralisation des chemins de fer français, parce que ce sont les Conseils Régionaux qui financent et décident des trajets°, des dessertes° et des horaires°.

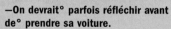
—On devrait° parfois réfléchir avant de° prendre sa voiture.

—Pour être bien, bougeons mieux°.

Compréhension Répondez aux questions.

1. Comment le guépard (*cheetah*) chasse-t-il la gazelle?
2. Quelle mauvaise surprise rencontre-t-il?
3. Pourquoi l'autre guépard va-t-il attraper la gazelle?

Discussion Par groupes de trois, répondez ensemble aux questions.

1. Quelle est l'importance du guépard dans cette publicité (*ad*)? Pourquoi pas un autre animal?
2. Quels moyens (*means*) de transport prenez-vous souvent? Pourquoi? Quels sont leurs avantages?

SUR INTERNET

Go to **promenades.vhlcentral.com** to watch the TV clip featured in this **Le zapping**.

chemins de fer *railroads* **relient** *link* **éviter** *to avoid* **embouteillages** *traffic jams* **trajets** *routes* **dessertes** *service* **horaires** *schedules* **devrait** *should* **réfléchir avant de** *think before* **bougeons mieux** *let's move better*

Leçon **14**

À l'hôtel

You will learn how to...
- make hotel reservations
- give instructions

Vocabulaire

annuler une réservation	to cancel a reservation
réserver	to reserve
premier/première	first
cinquième	fifth
neuvième	ninth
vingt et unième	twenty-first
vingt-deuxième	twenty-second
trente et unième	thirty-first
centième	hundredth
une agence/un agent de voyages	travel agency/agent
une auberge de jeunesse	youth hostel
une chambre individuelle	single room
un hôtel	hotel
un passager/une passagère	passenger
complet/complète	full (no vacancies)
libre	available
alors	so, then; at that moment
après (que)	after
avant (de)	before
d'abord	first
donc	therefore
enfin	finally, at last
ensuite	then, next
finalement	finally
pendant (que)	during, while
puis	then
tout à coup	suddenly
tout de suite	right away

la réception

le lit

l'hôtelière (f.)

le passeport

l'hôtelier (m.)

la clé

les client(e)s

Bienvenue!

ressources

| WB pp. 91–92 | LM p. 53 | promenades.vhlcentral.com Leçon 14 |

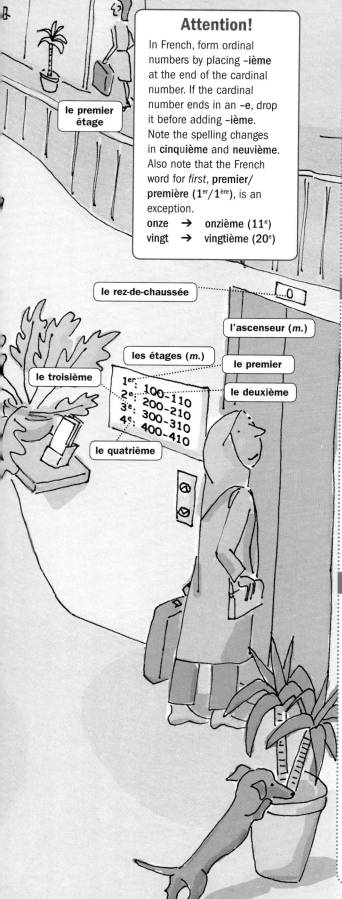

Attention!

In French, form ordinal numbers by placing –ième at the end of the cardinal number. If the cardinal number ends in an –e, drop it before adding –ième. Note the spelling changes in **cinquième** and **neuvième**. Also note that the French word for *first*, **premier/première** (1ᵉʳ/1ᵉʳᵉ), is an exception.

onze → onzième (11ᵉ)

vingt → vingtième (20ᵉ)

le premier étage

le rez-de-chaussée   0

l'ascenseur (m.)

les étages (m.)   le premier

le troisième   le deuxième

1ᵉʳ : 100-110
2ᵉ : 200-210
3ᵉ : 300-310
4ᵉ : 400-410

le quatrième

Mise en pratique

1 **Écoutez** 🎧 Écoutez la conversation entre Mme Renoir et un hôtelier et décidez si les phrases sont **vraies** ou **fausses**.

	Vrai	Faux
1. Mme Renoir est à l'agence de voyages.	☐	☐
2. Mme Renoir a fait une réservation.	☐	☐
3. Mme Renoir prend la chambre au cinquième étage.	☐	☐
4. Il y a un ascenseur dans l'hôtel.	☐	☐
5. Mme Renoir a réservé une chambre à deux lits.	☐	☐
6. La cliente s'appelle Margot Renoir.	☐	☐
7. L'hôtel a des chambres libres.	☐	☐
8. L'hôtelier donne à Mme Renoir la clé de la chambre 27.	☐	☐

2 **Hôtel Paradis** Virginie téléphone à l'hôtel Paradis pour faire une réservation. Mettez les phrases dans l'ordre chronologique.

a. _____ Finalement, il me demande le numéro de ma carte de crédit (*credit card*) pour finaliser la réservation.

b. _____ Pendant la conversation, je demande une chambre individuelle au troisième étage.

c. _____ D'abord, j'appelle l'hôtel Paradis pour faire une réservation.

d. _____ Je ne veux (*want*) pas dormir au rez-de-chaussée, donc je demande une chambre au deuxième étage.

e. _____ Ensuite, l'hôtel me rappelle (*calls me back*) pour annoncer qu'il n'y a plus de chambre libre au troisième étage, donc ma première réservation est annulée.

f. _____ C'est alors que l'hôtelier me donne une chambre au deuxième étage à côté de l'ascenseur.

3 **Complétez** Remplissez les espaces avec le nombre ordinal qui convient (*fits*).

MODÈLE

B est la *deuxième* lettre de l'alphabet.

1. Décembre est le _____ mois de l'année.
2. Mercredi est le _____ jour de la semaine.
3. Aux États-Unis, le rez-de-chaussée est le _____ étage.
4. Ma classe de français est au _____ étage.
5. Octobre est le _____ mois de l'année.
6. Z est la _____ lettre de l'alphabet.
7. Samedi est le _____ jour de la semaine.
8. Je suis le/la _____ enfant dans ma famille.
9. Mon prénom (*first name*) commence avec la _____ lettre de l'alphabet.
10. La fête nationale américaine est le _____ jour du mois de juillet.

Communication

4 **Conversez** Imaginez que vous prenez des vacances idéales dans un hôtel. Interviewez un(e) camarade de classe.

1. Quelles sont les dates de ton séjour?
2. Où vas-tu? Dans quel pays, région ou ville? Vas-tu à la plage, à la campagne, etc.?
3. À quel hôtel descends-tu (*do you stay*)?
4. Qui fait la réservation?
5. Comment est l'hôtel? Est-ce que l'hôtel a un ascenseur, une piscine, etc.?
6. À quel étage est ta chambre?
7. Combien de lits a ta chambre?
8. Laisses-tu ton passeport à la réception?

5 **Notre réservation** Travaillez avec deux partenaires pour préparer une présentation où deux touristes font une réservation dans un hôtel francophone ou une auberge de jeunesse. N'oubliez pas d'ajouter (*add*) les informations de la liste.

- le nom de l'hôtel
- le type de chambre(s)
- l'étage
- le nombre de lits
- les dates
- le prix

6 **Mon hôtel** Vous allez ouvrir (*open*) votre propre hôtel. Avec trois partenaires, créez un poster pour le promouvoir (*promote*) avec l'information de la liste et présentez votre hôtel au reste de la classe. Votre professeur va ensuite donner à chaque groupe un budget. Avec ce budget, vous allez faire la réservation à l'hôtel qui convient le mieux (*best suits*) à votre groupe.

- le nom de votre hôtel
- le nombre d'étoiles (*stars*)
- les services offerts
- le prix pour une nuit

★ une étoile	★★ deux étoiles	★★★ trois étoiles	★★★★ quatre étoiles	★★★★★ cinq étoiles
		🐕	🐕	🐕
			🏃	🏃
	☎	☎	☎	☎
		▭	▭	▭
		♿	♿	♿
				🏊
		🍴	🍴	🍴
	⬍	⬍	⬍	⬍

7 **Votre dernière réservation** Écrivez un paragraphe où vous décrivez (*describe*) ce que vous avez fait la dernière fois que vous avez réservé une chambre. Utilisez au moins cinq des mots de la liste. Échangez et comparez votre paragraphe avec un camarade de classe.

alors	d'abord	puis
après (que)	donc	tout à coup
avant (de)	enfin	tout de suite

Les sons et les lettres

ti, sti, and ssi

The letters **ti** followed by a consonant are pronounced like the English word *tea*, but without the puff released in the English pronunciation.

actif	petit	tigre	utiles

When the letter combination **ti** is followed by a vowel sound, it is often pronounced like the sound linking the English words *miss you*.

dictionnaire	patient	initial	addition

Regardless of whether it is followed by a consonant or a vowel, the letter combination **sti** is pronounced *stee*, as in the English word *steep*.

gestion	question	Sébastien	artistique

The letter combination **ssi** followed by another vowel or a consonant is usually pronounced like the sound linking the English words *miss you*.

passion	expression	mission	profession

Words that end in **-sion** or **-tion** are often cognates with English words, but they are pronounced quite differently. In French, these words are never pronounced with a *sh* sound.

compression	nation	attention	addition

Prononcez Répétez les mots suivants à voix haute.

1. artiste
2. mission
3. réservation
4. impatient
5. position
6. initiative
7. possession
8. nationalité
9. compassion
10. possible

Articulez Répétez les phrases suivantes à voix haute.

1. L'addition, s'il vous plaît.
2. Christine est optimiste et active.
3. Elle a fait une bonne première impression.
4. Laëtitia est impatiente parce qu'elle est fatiguée.
5. Tu cherches des expressions idiomatiques dans le dictionnaire.

Dictons Répétez les dictons à voix haute.

Il n'est de règle sans exception.[2]

De la discussion jaillit la lumière.[1]

[1] Discussion brings light.
[2] The exception proves the rule.

ROMAN-PHOTO

La réservation d'hôtel

PERSONNAGES

Agent de voyages

Amina

Pascal

Sandrine

À l'agence de voyages...

SANDRINE J'ai besoin d'une réservation d'hôtel, s'il vous plaît. C'est pour les vacances de Noël.

AGENT Où allez-vous? En Italie?

SANDRINE Nous allons à Albertville.

AGENT Et c'est pour combien de personnes?

SANDRINE Nous sommes deux, mais il nous faut deux chambres individuelles.

AGENT Très bien. Quelles sont les dates du séjour, Mademoiselle?

SANDRINE Alors, le 25, c'est Noël donc je fête en famille. Disons du 26 décembre au 2 janvier.

AGENT Ce n'est pas possible à Albertville, mais à Megève j'ai deux chambres à l'hôtel Le Vieux Moulin pour 143 euros par personne. Ou alors à l'hôtel Le Mont Blanc pour 171 euros par personne.

SANDRINE Oh non, mais Megève, ce n'est pas Albertville... et ces prix! C'est vraiment trop cher.

AGENT C'est la saison, Mademoiselle. Les hôtels les moins chers sont déjà complets.

SANDRINE Oh là là. Je ne sais pas quoi faire... J'ai besoin de réfléchir. Merci, Monsieur. Au revoir!

AGENT Au revoir, Mademoiselle.

Chez Sandrine...

SANDRINE Oui, Pascal. Amina nous a trouvé une auberge à Albertville. C'est génial, non? En plus, c'est pas cher!

PASCAL Euh, en fait... Albertville, maintenant c'est impossible.

SANDRINE Qu'est-ce que tu dis?

PASCAL C'est que... j'ai du travail.

SANDRINE Du travail! Mais c'est Noël! On ne travaille pas à Noël! Et Amina a déjà tout réservé... Oh! C'est pas vrai!

PASCAL *(à lui-même)* Elle n'est pas très heureuse maintenant, mais quelle surprise en perspective!

Un peu plus tard...

AMINA On a réussi, Sandrine! La réservation est faite. Tu as de la chance! Mais, qu'est-ce qu'il y a?

SANDRINE Tu es super gentille, Amina, mais Pascal a annulé pour Noël. Il dit qu'il a du travail... Lui et moi, c'est fini. Tu as fait beaucoup d'efforts pour faire la réservation, je suis désolée.

1 **Vrai ou faux?** Indiquez si les affirmations suivantes sont **vraies** ou **fausses**.

1. Sandrine fait une réservation à l'agence de voyages.
2. Pascal dit un mensonge (*lie*).
3. Amina fait une réservation à l'hôtel Le Mont Blanc.
4. Il faut annuler la réservation à l'auberge de la Costaroche.
5. Amina est fâchée (*angry*) contre Sandrine.
6. Pascal est fâché contre Sandrine.
7. Sandrine est fâchée contre Pascal.
8. Sandrine a envie de voyager le 25 décembre.
9. Cent soixante et onze euros, c'est beaucoup d'argent pour Sandrine.
10. Il y a beaucoup de touristes à Albertville en décembre.

Sandrine essaie d'organiser son voyage.

Au P'tit Bistrot...

SANDRINE Amina, je n'ai pas réussi à faire une réservation pour Albertville. Tu peux m'aider?

AMINA C'est que... je suis connectée avec Cyberhomme.

SANDRINE Avec qui?

AMINA J'écris un e-mail à... Bon, je t'explique plus tard. Dis-moi, comment est-ce que je peux t'aider?

Un peu plus tard...

AMINA Bon, alors... Sandrine m'a demandé de trouver un hôtel pas cher à Albertville. Pas facile à Noël... Je vais essayer... Voilà! L'auberge de la Costaroche... 39 euros la nuit pour une chambre individuelle. L'hôtel n'est pas complet et il y a deux chambres libres. Quelle chance cette Sandrine! Bon, nom... Sandrine Aubry...

AMINA Bon, la réservation, ce n'est pas un problème. Mais toi, Sandrine, c'est évident, ça ne va pas.

SANDRINE C'est vrai. Mais, alors, c'est qui, ce «Cyberhomme»?

AMINA Oh, c'est juste un ami virtuel. On correspond sur Internet, c'est tout. Ce soir, c'est son dixième message!

SANDRINE Lis-le-moi!

AMINA Euh non, c'est personnel...

SANDRINE Alors, dis-moi comment il est!

AMINA D'accord... Il est étudiant, sportif mais sérieux. Très intellectuel.

SANDRINE S'il te plaît, écris-lui: «Sandrine cherche aussi un cyberhomme»!

Expressions utiles

Getting help

- **Je ne sais pas quoi faire... J'ai besoin de réfléchir.**
  I don't know what to do... I have to think.
- **Je n'ai pas réussi à faire une réservation pour Albertville.**
  I didn't manage to make a reservation for Albertville.
- **Tu peux m'aider?**
  Can you help me?
- **Dis-moi, comment est-ce que je peux t'aider?**
  Tell me, how can I help you?
- **Qu'est-ce que tu dis?**
  What are you saying/did you say?
- **On a réussi.**
  We succeeded./We got it.
- **S'il te plaît, écris-lui.**
  Please, write to him.

Additional vocabulary

- **C'est trop tard?**
  Is it too late?
- **Disons...**
  Let's say...
- **La réservation est faite.**
  The reservation has been made.
- **C'est fini.**
  It's over.
- **Je suis connectée avec...**
  I am online with...
- **Lis-le-moi.**
  Read it to me.
- **Il dit que...**
  He says that...
- **les moins chers**
  the least expensive
- **en fait**
  in fact

2 **Questions** Répondez aux questions suivantes.

1. Pourquoi est-il difficile de faire une réservation pour Albertville?
2. Pourquoi est-ce que Sandrine ne veut pas (*doesn't want*) rester à l'hôtel Le Vieux Moulin?
3. Pourquoi est-ce que Pascal ne peut pas (*can't*) aller à Albertville?
4. Qui est Cyberhomme?
5. À ton avis (*In your opinion*), Sandrine va-t-elle rester (*stay*) avec Pascal?

3 **Devinez** Inventez-vous une identité virtuelle. Écrivez un paragraphe dans lequel (*in which*) vous vous décrivez, vous et vos occupations préférées. Donnez votre nom d'internaute (*cybername*). Votre professeur va afficher (*post*) vos messages. Devinez (*Guess*) quelle description correspond à quel(le) camarade de classe.

ACTIVITÉS

ressources		
VM pp. 213–214	DVD Leçon 14	promenades.vhlcentral.com Leçon 14

LECTURE CULTURELLE

CULTURE À LA LOUPE

Les vacances des Français

une plage à Biarritz, en France

En 1936, les Français obtiennent° leurs premiers congés payés: deux semaines par an. En 1956, les congés payés passent à trois semaines, puis à quatre en 1969, et enfin à cinq semaines en 1982. Aujourd'hui, ce sont les Français qui ont le plus de vacances en Europe. Pendant longtemps, les Français prennent un mois de congés l'été, en août, et beaucoup d'entreprises°, de bureaux et de magasins ferment° tout le mois (la fermeture annuelle). Aujourd'hui, les Français ont tendance à prendre des vacances plus courtes (sept jours en moyenne°) mais plus souvent. Quant aux° destinations de vacances, 90% (pour cent) des Français restent en France. S'ils partent à l'étranger, leurs destinations préférées sont l'Espagne, l'Afrique et l'Italie. Environ° 35% des Français vont à la campagne, 30% vont en ville, 25% vont à la mer et 10% vont à la montagne. Ce sont les personnes âgées et les agriculteurs° qui partent le moins souvent en vacances et les étudiants qui voyagent le plus, parce qu'ils ont beaucoup de congés. Pour eux, les cours commencent en septembre ou octobre avec la rentrée des classes. Puis, il y a deux semaines de vacances plusieurs fois dans l'année: les vacances de la Toussaint en octobre-novembre, les vacances de Noël en décembre-janvier, les vacances d'hiver en février-mars et les vacances de printemps en avril-mai. L'été, les étudiants ont les grandes vacances de juin jusqu'à° la rentrée.

Les destinations de vacances des Français aujourd'hui	
PAYS / CONTINENT	**SÉJOURS (EN %)**
France	90,1
Espagne	1,9
Afrique	1,8
Italie	1,6
Amérique	1,3
Belgique / Luxembourg	0,9
Grande-Bretagne / Irlande	0,9
Allemagne	0,8
Asie / Océanie	0,7

obtiennent *obtain* entreprises *companies* **ferment** *close* **en moyenne** *on average* **Quant aux** *As for* **Environ** *Around* agriculteurs *farmers* jusqu'à *until*

Coup de main

To form the superlative of nouns, use **le plus (de)** + (*noun*) to say *the most* and **le moins (de)** + (*noun*) to say *the least*.

Les étudiants ont le plus de congés.

Les personnes âgées prennent le moins de congés.

A C T I V I T É S

1 Complétez Complétez les phrases.

1. C'est en 1936 que les Français obtiennent leurs premiers _____.

2. Depuis (*Since*) 1982, les Français ont _____ de congés payés.

3. Pendant longtemps, les Français prennent leurs vacances au mois _____.

4. Pendant _____, beaucoup de magasins sont fermés.

5. _____ est la destination de vacances préférée de 90% des Français.

6. Les destinations étrangères préférées des Français sont _____.

7. Le lieu de séjour favori des Français est _____.

8. _____ ne partent pas souvent en vacances.

9. Ce sont _____ qui ont le plus de vacances.

10. Les étudiants ont _____ plusieurs fois par an.

STRATÉGIE

Guessing meaning from context

As you read in French, you will often see words you have not learned. You can guess what they mean by looking at familiar words around them. You can also make assumptions about unknown words based on other details that you have understood in the selection. Context clues such as a theme, a person's actions, or a place can all shed light on a word's meaning. Always try to guess meaning from context before resorting to an English translation.

LE MONDE FRANCOPHONE

Des vacances francophones

Voici quelques idées de vacances francophones:

Au soleil

- un séjour ou une croisière (un voyage en bateau) dans les îles° des Antilles, dans la mer des Caraïbes: la Martinique, la Guadeloupe
- un séjour ou une croisière dans les îles de la Polynésie française, dans l'océan Pacifique: les îles de la Société (avec Tahiti), les Marquises, les Tuamotu, les îles Gambier et les îles Australes

Pour de l'aventure

- un trekking (une randonnée à pied) ou une randonnée à dos de chameau° dans le désert du Sahara: Maroc, Tunisie, Algérie
- un circuit-aventure dans les forêts de Madagascar, dans l'océan Indien, ou dans la forêt équatoriale de la Guyane française, en Amérique du sud°

îles *islands* à dos de chameau *camelback* sud *South*

PORTRAIT

Les Alpes et le ski

Près de 40% des Français partent à la montagne pour deux semaines en moyenne° pendant les vacances d'hiver. Soixante-dix pour cent d'entre eux° choisissent° une station de ski des Alpes françaises. La chaîne° des Alpes est la plus grande chaîne de montagnes d'Europe. Elle fait plus de 1.000 km de long et va de la Méditerranée à l'Autriche°. Plusieurs pays la partagent: entre autres° la France, la Suisse, l'Allemagne et l'Italie. Le Mont-Blanc, le sommet° le plus haut° d'Europe occidentale°, est à 4.808 mètres d'altitude. On trouve d'excellentes pistes° de ski dans les Alpes, comme à Chamonix, Tignes, Val d'Isère et aux Trois Vallées.

en moyenne *on average* d'entre eux *of them* choisissent *choose* chaîne *range* l'Autriche *Austria* entre autres *among others* sommet *peak* le plus haut *the highest* occidentale *Western* pistes *trails*

SUR INTERNET

Chaque année, depuis (*since*) 1982, plus de 4 millions de Français utilisent des Chèques-Vacances pour payer leurs vacances. Qu'est-ce que c'est, un Chèque-Vacances?

Go to **promenades.vhlcentral.com** to find more cultural information related to this **LECTURE CULTURELLE**.

---

2 **Répondez** Répondez aux questions par des phrases complètes.

1. Quel pourcentage des Français partent à la montagne en hiver?
2. Des Français qui vont à la montagne en hiver, combien choisissent les Alpes?
3. Qu'est-ce que c'est, les Alpes?
4. Quel est le sommet le plus haut d'Europe occidentale?
5. Quel séjour est-ce que vous suggérez à un jeune Américain qui aime l'aventure et qui a envie de pratiquer son français?

3 **À l'agence de voyages** Vous travaillez dans une agence de voyages en France. Votre partenaire, un(e) client(e), va vous parler des activités et du climat qu'il/elle aime. Faites quelques suggestions de destinations. Votre client(e) va vous poser des questions sur les différents voyages que vous suggérez.

ressources

SUPERSITE

promenades.vhlcentral.com
Leçon 14

ACTIVITÉS

14.1 Regular *-ir* verbs

Point de départ In **Leçon 9**, you learned several irregular -ir verbs. Some -ir verbs, like **finir** (*to finish*), are regular in their conjugation.

finir	
je fin**is**	nous fin**issons**
tu fin**is**	vous fin**issez**
il/elle fin**it**	ils/elles fin**issent**

Je **finis** mes devoirs.
I finish my homework.

Alain et Chloé **finissent** de manger.
Alain and Chloé finish eating.

● Here are some other verbs that follow the same pattern as **finir**.

Other regular *-ir* verbs			
choisir	*to choose*	réfléchir (à)	*to think (about), to reflect (on)*
grossir	*to gain weight*		
maigrir	*to lose weight*	réussir (à)	*to succeed in doing something*

Marc **grossit** pendant les vacances.
Marc gains weight during vacation.

Elles **réussissent** à trouver un hôtel au centre-ville.
They succeed in finding a hotel downtown.

● To form the past participle of regular -ir verbs, drop the -r from the infinitive.

M. Leroy **a** beaucoup **maigri**.
Mr. Leroy lost a lot of weight.

Vous **avez choisi** une chambre?
Did you choose a room?

Une minute... je réfléchis.

On a réussi!

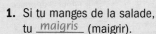

Essayez! **Complétez les phrases.**

1. Si tu manges de la salade, tu _maigris_ (maigrir).
2. Il _____ (réussir) tous ses projets.
3. Vous _____ (finir) vos devoirs?
4. Lundi prochain nous _____ (finir) le livre.
5. Les enfants _____ (grossir).
6. Vous _____ (choisir) quel magazine?
7. Son jean est trop grand parce qu'il _____ (maigrir).
8. Je _____ (réfléchir) beaucoup à ce problème.

MISE EN PRATIQUE

1 **Notre voyage** Complétez le dialogue avec le présent des verbes.

FRÉDÉRIQUE L'agence de voyages (1) _____ (finir) d'organiser notre séjour aujourd'hui, n'est-ce pas?

MARC Oui, et elle (2) _____ (choisir) aussi notre hôtel.

LINDA Avez-vous assez d'argent? Est-ce que vous (3) _____ (réfléchir) un peu à ça?

MARC Bien sûr, nous (4) _____ (réfléchir) à ça!

FRÉDÉRIQUE Moi, je (5) _____ (réussir) toujours à dépenser tout mon argent.

LINDA Eh bien moi, je ne dépense pas d'argent pour manger. Je (6) _____ (maigrir) quand je vais à l'étranger.

MARC Moi, je (7) _____ (grossir) quand je voyage parce que je mange trop.

LINDA Est-ce que vous (8) _____ (finir) tous vos devoirs avant de voyager?

FRÉDÉRIQUE Moi, je les (9) _____ (finir) rarement!

MARC Et moi, je (10) _____ (choisir) de les finir.

2 **Saïda part en voyage** Saïda a préparé une liste de choses qu'elle et ses copines, Leyla et Patricia, doivent (*must*) faire avant leur voyage. Elles ont déjà fait plusieurs choses, mais pas toutes. Dites qui a fait quoi.

	moi	Leyla	Patricia
1. faire une réservation à l'auberge		✓	
Leyla a déjà fait une réservation à l'auberge.			
2. réfléchir aux vêtements qu'on va apporter		✓	✓
3. maigrir	✓		
4. choisir une chambre au rez-de-chaussée	✓		✓
5. réussir à trouver un maillot de bain	✓	✓	✓
6. choisir une camarade de chambre			✓

COMMUNICATION

3 **Assemblez** Avec un(e) partenaire, assemblez les éléments des trois colonnes pour créer des phrases. Attention! Quelques verbes sont irréguliers.

A	B	C
je	choisir	copains/copines
tu	finir	cours pour
le prof	grossir	l'année prochaine décision importante
mon frère	maigrir	devoirs
mes parents	partir	manger (peu, beaucoup, trop)
ma sœur	réfléchir (à)	restaurant
mon/ma petit(e) ami(e)	réussir	vacances
	sortir	vêtements
mon/ma camarade de chambre	?	voyage
?		?

4 **Votre vie à la fac** Posez ces questions à un(e) partenaire puis présentez vos réponses à la classe.

1. As-tu beaucoup réfléchi avant de choisir cette université? Pourquoi l'as-tu choisie?

2. Comment est-ce que tu as choisi ton/ta camarade de chambre?

3. Pendant ce semestre, dans quel cours as-tu le mieux (*best*) réussi?

4. En général, est-ce que tu réussis aux examens de français? Comment les trouves-tu?

5. Est-ce que tu maigris ou grossis à la fac? Pourquoi?

6. À quelle heure est-ce que tes cours finissent le vendredi? Que fais-tu après les cours?

7. Que font tes parents pour toi quand tu réussis tes examens?

8. Quand fais-tu tes devoirs? Est-ce que tu as déjà fini tes devoirs pour aujourd'hui?

5 **Libres** Vous partez en vacances avec un(e) ami(e). Vous avez des opinions très différentes. L'un(e) préfère la plage et l'autre préfère la campagne. Mettez-vous d'accord et prenez des décisions. Où allez-vous? Qu'est-ce que vous apportez? Où descendez-vous? Préparez un dialogue puis jouez la scène pour la classe. Utilisez les verbes de la page précédente.

Le français vivant

Je choisis la Guadeloupe pour mes vacances. Je réussis à trouver un paradis pour mes enfants! Les îles de Guadeloupe. Les îles où tout finit par arriver!

ÎLES DE GUADELOUPE

LES ÎLES DE GUADELOUPE
Les îles de toutes les découvertes

Identifiez Regardez la publicité (*ad*) et trouvez les formes des verbes en -**ir**.

Répondez Par groupes de trois, répondez aux questions.

1. Qui parle dans la pub?

2. Que vend-on dans la pub?

3. Où sont les îles de Guadeloupe? Regardez sur une carte si vous ne savez (*know*) pas.

4. Pourquoi choisit-on de passer ses vacances à la Guadeloupe?

5. Avez-vous passé des vacances dans un endroit comme la Guadeloupe? Où?

14.2 The *impératif*

Point de départ The **impératif** is the form of a verb that is used to give commands or to offer directions, hints, and suggestions. With command forms, you do not use subject pronouns.

- Form the **tu** command of **-er** verbs by dropping the **-s** from the present tense form. Note that **aller** also follows this pattern.

Réserve deux chambres.	**Ne travaille pas.**	**Va** au marché.
Reserve two rooms.	*Don't work.*	*Go to the market.*

- The **nous** and **vous** command forms of **-er** verbs are the same as the present tense forms.

Nettoyez votre chambre.	**Mangeons** au restaurant ce soir.
Clean your room.	*Let's eat at the restaurant tonight.*

- For **-ir** verbs, **-re** verbs, and most irregular verbs, the command forms are identical to the present tense forms.

Finis la salade.	**Attendez** dix minutes.	**Faisons** du yoga.
Finish the salad.	*Wait ten minutes.*	*Let's do some yoga.*

The *impératif* of *avoir* and *être*

	avoir	être
(tu)	aie	sois
(nous)	ayons	soyons
(vous)	ayez	soyez

- The forms of **avoir** and **être** in the **impératif** are irregular.

Aie confiance.	Ne **soyons** pas en retard.
Have confidence.	*Let's not be late.*

- An object pronoun can be added to the end of an affirmative command. Use a hyphen to separate them. Use **moi** and **toi** for the first- and second-person object pronouns.

Permettez-moi de vous aider.	Achète le dictionnaire et **utilise-le**.
Allow me to help you.	*Buy the dictionary and use it.*

- In negative commands, place object pronouns between **ne** and the verb. Use **me** and **te** for the first- and second-person object pronouns.

Ne **me montre** pas les réponses, s'il te plaît.	Cette photo est fragile. Ne **la** **touchez** pas.
Please don't show me the answers.	*That picture is fragile. Don't touch it.*

BOÎTE À OUTILS
You will learn more about how to use **toi** and **te** with commands when you study reflexive verbs in **Leçon 19**.

SUPERSITE   **MISE EN PRATIQUE**

1 **Dites à...** Mettez les verbes à l'impératif.

MODÈLE

Dites à votre petite sœur de nettoyer sa chambre.
Nettoie ta chambre.

Dites à votre petite sœur...
1. d'aller à l'école.
2. de ne pas regarder la télé.
3. de vous attendre.

Dites à vos camarades de chambre...
4. de ne pas mettre la radio.
5. d'être gentils.
6. de réfléchir avant de parler.

2 **Écoutez** Marilyne et Nicole sont des adolescentes difficiles. Leur mère leur demande de faire le contraire de ce qu'elles (*what they*) proposent.

MODÈLE

Nous allons regarder la télé.
Ne la regardez pas.

1. Nous allons téléphoner à nos copines.
2. Je ne vais pas parler à mon prof.
3. Nous n'allons pas lire ce livre.
4. Nous n'allons pas faire nos devoirs.
5. Je vais acheter une nouvelle jupe.
6. Je ne vais pas écrire à mes grands-parents.

3 **Que dites-vous?** Que dites-vous à ces personnes? Avec un(e) partenaire, employez des verbes à l'impératif.

MODÈLE

Ne mangez pas trop.

1.

3.

2.

4.

COMMUNICATION

4   Fais-le Dites à un(e) camarade de classe de faire certaines choses. Ensuite, changez de rôle. Utilisez ces verbes ou d'autres.

MODÈLE

donner
Charles, donne-moi un crayon.

chanter	écrire
danser	essayer
décrire	faire
dessiner	lire
dire	nettoyer
donner	regarder

5   Un voyage aux États-Unis Un(e) étudiant(e) français(e) visite les États-Unis. Avec un(e) partenaire, suggérez des activités dans ces villes.

MODÈLE

À New York, va à la statue de la Liberté.

villes	verbes utiles
Boston	acheter
Chicago	aller
Los Angeles	faire
Miami	manger
New York	prendre
San Francisco	regarder
Washington, D.C.	réserver
	rester
	visiter

6   Mme Réponsatout Vous téléphonez à l'émission de Madame Réponsatout, qui donne des conseils (*advice*) au public. Avec un(e) partenaire, imaginez les dialogues pour les problèmes de la liste. Employez des verbes à l'impératif et alternez les rôles.

MODÈLE

Étudiant(e) 1: *J'ai un problème d'argent.*
Étudiant(e) 2: *N'achetez pas de vêtements chers.*

- un problème d'argent
- un problème sentimental (*romantic*)
- où aller en vacances
- un(e) camarade de chambre pénible
- mauvaises notes à tous les cours
- un professeur difficile

The verbs *dire*, *lire*, and *écrire*

dire, lire, écrire			
	dire *(to say)*	**lire** *(to read)*	**écrire** *(to write)*
je/j'	dis	lis	écris
tu	dis	lis	écris
il/elle	dit	lit	écrit
nous	disons	lisons	écrivons
vous	dites	lisez	écrivez
ils/elles	disent	lisent	écrivent

Disons du 26 décembre au 2 janvier.

J'écris un e-mail à...

Elle m'**écrit**.	Ne **dis** pas ton secret.	**Lisez** cet e-mail.
She writes to me.	*Don't tell your secret.*	*Read that e-mail.*

- The verb **décrire** (*to describe*) is conjugated like **écrire**.

Elle **décrit** l'accident.	Ils **décrivent** leurs vacances.
She's describing the accident.	*They describe their vacation.*

- The past participles of **dire**, **écrire**, and **décrire**, respectively, are **dit**, **écrit**, and **décrit**. The past participle of **lire** is **lu**.

Ils l'**ont dit**.	Tu l'**as écrit**.	Nous l'**avons lu**.
They said it.	*You wrote it.*	*We read it.*

Essayez!   Employez l'impératif pour compléter ces phrases.

1. __Envoie__ (envoyer: tu) cette lettre.
2. Ne _____ (quitter: nous) pas la maison ce soir.
3. _____ (attendre: vous) à l'aéroport.
4. Sébastien, _____ (aller: tu) à la bibliothèque.
5. Christine et Serena, ne _____ (être: vous) pas impatientes.
6. Chérie, n'_____ (avoir: tu) pas peur.
7. _____ (prendre: vous) des fraises.
8. _____ (écrire: tu) ton devoir pour demain.
9. Ne me _____ (dire: vous) pas comment le film finit!
10. _____ (lire: tu) ce livre.

SYNTHÈSE

Révision

1 Oui ou non? Votre professeur va vous donner une feuille d'activités. Circulez dans la classe pour trouver deux camarades différent(e)s pour chaque situation, l'un(e) qui dit oui et l'autre qui dit non. Écrivez leur nom.

MODÈLE

Étudiant(e) 1: *Est-ce que tu écris des e-mails à tes grands-parents?*
Étudiant(e) 2: *Oui, je leur écris des e-mails parfois.*

Situation	Oui	Non
1. écrire des e-mails à ses grands-parents	Lionel	
2. dire la vérité (truth) dans toutes les circonstances		
3. grossir en été		
4. lire le journal tous les matins		
5. maigrir en hiver		
6. réussir à faire la fête tous les week-ends		

2 Faites attention Vous êtes médecin. Quels conseils (*advice*) donnez-vous à ces personnes? Employez des verbes à l'impératif. Ensuite, comparez vos suggestions aux suggestions de deux camarades.

Quels conseils donnez-vous à une personne...

1. fatiguée?
2. nerveuse?
3. sans énergie?
4. faible?
5. trop grosse?
6. trop mince?

3 Apprenons le français Vous et votre partenaire cherchez à progresser en français. Trouvez huit idées d'activités à faire en français et utilisez des verbes à l'impératif avec des pronoms d'objet direct ou indirect. Ensuite, comparez votre liste avec la liste d'un autre groupe.

MODÈLE

Étudiant(e) 1: *Regardons le dernier film de Catherine Deneuve.*
Étudiant(e) 2: *Oui, regardons-le.*

4 Des solutions Parlez de ces problèmes avec un(e) partenaire. Un(e) étudiant(e) présente les problèmes de la colonne A et l'autre les problèmes de la colonne B. Employez des impératifs et alternez les rôles.

MODÈLE *J'ai perdu mon cahier de français.*

Étudiant(e) 1: *J'ai perdu mon cahier de français.*
Étudiant(e) 2: *Nettoie ta chambre et puis cherche-le.*

A	B
1. Je ne trouve pas de billet aller-retour pour la Guadeloupe.	1. Mon/Ma petit(e) ami(e) est allé(e) à une fête avec une autre personne.
2. Demain c'est l'anniversaire de ma mère et je n'ai pas son cadeau.	2. Je n'ai pas acheté de billet de train pour aller à Genève demain.
3. Je n'ai pas d'argent pour payer l'addition.	3. Il est 11h00 du matin, mais j'ai déjà faim.
4. L'avion est parti sans moi.	4. Il neige et j'ai très froid.

5 La publicité Par groupes de trois, créez le texte d'une publicité pour le magazine *Mer et soleil*. Décidez quel endroit l'illustration représente, puis employez des verbes à l'impératif pour attirer (*to attract*) des touristes. Ensuite, présentez vos pubs (*ads*) à la classe.

6 Un week-end en vacances Votre professeur va vous donner, à vous et à votre partenaire, une feuille de dessins sur le week-end de M. et Mme Bardot et de leur fille Alexandra. Attention! Ne regardez pas la feuille de votre partenaire.

MODÈLE

Étudiant(e) 1: *D'abord, ils sont arrivés à l'hôtel.*
Étudiant(e) 2: *Après, ...*

ressources

WB pp. 93–96	LM pp. 55–56	promenades.vhlcentral.com Leçon 14

Écriture

STRATÉGIE

Making an outline

When we write to share information, an outline can serve to separate topics and subtopics, providing a framework for presenting the data. Consider the following excerpt from an outline of a tourist brochure.

I. Itinéraire et description du voyage
   A. Jour 1
      1. ville: Ajaccio
      2. visites: visite de la ville à pied
      3. activités: dîner
   B. Jour 2
      1. ville: Bonifacio
      2. visites: la ville de Bonifacio
      3. activités: promenade en bateau, dîner
II. Description des hôtels et des transports
   A. Hôtels
   B. Transports

Schéma d'idées

Idea maps can be used to create outlines. The major sections of an idea map correspond to the Roman numerals in an outline. The minor sections correspond to the outline's capital letters, and so on. Consider the idea map that led to the outline above.

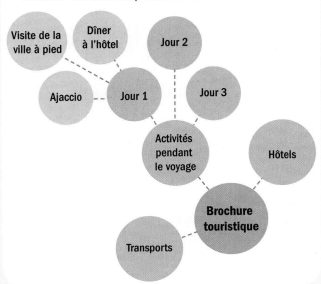

Thème

Écrivez une brochure

Vous allez préparer une brochure pour un voyage organisé que vous avez fait ou que vous avez envie de faire dans un pays francophone. Utilisez un schéma d'idées pour vous aider. Voici des exemples d'informations que votre brochure peut (can) donner.

- le pays et la ville
- le nombre de jours
- la date et l'heure du départ et du retour
- les transports utilisés (train, avion,...) et le lieu de départ (aéroport JFK, gare de Lyon,...)
- le temps qu'il va probablement faire et quelques suggestions de vêtements à porter
- où on va dormir (hôtel, auberge de jeunesse, camping,...)
- où on va manger (restaurant, café, pique-nique dans un parc,...)
- les visites culturelles (monuments, musées,...)
- les autres activités au programme (explorer la ville, aller au marché, faire du sport,...)
- le prix du voyage par personne

Panorama

SUPERSITE

le ski dans les Alpes

Provence-Alpes-Côte d'Azur

La région en chiffres

▶ **Superficie:** *31.400 km²*

▶ **Population:** *4.666.000*
SOURCE: INSEE

▶ **Industries principales:** *agriculture, industries agro-alimentaires°, métallurgiques et mécaniques, parfumerie, tourisme*

▶ **Villes principales:** *Avignon, Gap, Marseille, Nice, Toulon*

Personnages célèbres

▶ **Nostradamus,** *astrologue et médecin (1503–1566)*

▶ **Marcel Pagnol,** *cinéaste° et écrivain (1895–1974)*

▶ **Surya Bonaly,** *athlète olympique (1973–)*

Rhône-Alpes

La région en chiffres

▶ **Superficie:** *43.698 km²*

▶ **Population:** *5.893.000*

▶ **Industries principales:** *agriculture, élevage°, tourisme, industries chimiques, métallurgiques et textiles*

▶ **Villes principales:** *Annecy, Chambéry, Grenoble, Lyon, Saint-Étienne*

Personnages célèbres

▶ **Louise Labé,** *poétesse (1524–1566)*

▶ **Stendhal,** *écrivain (1783–1842)*

▶ **Antoine de Saint-Exupéry,** *écrivain, auteur° du* Petit Prince *(1900–1944)*

agro-alimentaires *food-processing* cinéaste *filmmaker* élevage *livestock raising* auteur *author* confrérie *brotherhood* gardians *herdsmen* depuis *since* sud *south* chevaux *horses* taureaux *bulls* flamants *flamingos* Montés *Riding* Papes *Popes*

LA SUISSE
Annecy
Chamonix
▲ Mont-Blanc
Lyon le Rhône
Albertville
St-Étienne
Chambéry
RHÔNE-ALPES
L'ITALIE
LA FRANCE
l'Isère
Grenoble
Valence
la Drôme
Gap
Montélimar
PROVENCE-ALPES-CÔTE D'AZUR (PACA)
le Rhône
la Saône
L E S   A L P E S
le Verdon
le Var
0   50 milles
0   50 kilomètres
Avignon
Nice
Grasse
Arles
MONACO
LA CAMARGUE
Cannes
Antibes
Aix-en-Provence
la Durance
Marseille
Toulon
Les îles d'Hyères
LA MER MÉDITERRANÉE

le palais des Papes° à Avignon

PROMENADE des ANGLAIS
la promenade des Anglais à Nice

Incroyable mais vrai!

Tous les cow-boys ne sont pas américains. En Camargue, la confrérie° des gardians° perpétue depuis° 1512 les traditions des cow-boys français. C'est dans le sud° que cohabitent les chevaux° blancs camarguais, des taureaux° noirs et des flamants° roses. Montés° sur des chevaux blancs, les gardians gardent les taureaux noirs.

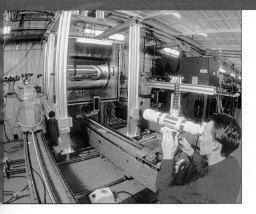

Les destinations

Grenoble

La ville de Grenoble, dans la région Rhône-Alpes, est surnommée «Capitale des Alpes» et «Ville Technologique». Située° à la porte des Alpes, elle donne accès aux grandes stations de ski alpines et elle est le premier centre de recherche° en France après Paris, avec plus de° 15.000 chercheurs°. Le synchrotron de Grenoble, un des plus grands° accélérateurs de particules du monde, permet à 5.000 chercheurs d'étudier la matière°. Grenoble est également° une ville universitaire avec quatre universités et 60.000 étudiants.

Les arts

Le festival de Cannes

Chaque année depuis° 1946, au mois de mai, de nombreux acteurs, réalisateurs° et journalistes viennent à Cannes, sur la Côte d'Azur, pour le Festival International du Film. Avec près de 1.000 films, 4.000 journalistes et plus de 70 pays représentés, c'est la manifestation cinématographique annuelle la plus médiatisée°. Après deux semaines de projections, de fêtes, d'expositions et de concerts, le jury international du festival choisit le meilleur° des vingt films présentés en compétition officielle.

La gastronomie

La raclette et la fondue

La Savoie, dans la région Rhône-Alpes, est très riche en fromages et deux de ses spécialités sont basées sur le fromage. Pour la raclette, on met du fromage à raclette sur un appareil° à raclette pour le faire fondre°. Chaque personne racle° du fromage dans son assiette° et le mange avec des pommes de terre° et de la charcuterie°. La fondue est un mélange° de fromages fondus°. Avec un bâton°, on trempe° un morceau° de pain dans la fondue. Ne le faites pas tomber!

Les traditions

Grasse, France

La ville de Grasse, sur la Côte d'Azur, est le centre de la parfumerie° française. Capitale mondiale du parfum depuis le dix-huitième siècle, Grasse cultive les fleurs depuis le Moyen Âge°: violette, lavande, rose, plantes aromatiques, etc. Au dix-neuvième siècle, ses parfumeurs, comme Molinard, ont conquis° les marchés du monde grâce à° la fabrication industrielle.

 Qu'est-ce que vous avez appris? Répondez aux questions par des phrases complètes.

1. Comment s'appelle la région où les gardians perpétuent les traditions des cow-boys français?
2. Qui a écrit le livre *Le Petit Prince*?
3. Quel est le rôle des gardians?
4. Où est situé Grenoble?
5. À Grenoble, qui vient étudier la matière?

6. Depuis quand existe le festival de Cannes?
7. Qui choisit le meilleur film au festival de Cannes?
8. Avec quoi mange-t-on la raclette?
9. Quelle ville est le centre de la parfumerie française?
10. Pourquoi Grasse est-elle le centre de la parfumerie française?

ressources
WB pp. 97–98
promenades.vhlcentral.com
Unité 7

SUPERSITE **SUR INTERNET**

Go to **promenades.vhlcentral.com** to find more cultural information related to this **PANORAMA**.

1. Quels films étaient (*were*) en compétition au dernier festival de Cannes? Qui composait (*made up*) le jury?
2. Trouvez des informations sur la parfumerie à Grasse. Quelles sont deux autres parfumeries qu'on trouve à Grasse?

Située *Located* **recherche** *research* **plus de** *more than* **chercheurs** *researchers* **des plus grands** *of the largest* **matière** *matter* **également** *also* **depuis** *since* **réalisateurs** *filmmakers* **la plus médiatisée** *the most publicized* **meilleur** *best* **appareil** *machine* **fondre** *melt* **racle** *scrapes* **assiette** *plate* **pommes de terre** *potatoes* **charcuterie** *cooked pork meats* **mélange** *mix* **fondus** *melted* **bâton** *stick* **trempe** *dips* **morceau** *piece* **parfumerie** *perfume industry* **Moyen Âge** *Middle Ages* **ont conquis** *conquered* **grâce à** *thanks to*

Partir en voyage

un aéroport	airport
un arrêt d'autobus (de bus)	bus stop
une arrivée	arrival
un avion	plane
un billet aller-retour	round-trip ticket
un billet (d'avion, de train)	(plane, train) ticket
un départ	departure
une douane	customs
une gare (routière)	train station (bus station)
une sortie	exit
une station (de métro, de train)	(subway, train) station
une station de ski	ski resort
un ticket de bus, de métro	bus, subway ticket
un vol	flight
un voyage	trip
à l'étranger	abroad, overseas
la campagne	country(side)
une capitale	capital
des gens (m.)	people
le monde	world
un pays	country

Les pays

(en/l') Allemagne (f.)	(to, in) Germany
(en/l') Angleterre (f.)	(to, in) England
(en/la) Belgique (belge)	(to, in) Belgium (Belgian)
(au/le) Brésil (brésilien(ne))	(to, in) Brazil (Brazilian)
(au/le) Canada	(to, in) Canada
(en/la) Chine (chinois(e))	(to, in) China (Chinese)
(en/l') Espagne (f.)	(to, in) Spain
(aux/les) États-Unis (m.)	(to, in) United States
(en/la) France	(to, in) France
(en/l') Irlande (f.) (irlandais(e))	(to, in) Ireland (Irish)
(en/l') Italie (f.)	(to, in) Italy
(au/le) Japon	(to, in) Japan
(au/le) Mexique	(to, in) Mexico
(en/la) Suisse	(to, in) Switzerland

Les vacances

bronzer	to tan
faire du shopping	to go shopping
faire les valises	to pack one's bags
faire un séjour	to spend time (somewhere)
partir en vacances	to go on vacation
prendre un train (un avion, un taxi, un (auto)bus, un bateau)	to take a train (plane, taxi, bus, boat)
rouler en voiture	to ride in a car
utiliser un plan	to use/read a map
un (jour de) congé	day off
le journal	newspaper
la mer	sea
une plage	beach
des vacances (f.)	vacation

Adverbes et locutions de temps

alors	so, then; at that moment
après (que)	after
avant (de)	before
d'abord	first
donc	therefore
enfin	finally, at last
ensuite	then, next
finalement	finally
pendant (que)	during, while
puis	then
tout à coup	suddenly
tout de suite	right away

Verbes

aller	to go
arriver	to arrive
descendre	to go/take down
entrer	to enter
monter	to go/come up; to get in/on
mourir	to die
naître	to be born
partir	to leave
passer	to pass by; to spend time
rentrer	to return
rester	to stay
retourner	to return
sortir	to go out
tomber (sur quelqu'un)	to fall (to run into somebody)

Faire une réservation

annuler	to cancel
une réservation	a reservation
réserver	to reserve
une agence/un agent de voyages	travel agency/agent
un ascenseur	elevator
une auberge de jeunesse	youth hostel
une chambre individuelle	single room
une clé	key
un(e) client(e)	client; guest
un étage	floor
un hôtel	hotel
un hôtelier/ une hôtelière	hotel keeper
un lit	bed
un passager/ une passagère	passenger
un passeport	passport
la réception	reception desk
le rez-de-chaussée	ground floor
complet/complète	full (no vacancies)
libre	available

Verbes réguliers en –ir

choisir	to choose
finir	to finish
grossir	to gain weight
maigrir	to lose weight
réfléchir (à)	to think (about), to reflect (on)
réussir (à)	to succeed in doing something

Verbes irréguliers

décrire	to describe
dire	to say
écrire	to write
lire	to read

Expressions utiles	See pp. 199 and 213.
Direct object pronouns	See pp. 204–205.
Ordinal numbers	See pp. 208–209.

Chez nous

Pour commencer

- Qui est passée chez qui?
- Qu'est-ce qu'il y a dans la cafetière? Du lait? De l'eau? Du café?
- Qu'est-ce que fait Sandrine?
- Quelles couleurs porte Sandrine? Et Amina?

Savoir-faire
pages 254–255

Panorama: L'Alsace and la Lorraine

Leçon **15**

You will learn how to...
- describe your home
- talk about habitual past actions

La maison

le balcon

la salle de bains

les toilettes (f.)
(W.-C.) (m.)

le miroir

le couloir

la baignoire

le canapé

le tapis

le fauteuil

une fleur

le sous-sol

la salle de séjour

Vocabulaire

déménager	to move out
emménager	to move in
louer	to rent
un appartement	apartment
une cave	basement, cellar
une cuisine	kitchen
un escalier	staircase
un immeuble	building
un jardin	garden; yard
un logement	housing
un loyer	rent
une pièce	room
un quartier	area, neighborhood
une résidence	residence
une salle à manger	dining room
un salon	formal living/sitting room
un studio	studio (apartment)
une armoire	armoire, wardrobe
une douche	shower
un lavabo	bathroom sink
un meuble	piece of furniture
un placard	closet, cupboard
un tiroir	drawer

ressources

| WB pp. 99–100 | LM p. 57 | SUPERSITE promenades.vhlcentral.com Leçon 15 |

les rideaux (*m.*)

le mur

les affiches (*f.*)

les étagères (*f.*)

la lampe

la commode

la chambre

le garage

Mise en pratique

1 **Écoutez** 🎧 Patrice cherche un appartement. Écoutez sa conversation téléphonique et dites si les affirmations sont **vraies** ou **fausses**.

	Vrai	Faux
1. Madame Dautry est la propriétaire de l'appartement.	☐	☐
2. L'appartement est au 24 rue Pasteur.	☐	☐
3. L'appartement est au cinquième étage.	☐	☐
4. L'appartement est dans un vieil immeuble.	☐	☐
5. L'appartement n'a pas de balcon, mais il a un garage.	☐	☐
6. Il y a une baignoire dans la salle de bains.	☐	☐
7. Les toilettes ne sont pas dans la salle de bains.	☐	☐
8. L'appartement est un studio.	☐	☐
9. Le loyer est de 490€.	☐	☐
10. Patrice va emménager tout de suite.	☐	☐

2 **Chassez l'intrus** Indiquez le mot ou l'expression qui ne convient pas (*that doesn't belong*).

1. un appartement, un quartier, un logement, un studio
2. une baignoire, une douche, un sous-sol, un lavabo
3. un salon, une salle à manger, une salle de séjour, un jardin
4. un meuble, un canapé, une armoire, une affiche
5. un placard, un balcon, un jardin, un garage
6. une chambre, une cuisine, un rideau, une pièce
7. un meuble, une commode, un couloir, un tiroir
8. un mur, un tapis, une fenêtre, une affiche

3 **Définitions** Lisez les définitions et trouvez les mots ou expressions de **CONTEXTES** qui correspondent. Ensuite, avec un(e) partenaire, donnez votre propre définition de cinq mots ou expressions. Rejoignez un autre groupe et lisez vos définitions. L'autre groupe doit deviner (*must guess*) de quoi vous parlez.

1. C'est ce que (*what*) vous payez chaque mois quand vous n'êtes pas propriétaire de votre appartement. _____
2. Vous passez par ici pour aller d'une pièce à une autre. _____
3. C'est le fait de (*act of*) partir de votre appartement. _____
4. C'est là que vous mettez vos livres. _____
5. En général, il y en a quatre dans une pièce et ils sont entre les pièces de votre appartement. _____
6. C'est ce que vous utilisez pour lire le soir. _____
7. C'est là que vous mettez votre voiture. _____
8. C'est ce que vous utilisez pour aller du premier étage au deuxième étage d'un immeuble. _____
9. Quand vous avez des invités, c'est la pièce dans laquelle (*in which*) vous dînez. _____
10. En général, il est sur le sol (*floor*) d'une pièce. _____

Communication

4 **Répondez** À tour de rôle avec un(e) partenaire, posez-vous les questions suivantes et répondez-y.

1. Où est-ce que tu habites?
2. Quelle est la taille de ton appartement ou de ta maison? Combien de pièces y a-t-il?
3. Quand as-tu emménagé?
4. Est-ce que tu as un jardin? Un garage?
5. Combien de placards as-tu? Où sont-ils?
6. Quels meubles as-tu? Comment sont-ils?
7. Quel meuble est-ce que tu voudrais (*would like*) avoir dans ton appartement?
   (Répondez: Je voudrais...)
8. Qu'est-ce que tu détestes au sujet de ton appartement?

5 **Votre chambre** Écrivez une description de votre chambre. À tour de rôle, lisez votre description à votre partenaire. Il/Elle va vous demander d'autres détails et dessiner un plan. Ensuite, regardez le dessin (*drawing*) de votre partenaire et dites s'il correspond à votre chambre ou non.

6 **Sept différences** Votre professeur va vous donner, à vous et à votre partenaire, deux feuilles d'activités différentes. Il y a sept différences entre les deux images. Comparez vos dessins et faites une liste de ces différences. Quel est le groupe le plus rapide (*the quickest*) de la classe? Attention! Ne regardez pas la feuille de votre partenaire.

> **MODÈLE**
>
> **Étudiant(e) 1:** *Dans mon appartement, il y a un lit. Il y a une lampe à côté du lit.*
> **Étudiant(e) 2:** *Dans mon appartement aussi, il y a un lit, mais il n'y a pas de lampe.*

7 **La décoration** Formez un groupe de trois. L'un de vous est un décorateur d'intérieur qui a rendez-vous avec deux clients qui veulent (*want*) redécorer leur maison. Les clients sont très difficiles. Imaginez votre conversation et jouez la scène devant la classe. Utilisez les mots de la liste.

un canapé	un fauteuil
une chambre	un meuble
une cuisine	un mur
un escalier	un placard
une étagère	un tapis

Les sons et les lettres

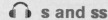 **s and ss**

You've already learned that an **s** at the end of a word is usually silent.

| lavabo**s** | copain**s** | va**s** | placard**s** |

An **s** at the beginning of a word, before a consonant, or after a pronounced consonant is pronounced like the *s* in the English word *set*.

| **s**oir | **s**alon | **s**tudio | ab**s**olument |

A double **s** is pronounced like the *ss* in the English word *kiss*.

| gro**ss**e | a**ss**ez | intére**ss**ant | rou**ss**e |

An **s** at the end of a word is often pronounced when the following word begins with a vowel sound. An **s** in a liaison sounds like a *z*, like the *s* in the English word *rose*.

| trè**s** élégant | troi**s** hommes |

The other instance where the French **s** has a *z* sound is when there is a single **s** between two vowels within the same word. The **s** is pronounced like the *s* in the English word *music*.

| mu**s**ée | amu**s**ant | oi**s**eau | be**s**oin |

These words look alike, but have different meanings. Compare the pronunciations of each word pair.

| poi**s**on | poi**ss**on | dé**s**ert | de**ss**ert |

Prononcez Répétez les mots suivants à voix haute.

1. sac
2. triste
3. suisse
4. chose
5. bourse
6. passer
7. surprise
8. assister
9. magasin
10. expressions
11. sénégalaise
12. sérieusement

Articulez Répétez les phrases suivantes à voix haute.

1. Le spectacle est très amusant et la chanteuse est superbe.
2. Est-ce que vous habitez dans une résidence universitaire?
3. De temps en temps, Suzanne assiste à l'inauguration d'expositions au musée.
4. Heureusement, mes professeurs sont sympathiques, sociables et très sincères.

Dictons Répétez les dictons à voix haute.

Si jeunesse savait, si vieillesse pouvait. [1]

Les oiseaux de même plumage s'assemblent sur le même rivage. [2]

[2] Birds of a feather flock together.
[1] Youth is wasted on the young.
(lit. If youth but knew, if old age but could.)

ressources

LM p. 58

promenades.vhlcentral.com
Leçon 15

ROMAN-PHOTO

 ## La visite surprise

PERSONNAGES

David

Pascal

Rachid

Sandrine

En ville, Pascal fait tomber (drops) ses fleurs.

PASCAL Aïe!
RACHID Tenez. *(Il aide Pascal.)*
PASCAL Oh, merci.
RACHID Aïe!
PASCAL Oh pardon, je suis vraiment désolé!
RACHID Ce n'est rien.
PASCAL Bonne journée!

Chez Sandrine...

RACHID Eh, salut, David! Dis donc, ce n'est pas un logement d'étudiants ici! C'est grand chez toi! Tu ne déménages pas, finalement?
DAVID Heureusement, Sandrine a décidé de rester.
SANDRINE Oui, je suis bien dans cet appartement. Seulement les loyers sont très chers au centre-ville.

RACHID Oui, malheureusement! Tu as combien de pièces?
SANDRINE Il y a trois pièces: le salon, la salle à manger, ma chambre. Bien sûr il y a une cuisine et j'ai aussi une grande salle de bains. Je te fais visiter?

SANDRINE Et voici ma chambre.
RACHID Elle est belle!
SANDRINE Oui... j'aime le vert.

RACHID Dis, c'est vrai, Sandrine, ta salle de bains est vraiment grande.
DAVID Oui! Et elle a un beau miroir au-dessus du lavabo et une baignoire!
RACHID Chez nous, on a seulement une douche.
SANDRINE Moi, je préfère les douches en fait.

Le téléphone sonne (rings).

RACHID Comparé à cet appartement, le nôtre c'est une cave! Pas de décorations, juste des affiches, un canapé, des étagères et mon bureau.
DAVID C'est vrai. On n'a même pas de rideaux.

A C T I V I T É S

 Vrai ou faux? Indiquez si les affirmations suivantes sont **vraies** ou **fausses**.

1. C'est la première fois que Rachid visite l'appartement.
2. Sandrine ne déménage pas.
3. Les loyers au centre-ville ne sont pas chers.
4. Sandrine invite parfois ses amis à dîner chez elle.
5. Rachid préfère son appartement à l'appartement de Sandrine.
6. Chez les garçons, il y a une baignoire et des rideaux.
7. Quand Pascal arrive, Sandrine est contente (*pleased*).
8. Pascal doit (*must*) travailler ce week-end.

Pascal arrive à Aix-en-Provence.

SANDRINE Voici la salle à manger.
RACHID Ça, c'est une pièce très importante pour nous, les invités.

SANDRINE Et puis, la cuisine.
RACHID Une pièce très importante pour Sandrine...
DAVID Évidemment!

SANDRINE Mais Pascal... je pensais que tu avais du travail... Quoi? Tu es ici, maintenant? C'est une blague!
PASCAL Mais ma chérie, ne sois pas fâchée, c'était une surprise...

SANDRINE Une surprise! Nous deux, c'est fini! D'abord, tu me dis que les vacances avec moi, c'est impossible et ensuite tu arrives à Aix sans me téléphoner!
PASCAL Bon, si c'est comme ça, reste où tu es. Ne descends pas. Moi, je m'en vais. Voilà tes fleurs. Tu parles d'une surprise!

Expressions utiles

Talking about your home

- **Tu ne déménages pas, finalement?**
  You are not moving, after all?
- **Heureusement, Sandrine a décidé de rester.**
  Thankfully/Happily, Sandrine decided to stay.
- **Seulement, les loyers sont très chers au centre-ville.**
  However, rents are very expensive downtown.
- **Je te fais visiter?**
  Shall I give you a tour?
- **Ta salle de bains est vraiment grande.**
  Your bathroom is really big.
- **Elle a un beau miroir au-dessus du lavabo.**
  She has a nice mirror above the sink.
- **Chez nous, on a seulement une douche.**
  At our place, we only have a shower.

Additional vocabulary

- **Aïe!**
  Ouch!
- **Tenez.**
  Here.
- **Évidemment!**
  Evidently!
- **Oui, malheureusement!**
  Yes, unfortunately!
- **Je pensais que tu avais du travail.**
  I thought you had to work.
- **Mais ma chérie, ne sois pas fâchée, c'était une surprise.**
  But sweetie, don't be mad, it was a surprise.
- **sans**
  without
- **Moi, je m'en vais.**
  I am leaving/getting out of here.

---

2 **Quel appartement?** Indiquez si les objets suivants sont dans l'appartement de Sandrine (**S**) ou dans l'appartement de David et Rachid (**D & R**).

1. baignoire
2. balcon
3. rideaux
4. canapé
5. trois pièces
6. étagères
7. miroir
8. affiches

3 **Conversez** Sandrine décide que son loyer est vraiment trop cher. Elle cherche un appartement à partager avec Amina. Avec deux partenaires, écrivez leur conversation avec un agent immobilier (*real estate agent*). Elles décrivent l'endroit idéal, le prix et les meubles qu'elles préfèrent. L'agent décrit plusieurs possibilités.

ressources		
VM pp. 215–216	DVD Leçon 15	promenades.vhlcentral.com Leçon 15

A C T I V I T É S

CULTURE À LA LOUPE

Le logement en France

Les trois quarts des gens habitent en ville et un Français sur cinq habite la région parisienne. Quinze pour cent de la population habitent en banlieue dans des HLM (habitations à loyer modéré°), des appartements réservés aux familles qui n'ont pas beaucoup d'argent. Plus de la moitié des Français habitent une maison individuelle et l'autre partie habite un appartement. Cinquante pour cent des Français sont propriétaires, dont° dix pour cent ont une résidence secondaire.

Le type et la taille° des logements varient. Dans les grandes villes, beaucoup d'anciens hôtels particuliers° ont été transformés en appartements. En banlieue, on trouve les grands ensembles°, groupes d'immeubles assez° modernes qui bénéficient de certains équipements collectifs°. En général, dans les petites villes et les villages, les gens habitent de petites maisons qui sont souvent assez vieilles.

Le style et l'architecture varient d'une région à l'autre. La région parisienne a de nombreux pavillons (maisons avec de petits jardins). Dans le nord°, on habite souvent des maisons en briques° avec des toits en ardoise°. En Alsace-Lorraine, il y a de vieilles maisons à colombages avec des parties de mur en bois°. Les maisons traditionnelles de l'ouest° ont des toits de chaume°. Dans le sud°, il y a des villas de style méditerranéen avec des toits en tuiles° rouges et des mas° provençaux (vieilles maisons en pierre°).

Coup de main

Here are some terms commonly used in statistics.

un quart = *one quarter*

un tiers = *one third*

la moitié = *half*

la plupart de = *most of*

un sur cinq = *one in five*

Évolution de la taille des logements en France

TAILLE	1962	1999
1 pièce	14,7%	6,4%
2 pièces	24,1%	12,7%
3 pièces	26,8%	22,3%
4 pièces	19,0%	27,0%
5 pièces et plus	15,4%	31,6%

habitations à loyer modéré *low-cost government housing* **dont** *of which* **taille** *size* **anciens hôtels particuliers** *former private mansions* **grands ensembles** *high-rise buildings* **assez** *rather* **bénéficient de certains équipements collectifs** *benefit from certain shared facilities* **nord** *north* **briques** *bricks* **toits en ardoise** *slate roofs* **bois** *wood* **ouest** *west* **chaume** *thatch* **sud** *south* **tuiles** *tiles* **mas** *farmhouses* **pierre** *stone*

A C T I V I T É S

1 Vrai ou faux? Indiquez si les phrases sont **vraies** ou **fausses**. Corrigez les phrases fausses.

1. Il n'y a pas beaucoup de Français qui habitent la région parisienne.
2. Les familles sans beaucoup d'argent habitent souvent dans des HLM.
3. La moitié des Français ont une résidence secondaire.
4. On a transformé beaucoup d'anciens hôtels particuliers en appartements.
5. Les grands ensembles sont des maisons en pierres.
6. Les maisons françaises ont des styles d'architecture différents d'une région à l'autre.
7. En général, les maisons dans les villages sont assez vieilles.
8. Dans le sud de la France, il y a beaucoup de pavillons.
9. Dans le nord de la France, il y a beaucoup de vieilles maisons à colombages.
10. En France, en 1962, plus d'un quart des maisons et des appartements avaient (*had*) seulement trois pièces.

Using glosses

Glosses are the translations of unfamiliar words in a text. In **Lecture culturelle**, they appear at the bottom of the selections. Most of the readings that you will encounter here contain glosses. The glossed words are generally those whose meanings are not easily guessed from context and are there to help you. However, try to guess the meaning of unfamiliar words from context first, and use the glosses only to confirm your guess or if you are truly stumped.

LE MONDE FRANCOPHONE

L'architecture

Voici quelques exemples d'habitations traditionnelles.

En Afrique centrale et de l'ouest des maisons construites sur pilotis°, avec un grenier à riz°

En Afrique du Nord des maisons en pisé (de la terre° rouge mélangée° avec de la paille°) construites autour d'un patio central et avec, souvent, une terrasse sur le toit°

Aux Antilles des maisons en bois de toutes les couleurs avec des toits en métal

En Polynésie française des bungalows, construits sur pilotis ou sur le sol, souvent en bambou avec des toits en paille ou en feuilles de cocotier°

Au Viêt-nam des maisons sur pilotis construites sur des lacs, des rivières ou simplement au-dessus du sol°

pilotis *stilts* **grenier à riz** *rice loft* **terre** *clay* **mélangée** *mixed* **paille** *straw* **toit** *roof* **feuilles de cocotier** *coconut palm leaves* **au-dessus du sol** *off the ground*

PORTRAIT

Le château Frontenac

Le château Frontenac est un hôtel de luxe et un des plus beaux° sites touristiques de la ville de Québec. Construit entre la fin° du XIXᵉ siècle

et le début° du XXᵉ siècle sur le Cap Diamant, dans le quartier du Vieux-Québec, le château offre une vue° spectaculaire sur la ville. Aujourd'hui, avec ses 618 chambres sur 18 étages, son restaurant gastronomique, sa piscine et son centre sportif, le château Frontenac est classé parmi° les 500 meilleurs° hôtels du monde.

un des plus beaux *one of the most beautiful* **fin** *end* **début** *beginning* **vue** *view* **classé parmi** *ranked among* **meilleurs** *best*

SUR INTERNET

Qu'est-ce qu'une pendaison de crémaillère? D'où vient cette expression?

Go to **promenades.vhlcentral.com** to find more cultural information related to this **LECTURE CULTURELLE.** Then watch the corresponding **Flash culture.**

---

2 **Répondez** Répondez aux questions, d'après les informations données dans les textes.

1. Qu'est-ce que le château Frontenac?
2. De quel siècle date le château Frontenac?
3. Dans quel quartier de la ville de Québec le trouve-t-on?
4. Où trouve-t-on les maisons sur pilotis?
5. Quelles sont les caractéristiques des maisons d'Afrique du Nord?

3 **Une année en France** Vous allez habiter en France. Votre partenaire est agent immobilier (*real estate*). Expliquez-lui le type de logement que vous recherchez. Il/Elle va vous donner des renseignements sur les logements disponibles (*available*). Posez des questions pour avoir plus de détails. Voici quelques mots utiles: **le bail** (*lease*), **la caution** (*security deposit*), **les charges (f.)** (*basic utilities*), **le chauffage** (*heating*), **l'électricité (f.)** (*electricity*).

ressources

VM pp. 253–254

promenades.vhlcentral.com Leçon 15

A C T I V I T É S

STRUCTURES

15.1 Adverbs

Point de départ Adverbs describe how, when, and where actions take place. They modify verbs, adjectives, and even other adverbs. You've already learned some adverbs such as **bien**, **déjà**, **surtout**, and **très**.

- To form an adverb from an adjective that ends in a consonant, take the feminine singular form and add **-ment**. This ending is equivalent to the English *-ly*.

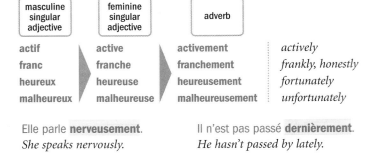

masculine singular adjective	feminine singular adjective	adverb	
actif	active	activement	*actively*
franc	franche	franchement	*frankly, honestly*
heureux	heureuse	heureusement	*fortunately*
malheureux	malheureuse	malheureusement	*unfortunately*

Elle parle **nerveusement**.
She speaks nervously.

Il n'est pas passé **dernièrement**.
He hasn't passed by lately.

- If the masculine singular form of an adjective ends in a vowel, just add **-ment** to the end.

masculine singular adjective	adverb	
absolu	absolument	*absolutely*
vrai	vraiment	*really*

Martin répond **poliment**.
Martin answers politely.

Ils louent **facilement** l'appartement.
They rent the apartment easily.

- To form an adverb from an adjective that ends in **-ant** or **-ent** in the masculine singular, replace the ending with **-amment** or **-emment**, respectively. Both endings are pronounced identically.

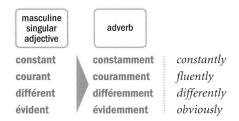

masculine singular adjective	adverb	
constant	constamment	*constantly*
courant	couramment	*fluently*
différent	différemment	*differently*
évident	évidemment	*obviously*

Les élèves lisent **patiemment**.
The pupils are reading patiently.

Je préfère travailler **indépendamment**.
I prefer to work independently.

Elle parle **couramment** français.
She speaks French fluently.

Vous pensez **différemment**.
You think differently.

 MISE EN PRATIQUE

1 **Assemblez** Trouvez l'adverbe opposé.

_____ 1. gentiment   a. difficilement

_____ 2. bien   b. rarement

_____ 3. heureusement   c. faiblement

_____ 4. lentement   d. impatiemment

_____ 5. facilement   e. mal

_____ 6. patiemment   f. méchamment

_____ 7. fréquemment   g. vite

_____ 8. fortement   h. malheureusement

2 **Ma maison** Béatrice décrit sa maison. Complétez les phrases avec les adverbes qui correspondent aux adjectifs.

MODÈLE

Il y a _évidemment_ (évident) un salon et une salle à manger.

Ma maison est (1) _____ (bon) construite et elle est (2) _____ (élégant) décorée. La cuisine est à côté de la salle à manger et je peux (*can*) (3) _____ (facile) avoir des amis à la maison. (4) _____ (Malheureux), je n'ai qu'une salle de bains. (5) _____ (Franc), ce n'est pas important parce que j'habite seule et j'aime (6) _____ (vrai) ma maison comme ça. (7) _____ (Heureux), je n'ai pas envie de déménager (8) _____ (rapide)!

3 **Chez nous** Avec un(e) partenaire, assemblez les éléments des colonnes pour décrire à tour de rôle votre maison et ce que (*what*) vous faites chez vous.

MODÈLE

Étudiant(e) 1: *Notre cuisine est équipée intelligemment.*
Étudiant(e) 2: *Chez moi, mon père fait la cuisine constamment.*

A	B	C
chambre	dire	brillamment
cuisine	dormir	constamment
je	être arrangé(e)	élégamment
meuble	être décoré(e)	facilement
parents	être équipé(e)	gentiment
placard	être rénové(e)	intelligemment
salle à manger	faire la cuisine	patiemment
salle de bains	nettoyer	rapidement
salon	travailler	utilement
?	?	?

COMMUNICATION

4 **À l'université** Vous désirez mieux connaître (*know better*) vos camarades de classe. Répondez aux questions de votre partenaire avec les adverbes de la liste ou d'autres.

attentivement	mal	rapidement
bien	parfois	rarement
facilement	patiemment	sérieusement
lentement	prudemment	souvent

1. Quand vas-tu à l'université?
2. Comment étudies-tu en général?
3. Quand tes amis et toi étudiez-vous ensemble?
4. Comment les étudiants écoutent-ils leur prof?
5. Comment ton prof de français parle-t-il?
6. Comment conduis-tu quand tu vas à la fac?
7. Quand ton/ta camarade de chambre fait-il/elle du sport?
8. Quand allez-vous au cinéma, tes amis et toi?

5 **Fréquences** Votre professeur va vous donner une feuille d'activités. Circulez dans la classe et demandez à vos camarades à quelle fréquence ils/elles font ces choses. Trouvez une personne différente pour chaque réponse, puis présentez-les à la classe.

MODÈLE

Étudiant(e) 1: À quelle fréquence nettoies-tu ta chambre?
Étudiant(e) 2: Je nettoie ma chambre fréquemment.

6 **Notre classe** Par groupes de quatre, choisissez les camarades de votre classe qui correspondent à ces descriptions. Trouvez le plus (*most*) de personnes possible.

Qui dans la classe...

1. ... bavarde constamment avec ses voisins?
2. ... parle bien français?
3. ... chante bien?
4. ... apprend facilement les langues?
5. ... écoute attentivement le prof?
6. ... travaille sérieusement après les cours?
7. ... aime beaucoup les maths?
8. ... travaille trop?
9. ... dessine souvent pendant le cours?
10. ... dort parfois pendant le cours?

- Some adverbs are irregular.

masculine singular adjective	adverb	
bon	bien	*well*
gentil	gentiment	*nicely*
mauvais	mal	*badly*

Son français est bon; il le parle **bien**.
His French is good; he speaks it well.

Leurs devoirs sont mauvais; ils écrivent **mal**.
Their homework is bad; they write badly.

- Although the adverb **rapidement** can be formed from the adjective **rapide**, you can also use the adverb **vite** to say *fast*.

Bérénice habite déjà ici?
Is Bérénice already living here?

Oui, elle a **vite** déménagé.
Yes, she moved fast.

- You've learned **jamais**, **parfois**, **rarement**, and **souvent**. Here are three more adverbs of frequency: **de temps en temps** (*from time to time*), **en général** (*in general*), **quelquefois** (*sometimes*).

Elle visite la capitale **de temps en temps**.
She visits the capital from time to time.

En général, les Parisiens n'ont pas de garage.
In general, Parisians don't have a garage.

- Place an adverb that modifies an adjective or another adverb before the word it modifies.

La pièce est **assez** grande.
The room is pretty large.

Ils font **très** vite les rénovations.
They're remodeling very quickly.

- Place an adverb that modifies a verb immediately after the verb.

Elle parle **bien** le français?
Does she speak French well?

Ils déménagent **constamment**.
They move constantly.

- In the **passé composé**, place short adverbs before the past participle.

Ils ont **vite** emménagé.
They moved in quickly.

but

Ils ont gagné **facilement**.
They won easily.

Essayez! **Donnez les adverbes qui correspondent à ces adjectifs.**

1. complet *complètement*
2. sérieux _____
3. séparé _____
4. constant _____
5. mauvais _____
6. actif _____

7. impatient _____
8. bon _____
9. franc _____
10. difficile _____
11. vrai _____
12. gentil _____

15.2 The *imparfait*

Point de départ You've learned how the **passé composé** can express past actions. Now you'll learn another past tense, the **imparfait** (*imperfect*).

- The **imparfait** can be translated several ways into English.

Hakim **déménageait** souvent quand il était petit.
Hakim moved often when he was little.

Hakim used to move often when he was little.

Hakim was moving often when he was little.

Nina **chantait** sous la douche tous les matins.
Nina sang in the shower every morning.

Nina used to sing in the shower every morning.

Nina was singing in the shower every morning.

- The **imparfait** is used to talk about actions that took place repeatedly or habitually during an unspecified period of time.

Je **passais** l'hiver à Lausanne.
I was spending the winters in Lausanne.

Vous m'**écriviez** tous les jours.
You used to write to me every day.

BOÎTE À OUTILS
You'll learn to distinguish the **imparfait** from the **passé composé** in **Leçon 16**.

- The **imparfait** is a simple tense, which means that it does not require an auxiliary verb. To form the **imparfait**, drop the **-ons** ending from the **nous** form of the present tense and replace it with these endings.

The *imparfait*

	parler (parl<del>ons</del>)	finir (finiss<del>ons</del>)	vendre (vend<del>ons</del>)	boire (buv<del>ons</del>)
je	parlais	finissais	vendais	buvais
tu	parlais	finissais	vendais	buvais
il/elle	parlait	finissait	vendait	buvait
nous	parlions	finissions	vendions	buvions
vous	parliez	finissiez	vendiez	buviez
ils/elles	parlaient	finissaient	vendaient	buvaient

- Verbs whose infinitives end in **-ger** add an **e** before all endings of the **imparfait** except in the **nous** and **vous** forms. Verbs whose infinitives end in **-cer** change **c** to **ç** before all endings except in the **nous** and **vous** forms.

| tu **déménageais** | *but* | nous **déménagions** |
| les invités **commençaient** | *but* | vous **commenciez** |

1 **Le samedi** Dites ce que (*what*) ces personnes faisaient habituellement le samedi.

 MODÈLE
Paul dormait.

Paul / dormir

1. je / faire / jogging

3. vous / manger / glace

2. ils / finir / devoirs

4. tu / prendre / café

2 **Nos déménagements** La famille d'Emmanuel déménageait souvent quand il était petit. Complétez son histoire en mettant les verbes à l'imparfait.

Quand j'étais jeune, mon père (1) _____ (travailler) pour une société canadienne et nous (2) _____ (déménager) souvent. Quand nous (3) _____ (emménager), je (4) _____ (décorer) les murs de ma nouvelle chambre. Ma petite sœur (5) _____ (détester) déménager. Elle (6) _____ (dire) qu'elle (7) _____ (perdre) tous ses amis et que ce n' (8) _____ (être) pas juste!

3 **Maintenant et avant** Qu'est-ce qu'Emmanuel et sa famille font différemment aujourd'hui? Avec un(e) partenaire, écrivez des phrases à l'imparfait et trouvez les adverbes opposés.

MODÈLE

beaucoup travailler (je)
Maintenant je travaille beaucoup, mais avant je travaillais peu.

1. rarement déménager (je)
2. facilement louer une grande maison (nous)
3. souvent nettoyer ton studio (tu)
4. parfois acheter des meubles (mes parents)
5. facilement bricoler (vous)
6. patiemment attendre son anniversaire (ma sœur)

COMMUNICATION

4 **Quand tu avais seize ans** À tour de rôle, posez ces questions à votre partenaire pour savoir (*to know*) les détails de sa vie quand il/elle avait seize ans.

1. Où habitais-tu?
2. Est-ce que tu conduisais déjà une voiture?
3. Où est-ce que ta famille et toi alliez en vacances?
4. Pendant combien de temps partiez-vous en vacances?
5. Est-ce que tes amis et toi, vous sortiez tard le soir?
6. Que faisaient tes parents le week-end?
7. Quels sports pratiquais-tu?
8. Quel genre de musique écoutais-tu?
9. Comment était ton école?
10. Aimais-tu l'école? Pourquoi?

5 **La chambre de Rafik** Voici la chambre de Rafik quand il était adolescent. Avec un(e) partenaire, employez des verbes à l'imparfait pour comparer la chambre de Rafik avec votre chambre quand vous aviez son âge.

MODÈLE

Étudiant(e) 1: *Je n'avais pas de salle de bains à côté de ma chambre. Et toi?*
Étudiant(e) 2: *Moi, je partageais la salle de bains avec ma sœur.*

6 **Une énigme** La nuit dernière, quelqu'un est entré dans le bureau de votre professeur et a emporté (*took away*) l'examen de français. Vous devez (*must*) trouver qui. Qu'est-ce que vos camarades de classe faisaient hier soir? Relisez vos notes et dites qui est le voleur (*thief*). Ensuite, présentez vos conclusions à la classe.

Je pensais que tu avais du travail.

Mais ma chérie, c'était une surprise.

- Note that the **nous** and **vous** forms of infinitives ending in **-ier** contain a double **i** in the **imparfait**.

  Vous **skiiez** dans les Alpes en janvier.
  You used to ski in the Alps in January.

  Nous **étudiions** parfois jusqu'à minuit.
  We studied until midnight sometimes.

- The **imparfait** is used for description, often with the verb **être**, which is irregular in this tense.

The *imparfait* of *être*

j'étais	nous étions
tu étais	vous étiez
il/elle était	ils/elles étaient

La cuisine **était** à côté du salon.
The kitchen was next to the living room.

Les toilettes **étaient** au rez-de-chaussée.
The restrooms were on the ground floor.

- Note the imperfect forms of these expressions.

  Il **pleuvait** chaque matin.
  It rained each morning.

  Il **neigeait** parfois au printemps.
  It snowed sometimes in the spring.

  Il **y avait** deux lits et une lampe.
  There were two beds and a lamp.

  Il **fallait** payer le loyer.
  It was necessary to pay rent.

Essayez! **Choisissez la réponse correcte pour compléter les phrases.**

1. Muriel (louait)/louais) un appartement en ville.
2. Rodrigue (partageait / partagiez) une chambre avec un autre étudiant.
3. Nous (payait /payions) notre loyer une fois par mois.
4. Il y (avait /était) des balcons au premier étage.
5. Il (neigeait / fallait) mettre le chauffage (*heat*) quand il (faisaient /faisait) froid.
6. Qu'est-ce que tu (faisait / faisais) dans le couloir?
7. Vous (aimiez /aimaient) beaucoup le quartier?
8. Nous (étaient / étions) trois dans le petit studio.

SYNTHÈSE

Révision

1 Mes affaires Vous cherchez vos affaires (*belongings*). À tour de rôle, demandez de l'aide à votre partenaire. Où étaient-elles la dernière fois? Utilisez l'illustration pour les trouver.

MODÈLE

Étudiant(e) 1: *Je cherche mes baskets. Où sont-elles?*

Étudiant(e) 2: *Tu n'as pas cherché sur l'étagère? Elles étaient sur l'étagère.*

baskets	ordinateur
casquette	parapluie
journal	pull
livre	sac à dos

2 Les anniversaires Avec un(e) partenaire, préparez huit questions pour apprendre comment vos camarades de classe célébraient leur anniversaire quand ils étaient enfants. Employez l'imparfait et des adverbes dans vos questions, puis posez-les à un autre groupe.

MODÈLE

Étudiant(e) 1: *Que faisais-tu souvent pour ton anniversaire?*

Étudiant(e) 2: *Quand j'étais petit, mes parents organisaient souvent une fête.*

3 Sports et loisirs Votre professeur va vous donner une feuille d'activités. Circulez dans la classe et demandez à vos camarades s'ils pratiquaient ces activités avant d'entrer à la fac. Trouvez une personne différente qui dit oui pour chaque activité. Présentez les réponses à la classe.

MODÈLE

Étudiant(e) 1: *Est-ce que tu faisais souvent du jogging avant d'entrer à la fac?*

Étudiant(e) 2: *Oui, je courais souvent le matin.*

4 Avant et après Voici la chambre d'Annette avant et après une visite de sa mère. Comment était sa chambre à l'origine? Avec un(e) partenaire, décrivez la pièce à tour de rôle et cherchez les différences entre les deux illustrations.

MODÈLE

Avant, la lampe était à côté de l'ordinateur. Maintenant, elle est à côté du canapé.

5 Mes mauvaises habitudes Vous aviez de mauvaises habitudes, mais vous les avez changées. Maintenant, vous parlez avec votre ancien(ne) patron(ne) (*former boss*) pour essayer de récupérer l'emploi que vous avez perdu. Avec un(e) partenaire, préparez la conversation.

MODÈLE

Étudiant(e) 1: *Impossible de vous employer! Vous dormiez tout le temps.*

Étudiant(e) 2: *Je dormais souvent, mais je travaillais aussi. Cette fois, je vais travailler sérieusement.*

6 Nous cherchons une maison Votre professeur va vous donner, à vous et à votre partenaire, une feuille d'information sur quatre maisons à louer. Attention! Ne regardez pas la feuille de votre partenaire.

MODÈLE

Étudiant(e) 1: *Malheureusement, la première maison avait un très petit balcon.*

Étudiant(e) 2: *Mais heureusement, elle avait deux salles de bains.*

ressources		
WB pp. 101–104	LM pp. 59–60	SUPERSITE promenades.vhlcentral.com Leçon 15

Le Zapping

Century 21 France

La société immobilière° Century 21 France commence ses opérations en 1987. Ses agences franchisées ont bientôt un grand succès, et Century 21 devient° une des principales sociétés immobilières de France. Cette société est connue° pour son marketing innovateur, qui diffuse à la télévision et sur Internet des publicités° d'un humour contemporain et parfois hors norme°. Century 21 France crée, par exemple, une campagne publicitaire pour montrer les risques de ne pas utiliser un agent immobilier quand on vend ou quand on achète une maison..

L'IMMOBILIER, C'EST PLUS SIMPLE
AVEC UN AGENT IMMOBILIER

www.century21france.fr

—Alors, d'abord le salon...

—Des pièces, des pièces, des pièces...

Compréhension Répondez aux questions.

1. Quelles pièces le propriétaire de l'appartement montre-t-il au couple?
2. Comment est sa description de l'appartement?
3. Que ne mentionne-t-il pas du tout?

Discussion Par groupes de trois, répondez aux questions et discutez.

1. Un agent immobilier est-il vraiment nécessaire pour vendre ou acheter une maison? Pourquoi?
2. Jouez les rôles d'un agent immobilier très compétent qui montre une maison à deux clients. Quelles pièces montrez-vous? Quels détails donnez-vous? Jouez la scène devant la classe.

SUR INTERNET

société immobilière *real estate company* **devient** *becomes*
connue *known* **publicités** *ads* **hors norme** *unconventional*

Go to **promenades.vhlcentral.com** to watch the TV clip featured in this **Le zapping**.

Leçon 16

You will learn how to...
- talk about chores
- talk about appliances

Les tâches ménagères

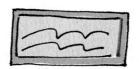

Vocabulaire

débarrasser la table	to clear the table
enlever/faire la poussière	to dust
essuyer la vaisselle/ la table	to dry the dishes/ to wipe the table
faire la lessive	to do the laundry
faire le ménage	to do the housework
laver	to wash
mettre la table	to set the table
passer l'aspirateur	to vacuum
ranger	to tidy up; to put away
salir	to soil, to make dirty
sortir la/les poubelle(s)	to take out the trash
propre	clean
sale	dirty
un appareil électrique/ ménager	electrical/household appliance
une cafetière	coffeemaker
un grille-pain	toaster
un lave-linge	washing machine
un lave-vaisselle	dishwasher
un sèche-linge	clothes dryer
une tâche ménagère	household chore

un évier

un four à micro-ondes

Elle fait le lit.

un oreiller

Il fait la vaisselle.

les draps (m.)

un congélateur

une cuisinière

une couverture

Elle balaie. (balayer)

un frigo

un balai

le linge

ressources

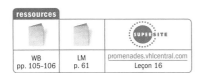

WB pp. 105–106 | LM p. 61 | SUPERSITE promenades.vhlcentral.com Leçon 16

Mise en pratique

1 **Écoutez** 🎧 Écoutez la conversation téléphonique (*phone call*) entre Édouard, un étudiant, et un psychologue à la radio. Ensuite, indiquez les tâches ménagères que faisaient Édouard et Paul au début du semestre.

	Édouard	Paul
1. Il faisait la cuisine.	☐	☐
2. Il faisait les lits.	☐	☐
3. Il passait l'aspirateur.	☐	☐
4. Il sortait la poubelle.	☐	☐
5. Il balayait.	☐	☐
6. Il faisait la lessive.	☐	☐
7. Il faisait la vaisselle.	☐	☐
8. Il nettoyait le frigo.	☐	☐

2 **On fait le ménage** Complétez les phrases suivantes avec le bon mot pour faire une phrase logique.

1. On balaie avec _____.
2. On repasse le linge avec _____.
3. On fait la lessive avec _____.
4. On lave la vaisselle avec _____.
5. On prépare le café avec _____.
6. On sèche la lessive avec _____.
7. On met la glace dans _____.
8. Pour faire le lit, on doit arranger _____, _____ et _____.

3 **Les tâches ménagères** Avec un(e) partenaire, indiquez quelles tâches ménagères vous faites dans chaque pièce ou partie de votre logement. Il y a plus d'une réponse possible.

1. La chambre: _____
2. La cuisine: _____
3. La salle de bains: _____
4. La salle à manger: _____
5. La salle de séjour: _____
6. Le garage: _____
7. Le jardin: _____
8. L'escalier: _____

Il sort la poubelle.

un fer à repasser

Il repasse.
(repasser)

Communication

4 **Conversez** Interviewez un(e) camarade de classe.

1. Qui fait la vaisselle chez toi?
2. Qui fait la lessive chez toi?
3. Fais-tu ton lit tous les jours?
4. Quelles tâches ménagères as-tu faites le week-end dernier?
5. Repasses-tu tous tes vêtements?
6. Quelles tâches ménagères détestes-tu faire?
7. Quels appareils électriques as-tu chez toi?
8. Ranges-tu souvent ta chambre?

5 **Camarade de chambre** Vous cherchez un(e) camarade de chambre pour habiter dans une résidence universitaire et deux personnes ont répondu à votre petite annonce (*ad*) dans le journal. Travaillez avec deux camarades de classe et préparez un dialogue dans lequel (*in which*) vous:

- parlez des tâches ménagères que vous détestez/aimez faire.
- parlez des responsabilités de votre nouveau/nouvelle camarade de chambre.
- parlez de vos passions et de vos habitudes.
- décidez quelle est la personne qui vous convient le mieux (*suits you the best*).

6 **Qui fait quoi?** Votre professeur va vous donner une feuille d'activités. Dites si vous faites les tâches indiquées en écrivant **Oui** ou **Non** dans la première colonne. Ensuite, posez des questions à vos camarades de classe; écrivez leur nom dans la deuxième colonne quand ils répondent **Oui**. Présentez vos réponses à la classe.

> **MODÈLE**
>
> mettre la table pour prendre le petit-déjeuner
>
> **Étudiant(e) 1:** *Est-ce que tu mets la table pour prendre le petit-déjeuner?*
> **Étudiant(e) 2:** *Oui, je mets la table chaque matin./ Non, je prends le petit-déjeuner au resto U, donc je ne mets pas la table.*

Activités	Moi	Mes camarades de classe
1. mettre la table pour prendre le petit-déjeuner		
2. passer l'aspirateur tous les jours		
3. salir ses vêtements quand on mange		
4. nettoyer les toilettes		
5. balayer la cuisine		
6. débarrasser la table après le dîner		
7. enlever souvent la poussière sur son ordinateur		
8. laver les vitres (*windows*)		

7 **Écrivez** L'appartement de Martine est un désastre: la cuisine est sale et comme vous pouvez (*can*) l'imaginer, le reste de l'appartement est encore pire (*worse*). Préparez un paragraphe où vous décrivez les problèmes que vous voyez (*see*) et que vous imaginez. Ensuite, écrivez la liste des tâches que Martine va faire pour tout nettoyer.

Les sons et les lettres

 Semi-vowels

French has three semi-vowels. Semi-vowels are sounds that are produced in much the same way as vowels, but also have many properties in common with consonants. Semi-vowels are also sometimes referred to as *glides* because they glide from or into the vowel they accompany.

| **hier** | **chien** | **soif** | **nuit** |

The semi-vowel that occurs in the word **bien** is very much like the *y* in the English word *yes*. It is usually spelled with an **i** or a **y** (pronounced *ee*), then glides into the following sound. This semi-vowel sound may also be spelled **ll** after an **i**.

| **nation** | **balayer** | **bien** | **brillant** |

The semi-vowel that occurs in the word **soif** is like the *w* in the English word *was*. It usually begins with **o** or **ou**, then glides into the following vowel.

| **trois** | **froid** | **oui** | **Louis** |

The third semi-vowel sound occurs in the word **nuit**. It is spelled with the vowel **u**, as in the French word **tu**, then glides into the following sound.

| **lui** | **suis** | **cruel** | **intellectuel** |

Prononcez Répétez les mots suivants à voix haute.

1. oui
2. taille
3. suisse
4. fille
5. mois
6. cruel
7. minuit
8. jouer
9. cuisine
10. juillet
11. échouer
12. croissant

Articulez Répétez les phrases suivantes à voix haute.

1. Voici trois poissons noirs.
2. Louis et sa famille sont suisses.
3. Parfois, Grégoire fait de la cuisine chinoise.
4. Aujourd'hui, Matthieu et Damien vont travailler.
5. Françoise a besoin de faire ses devoirs d'histoire.
6. La fille de Monsieur Poirot va conduire pour la première fois.

Dictons Répétez les dictons à voix haute.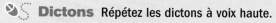

Vouloir, c'est pouvoir.[2]

La nuit, tous les chats sont gris.[1]

[1] All cats are gray in the dark.
[2] Where there's a will, there's a way.

ROMAN-PHOTO

La vie sans Pascal

PERSONNAGES

Amina

Michèle

Sandrine

Stéphane

Valérie

Au P'tit Bistrot...

MICHÈLE Tout va bien, Amina?

AMINA Oui, ça va, merci. (*Au téléphone*) Allô?... Qu'est-ce qu'il y a Sandrine?... Non, je ne le savais pas, mais franchement, ça ne me surprend pas... Écoute, j'arrive chez toi dans quinze minutes, d'accord? ... À tout à l'heure!

MICHÈLE Je débarrasse la table?

AMINA Oui, merci et apporte-moi l'addition, s'il te plaît.

MICHÈLE Tout de suite.

VALÉRIE Tu as fait ton lit ce matin?

STÉPHANE Oui, maman.

VALÉRIE Est-ce que tu as rangé ta chambre?

STÉPHANE Euh... oui, ce matin pendant que tu faisais la lessive.

Chez Sandrine...

SANDRINE Salut, Amina! Merci d'être venue.

AMINA Mmmm. Qu'est-ce qui sent si bon?

SANDRINE Il y a des biscuits au chocolat dans le four.

AMINA Oh, est-ce que tu les préparais quand tu m'as téléphoné?

SANDRINE Tu as soif?

AMINA Un peu, oui.

SANDRINE Sers-toi, j'ai des jus de fruits au frigo.

Sandrine casse (breaks) une assiette.

SANDRINE Et zut!

AMINA Ça va, Sandrine?

SANDRINE Oui, oui... passe-moi le balai, s'il te plaît.

AMINA N'oublie pas de balayer sous la cuisinière.

SANDRINE Je sais! Excuse-moi, Amina. Comme je t'ai dit au téléphone, Pascal et moi, c'est fini.

A C T I V I T É S

1 **Questions** Répondez aux questions suivantes par des phrases complètes.

1. Avec qui Amina parle-t-elle au téléphone?

2. Comment va Sandrine aujourd'hui? Pourquoi?

3. Est-ce que Stéphane a fait toutes ses tâches ménagères?

4. Qu'est-ce que Sandrine préparait quand elle a téléphoné à Amina?

5. Amina a faim et a soif. À votre avis (*opinion*), qu'est-ce qu'elle va prendre?

6. Pourquoi Amina n'est-elle pas fâchée (*angry*) contre Sandrine?

7. Pourquoi Amina pense-t-elle que Sandrine aimerait (*would like*) un cyberhomme américain?

8. Sandrine pense qu'Amina devrait (*should*) rencontrer Cyberhomme, mais Amina pense que ce n'est pas une bonne idée. À votre avis, qui a raison?

Amina console Sandrine.

VALÉRIE Hmm... et la vaisselle? Tu as fait la vaisselle?

STÉPHANE Non, pas encore, mais...

MICHÈLE Il me faut l'addition pour Amina.

VALÉRIE Stéphane, tu dois faire la vaisselle avant de sortir.

STÉPHANE Bon ça va, j'y vais!

VALÉRIE Ah Michèle, il faut sortir les poubelles pour ce soir!

MICHÈLE Oui, comptez sur moi, Madame Forestier.

VALÉRIE Très bien! Moi, je rentre, il est l'heure de préparer le dîner.

SANDRINE Il était tellement pénible. Bref je suis de mauvaise humeur aujourd'hui.

AMINA Ne t'en fais pas, je comprends.

SANDRINE Toi, tu as de la chance.

AMINA Pourquoi tu dis ça?

SANDRINE Tu as ton Cyberhomme. Tu vas le rencontrer un de ces jours?

AMINA Oh... Je ne sais pas si c'est une bonne idée.

SANDRINE Pourquoi pas?

AMINA Sandrine, il faut être prudent dans la vie, je ne le connais pas vraiment, tu sais.

SANDRINE Comme d'habitude, tu as raison. Mais finalement, un cyberhomme c'est peut-être mieux qu'un petit ami. Ou alors un petit ami artistique, charmant et beau garçon.

AMINA Et américain?

Expressions utiles

Talking about what you know

- **Je ne le savais pas, mais franchement, ça ne me surprend pas.**
  I didn't know that, but frankly, I'm not surprised.

- **Je sais!**
  I know!

- **Je ne sais pas si c'est une bonne idée.**
  I don't know if that's a good idea.

- **Je ne le connais pas vraiment, tu sais.**
  I don't really know him, you know.

Additional vocabulary

- **Comptez sur moi.**
  Count on me.

- **Ne t'en fais pas.**
  Don't worry about it.

- **J'y vais!**
  I'm going there!/I'm on my way!

- **pas encore**
  not yet

- **tu dois**
  you must

- **être de bonne/mauvaise humeur**
  to be in a good/bad mood

---

 2 **Le ménage** Indiquez qui a fait ou va faire les tâches ménagères suivantes: Michèle (**M**), Stéphane (**St**), Valérie (**V**), Sandrine (**S**), Amina (**A**) ou personne (*no one*) (**P**).

1. sortir la poubelle
2. balayer
3. passer l'aspirateur
4. faire la vaisselle
5. faire le lit
6. débarrasser la table
7. faire la lessive
8. ranger sa chambre

3 **Écrivez** Vous avez gagné un pari (*bet*) avec votre colocataire et il/elle doit faire (*must do*) en conséquence toutes les tâches ménagères que vous lui indiquez pendant un mois. Écrivez une liste de dix tâches minimum. Pour chaque tâche, précisez la pièce du logement et combien de fois par semaine il/elle doit l'exécuter.

ressources		
VM pp. 217–218	DVD Leçon 16	promenades.vhlcentral.com Leçon 16

A C T I V I T É S

LECTURE CULTURELLE

SUPERSITE

CULTURE À LA LOUPE

L'intérieur des logements français

L'intérieur des maisons et des appartements français est assez° différent de celui des Américains. Quand on entre dans un vieil immeuble en France, on est dans un hall° où il y a des boîtes aux lettres°. Ensuite, il y a souvent une deuxième porte. Celle-ci conduit à° l'escalier. Il n'y a pas souvent d'ascenseur, mais s'il y en a un°, en général, il est très petit et il est au milieu de° l'escalier. Le hall de l'immeuble peut aussi avoir une porte qui donne sur une cour° ou un jardin, souvent derrière le bâtiment°.

À l'intérieur des logements, les pièces sont en général plus petites que° les pièces américaines, surtout les cuisines et les salles de bains. Dans la cuisine, on trouve tous les appareils ménagers nécessaires (cuisinière, four, four à micro-ondes, frigo), mais ils sont plus petits qu'aux États-Unis. Les lave-vaisselle sont assez rares dans les appartements et plus communs dans les maisons. On a souvent une seule° salle de bains et les toilettes sont en général dans une autre petite pièce séparée°. Les lave-linge sont aussi assez petits et on les trouve dans la cuisine ou dans la salle de bains. Dans les chambres en France il n'y a pas de grands placards et les vêtements sont rangés la plupart° du temps dans une armoire. Les fenêtres s'ouvrent° sur l'intérieur, un peu comme des portes, et il est très rare d'avoir des moustiquaires°. Par contre°, il y a souvent des volets°.

Combien de logements ont ces appareils ménagers?

Réfrigérateur	97%
Lave-linge	95%
Cuisinière/Four	94%
Four à micro-ondes	70%
Congélateur	58%
Lave-vaisselle	45%
Sèche-linge	28%

Coup de main

Demonstrative pronouns help to avoid repetition.

	S.	P.
M.	**celui**	**ceux**
F.	**celle**	**celles**

Ce lit est grand, mais le lit de Monique est petit.

Ce lit est grand, mais **celui** de Monique est petit.

assez *rather* **hall** *entryway* **boîtes aux lettres** *mailboxes* **conduit à** *leads to* **s'il y en a un** *if there is one* **au milieu de** *in the middle of* **cour** *courtyard* **bâtiment** *building* **plus petites que** *smaller than* **une seule** *only one* **séparée** *separate* **la plupart** *most* **s'ouvrent** *open* **moustiquaires** *screens* **Par contre** *On the other hand* **volets** *shutters*

A C T I V I T É S

1 **Complétez** Complétez chaque phrase logiquement.

1. Dans le hall d'un immeuble français, on trouve...
2. Au milieu de l'escalier, dans les vieux immeubles français,...
3. Derrière les vieux immeubles, on trouve souvent...
4. Les cuisines et les salles de bains françaises sont...
5. Dans les appartements français, il est assez rare d'avoir...
6. Les logements français ont souvent une seule...
7. En France, les toilettes sont souvent...
8. Les Français rangent souvent leurs vêtements dans une armoire parce qu'ils...
9. On trouve souvent le lave-linge...
10. En général, les fenêtres dans les logements français...

STRATÉGIE

Visualizing

As you read a text in French, pick a good stopping point and close your eyes. Try to picture an image in your mind's eye of the information that you have understood up to that point. Doing so might call to mind other visual details that you associate with those explicitly mentioned in the text. As you read the **Culture à la loupe** selection on the previous page, try to visualize the inside of a typical French home.

LE MONDE FRANCOPHONE

Résidences célèbres

Voici quelques résidences célèbres.

En France
l'hôtel Matignon la résidence du Premier ministre°

Au Maroc
le Palais royal de Rabat la résidence du roi° et de sa famille

À la Martinique
la Pagerie la maison natale° de Joséphine de Beauharnais (femme de Napoléon Bonaparte)

À Monaco
le Palais du Prince la résidence de la famille princière° de Monaco (la famille Grimaldi)

Au Sénégal
le Palais présidentiel de Dakar la résidence du président du Sénégal, dans un jardin tropical

Premier ministre *Prime Minister* **roi** *king* **la maison natale** *birthplace* **la famille princière** *the prince and his family*

PORTRAIT

Le Vieux Carré

Le Quartier Français, ou Vieux Carré, est le centre historique de la Nouvelle-Orléans. Il est connu pour sa culture créole, sa vie nocturne°, sa musique et sa fameuse «joie de vivre». Beaucoup de visiteurs viennent° participer à ses fêtes, comme le carnaval du Mardi Gras ou le festival de jazz, en avril. Ils aiment aussi admirer ses nombreux bâtiments classés monuments historiques, comme le palais° du Cabildo ou la cathédrale Saint-Louis, la plus vieille° cathédrale des États-Unis. On ne doit pas quitter le Vieux Carré sans explorer les jardins et les patios cachés° de ses vieilles maisons de planteurs.

vie nocturne *night life* **viennent** *come* **palais** *palace* **la plus vieille** *the oldest* **cachés** *hidden*

SUR INTERNET

Qu'est-ce qu'on peut voir (*see*) au musée des Arts décoratifs de Paris?

Go to promenades.vhlcentral.com to find more cultural information related to this **LECTURE CULTURELLE**.

---

2 **Complétez** Complétez les phrases.

1. Le Vieux Carré est _____.
2. Il est connu pour _____.
3. Dans le Vieux Carré, il faut explorer _____.
4. Les Grimaldi habitent _____.
5. L'hôtel Matignon est _____.
6. L'impératrice Joséphine est née _____.

3 **C'est le souk!** Vos parents viennent vous rendre visite ce soir et c'est le souk (*mess*) dans tout l'appartement. Avec un(e) partenaire, inventez une conversation où vous lui donnez des ordres pour nettoyer avant l'arrivée de vos parents. Jouez la scène devant la classe.

ressources

promenades.vhlcentral.com
Leçon 16

ACTIVITÉS

16.1 The *passé composé* vs. the *imparfait*

Point de départ Although the **passé composé** and the **imparfait** are both past tenses, they have very distinct uses and are not interchangeable. The choice between these two tenses depends on the context and on the point of view of the speaker.

J'ai rangé ma chambre pendant que tu faisais la lessive.

Tu les préparais quand tu m'as téléphoné?

Uses of the *passé composé*

To express actions that started and ended in the past and are viewed by the speaker as completed	J'**ai balayé** l'escalier deux fois. *I swept the stairs twice.*
To express the beginning or end of a past action	Le film **a commencé** à huit heures. *The movie began at 8 o'clock.*
	Ils **ont fini** leurs devoirs hier. *They finished their homework yesterday.*
To narrate a series of past actions or events	Nous **avons fait** les lits, nous **avons rangé** les chambres et nous **avons passé** l'aspirateur. *We made the beds, tidied up the rooms, and vacuumed.*

Uses of the *imparfait*

To describe an ongoing past action with no reference to its beginning or end	Vous **faisiez** la lessive très tôt. *You were doing laundry very early.*
	Tu **attendais** dans le café? *Were you waiting in the café?*
To express habitual past actions and events	On **débarrassait** toujours la table à neuf heures. *We always cleared the table at 9 o'clock.*
To describe mental, physical, and emotional states or conditions	Mon ami **avait** faim et il **avait** envie de manger quelque chose. *My friend was hungry and felt like eating something.*

MISE EN PRATIQUE

1 **Le week-end dernier** Qu'est-ce que la famille Tran a fait le week-end dernier?

MODÈLE nous / passer le week-end / chez des amis
Nous avons passé le week-end chez des amis.

1. faire / beau / quand / nous / arriver
2. nous / être / fatigué / mais content
3. Audrey et son amie / aller / à la piscine
4. moi, je / décider de / dormir un peu
5. samedi soir / pleuvoir / quand / nous / sortir / cinéma
6. nous / rire / beaucoup / parce que / film / être / amusant
7. minuit / nous / rentrer / chez nous
8. Lanh / regarder / télé / quand / nous / arriver

2 **Une surprise désagréable** Récemment, Benoît a fait un séjour à Strasbourg avec un collègue. Complétez ses phrases avec l'imparfait ou le passé composé.

Ce matin, il (1) _____ (faire) chaud. J' (2) _____ (être) content de partir pour Strasbourg. Je (3) _____ (partir) pour la gare, où j' (4) _____ (retrouver) Émile. Le train (5) _____ (arriver) à Strasbourg à midi. Nous (6) _____ (commencer) notre promenade en ville. Nous (7) _____ (avoir) besoin d'un plan. J' (8) _____ (chercher) mon portefeuille (*wallet*), mais il (9) _____ (être) toujours dans le train! Émile et moi, nous (10) _____ (courir) à la gare!

3 **Qu'est-ce qu'ils faisaient quand...?** Que faisaient ces personnes au moment de l'interruption?

MODÈLE

Papa débarrassait la table quand mon frère est arrivé.

débarrasser / arriver

1. sortir / dire

3. faire / partir

2. passer / tomber

4. laver / commencer

COMMUNICATION

4 **Situations** Avec un(e) partenaire, parlez de ces situations en utilisant le passé composé ou l'imparfait. Comparez vos réponses, puis présentez-les à la classe.

MODÈLE

Le premier jour de cours...
Étudiant(e) 1: *Le premier jour de cours, j'étais tellement nerveux que j'ai oublié mes livres.*
Étudiant(e) 2: *Moi, j'étais nerveux aussi, alors j'ai quitté ma résidence très tôt.*

1. Quand j'étais petit(e),...
2. L'été dernier,...
3. Hier soir, mon/ma petit(e) ami(e)...
4. Hier, le professeur...
5. La semaine dernière, mon/ma camarade de chambre...
6. Ce matin, au resto U,...
7. Quand j'étais au lycée,...
8. La dernière fois que j'étais en vacances,...

5 **Votre premier/première petit(e) ami(e)**
Posez ces questions à un(e) partenaire. Ajoutez (*Add*) d'autres questions si vous le voulez (*want*).

1. Qui a été ton/ta premier/première petit(e) ami(e)?
2. Quel âge avais-tu quand tu as fait sa connaissance?
3. Comment était-il/elle?
4. Est-ce que tu as fait la connaissance de sa famille?
5. Pendant combien de temps êtes-vous sortis ensemble?
6. Où alliez-vous quand vous sortiez?
7. Aviez-vous les mêmes (*same*) centres d'intérêt?
8. Pourquoi avez-vous arrêté (*stopped*) de sortir ensemble?

6 **Dialogue** Jean-Michel, qui a seize ans, est sorti avec des amis hier soir. Quand il est rentré à trois heures du matin, sa mère était furieuse parce que ce n'était pas la première fois qu'il rentrait tard. Avec un(e) partenaire, préparez le dialogue entre Jean-Michel et sa mère.

MODÈLE

Étudiant(e) 1: *Que faisais-tu à minuit?*
Étudiant(e) 2: *Mes copains et moi, nous sommes allés manger une pizza...*

● When the **passé composé** and the **imparfait** occur in the same sentence, the action in the **passé composé** often interrupts the ongoing action in the **imparfait**.

Vous **dormiez** et tout d'un coup, il **a téléphoné**.
You were sleeping, and all of a sudden he phoned.

Notre père **repassait** le linge quand vous **êtes arrivées**.
Our father was ironing when you arrived.

● Sometimes the use of the **passé composé** and the **imparfait** in the same sentence expresses a cause and effect.

J'**avais** faim, donc j'**ai mangé** quelque chose.
I was hungry so I ate something.

Elle **a dormi** parce qu'elle **avait** sommeil.
She slept because she was sleepy.

● The **passé composé** and the **imparfait** are often used together to narrate. The **imparfait** provides the background description, such as time, weather, and location. The **passé composé** indicates the specific events.

Il **était** deux heures et il **faisait** chaud. Les étudiants **attendaient** impatiemment les vacances d'été. Le prof **est entré** dans la salle pour leur donner les résultats...
It was 2 o'clock and it was hot. The students were waiting impatiently for their summer vacation. The professor came into the classroom to give them the results...

J'**avais** peur parce que j'**étais** seul dans la maison. Mes parents **dînaient** chez des amis et le quartier **était** désert. Soudain, j'**ai entendu** quelque chose...
I was afraid because I was alone in the house. My parents were having dinner at some friends' house and the neighborhood was deserted. Suddenly, I heard something...

● Certain adverbs often indicate a particular past tense.

Expressions that signal a past tense

passé composé		imparfait	
soudain	*suddenly*	autrefois	*in the past*
tout d'un coup	*all of a sudden*	d'habitude	*usually*
une (deux, etc.) fois	*once (twice, etc.)*	parfois	*sometimes*
		souvent	*often*
		toujours	*always*
		tous les jours	*every day*

Essayez!   Donnez les formes correctes des verbes.

passé composé

1. commencer (il) _il a commencé_
2. acheter (tu) _____
3. boire (nous) _____
4. apprendre (ils) _____
5. répondre (je) _____

imparfait

1. jouer (nous) _nous jouions_
2. être (tu) _____
3. prendre (elles) _____
4. avoir (vous) _____
5. conduire (il) _____

16.2 The verbs *savoir* and *connaître*

Point de départ Savoir and connaître both mean *to know*. Their different uses depend on the context.

savoir and connaître

	savoir	connaître
je	sais	connais
tu	sais	connais
il/elle	sait	connaît
nous	savons	connaissons
vous	savez	connaissez
ils/elles	savent	connaissent

- **Savoir** means *to know facts* or *to know how to do something.*

  Sait-elle chanter?
  Does she know how to sing?

  Ils ne **savent** pas qu'il est parti.
  They don't know that he left.

- **Connaître** means *to know* or *be familiar with a person, place, or thing.*

  Vous **connaissez** le prof.
  You know the professor.

  Tu **connais** ce quartier?
  Do you know that neighborhood?

- In the **passé composé**, **savoir** and **connaître** have special connotations. **Savoir** in the **passé composé** means *found out.* **Connaître** in the **passé composé** means *met (for the first time).* Their past participles, respectively, are **su** and **connu**.

  J'**ai su** qu'il y avait une fête.
  I found out there was a party.

  Nous l'**avons connu** à la fac.
  We met him at the university.

- **Reconnaître** means *to recognize.* It follows the same conjugation patterns as **connaître**.

  Mes profs de lycée me **reconnaissent** encore.
  My high school teachers still recognize me.

  Nous **avons reconnu** vos enfants à la soirée.
  We recognized your children at the party.

Essayez! Complétez les phrases avec les formes correctes des verbes **savoir** et **connaître**.

1. Je _____ de bons restaurants.
2. Ils ne _____ pas parler allemand.
3. Vous _____ faire du cheval?
4. Tu _____ une bonne coiffeuse?
5. Nous ne _____ pas Jacques.
6. Claudette _____ jouer aux échecs.

 MISE EN PRATIQUE

1 **Les passe-temps** Qu'est-ce que ces personnes savent faire?

MODÈLE

Patrick sait skier.

Patrick

1. Halima

3. tu

2. vous

4. nous

2 **Dialogues brefs** Complétez les conversations avec le présent du verbe **savoir** ou **connaître**.

1. Marie _____ faire la cuisine?
   Oui, mais elle ne _____ pas beaucoup de recettes (*recipes*).
2. Vous _____ les parents de François?
   Non, je _____ seulement sa cousine.
3. Tes enfants _____ nager dans la mer.
   Et mon fils aîné _____ toutes les espèces de poissons.
4. Je _____ que le train arrive à trois heures.
   Est-ce que tu _____ à quelle heure il part?

3 **Assemblez** Assemblez les éléments des colonnes pour construire des phrases.

MODÈLE *Je sais parler une langue étrangère.*

A	B	C
Gérard Depardieu	(ne pas) connaître	des célébrités
Oprah	(ne pas) savoir	faire la cuisine
je		jouer dans un film
ton/ta camarade de chambre		Julia Roberts parler une langue étrangère

4 **Enquête** Votre professeur va vous donner une feuille d'activités. Circulez dans la classe pour trouver au moins une personne différente qui répond oui à chaque question.

Sujet	Nom
1. Sais-tu faire une mousse au chocolat?	Jacqueline
2. Connais-tu New York?	
3. Connais-tu le nom des sénateurs de cet état (state)?	
4. Connais-tu quelqu'un qui habite en Californie?	

5 **Je sais faire** Vous avez l'occasion de travailler chez une célébrité. Par groupes de trois, un(e) étudiant(e) joue le rôle de la personne célèbre et les deux autres jouent le rôle de la personne interviewée. Chacun(e) (*Each one*) essaie de montrer toutes les choses qu'il/elle sait faire.

MODÈLE

Étudiant(e) 1: *Alors, vous savez faire la vaisselle?*
Étudiant(e) 2: *Je sais faire la vaisselle, et je sais faire la cuisine aussi.*
Étudiant(e) 3: *Moi, je sais faire la cuisine, mais il/elle ne sait pas passer l'aspirateur.*

6 **Questions** À tour de rôle, posez ces questions à un(e) partenaire. Ensuite, présentez vos réponses à la classe.

1. Quel bon restaurant connais-tu près d'ici? Est-ce que tu y (*there*) manges souvent?
2. Dans ta famille, qui sait chanter le mieux (*best*)?
3. Connais-tu l'Europe? Quelles villes connais-tu?
4. Reconnais-tu toutes les chansons (*songs*) que tu entends à la radio?
5. Tes parents savent-ils utiliser Internet? Le font-ils bien?
6. Connais-tu un(e) acteur/actrice célèbre? Une autre personne célèbre?
7. Ton/Ta meilleur(e) (*best*) ami(e) sait-il/elle écouter quand tu lui racontes (*tell*) tes problèmes?
8. Connais-tu la date d'anniversaire de tous les membres de ta famille et de tous tes amis? Donne des exemples.

Vous saviez qu'être chez vous, c'est agréable. Avec les sofas par **Montauk**, vous connaissez aussi le confort et la joie d'être chez vous. Les sofas par **Montauk**: savoir qu'on connaît le bonheur.

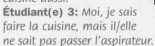

sofas par **MONTAUK**

Identifiez Regardez la publicité (*ad*) et répondez à ces questions.

1. Quelles formes des verbes savoir et connaître avez-vous trouvées dans la pub?
2. Identifiez les objets sur la photo qui correspondent au vocabulaire de l'Unité 8.

Répondez Par groupes de trois, répondez aux questions.

1. Aimez-vous être chez vous? Pourquoi?
2. Vos meubles vous donnent-ils envie de rester chez vous? Pourquoi?
3. Un meuble apporte-t-il vraiment du confort et de la joie?
4. Avez-vous envie d'habiter dans une maison comme celle-ci (*this one*)? Pourquoi?
5. Y a-t-il une pièce que vous préférez dans votre maison? Laquelle? (*Which one?*)

Révision

1 **Un grand dîner** Émilie et son mari Vincent ont invité des amis à dîner ce soir. Qu'ont-ils fait cet après-midi pour préparer la soirée? Que vont-ils faire ce soir après le départ des invités? Conversez avec un(e) partenaire.

> **MODÈLE**
>
> **Étudiant(e) 1:** *Cet après-midi, Émilie et Vincent ont mis la table.*
>
> **Étudiant(e) 2:** *Ce soir, ils vont faire la vaisselle.*

2 **Mes connaissances** Votre professeur va vous donner une feuille d'activités. Interviewez vos camarades. Pour chaque activité, trouvez un(e) camarade différent(e) qui dit oui.

> **Étudiant(e) 1:** *Connais-tu une personne qui aime faire le ménage?*
>
> **Étudiant(e) 2:** *Oui, autrefois mon père aimait bien faire le ménage.*

Activité	Nom
1. ne pas faire souvent la vaisselle	
2. aimer faire le ménage	Farid
3. dormir avec une couverture en été	
4. faire son lit tous les jours	
5. repasser rarement ses vêtements	

3 **Qui faisait le ménage?** Par groupes de trois, interviewez vos camarades. Qui faisait le ménage à la maison quand ils habitaient encore chez leurs parents? Préparez des questions avec ces expressions et comparez vos réponses.

balayer	mettre et débarrasser la table
faire la lessive	passer l'aspirateur
faire le lit	ranger
faire la vaisselle	repasser le linge

4 **Soudain!** Tout était calme quand soudain... Avec un(e) partenaire, choisissez l'une des deux photos et écrivez un texte de dix phrases. Faites cinq phrases pour décrire la photo, et cinq autres pour raconter (*to tell*) un événement qui s'est passé soudainement (*that suddenly happened*). Employez des adverbes et soyez imaginatifs.

5 **J'ai appris...** Qu'avez-vous appris ou qui connaissez-vous depuis que (*since*) vous êtes à la fac? Avec un(e) partenaire, faites une liste de cinq choses et de cinq personnes. À chaque fois, utilisez un imparfait et un passé composé dans vos explications.

> **MODÈLE**
>
> **Étudiant(e) 1:** *Avant, je ne savais pas comment dire bonjour en français, et puis j'ai commencé ce cours, et maintenant, je sais le dire.*
>
> **Étudiant(e) 2:** *Avant, je ne connaissais pas tous les pays francophones, et maintenant, je les connais.*

6 **Élise fait sa lessive** Votre professeur va vous donner, à vous et à votre partenaire, une feuille avec des dessins représentant Élise et sa journée d'hier. Attention! Ne regardez pas la feuille de votre partenaire.

> **MODÈLE**
>
> **Étudiant(e) 1:** *Hier matin, Élise avait besoin de faire sa lessive.*
>
> **Étudiant(e) 2:** *Mais, elle...*

ressources		
WB pp. 107–110	LM pp. 63–64	**SUPERSITE** promenades.vhlcentral.com Leçon 16

Écriture

Mastering the simple past tenses

In French, when you write about events that occurred in the past, you need to know when to use the **passé composé** and when to use the **imparfait**. A good understanding of the uses of each tense will make it much easier to determine which one to use as you write.

Look at the following summary of the uses of the **passé composé** and the **imparfait**. Write your own example sentence for each of the rules described.

Passé composé vs. imparfait
Passé composé

1. Actions viewed as completed

   _____

2. Beginning or end of past actions

   _____

3. Series of past actions

   _____

Imparfait

1. Ongoing past actions

   _____

2. Habitual past actions

   _____

3. Mental, physical, and emotional states and characteristics of the past

   _____

With a partner, compare your example sentences. Use the sentences as a guide to help you decide which tense to use as you are writing a story about something that happened in the past.

Thème

Écrire une histoire

Quand vous étiez petit(e), vous habitiez dans la maison ou l'appartement de vos rêves (*of your dreams*). Décrivez cette maison ou cet appartement. Écrivez sur la ville où vous habitiez et sur votre quartier. Décrivez les différentes pièces, les meubles et les objets décoratifs. Parlez aussi de votre pièce préférée et de ce que (*what*) vous aimiez faire dans cette pièce. Ensuite, imaginez qu'il y ait eu (*was*) un vol (*robbery*) dans cette maison ou dans cet appartement. Décrivez ce qui est arrivé (*what happened*). Attention à l'utilisation du passé composé et de l'imparfait!

Coup de main

Here are some terms that you may find useful in your narration.

le voleur	*thief*
cassé(e)	*broken*
j'ai vu	*I saw*
manquer	*to be missing*

Quand j'étais petit(e), j'habitais dans un château, en France. Le château était dans un joli quartier, dans une petite ville près de Paris. Il y avait un grand jardin, avec beaucoup d'animaux. Il y avait douze pièces...

Ma pièce préférée était la cuisine parce que j'aimais faire la cuisine et j'aidais souvent ma mère...

Un jour, je suis rentré(e) de...

Panorama

SUPERSITE

L'Alsace

La région en chiffres

▶ **Superficie:** *8.280 km²*

▶ **Population:** *1.793.000*
SOURCE: INSEE

▶ **Industries principales:** *viticulture, culture du houblon° et brassage° de la bière, exploitation forestière°, industrie automobile, tourisme*

▶ **Villes principales:** *Colmar, Mulhouse, Strasbourg*

Personnages célèbres

▶ **Gustave Doré,** *dessinateur° et peintre° (1832–1883)*

▶ **Auguste Bartholdi,** *sculpteur, statue de la Liberté à New York, (1834–1904)*

▶ **Albert Schweitzer,** *médecin, prix Nobel de la paix en 1952 (1875–1965)*

La Lorraine

La région en chiffres

▶ **Superficie:** *23.547 km²*

▶ **Population:** *2.329.000*

▶ **Industries principales:** *industrie automobile, agroalimentaire°, bois° pour le papier, chimie et pétrochimie, métallurgie, verre et cristal*

▶ **Villes principales:** *Épinal, Forbach, Metz, Nancy*

Personnages célèbres

▶ **Georges de La Tour,** *peintre (1593–1652)*

▶ **Bernard-Marie Koltès,** *dramaturge° (1948–1989)*

▶ **Patricia Kaas,** *chanteuse (1966–)*

houblon *hops* **brassage** *brewing* **exploitation forestière** *forestry*
dessinateur *illustrator* **peintre** *painter* **agroalimentaire** *food processing*
bois *wood* **dramaturge** *playwright* **traité** *treaty* **envahit** *invades*

LA BELGIQUE
LE LUXEMBOURG
L'ALLEMAGNE

Thionville
Verdun
Forbach
Metz
Sarreguemines

LORRAINE

Bar-le-Duc
Nancy
Strasbourg

LA FRANCE

ALSACE
LES VOSGES

la Moselle
le Rhin

Épinal
Colmar

Mulhouse

LA SUISSE

le quartier de la Petite France à Strasbourg

la place Stanislas à Nancy

0 — 50 milles
0 — 50 kilomètres

dans les Vosges

Incroyable mais vrai!

Français depuis 1678, l'Alsace et le département de la Moselle en Lorraine deviennent allemands en 1871. Puis en 1919, le traité° de Versailles les rend à la France. Ensuite, en 1939, l'Allemagne envahit° la région qui redevient allemande entre 1940 et 1944. Depuis, l'Alsace et la Lorraine sont françaises.

PATISSERIE CAKES TEE-KAFFEE CHOCOLAT

La gastronomie

La choucroute

La choucroute est typiquement alsacienne et son nom vient de l'allemand «sauerkraut». Du chou râpé° fermente dans un baril° avec du gros sel° et des baies de genièvre°. Puis, le chou

est cuit° dans du vin blanc ou de la bière et mangé avec de la charcuterie° alsacienne et des pommes de terre°. La choucroute, qui se conserve longtemps° grâce à° la fermentation, est une nourriture appréciée° des marins° pendant leurs longs voyages.

L'histoire

Jeanne d'Arc

Jeanne d'Arc est née en 1412, en Lorraine, dans une famille de paysans°. En 1429, quand la France est en guerre avec l'Angleterre, Jeanne d'Arc décide de partir au combat pour libérer son pays. Elle prend la tête° d'une armée et libère la ville d'Orléans des Anglais. Cette victoire permet de sacrer° Charles VII roi de France. Plus tard, Jeanne d'Arc perd ses alliés° pour des raisons politiques. Vendue aux Anglais, elle est condamnée pour hérésie. Elle est exécutée à Rouen, en 1431. En 1920, l'Église catholique la canonise.

Les destinations

Strasbourg

Strasbourg, capitale de l'Alsace, est le siège° du Conseil de l'Europe depuis 1949 et du Parlement européen depuis 1979. Le Conseil de l'Europe est responsable de la promotion des valeurs démocratiques et des droits de l'homme°, de l'identité culturelle européenne et de la recherche de solutions° aux problèmes de société. Les membres du Parlement sont élus° dans chaque pays de l'Union européenne. Le Parlement contribue à l'élaboration de la législation européenne et à la gestion de l'Europe.

La société

Un mélange de cultures

L'Alsace a été enrichie° par de multiples courants° historiques et culturels grâce à sa position entre la France et l'Allemagne. La langue alsacienne vient d'un dialecte germanique et l'allemand est maintenant enseigné dans les écoles primaires. Quand la région est rendue à la France en 1919, les Alsaciens continuent de bénéficier des lois° sociales allemandes. Le mélange° des cultures est visible à Noël avec des traditions allemandes et françaises (le sapin de Noël, Saint Nicolas, les marchés).

 Qu'est-ce que vous avez appris? Répondez aux questions par des phrases complètes.

1. En 1919, quel document rend l'Alsace et la Moselle à la France?
2. Combien de fois l'Alsace et la Moselle ont-elles changé de nationalité depuis 1871?
3. Quel est l'ingrédient principal de la choucroute?
4. De qui la choucroute est-elle particulièrement appréciée?
5. Pourquoi Strasbourg est-elle importante?

6. Quel est l'un des rôles du Conseil de l'Europe?
7. Contre qui Jeanne d'Arc a-t-elle défendu la France?
8. Comment est-elle morte?
9. Quelle langue étrangère enseigne-t-on aux petits Alsaciens?
10. À quel moment de l'année le mélange des cultures est-il particulièrement visible en Alsace?

ressources

WB pp. 111–112

promenades.vhlcentral.com
Unité 8

SUPERSITE   **SUR INTERNET**

Go to promenades.vhlcentral.com to find more cultural information related to this **PANORAMA**.

1. Quelle est la différence entre le Conseil européen et le Conseil de l'Europe?
2. Trouvez d'autres informations sur Jeanne d'Arc. Quel est son surnom?
3. Pourquoi l'Alsace et le département de la Moselle sont-ils devenus allemands en 1871?

chou râpé *grated cabbage* **baril** *cask* **gros sel** *coarse sea salt* **baies de genièvre** *juniper berries* **cuit** *cooked* **charcuterie** *cooked pork meats* **pommes de terre** *potatoes* **qui se conserve longtemps** *which keeps for a long time* **grâce à** *thanks to* **appréciée** *valued* **marins** *sailors* **paysans** *peasants* **prend la tête** *takes the lead* **sacrer** *to be crowned* **alliés** *allies* **siège** *headquarters* **droits de l'homme** *human rights* **recherche de solutions** *finding solutions* **élus** *elected* **enrichie** *enriched* **courants** *trends, movements* **lois** *laws* **mélange** *mix*

Les parties d'une maison

un balcon	balcony
une cave	basement, cellar
une chambre	bedroom
un couloir	hallway
une cuisine	kitchen
un escalier	staircase
un garage	garage
un jardin	garden; yard
un mur	wall
une pièce	room
une salle à manger	dining room
une salle de bains	bathroom
une salle de séjour	living/family room
un salon	formal living/ sitting room
un sous-sol	basement
un studio	studio (apartment)
les toilettes/W.-C.	restrooms/toilet

Locutions de temps

autrefois	in the past
de temps en temps	from time to time
d'habitude	usually
en général	in general
parfois	sometimes
quelquefois	sometimes
soudain	suddenly
souvent	often
toujours	always
tous les jours	every day
tout d'un coup	all of a sudden
une (deux, etc.) fois	once (twice, etc.)
vite	fast, quickly

Chez soi

un appartement	apartment
un immeuble	building
un logement	housing
un loyer	rent
un quartier	area, neighborhood
une résidence	residence
une affiche	poster
une armoire	armoire, wardrobe
une baignoire	bathtub
un balai	broom
un canapé	couch
une commode	dresser, chest of drawers
une couverture	blanket
une douche	shower
les draps (m.)	sheets
une étagère	shelf
un évier	kitchen sink
un fauteuil	armchair
une fleur	flower
une lampe	lamp
un lavabo	bathroom sink
un meuble	piece of furniture
un miroir	mirror
un oreiller	pillow
un placard	closet, cupboard
un rideau	drape, curtain
un tapis	rug
un tiroir	drawer
déménager	to move out
emménager	to move in
louer	to rent

Adverbes

absolument	absolutely
activement	actively
bien	well
constamment	constantly
couramment	fluently
différemment	differently
évidemment	obviously, evidently; of course
franchement	frankly, honestly
gentiment	nicely
heureusement	fortunately
mal	badly
malheureusement	unfortunately
vraiment	really

Les tâches ménagères

une tâche ménagère	household chore
balayer	to sweep
débarrasser la table	to clear the table
enlever/faire la poussière	to dust
essuyer la vaisselle/ la table	to dry the dishes/ to wipe the table
faire la lessive	to do the laundry
faire le lit	to make the bed
faire le ménage	to do the housework
faire la vaisselle	to do the dishes
laver	to wash
mettre la table	to set the table
passer l'aspirateur	to vacuum
ranger	to tidy up; to put away
repasser (le linge)	to iron (the laundry)
salir	to soil, to make dirty
sortir la/les poubelle(s)	to take out the trash
propre	clean
sale	dirty

Les appareils ménagers

un appareil électrique/ménager	electrical/household appliance
une cafetière	coffeemaker
un congélateur	freezer
une cuisinière	stove
un fer à repasser	iron
un four (à micro-ondes)	(microwave) oven
un frigo	refrigerator
un grille-pain	toaster
un lave-linge	washing machine
un lave-vaisselle	dishwasher
un sèche-linge	clothes dryer

Verbes

connaître	to know, to be familiar with
reconnaître	to recognize
savoir	to know (facts), to know how to do something

Expressions utiles	See pp. 231 and 245.

La nourriture

Pour commencer

- Où est Sandrine, dans un supermarché ou une poissonnerie?
- Quand va-t-elle manger ce qu'elle (*what she*) a dans la main?
- Comment va-t-elle le servir, avec un steak, dans une salade ou dans une tarte?
- Est-ce qu'elle a déjà payé ou pas encore (*not yet*)?

Savoir-faire

You will learn how to...

• talk about food
• express needs, desires, and abilities

Quel appétit!

Vocabulaire

cuisiner	to cook
faire les courses (f.)	to go (grocery) shopping
une cantine	cafeteria
un supermarché	supermarket
un aliment	food
un déjeuner	lunch
un dîner	dinner
un goûter	afternoon snack
la nourriture	food, sustenance
un petit-déjeuner	breakfast
un repas	meal
des petits pois (m.)	peas
une salade	salad
le bœuf	beef
un escargot	escargot, snail
les fruits de mer (m.)	seafood
un pâté (de campagne)	pâté, meat spread
le porc	pork
un poulet	chicken
une saucisse	sausage
un steak	steak
le thon	tuna
la viande	meat
le riz	rice
des pâtes (f.)	pasta
un yaourt	yogurt

les poires (f.)

les oranges (f.)

les fruits (m.)

les fraises (f.)

les pêches (f.)

fruits

les bananes (f.)

les pommes (f.)

les légumes (m.)

les pommes de terre (f.)

légumes

les oignons (m.)

les carottes (f.)

les poivrons rouges (m.)

les haricots verts (m.)

l'ail (m.)

les champignons (m.)

les tomates (f.)

ressources

| WB pp. 113–114 | LM p. 65 | SUPERSITE promenades.vhlcentral.com Leçon 17 |

la confiture de fraises

les tartes (f.)

le poivron vert

la laitue

les œufs (m.)

Mise en pratique SUPERSITE

1 **Écoutez** 🎧 Fatima et René se préparent à aller faire des courses. Ils décident de ce qu'ils vont acheter. Écoutez leur conversation. Ensuite, complétez les phrases.

Dans le frigo, il reste six (1) _____, quelques (2) _____, une petite (3) _____ et trois (4) _____. René va utiliser ce qui reste dans le frigo pour préparer (5) _____. Fatima va acheter des (6) _____ et des (7) _____. René va acheter des (8) _____: des (9) _____, des (10) _____ et quelques (11) _____. René va faire un bon petit repas avec des (12) _____.

2 **Les invités** Vous avez invité quelques amis pour le week-end. Vous vous préparez à les accueillir (*welcome*). Complétez les phrases suivantes avec les mots ou les expressions qui conviennent le mieux (*fit the best*).

1. Au petit-déjeuner, Sébastien aime bien prendre un café et manger des croissants et _____. (une salade, des fruits de mer, un yaourt)
2. Pour le petit-déjeuner, il faut aussi de _____. (la confiture, l'ail, l'oignon)
3. J'adore les fruits, alors je vais acheter _____. (des petits pois, un repas, des pêches)
4. Mélanie n'aime pas trop la viande, elle va préférer manger _____. (des fruits de mer, du pâté de campagne, des saucisses)
5. Je vais aussi préparer une salade pour Mélanie avec _____. (de la confiture, des pâtes, du bœuf)
6. Jean-François est allergique aux légumes verts. Je ne vais donc pas lui servir de _____. (carottes, pommes de terre, haricots verts)
7. Pour le dessert, je vais préparer une tarte aux fruits avec des _____. (poivrons, fraises, petits pois)
8. Il faut aller au supermarché pour acheter des _____ (yaourts, pâtes, oranges) pour faire du jus pour le petit-déjeuner.

3 **Vos habitudes alimentaires** Utilisez un élément de chaque colonne pour former des phrases au sujet de vos habitudes alimentaires. N'oubliez pas de faire les accords nécessaires.

A	B	C
au petit-déjeuner	acheter	des bananes
au déjeuner	adorer	des fruits
au goûter	aimer (bien)	des haricots verts
au dîner	ne pas tellement	des légumes
à la cantine	aimer	des œufs
à la maison	détester	du porc
au restaurant	manger	du riz
au supermarché	prendre	de la viande

Communication

4 **Quel repas?** Regardez les dessins et pour chacun d'eux, indiquez le repas qu'il représente et décrivez ce que chaque personnage mange. Ensuite, avec un(e) partenaire, décrivez une image à tour de rôle. Votre partenaire doit deviner (*must guess*) quel dessin vous décrivez.

1. _____

2. _____

3. _____

4. _____

5 **Sondage** Votre professeur va vous donner une feuille d'activités. Circulez dans la classe et utilisez les éléments du tableau pour former des questions afin de savoir (*in order to find out*) ce que (*what*) vos camarades de classe mangent. Quels sont les trois aliments les plus (*the most*) souvent mentionnés?

> **MODÈLE**
>
> **Étudiant(e) 1:** À quelle heure est-ce que tu prends ton petit-déjeuner? Que manges-tu?
>
> **Étudiant(e) 2:** Je prends mon petit-déjeuner à sept heures. Je mange du pain avec du beurre et de la confiture et je bois du café au lait.

Questions	Nom	Réponse
1. Petit-déjeuner: Quand? Quoi?	1. _____	1. _____
2. Déjeuner: Où? Quand? Quoi?	2. _____	2. _____
3. Goûter: Quand? Quoi?	3. _____	3. _____
4. Dîner: Quand? Quoi?	4. _____	4. _____
5. Supermarché: Quoi? À quelle fréquence?	5. _____	5. _____
6. Cantine: Quoi? Quand? À quelle fréquence?	6. _____	6. _____

6 **La brochure** Avec un(e) partenaire, vous allez préparer une brochure pour les nouveaux étudiants français qui viennent (*are coming*) étudier dans votre université. Une partie de la brochure est consacrée (*dedicated*) aux habitudes alimentaires. Faites une comparaison entre la France et les États-Unis. Ensuite, présentez votre brochure à la classe.

Coup de main

Here are some characteristics of traditional French eating habits.

Le petit-déjeuner is usually light, with bread, butter, and jam, or cereal and coffee or tea. Croissants are normally reserved for the weekend.

Le déjeuner is the main meal and typically includes a starter, a main dish (meat or fish with vegetables), cheese or yogurt, and dessert (often fruit). Lunch breaks may be one to two hours, allowing people to eat at home.

Le goûter is a light afternoon snack such as biscuits, bread with chocolate, pastry, yogurt, or fruit.

Le dîner starts between 7:30 and 8:00 p.m. Foods served at lunch and dinner are similar. However, dinner is typically lighter than lunch and is usually eaten at home.

Les sons et les lettres

 e caduc and e muet

In **Leçon 7**, you learned that the vowel **e** in very short words is pronounced similarly to the *a* in the English word *about*. This sound is called an **e caduc**. An **e caduc** can also occur in longer words and before words beginning with vowel sounds.

r̶echercher	d̶evoirs	le haricot	le onze

An **e caduc** occurs in order to break up clusters of several consonants.

appart**e**ment	quelqu**e**fois	poivr**e** vert	gouvern**e**ment

An **e caduc** is sometimes called **e muet** (*mute*). It is often dropped in spoken French.

Tu n̶e sais pas.	J̶e veux bien!	C'est un livr̶e intéressant.

An unaccented **e** before a single consonant sound is often silent unless its omission makes the word difficult to pronounce.

s̶emaine	p̶etit	final̶ement

An unaccented **e** at the end of a word is usually silent and often marks a feminine noun or adjective.

frais̶e	salad̶e	intelligent̶e	jeun̶e

Prononcez Répétez les mots suivants à voix haute.

1. vendredi
2. logement
3. exemple
4. devenir
5. tartelette
6. finalement
7. boucherie
8. petits pois
9. pomme de terre
10. malheureusement

Articulez Répétez les phrases suivantes à voix haute.

1. Tu ne vas pas prendre de casquette?
2. J'étudie le huitième chapitre maintenant.
3. Il va passer ses vacances en Angleterre.
4. Marc me parle souvent au téléphone.
5. Mercredi, je réserve dans une auberge.
6. Finalement, ce petit logement est bien.

Dictons Répétez les dictons à voix haute.

Le soleil luit pour tout le monde.[2]

L'habit ne fait pas le moine.[1]

[1] Clothes don't make the man. (lit. The habit doesn't make the monk.)
[2] The sun shines for everyone.

ressources

LM p. 66

SUPERSITE
promenades.vhlcentral.com
Leçon 17

ROMAN-PHOTO

 Au supermarché

SUPERSITE

PERSONNAGES

Amina

Caissière

David

Sandrine

Stéphane

Au supermarché...

AMINA Mais quelle heure est-il? Sandrine devait être là à deux heures et quart. On l'attend depuis quinze minutes!

DAVID Elle va arriver!

AMINA Mais pourquoi est-elle en retard?

DAVID Elle vient peut-être juste de sortir de la fac.

En ville...

STÉPHANE Eh! Sandrine!

SANDRINE Salut, Stéphane, je suis très pressée! David et Amina m'attendent au supermarché depuis vingt minutes.

STÉPHANE À quelle heure est-ce qu'on doit venir ce soir, ma mère et moi?

SANDRINE À sept heures et demie.

STÉPHANE D'accord. Qu'est-ce qu'on peut apporter?

SANDRINE Oh, rien, rien.

STÉPHANE Mais maman insiste.

SANDRINE Bon, une salade, si tu veux.

AMINA Alors, Sandrine. Qu'est-ce que tu vas nous préparer?

SANDRINE Un repas très français. Je pensais à des crêpes.

DAVID Génial, j'adore les crêpes!

SANDRINE Il nous faut des champignons, du jambon et du fromage. Et, bien sûr, des œufs, du lait et du beurre.

SANDRINE Et puis non! Finalement, je vous prépare un bœuf bourguignon.

AMINA Qu'est-ce qu'il nous faut alors?

SANDRINE Du bœuf, des carottes, des oignons...

DAVID Mmm... Ça va être bon!

AMINA Mais le bœuf bourguignon, c'est long à préparer, non?

SANDRINE Tu as raison. Vous ne voulez pas plutôt un poulet à la crème et aux champignons, accompagné d'un gratin de pommes de terre?

AMINA ET DAVID Mmmm!

SANDRINE Alors c'est décidé.

A C T I V I T É S

1 **Les ingrédients** Répondez aux questions suivantes par des phrases complètes.

1. Quels ingrédients faut-il pour préparer les crêpes de Sandrine?

2. Quels ingrédients faut-il pour préparer le bœuf bourguignon?

3. Quels ingrédients faut-il à Sandrine pour préparer le poulet et le gratin?

4. Quelle va être la salade de Valérie à votre avis? Quels ingrédients va-t-elle mettre?

5. À votre avis, quel(s) dessert(s) Sandrine va-t-elle préparer?

6. Après avoir lu ce **ROMAN-PHOTO**, quel plat préfères-tu? Pourquoi?

Amina, Sandrine et David font les courses.

STÉPHANE Mais quoi comme salade?
SANDRINE Euh, une salade de tomates ou... peut-être une salade verte... Désolée, Stéphane, je suis vraiment pressée!
STÉPHANE Une salade avec du thon peut-être? Maman fait une salade au thon délicieuse!
SANDRINE Comme tu veux, Stéphane!

SANDRINE Je suis en retard. Je suis vraiment désolée. Je ne voulais pas vous faire attendre, mais je viens de rencontrer Stéphane et avant ça, mon prof de français m'a retenue pendant vingt minutes!
DAVID Oh, ce n'est pas grave!
AMINA Bon, on fait les courses?

SANDRINE Voilà exactement ce qu'il me faut pour commencer! Deux beaux poulets!
AMINA Tu sais, Sandrine, le chant, c'est bien, mais tu peux devenir chef de cuisine si tu veux!

CAISSIÈRE Ça vous fait 51 euros et 25 centimes, s'il vous plaît.
AMINA C'est cher!
DAVID Ah non, Sandrine, tu ne paies rien du tout, c'est pour nous!
SANDRINE Mais c'est mon dîner et vous êtes mes invités.
AMINA Pas question, Sandrine. C'est nous qui payons!

Expressions utiles

Meeting friends

- **Sandrine devait être là à deux heures et quart.**
  Sandrine should have been here at 2:15.

- **On l'attend depuis quinze minutes!**
  We've been waiting for her for fifteen minutes!

- **Elle vient peut-être juste de sortir de la fac.**
  Maybe she just left school.

- **Je suis très pressé(e)!**
  I'm in a big hurry!

- **À quelle heure est-ce qu'on doit venir ce soir?**
  What time should we come tonight?

- **Je ne voulais pas vous faire attendre, mais je viens de rencontrer Stéphane.**
  I didn't want to make you wait, but I just ran into Stéphane.

- **Mon prof m'a retenue pendant vingt minutes!**
  My professor kept me for twenty minutes!

Additional vocabulary

- **une caissière**
  cashier

- **Vous ne voulez pas plutôt un poulet accompagné d'un gratin de pommes de terre?**
  Wouldn't you prefer chicken accompanied by potatoes au gratin?

- **Voilà exactement ce qu'il me faut.**
  Here's exactly what I need.

- **Tu peux devenir chef de cuisine si tu veux!**
  You could become a chef if you want!

- **Comme tu veux.**
  As you like./It's up to you./Whatever you want.

- **C'est pour nous.**
  It's on us.

---

2 **Les événements** Mettez les événements suivants dans l'ordre chronologique.

a. _____ Sandrine décide de ne pas préparer de bœuf bourguignon.

b. _____ Le prof de Sandrine parle avec elle après la classe.

c. _____ Amina dit que Sandrine peut devenir chef de cuisine.

d. _____ David et Amina paient.

e. _____ Stéphane demande à quelle heure il doit arriver.

f. _____ Sandrine essaie de payer.

3 **À vous!** Stéphane arrive chez lui et dit à sa mère qu'il faut préparer une salade pour le dîner de Sandrine. Avec un(e) partenaire, préparez une conversation entre Stéphane et Valérie. Parlez du dîner et décidez des ingrédients pour la salade. Utilisez un dictionnaire et présentez votre conversation à la classe.

ressources

| VM pp. 219–220 | DVD Leçon 17 | promenades.vhlcentral.com Leçon 17 |

ACTIVITÉS

SUPERSITE

CULTURE À LA LOUPE

Faire des courses

Les Français ont plusieurs possibilités pour faire leurs courses. On peut tout acheter dans les grandes surfaces: les hypermarchés et les supermarchés situés dans les banlieues et à l'extérieur des villes. En plus de l'alimentation, les hypermarchés vendent aussi des vêtements, des chaussures, du matériel audio et vidéo, etc. À l'entrée des hypermarchés, on trouve souvent un ou deux restaurants et quelques magasins. Dans les grandes villes, il y a aussi des supermarchés et des supérettes.

Les supérettes sont des petits supermarchés. On trouve aussi des magasins discount qui offrent des produits° moins chers.

Mais en général, beaucoup de Français préfèrent faire leurs courses dans les petits commerces de quartier°. Par exemple, pour le fromage, on va à la crémerie°; pour la viande, on va à la boucherie°; pour le poisson, à la poissonnerie. Dans les épiceries de quartier, on trouve aussi toutes sortes de produits, par exemple des fruits et des légumes, des produits frais°, des boîtes de conserve°, des produits surgelés°, etc. Les épiceries fines se spécialisent dans les produits de luxe et parfois, dans les plats préparés. La majorité des villes et des villages français ont aussi un marché en plein air° une ou deux fois par semaine. Dans certaines villes, on peut faire ses courses aux halles. Les halles sont comme un marché, mais elles sont dans un bâtiment et, en général, ouvertes tous les jours.

produits *products* **commerces de quartier** *neighborhood stores* **crémerie** *cheese shop* **boucherie** *butcher shop* **frais** *fresh* **boîtes de conserve** *canned goods* **surgelés** *frozen* **en plein air** *outdoors* **crustacés** *shellfish* **Volailles** *Poultry*

Les Français et l'alimentation
(Consommation par personne par an)

	1970	1990	2002
Bœuf (kg)	16	18	14
Fromage (kg)	14	17	19
Légumes (kg)	70	88	91
Œufs (kg)	12	14	15
Pain (kg)	81	63	56
Poissons, crustacés° (kg)	10	15	14
Volailles° (kg)	14	22	24
Yaourt (kg)	9	16	21

Coup de main
Weights and measures
un kilogramme
2.2 pounds
une livre (½ kilogramme)
1.1 pound (17.6 ounces)
un litre
1.06 quarts (¼ gallon)

A C T I V I T É S

1 **Complétez** Complétez les phrases.

1. Dans les hypermarchés, on peut acheter _____.
2. En France, les supermarchés sont souvent dans _____.
3. _____ est un petit supermarché.
4. Beaucoup de Français préfèrent faire leurs courses _____ de quartier.
5. Pour acheter du fromage, on peut aller à _____.

6. Dans les épiceries de quartier, on peut acheter _____.
7. On peut acheter des plats préparés et des produits de luxe dans certaines _____.
8. Si on aime se promener en plein air, on peut aller faire ses courses _____.
9. _____ sont comme un marché, mais à l'intérieur d'un bâtiment.
10. La consommation de _____ a plus que doublé entre 1970 et 2002.

Reading for the main idea

Reading for the main idea is a useful strategy that involves locating the topic sentence of a paragraph or section of text to determine the author's purpose. Topic sentences provide clues about the content of each paragraph or section, as well as about the general content of the reading. As you read a selection, keeping the topic sentence in mind will help you stay focused on the main idea and at the same time will shed light on the supporting information.

La cuisine de la Nouvelle-Orléans

À la Nouvelle-Orléans, la cuisine combine les influences créoles des colons° français et les influences cajuns des immigrés acadiens du Canada. Voici quelques spécialités.

le beignet un morceau de pâte frit° et recouvert de sucre, servi à toute heure du jour et de la nuit avec un café au lait et à la chicorée°

le gumbo une soupe à l'okra et aux fruits de mer, souvent accompagnée de riz

le jambalaya un riz très pimenté° préparé avec du jambon, du poulet, des tomates et parfois des saucisses et des fruits de mer

le po-boy de *poor boy* (garçon pauvre), un sandwich au poisson, aux écrevisses°, aux huîtres° ou à la viande dans un morceau de baguette

colons *colonists* **morceau de pâte frit** *fried piece of dough* **chicorée** *chicory* **pimenté** *spicy* **écrevisses** *crawfish* **huîtres** *oysters*

Les fromages français

Les Français sont très fiers de leurs fromages, et beaucoup de ces fromages sont connus dans le monde entier. La France produit près de 500 fromages dont° le type varie dans chaque région. Ils sont au lait de vache° comme le Brie et le Camembert, au lait de chèvre° comme le crottin de Chavignol, au lait de brebis° comme le Roquefort ou faits d'un mélange° de plusieurs laits. Ils sont aussi classés en plusieurs catégories, comme cuit° ou non cuit, fermenté, fondu° ou frais°. Plus de 95% des Français mangent du fromage et ils dépensent sept milliards° d'euros par an pour le fromage. On célèbre aussi la Journée nationale du fromage avec des débats, des conférences, des démonstrations de recettes° et des dégustations°.

dont *of which* **vache** *cow* **chèvre** *goat* **brebis** *ewe* **mélange** *mix* **cuit** *cooked* **fondu** *melted* **frais** *fresh* **milliards** *billions* **recettes** *recipes* **dégustations** *tastings*

2 **À table!** Répondez aux questions d'après les textes par des phrases complètes.

1. Combien de types de fromage sont produits en France?
2. Quels laits sont utilisés pour faire le fromage en France?
3. Quelles sont trois des catégories de fromages?
4. Comment célèbre-t-on la Journée nationale du fromage?
5. Que met-on dans le jambalaya?
6. Quand peut-on manger des beignets à la Nouvelle-Orléans?

3 **Le pique-nique** Vous et un(e) partenaire avez décidé de faire un pique-nique en plein air. Qu'allez-vous manger? Boire? Allez-vous apporter d'autres choses, comme des chaises ou une couverture? Parlez avec un autre groupe et échangez vos idées.

ACTIVITÉS

17.1 The verb *venir* and the *passé récent*

Point de départ In **Leçon 7**, you learned the verb **aller**. Now you will learn how to conjugate and use the irregular verb **venir** (*to come*).

venir	
je viens	nous venons
tu viens	vous venez
il/elle vient	ils/elles viennent

Vous **venez** souvent
au resto U?
*Do you come to the
cafeteria often?*

Viens vers huit heures
du soir.
*Come around 8 o'clock
in the evening.*

- **Venir** takes the auxiliary **être** in the **passé composé**. Its past participle is **venu**.

Ils **sont venus** vendredi dernier.
They came last Friday.

Nadine **est venue** déjeuner.
Nadine came to eat lunch.

Nous **sommes venues** à la fac.
We came to campus.

Es-tu **venu** trop tard?
Did you come too late?

- **Venir** can also be used with **de** and an infinitive to say that something has just happened. This is called the **passé récent**.

Je **viens de prendre** mon goûter
dans ma chambre.
I just had a snack in my room.

Nous **venons de regarder**
cette émission.
We just watched that show.

- **Venir** can be used with an infinitive to say that someone has come to do something.

Papa **est venu** me **chercher**.
Dad came to pick me up.

Elle **venait** nous **rendre** visite.
She used to come visit us.

- The verbs **devenir** (*to become*) and **revenir** (*to come back*) are conjugated like **venir**. They, too, take **être** in the **passé composé**.

Estelle et sa copine
sont devenues médecins.
*Estelle and her friend
became doctors.*

Il **est revenu** avec une tarte
aux fraises.
*He came back with a
strawberry tart.*

- The verbs **tenir** (*to hold*), **maintenir** (*to maintain*), and **retenir** (*to keep, to retain*) are also conjugated like **venir**. However, they take **avoir** in the **passé composé**.

Corinne **tient** le livre
de cuisine.
Corinne is holding the cookbook.

On **a retenu** mon passeport
à la douane.
They kept my passport at customs.

1 **Qu'est-ce qu'ils viennent de faire?** Regardez les images et dites ce qu'ils (*what they*) viennent de faire.

MODÈLE

Julien vient de faire du cheval.

Julien

1. M. et Mme Martin

3. nous

2. vous

4. je

2 **Mes tantes** Tante Olga téléphone à tante Simone pour lui donner des nouvelles (*news*) de la famille. Complétez ses phrases au passé composé.

1. La semaine dernière, Georges _____ (revenir) de vacances.

2. Marc a déménagé, mais je *n'ai pas retenu* (ne pas retenir) sa nouvelle adresse.

3. J'ai rencontré Martine ce matin; elle _____ (devenir) très jolie.

4. Alfred va avoir 100 ans; c'est parce qu'il _____ (maintenir) un bon rythme de vie.

5. Hier midi, Charles et Antoinette _____ (venir) déjeuner à la maison.

3 **Nos activités** Avec un(e) partenaire, dites ce que (*what*) chaque personne vient de faire et ce qu'elle va faire maintenant.

MODÈLE

Je viens de manger. Maintenant, je vais faire la vaisselle.

A	B	C
je	manger	emménager
tu	faire la lessive	répondre
elle	recevoir une lettre	faire un séjour
nous	acheter une maison	faire la vaisselle
vous	partir en vacances	prendre le train
ils	faire ses valises	repasser le linge

COMMUNICATION

4 **Préparation de la fête** Marine a invité ses amis ce soir. Elle a demandé à un(e) ami(e) de l'aider. Ils sont tous/toutes les deux impatient(e)s et ont besoin de savoir si tout est prêt. Avec un(e) partenaire, jouez les rôles de Marine et de son ami(e). Alternez les rôles et utilisez **venir de**, **il y a**, **depuis** et **pendant**.

MODÈLE

Étudiant(e) 1: *Étienne a téléphoné?*
Étudiant(e) 2: *Oui, il a téléphoné il y a une heure.*

1. Ta mère a apporté les gâteaux?
2. Tu as mis les fleurs dans le vase?
3. Pierre et Stéphanie ont fini de faire les courses?
4. Tu as sorti les boissons depuis quand?
5. Il faut mettre les escargots au four pendant longtemps?
6. Les salades de fruits sont dans le frigo?
7. Tu as préparé les tartes aux poires?
8. Ton petit ami est déjà arrivé?

5 **Qui vient?** Roland a aussi invité quelques amis ce week-end. Sa mère lui demande qui vient. Avec un(e) partenaire, jouez les rôles de Roland et de sa mère et alternez-les. Utilisez le vocabulaire de la liste.

MODÈLE

Étudiant(e) 1: *Est-ce que Patricia vient?*
Étudiant(e) 2: *Non, elle ne vient pas.*
Étudiant(e) 1: *Pourquoi?*

absolument	désolé(e)	nous
avec plaisir	impossible	Patricia
bien sûr	je regrette	Paul et Sophie
chez nos grands-parents	mariage de sa sœur	tu

6 **Un(e) Américain(e) à Paris** Vous venez de rencontrer un(e) Américain(e) de San Francisco (votre partenaire). Vous lui demandez de vous décrire sa vie à Paris, ses voyages, ce qui (*what*) l'intéresse, etc. Utilisez **depuis**, **il y a** et **pendant**. Ensuite, jouez la scène pour la classe.

MODÈLE

Étudiant(e) 1: *Tu habites en France depuis longtemps?*
Étudiant(e) 2: *Oui, j'habite à Paris depuis 2004.*

- A command form of **tenir** is often used when handing something to someone.

Tiens, une belle orange pour toi.	Votre sac est tombé! **Tenez**, Madame.
Here, a nice orange for you.	*Your bag fell! Here, ma'am.*

Depuis, pendant, il y a [+ time]

- To say that something happened at a time *ago* in the past, use [**il y a** + *time ago*].

Il y a une heure, on était à la cantine.	Il a visité Ouagadougou **il y a deux ans**.
An hour ago, we were at the cafeteria.	*He visited Ouagadougou two years ago.*

- To say that something happened *for* a particular period of time that has ended, use [**pendant** + *time period*]. Often the verb will be in the **passé composé**.

Salim a fait la vaisselle **pendant deux heures**.	Les équipes ont joué au foot **pendant un mois**.
Salim washed dishes for two hours.	*The teams played soccer for one month.*

- To say that something has been going on *since* a particular time and continues into the present, use [**depuis** + *time period, date, or starting point*]. Unlike its English equivalent, the verb in the French construction is usually in the present tense.

Elle danse **depuis son arrivée** à la fête.	Nous passons l'été au Québec **depuis 1998**.
*She **has been dancing** since she arrived at the party.*	*We **have been spending** summers in Quebec since 1998.*

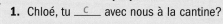

Essayez! **Choisissez l'option correcte pour compléter chaque phrase.**

1. Chloé, tu __c__ avec nous à la cantine?   **a.** viennent
2. Vous _____ d'où, Monsieur?   **b.** revenus
3. Les Aubailly _____ de dîner au café.   **c.** viens
4. Julia Child est _____ célèbre en 1961.   **d.** il y a
5. Qu'est-ce qu'ils _____ dans la main?   **e.** tiennent
6. Ils sont _____ du supermarché à midi.   **f.** depuis
7. On allait souvent en Europe _____ dix ans.   **g.** devenue
8. On mange bien _____ l'arrivée de maman.   **h.** venez

17.2 The verbs *devoir, vouloir, pouvoir*

Point de départ The verbs **devoir** (*to have to [must]; to owe*), **vouloir** (*to want*), and **pouvoir** (*to be able to [can]*) are all irregular. They all take **avoir** in the **passé composé**.

devoir, vouloir, pouvoir

	devoir	vouloir	pouvoir
je	dois	veux	peux
tu	dois	veux	peux
il/elle	doit	veut	peut
nous	devons	voulons	pouvons
vous	devez	voulez	pouvez
ils/elles	doivent	veulent	peuvent
past participle	dû	voulu	pu

Je **dois** repasser.
I have to iron.

Veut-elle des pâtes?
Does she want pasta?

Vous **pouvez** entrer.
You can come in.

- **Devoir** can be used with an infinitive to mean *to have to* or *must*. With a direct object, **devoir** means *to owe*.

On **doit** manger des légumes tous les jours.
One must eat vegetables every day.

Tu me **dois** cinq euros pour la salade.
You owe me five euros for the salad.

- **Devoir** is often used in the **passé composé** with an infinitive to speculate on what must have happened.

Ils **ont dû** payer le repas à l'avance.
They had to pay for the meal in advance.

Augustin **a dû** trop manger hier soir.
Augustin must have eaten too much last night.

- In the **imparfait**, **devoir** can be used with an infinitive to express *supposed to*.

Je **devais faire** mes devoirs.
I was supposed to do my homework.

Vous **deviez arriver** à huit heures.
You were supposed to arrive at 8 o'clock.

- When **vouloir** is used with the infinitive **dire**, it is translated as *to mean*.

Nous **voulons dire** exactement le contraire.
We mean exactly the opposite.

Biscuit? Ça **veut dire** *cookie* en français.
Biscuit? That means cookie *in French.*

 MISE EN PRATIQUE

1 **Que doit-on faire?** Qu'est-ce que ces personnes doivent faire pour avoir ce qu'elles (*what they*) veulent?

MODÈLE André ___*veut*___ courir le marathon, alors il ___*doit*___ faire du jogging.

1. Je _____ grossir, alors je _____ manger des frites.

2. Il _____ être en forme, alors il _____ aller à la gym.

3. Vous _____ manger des spaghettis, alors vous _____ aller dans un resto italien.

4. Tu _____ manger chez toi, alors tu _____ faire la cuisine.

5. Elles _____ maigrir, alors elles _____ moins manger.

6. Nous _____ écouter de la musique, alors nous _____ acheter des CD.

2 **Qui peut faire quoi?** Ève prépare un grand repas. Dites ce que (*what*) chaque personne peut faire.

MODÈLE

Joseph / faire / courses
Joseph peut faire les courses.

1. Marc / acheter / boissons
2. Benoît et Anne / préparer / gâteaux
3. Jean et toi / décorer / salle à manger
4. Patrick et moi / essuyer / verres
5. je / prendre / photos
6. tu / mettre / table

3 **Mes enfants** M. Dion est au restaurant avec ses enfants. Le serveur/La serveuse lui demande ce qu'ils (*what they*) veulent prendre. Avec un(e) partenaire, posez les questions et répondez. Alternez les rôles.

MODÈLE Éric: ou

Étudiant(e) 1: *Veut-il un jus d'orange ou un verre de lait?*
Étudiant(e) 2: *Il veut un jus d'orange, s'il vous plaît.*

1. Michèle: ou

2. Stéphanie et Éric: ou

3. Stéphanie: ou

4. Éric: ou

COMMUNICATION

4 **Que faire?** À tour de rôle avec un(e) partenaire, dites ce que (*what*) ces personnes peuvent, doivent ou veulent faire ou ne pas faire. Utilisez **pouvoir**, **devoir** et **vouloir** dans vos réponses.

MODÈLE

Étudiant(e) 1: *Il veut maigrir.*
Étudiant(e) 2: *Il ne peut pas manger de dessert.*

1.

2.

4.

5.

3.

6.

5 **Ce n'est pas de ma faute.** Préparez une liste de cinq choses qui vous sont arrivées (*happened to you*) par accident. Montrez la liste à un(e) partenaire, qui va deviner pourquoi. A-t-il/elle raison?

MODÈLE

Étudiant(e) 1: *J'ai perdu les clés de ma maison.*
Étudiant(e) 2: *Tu as dû les laisser sur ton lit.*

6 **Ce week-end** Invitez vos camarades de classe à faire des choses avec vous le week-end prochain. S'ils refusent votre invitation, ils doivent vous donner une excuse. Quelles réponses avez-vous reçues (*received*)?

MODÈLE

Étudiant(e) 1: *Tu veux jouer au tennis avec moi le week-end prochain?*
Étudiant(e) 2: *Quel jour?*
Étudiant(e) 1: *Samedi matin.*
Étudiant(e) 2: *Je veux bien, mais je dois rendre visite à ma famille.*

Sandrine devait être là. Elle a dû parler à son prof.

J'ai pu vous retrouver au supermarché.

- **Vouloir bien** can be used to express willingness.

Tu veux prendre de la glace?
Do you want to have some ice cream?

Oui, je **veux bien** prendre de la glace.
Yes, I'll gladly have some ice cream.

Voulez-vous dîner avec nous demain soir?
Do you want to have dinner with us tomorrow evening?

Nous **voulons bien** manger avec vous demain soir.
We'd love to eat with you tomorrow evening.

- **Vouloir** is often used in the **passé composé** with an infinitive in negative sentences to express *refused to*.

J'ai essayé, mais il **n'a pas voulu** parler.
I tried, but he refused to talk.

Elles **n'ont pas voulu** débarrasser la table.
They refused to clear the table.

- **Pouvoir** can be used in the **passé composé** with an infinitive to express *managed to do something*.

Nous **avons pu** tout finir.
We managed to finish everything.

Fathia **a pu** nous trouver.
Fathia managed to find us.

Essayez! Complétez ces phrases avec les formes correctes du présent des verbes.

devoir

1. Tu _____dois_____ revenir à midi?

2. Elles _____ manger tout de suite.

3. Nous _____ encore vingt euros.

4. Je ne _____ pas assister au pique-nique.

5. Elle _____ nous téléphoner.

vouloir

6. _____-vous manger sur la terrasse?

7. Tu _____ quelque chose à boire?

8. Il _____ faire la cuisine.

9. Nous ne _____ pas prendre de dessert.

10. Ils _____ préparer un grand repas.

pouvoir

11. Je _____ passer l'aspirateur ce soir.

12. Il _____ acheter de l'ail au marché.

13. Elles _____ emménager demain.

14. Vous _____ maigrir de quelques kilos.

15. Nous _____ mettre la table.

Révision

1 Au restaurant Avec un(e) partenaire, dites ce que (*what*) ces personnes viennent de faire. Utilisez les verbes de la liste et d'autres verbes.

apporter	manger
arriver	parler
boire	prendre
demander	téléphoner

2 Au supermarché Un(e) enfant et son père ou sa mère sont au supermarché. L'enfant demande ces choses à manger, mais le père ou la mère ne veut pas les acheter et doit lui donner des raisons. Avec un(e) partenaire, préparez un dialogue et puis jouez-le pour la classe. Employez les verbes **devoir**, **vouloir** et **pouvoir** et le passé récent.

MODÈLE

Étudiant(e) 1: *Maman, je veux de la confiture. Achète-moi cette confiture, s'il te plaît.*
Étudiant(e) 2: *Tu ne dois pas manger ça. Tu viens de manger un dessert et tu vas grossir.*

du chocolat	une glace
des chips	du pâté
un coca	une saucisse
de la confiture	des yaourts aux fruits

3 Le chef de cuisine Vous et votre partenaire êtes deux chefs. Choisissez une recette (*recipe*) facile et préparez une démonstration de cette recette pour la classe. Donnez des conseils (*advice*) avec les verbes **devoir**, **vouloir** et **pouvoir** et employez le passé récent.

MODÈLE

Étudiant(e) 1: *Combien de carottes doit-on utiliser?*
Étudiant(e) 2: *Vous pouvez utiliser deux ou trois carottes.*

4 Dans le frigo Vous et vos partenaires êtes colocataires et vous nettoyez votre frigo. Qu'allez-vous mettre à la poubelle? Par groupes de trois, regardez l'illustration et décidez. Ensuite, présentez vos décisions à la classe.

MODÈLE

Étudiant(e) 1: *Depuis combien de temps on a ce fromage dans le frigo?*
Étudiant(e) 2: *Je viens de l'acheter, nous pouvons le garder encore un peu.*

5 Chez moi Vous et votre partenaire voulez manger ensemble après le cours. Vous voulez manger chez vous ou chez votre partenaire, mais pas au resto U. Que pouvez-vous préparer? Que voulez-vous manger ou boire?

MODÈLE

Étudiant(e) 1: *Chez moi, j'ai du chocolat et du lait, et je peux te faire un chocolat chaud.*
Étudiant(e) 2: *Non merci, je veux plutôt une boisson froide et j'ai des boissons gazeuses à la maison.*

6 Une journée bien occupée Votre professeur va vous donner, à vous et à votre partenaire, une feuille sur les activités d'Alexandra. Attention! Ne regardez pas la feuille de votre partenaire.

MODÈLE

Étudiant(e) 1: *À quatre heures et demie, Alexandra a pu faire du jogging.*
Étudiant(e) 2: *Après, à cinq heures, elle...*

ressources		
WB pp. 115–118	LM pp. 67–68	SUPERSITE promenades.vhlcentral.com Leçon 17

Le far breton

En Bretagne, région du nord-ouest de la France, il existe plusieurs variétés de *fars*. Ils ont tous comme ingrédient principal une sorte de farine°, d'où vient leur nom. Les Bretons cuisinaient traditionnellement un far à l'occasion des fêtes religieuses. En Bretagne, il a toujours existé des fars salés° et sucrés°. Pourtant°, c'est une version sucrée avec des pruneaux° qui a traversé les limites régionales pour se populariser dans toute la France sous le nom de "far breton".

—Alors, je vais vous présenter la recette° du far breton.

—Donc, maintenant, je vais casser° les œufs pour les mélanger° ensuite à la farine.

Compréhension Répondez aux questions.

1. Quels sont plusieurs des ingrédients du far breton?
2. Quel est le verbe de la liste que le chef de cuisine ne dit pas?

ajouter (*to add*), **casser**, **chauffer** (*to heat*), **couper** (*to cut*), **mélanger**, **verser** (*to pour*)

3. À quelle température et pendant combien de temps la pâte (*batter*) doit-elle rester au four?

 Discussion Avec un(e) partenaire, posez-vous ces questions et discutez.

Quelle est votre recette préférée? Quels sont les ingrédients? Comment la prépare-t-on?

farine *flour* **salés** *savory* **sucrés** *sweet* **Pourtant** *However* **pruneaux** *prunes* **recette** *recipe* **casser** *to crack* **mélanger** *to mix*

SUPERSITE

SUR INTERNET

Go to **promenades.vhlcentral.com** to watch the TV clip featured in this **Le zapping**.

Leçon **18**

You will learn how to...
- describe and discuss food
- shop for food

À table!

Il goûte la soupe. (goûter)

l'assiette (f.)

la carte

Carte du jour

la serviette

la fourchette

le couteau

la nappe

Vocabulaire

être au régime	*to be on a diet*
une boîte (de conserve)	*can*
la crème	*cream*
la mayonnaise	*mayonnaise*
la moutarde	*mustard*
une tranche	*slice*
une entrée	*appetizer, starter*
un hors-d'œuvre	*hors-d'œuvre, appetizer*
un plat (principal)	*(main) dish*
À table!	*Let's eat!/Food is ready!*
compris	*included*
une boucherie	*butcher's shop*
une boulangerie	*bread shop, bakery*
une charcuterie	*delicatessen*
un(e) commerçant(e)	*shopkeeper*
un kilo(gramme)	*kilo(gram)*
une pâtisserie	*pastry shop, bakery*
une poissonnerie	*fish shop*

ressources

WB pp. 119–120	LM p. 69	SUPERSITE promenades.vhlcentral.com Leçon 18

Mise en pratique

1 **Écoutez** 🎧 Catherine est au régime. Elle parle de ses habitudes alimentaires. Écoutez et indiquez si les affirmations suivantes sont **vraies** ou **fausses**.

	Vrai	Faux
1. Catherine mange beaucoup de desserts.	☐	☐
2. Catherine fait les courses au supermarché.	☐	☐
3. Elle adore la viande.	☐	☐
4. Elle est au régime.	☐	☐
5. Catherine achète des fruits et des légumes au marché.	☐	☐
6. Selon (*According to*) Catherine, le service chez les commerçants est désagréable.	☐	☐
7. Elle va souvent à la boucherie et à la poissonnerie.	☐	☐
8. Elle vient de devenir végétarienne.	☐	☐

2 **Le repas** Mettez ces différentes étapes dans l'ordre chronologique.

a. _____ dire «À table!»

b. _____ servir le plat principal

c. _____ mettre les assiettes, les fourchettes, les cuillères et les couteaux sur la table

d. _____ servir l'entrée

e. _____ faire les courses

f. _____ organiser un menu

g. _____ goûter le dessert avec les invités

h. _____ faire la cuisine

3 **Complétez** Complétez les phrases suivantes avec le bon mot pour faire une phrase logique.

1. Pour manger de la soupe on utilise...
   a. un couteau.
   b. une cuillère.
   c. une fourchette.

2. On sert la soupe dans...
   a. une assiette.
   b. une carafe.
   c. un bol.

3. Au restaurant le serveur/ la serveuse doit... la nourriture.
   a. commander
   b. apporter
   c. goûter

4. On vend des baguettes à...
   a. la boulangerie.
   b. la charcuterie.
   c. la boucherie.

5. On met... dans le café.
   a. du beurre
   b. du poivre
   c. de la crème

6. On vend des gâteaux à...
   a. la boucherie.
   b. la pâtisserie.
   c. la poissonnerie.

7. Au restaurant, on commande d'abord...
   a. une entrée.
   b. un plat principal.
   c. une serviette.

8. On vend du jambon à...
   a. la charcuterie.
   b. la boucherie.
   c. la pâtisserie.

Elle commande. (commander)

le menu

le sel

le poivre

l'huile d'olive (f.)

la carafe d'eau

le bol

la cuillère à soupe

la cuillère à café

Communication

4 **Conversez** Interviewez un(e) camarade de classe.

1. En général, qu'est-ce que tu commandes au restaurant? Comme entrée? Comme plat principal?
2. Qui fait les courses chez toi? Où? Quand?
3. Est-ce que tu préfères faire les courses au supermarché ou chez les commerçants? Pourquoi?
4. Es-tu au régime? Qu'est-ce que tu manges?
5. Quel est ton plat principal préféré?
6. Aimes-tu la moutarde? Avec quel(s) plat(s) l'utilises-tu?
7. Aimes-tu la mayonnaise? Avec quel(s) plat(s) l'utilises-tu?
8. Dans quel(s) plat(s) mets-tu de l'huile d'olive?

5 **Sept différences** Votre professeur va vous donner, à vous et à votre partenaire, deux feuilles d'activités différentes avec le dessin (*drawing*) d'un restaurant. Il y a sept différences entre les deux images. Sans regarder l'image de votre partenaire, comparez vos dessins et faites une liste de ces différences. Quel est le groupe le plus rapide de la classe?

> **MODÈLE**
>
> **Étudiant(e) 1:** *Dans mon restaurant, le serveur apporte du beurre à la table.*
> **Étudiant(e) 2:** *Dans mon restaurant aussi, on apporte du beurre à la table, mais c'est une serveuse, pas un serveur.*

6 **Au restaurant** Travaillez avec deux camarades de classe pour présenter le dialogue suivant.

- Une personne invite un(e) ami(e) à dîner au restaurant.
- Une personne est le serveur/la serveuse et décrit le menu.
- Vous parlez du menu et de vos préférences.
- Une personne est au régime et ne peut pas manger certains ingrédients.
- Vous commandez les plats.
- Vous parlez des plats que vous mangez.

7 **Écriture** Écrivez un paragraphe dans lequel vous:

- parlez de la dernière fois que vous avez préparé un dîner, un déjeuner ou un petit-déjeuner pour quelqu'un.
- décrivez les ingrédients que vous avez utilisés pour préparer le(s) plat(s).
- mentionnez les endroits où vous avez acheté les ingrédients et leurs quantités.
- décrivez comment vous avez mis la table.

Les sons et les lettres

🎧 **Stress and rhythm**

In French, all syllables are pronounced with more or less equal stress, but the final syllable in a phrase is elongated slightly.

Je fais souvent du sport, mais aujourd'hui j'ai envie de rester à la maison.

French sentences are divided into three basic kinds of rhythmic groups.

Noun phrase	*Verb phrase*	*Prepositional phrase*
Caroline et Dominique	**sont venues**	**chez moi.**

The final syllable of a rhythmic group may be slightly accentuated either by rising intonation (pitch) or elongation.

Caroline et Dominique sont venues chez moi.

In English, you can add emphasis by placing more stress on certain words. In French, you can repeat the word to be emphasized by adding a pronoun or you can elongate the first consonant sound.

Je ne sais pas, moi.   **Quel idiot!**   **C'est fantastique!**

🔊 **Prononcez** Répétez les phrases suivantes à voix haute.

1. Ce n'est pas vrai, ça.
2. Bonjour, Mademoiselle.
3. Moi, je m'appelle Florence.
4. La clé de ma chambre, je l'ai perdue.
5. Je voudrais un grand café noir et un croissant, s'il vous plaît.
6. Nous allons tous au marché, mais Marie, elle va au centre commercial.

🔊 **Articulez** Répétez les phrases en mettant l'emphase sur les mots indiqués.

1. C'est *impossible*!
2. Le film était *super*!
3. Cette tarte est *délicieuse*!
4. Quelle idée *extraordinaire*!
5. Ma sœur parle *constamment*.

🔊 **Dictons** Répétez les dictons à voix haute.

Le chat parti, les souris dansent.[2]

Les chemins les plus courts ne sont pas toujours les meilleurs.[1]

[2] When the cat is away, the mice will play.

[1] The shortest paths aren't always the best.

ressources

LM p. 70

promenades.vhlcentral.com
Leçon 18

ROMAN-PHOTO

Le dîner SUPERSITE

PERSONNAGES

Amina

David

Rachid

Sandrine

Stéphane

Valérie

Au centre-ville...

DAVID Qu'est-ce que tu as fait en ville?

RACHID Des courses à la boulangerie et chez le chocolatier.

DAVID Tu as acheté ces chocolats pour Sandrine?

RACHID Pourquoi? Tu es jaloux? Ne t'en fais pas! Elle nous a invités, il est normal d'apporter quelque chose.

DAVID Je n'ai pas de cadeau pour elle. Qu'est-ce que je peux lui acheter? Je peux lui apporter des fleurs!

Chez le fleuriste...

DAVID Ces roses sont très jolies, non?

RACHID Tu es tombé amoureux?

DAVID Mais non! Pourquoi tu dis ça?

RACHID Des roses, c'est romantique.

DAVID Ah... Ces fleurs-ci sont jolies. C'est mieux?

RACHID Non, c'est pire! Les chrysanthèmes sont réservés aux funérailles.

DAVID Hmmm. Je ne savais pas que c'était aussi difficile de choisir un bouquet de fleurs!

RACHID Regarde! Celles-là sont parfaites!

DAVID Tu es sûr?

RACHID Sûr et certain, achète-les!

AMINA Sandrine, est-ce qu'on peut faire quelque chose pour t'aider?

SANDRINE Oui euh, vous pouvez finir de mettre la table, si vous voulez.

VALÉRIE Je vais t'aider dans la cuisine.

AMINA Tiens, Stéphane. Voilà le sel et le poivre. Tu peux les mettre sur la table, s'il te plaît.

SANDRINE À table!

SANDRINE Je vous sers autre chose? Une deuxième tranche de tarte aux pommes peut-être?

VALÉRIE Merci.

AMINA Merci. Je suis au régime.

SANDRINE Et toi, David?

DAVID Oh! J'ai trop mangé. Je n'en peux plus!

STÉPHANE Moi, je veux bien...

SANDRINE Donne-moi ton assiette.

STÉPHANE Tiens, tu peux la lui passer, s'il te plaît?

VALÉRIE Quel repas fantastique, Sandrine. Tu as beaucoup de talent, tu sais.

RACHID Vous avez raison, Madame Forestier. Ton poulet aux champignons était superbe!

1 **Vrai ou faux?** Indiquez si les affirmations suivantes sont **vraies** ou **fausses**.

1. Rachid est allé chez le chocolatier.
2. Rachid et David sont arrivés en avance.
3. David n'a pas apporté de cadeau.
4. Sandrine aime les fleurs de David.
5. Personne (*Nobody*) n'aide Sandrine.
6. David n'a pas beaucoup mangé.
7. Stéphane n'est pas au régime.
8. Sandrine a fait une tarte aux pêches pour le dîner.
9. Les plats de Sandrine ne sont pas très bons.
10. Les invités ont passé une soirée très agréable.

Sandrine a préparé un repas fantastique pour ses amis.

Chez Sandrine...

SANDRINE Bonsoir... Entrez! Oh!

DAVID Tiens. C'est pour toi.

SANDRINE Oh, David! Il ne fallait pas, c'est très gentil!

DAVID Je voulais t'apporter quelque chose.

SANDRINE Ce sont les plus belles fleurs que j'aie jamais reçues! Merci!

RACHID Bonsoir, Sandrine.

SANDRINE Oh, du chocolat! Merci beaucoup.

RACHID J'espère qu'on n'est pas trop en retard.

SANDRINE Pas du tout! Venez! On est dans la salle à manger.

STÉPHANE Oui, et tes desserts sont les meilleurs! C'est la tarte la plus délicieuse du monde!

SANDRINE Vous êtes adorables, merci. Moi, je trouve que cette tarte aux pommes est meilleure que la tarte aux pêches que j'ai faite il y a quelques semaines.

AMINA Tout ce que tu prépares est bon, Sandrine.

DAVID À Sandrine, le chef de cuisine le plus génial!

TOUS À Sandrine!

Expressions utiles

Making comparisons and judgments

- **Ces fleurs-ci sont jolies. C'est mieux?**
  These flowers are pretty. Is that better?

- **C'est pire! Les chrysanthèmes sont réservés aux funérailles.**
  It's worse! Chrysanthemums are reserved for funerals.

- **Je ne savais pas que c'était aussi difficile de choisir un bouquet de fleurs!**
  I didn't know it was so hard to choose a bouquet of flowers!

- **Ce sont les plus belles fleurs que j'aie jamais reçues!**
  These are the most beautiful flowers I have ever received!

- **C'est la tarte la plus délicieuse du monde!**
  This is the most delicious tart in the world!

- **Cette tarte aux pommes est meilleure que la tarte aux pêches.**
  This apple tart is better than the peach tart.

Additional vocabulary

- **Ah, tu es jaloux? Ne t'en fais pas!**
  Are you jealous? Don't be!/Don't make anything of it!

- **sûr(e) et certain(e)**
  totally sure/completely certain

- **Il ne fallait pas.**
  You shouldn't have./It wasn't necessary.

- **J'ai trop mangé. Je n'en peux plus!**
  I ate too much. I can't fit anymore!

- **Tu peux la lui passer?**
  Can you pass it to her?

---

2 **Questions** Répondez aux questions suivantes.

1. Qu'est-ce que Rachid a apporté à Sandrine?

2. Qu'a fait Amina pour aider?

3. Qui mange une deuxième tranche de tarte aux pommes?

4. Quelle type de tarte Sandrine a-t-elle préparée il y a quelques semaines?

5. Pourquoi David n'a-t-il pas acheté les roses?

3 **Écrivez** David veut raconter le dîner de Sandrine à sa famille. Composez un e-mail. Quels ont été les préparatifs (*preparations*)? Qui a apporté quoi? Qui est venu? Qu'est-ce qu'on a mangé? Relisez le **ROMAN-PHOTO** de la Leçon 17 si nécessaire.

ressources		
VM pp. 221–222	DVD Leçon 18	promenades.vhlcentral.com Leçon 18

A C T I V I T É S

CULTURE À LA LOUPE

Les repas en France

En France, un grand repas traditionnel peut être composé de beaucoup de plats différents et il peut durer° plusieurs heures. Avant de passer à table, on sert des amuse-gueules° comme des biscuits salés°, des olives ou des cacahuètes°. Ensuite, on commence le repas par un hors-d'œuvre ou directement par une ou deux entrées chaudes ou froides, comme une soupe, de la charcuterie, des escargots, etc. Après l'entrée, on prend parfois un sorbet pour nettoyer le palais°. Puis, on passe au plat principal, qui est en général une viande ou un poisson servi avec des légumes. Après, on apporte la salade, puis le fromage et enfin, on sert le dessert et le café. Le grand repas traditionnel est accompagné de vin, et dans les grandes occasions, de champagne pour le dessert.

Bien sûr, tous les Français ne font pas ce genre de grand repas tous les jours. En général, on mange beaucoup plus simplement. Au petit-déjeuner, on boit du café au lait, du thé ou du chocolat chaud. On mange des tartines° ou du pain grillé° avec du beurre et de la confiture, et des croissants le week-end. Le déjeuner est traditionnellement le repas principal, mais aujourd'hui, les Français n'ont pas souvent le temps de rentrer à la maison. Pour cette raison, on mange de plus en plus° au travail ou au café. Après l'école, les enfants prennent parfois un goûter, par exemple du pain avec du chocolat. Et le soir, on dîne à la maison, en famille.

durer *last* **amuse-gueules** *small appetizers* **salés** *salty* **cacahuètes** *peanuts* **palais** *palate* **tartines** *slices of bread* **pain grillé** *toast* **de plus en plus** *more and more* **moins de** *less than*

Les Français et les repas

- 10% des Français ne prennent pas de petit-déjeuner.
- 60% boivent du café le matin, 20% du thé, 15% du chocolat.
- 99% dînent chez eux en semaine.
- 35% dînent en famille, 30% en couple.
- 75% des dîners consistent en moins de° trois plats successifs.
- Le pain est présent dans plus de 60% des déjeuners et des dîners.

Coup de main

You can use these terms to specify how you would like meat to be cooked.

bleu(e)	*very rare*
saignant(e)	*medium rare*
à point	*medium*
bien cuit(e)	*well-done*

ACTIVITÉS

1 **Vrai ou faux?** Indiquez si les phrases sont **vraies** ou **fausses**. Corrigez les phrases fausses.

1. On mange les hors-d'œuvres avant les amuse-gueules.
2. On prend parfois un sorbet après l'entrée.
3. En France, on mange la salade en entrée.
4. En général, on ne boit pas de vin pendant le repas.
5. On sert le fromage entre la salade et le dessert.
6. Les Français mangent souvent des œufs au petit-déjeuner.
7. Tous les Français mangent un grand repas traditionnel chaque soir.
8. Le déjeuner est traditionnellement le repas principal de la journée en France.
9. À midi, les Français mangent toujours à la maison.
10. Les enfants prennent parfois un goûter après l'école.

STRATÉGIE

Predicting

A useful way to understand a reading in French better is to predict what you believe will happen next. Predicting encourages you to recall what you have read, organize your thoughts, and draw logical conclusions. Pick a good stopping point, and jot down on a sheet of paper a sentence or two predicting what the next part of the text will be about, or even how the reading will end. As you read further, confirm or correct your written predictions.

LE MONDE FRANCOPHONE

Si on est invité...

Voici quelques bonnes manières à observer quand on dîne chez des amis.

En Afrique du Nord
- Si quelqu'un vous invite à boire un thé à la menthe, ce n'est pas poli de refuser.
- En général, on enlève ses chaussures avant d'entrer dans une maison.
- On mange souvent avec les doigts°.

En France
- Il est poli d'apporter un petit cadeau pour les hôtes, par exemple des bonbons ou des fleurs.
- On dit parfois «Santé!°» ou «À votre santé°!» avant de boire et «Bon appétit!» avant de manger.
- On mange avec la fourchette dans la main gauche et le couteau dans la main droite et on garde toujours les deux mains sur la table.

doigts fingers **Santé!** Cheers! **santé** health

PORTRAIT

La couscousmania des Français

La cuisine du Maghreb est très populaire en France. Les restaurants orientaux sont nombreux et appréciés pour la qualité de leur nourriture et leur ambiance. Les merguez, des petites saucisses rouges pimentées°, sont vendues dans toutes les boucheries. Dans les grandes villes, des pâtisseries au miel° sont dégustées° au goûter. Le plat le plus célèbre reste le couscous, le quatrième plat préféré des Français, devant le steak frites! Aujourd'hui, des restaurants trois étoiles° le proposent en plat du jour et on le sert dans les cantines. Les Français consomment 75.000 tonnes de couscous par an, une vraie couscousmania!

pimentées spicy **miel** honey **dégustées** savored **étoiles** stars

SUR INTERNET

Les Français mangent-ils beaucoup de glace?

Go to promenades.vhlcentral.com to find more cultural information related to this **LECTURE CULTURELLE**.

---

2 **Répondez** Répondez aux questions d'après les textes.

1. Qu'est-ce qu'il est impoli de refuser en Afrique du Nord?
2. Pourquoi les Français apprécient-ils les restaurants orientaux?
3. Où sert-on le couscous aujourd'hui?
4. Quel cadeau peut-on apporter quand on dîne chez des Français?
5. Une fourchette et un couteau sont-ils nécessaires en Afrique du Nord?

3 **Que choisir?** Avez-vous déjà mangé dans un restaurant nord-africain? Quand? Où? Qu'avez-vous mangé? Du couscous? Si vous n'êtes jamais allé(e) dans un restaurant nord-africain, imaginez que des amis vous invitent à en essayer un. Qu'avez-vous envie de goûter? Pourquoi?

ressources

promenades.vhlcentral.com
Leçon 18

A C T I V I T É S

18.1 Comparatives and superlatives of adjectives and adverbs

- Comparisons in French are formed by placing the words **plus** (*more*), **moins** (*less*), or **aussi** (*as*) before adjectives and adverbs, and the word **que** (*than, as*) after them.

ADJECTIVE

Simone est **plus âgée que**
son mari.
*Simone is older than
her husband.*

ADVERB

Elle parle **plus vite que**
son mari.
*She speaks more quickly than
her husband.*

ADJECTIVE

Guillaume est **moins grand que**
son père.
*Guillaume is less tall than
his father.*

ADVERB

Il m'écrit **moins souvent que**
son père.
*He writes me less often than
his father.*

ADJECTIVE

Nina est **aussi indépendante
qu'**Anne.
Nina is as independent as Anne.

ADVERB

Elle joue au golf **aussi bien
qu'**Anne.
She plays golf as well as Anne.

- Superlatives are formed by placing the appropriate definite article after the noun, when it is expressed, and before the comparative form. The preposition **de** often follows the superlative to express *in* or *of*.

NOUN   DEFINITE ARTICLE   COMPARATIVE

Les trains? Le TGV est **(le train) le plus rapide du** monde.
Trains? The TGV is the fastest (train) in the world.

- Some adjectives, like **beau**, **bon**, **grand**, and **nouveau**, precede the nouns they modify. Their superlative forms can also precede the nouns they modify or they can follow them.

SUPERLATIVE   NOUN

C'est **la plus grande ville.**
It's the largest city.

NOUN   SUPERLATIVE

C'est **la ville la plus grande.**
It's the largest city.

BOÎTE À OUTILS
You learned many of the adjectives that precede the nouns they modify in
Leçon 5 STRUCTURES, page 75.

MISE EN PRATIQUE

1 Oui, mais... Deux amis comparent deux restaurants. Complétez les phrases avec **bon, bien, meilleur** ou **mieux**.

1. J'ai bien mangé au Café du marché hier.
   Oui, mais nous avons _____ mangé Chez Charles.
2. Le vin blanc au Café du marché est _____.
   Oui, mais le vin blanc de Chez Charles est meilleur.
3. Mes amis ont bien aimé le Café du marché.
   Oui, mais mes amis ont _____ mangé
   Chez Charles.
4. Au Café du marché, le chef prépare _____ le poulet.
   Oui, mais le chef de Chez Charles le prépare mieux.
5. Les salades au Café du marché sont bonnes.
   Oui, mais elles sont _____ Chez Charles.
6. Tout est bon au Café du marché!
   Tout est _____ Chez Charles!

2 Un nouveau quartier Vous venez d'emménager. Assemblez les éléments des trois colonnes pour poser des questions sur le quartier à un(e) voisin(e).

MODÈLE

Est-ce que le jambon est moins cher au supermarché ou à la charcuterie?

A	B	C
pain	boucherie	aussi
fruits de mer	boulangerie	meilleur(e)
faire les courses	charcuterie	mieux
dîner	pâtisserie	moins
aller	poissonnerie	pire
acheter	voisins	plus
desserts	quartier	
jambon	supermarché	

3 Aujourd'hui et autrefois Avec un(e) partenaire, comparez la vie domestique d'aujourd'hui et d'autrefois. Utilisez les adjectifs de la liste à tour de rôle. Ensuite, présentez vos opinions à la classe.

MODÈLE

Aujourd'hui, les tâches ménagères sont moins difficiles.

compliqué	grand	naturel	rapide
curieux	indépendant	occupé	sophistiqué

1. les congélateurs
2. la nourriture
3. les femmes
4. les voyages
5. les voitures
6. les enfants

COMMUNICATION

4 **Comparaisons** Par groupes de trois, comparez les sujets présentés. Utilisez des comparatifs et des superlatifs.

> **MODÈLE**
>
> **Étudiant(e) 1:** *Les vacances à la mer sont plus amusantes que les vacances à la montagne.*
> **Étudiant(e) 2:** *Moi, je pense que les vacances à la montagne sont plus intéressantes.*
> **Étudiant(e) 3:** *D'accord, mais les vacances à l'étranger sont les plus amusantes.*

1.

3.

2.

4.

5 **Trouvez quelqu'un** Votre professeur va vous donner une feuille d'activités. Circulez dans la classe pour trouver des camarades différents qui correspondent aux phrases.

> **MODÈLE**
>
> **Étudiant(e) 1:** *Quel âge as-tu?*
> **Étudiant(e) 2:** *J'ai dix-neuf ans.*
> **Étudiant(e) 1:** *Alors tu es plus jeune que moi.*

Trouvez dans la classe quelqu'un qui...	*Nom*
1. ... est plus jeune que vous.	*Myriam*
2. ... habite plus loin de la fac que vous.	
3. ... prend l'avion aussi souvent que vous.	
4. ... fait moins de gym que vous.	

6 **Comparaisons** Avec un(e) partenaire, choisissez deux questions et comparez vos réponses. Utilisez des comparatifs et des superlatifs.

1. Quels jobs d'été as-tu eus?
2. Où as-tu habité?
3. Où es-tu allé(e) en vacances?
4. Qu'as-tu fait le week-end dernier?
5. Quels films as-tu vus (*seen*) récemment?

• Since adverbs are invariable, you always use **le** to form the superlative.

M. Duval est le prof qui parle **le plus vite**.
Mr. Duval is the professor who speaks the fastest.

C'est Amandine qui écoute **le moins patiemment**.
Amandine listens the least patiently.

• Some adjectives and adverbs have irregular comparative and superlative forms.

Irregular comparatives and superlatives

Adjective	Comparative	Superlative
bon(ne)(s)	meilleur(e)(s)	le/la/les meilleur(e)(s)
mauvais(e)(s)	pire(s) *or* plus mauvais(e)(s)	le/la/les pire(s) *or* le/la/les plus mauvais(e)(s)

Adverb	Comparative	Superlative
bien	mieux	le mieux
mal	plus mal	le plus mal

En été, les pêches sont **meilleures** que les pommes.
In summer, the peaches are better than the apples.

Quand on est au régime, les frites sont **pires** que les pâtes.
When you're dieting, fries are worse than pasta.

Johnny Hallyday chante bien, mais Jacques Brel chante **mieux**.
Johnny Hallyday sings well, but Jacques Brel sings better.

Je ne fais pas bien le ménage, mais tu le fais **plus mal** que moi.
I don't do the housework well, but you do it worse than I.

Voilà **la meilleure** boulangerie de la ville.
There's the best bakery in town.

Dans la classe, c'est Clémentine qui écrit **le mieux**.
In class, it's Clémentine who writes the best.

Essayez! **Complétez les phrases avec le comparatif ou le superlatif.**

Comparatifs

1. Les étudiants sont <u>moins âgés que</u> (- âgés) le professeur.
2. Les plages de la Martinique sont-elles _____ (+ bonnes) les plages de la Guadeloupe?
3. Évelyne parle _____ (= poliment) Luc.
4. Les chaussettes sont _____ (- chères) les baskets.

Superlatifs

5. Quelle librairie vend les livres <u>les plus intéressants</u> (+ intéressants)?
6. Le jean est _____ (- élégant) de tous mes pantalons.
7. Je joue aux cartes avec ma mère. C'est elle qui joue _____ (+ bien).
8. Les fraises de son jardin sont _____ (- belles).

STRUCTURES

18.2 Double object pronouns

Point de départ In **Leçon 12** and **Leçon 13**, respectively, you learned to use indirect and direct object pronouns. Now you will learn to use these pronouns together.

DIRECT OBJECT	INDIRECT OBJECT		DIRECT OBJECT PRONOUN	INDIRECT OBJECT PRONOUN

J'ai rendu **le menu** à **la serveuse**. ▶ Je **le** **lui** ai rendu.
I returned the menu to the waitress. *I returned it to her.*

Tu peux la lui passer, s'il te plaît?

Une deuxième tranche? Je te la sers.

- Use this sequence when a sentence contains both a direct and an indirect object pronoun.

me		le				
te	*before*	la	*before*	lui	+	[verb]
nous		l'		leur		
vous		les				

Gérard m'envoie les messages de Christiane.
Il **me les** envoie tous les jours.
Gérard sends me Christiane's messages.
He sends them to me every day.

Je lui envoie aussi les messages de Laurent. Je **les lui** envoie tous les week-ends.
I send him Laurent's messages, too.
I send them to him every weekend.

Le chef nous prépare son meilleur plat.
Les serveurs **nous l'**apportent.
The chef prepares his best dish for us.
The waiters bring it to us.

Nous avons laissé le pourboire des serveurs sur la table. Nous **le leur** avons laissé quand nous sommes partis.
We left a tip for the waiters on the table.
We left it for them when we left.

 MISE EN PRATIQUE

1 **Les livres** Le père de Bertrand lui a acheté des livres. Refaites l'histoire avec deux pronoms pour chaque phrase.

1. Papa a acheté *ces livres à Bertrand*.
2. Il a lu *les livres à ses petits frères*.
3. Maintenant, ses frères veulent lire *les livres à leur père*.
4. Bertrand donne *les livres à ses petits frères*.
5. Les garçons montrent *les livres à leur père*.
6. Leur père préfère donner *sa place à leur mère*.
7. Les enfants lisent *les livres à leur mère*.
8. «Maintenant, lisez *les livres à votre père*», dit-elle.

2 **Comment?** Un groupe d'amis parle de l'anniversaire de Claudette. Antoine n'entend pas très bien. Il répète tout ce que les gens disent. Utilisez des pronoms pour écrire ses questions.

MODÈLE

Je veux donner cette chemise noire à Claudette.
Tu veux la lui donner?

1. Son père a acheté la petite voiture bleue à Claudette.
2. Nous envoyons les invitations aux amis.
3. Le prof a donné la meilleure note à Claudette le jour de son anniversaire.
4. Je vais prêter mon tailleur à Claudette vendredi soir.
5. Est-ce que vous voulez me lire l'invitation?
6. Nous n'avons pas envoyé l'invitation au professeur.
7. Gilbert et Arthur vont nous apporter le gâteau.
8. Sa mère va payer le restaurant à sa fille.

3 **De quoi parle-t-on?** Avec un(e) partenaire, imaginez les questions qui ont donné ces réponses. Ensuite, présentez vos questions à la classe.

MODÈLE

Il veut le lui vendre.
Il veut vendre son vélo à son camarade?

1. Marc va la lui donner.
2. Nous te l'avons envoyée hier.
3. Elle te les a achetés la semaine dernière.
4. Tu me les prêtes souvent.
5. Micheline ne va pas vous les prendre.
6. Tu ne nous les as pas prises.
7. Rendez-les-moi!
8. Ne le lui disons pas!

COMMUNICATION

4 **Qui vous aide?** Avec un(e) partenaire, posez des questions avec les pronoms interrogatifs qui et quand. Vous pouvez choisir le présent, le passé composé ou l'imparfait. Répondez aux questions avec deux pronoms.

MODÈLE prêter sa voiture

Étudiant(e) 1: *Qui te prête sa voiture?*
Étudiant(e) 2: *Ma mère me la prête.*
Étudiant(e) 1: *Quand est-ce qu'elle te la prête?*
Étudiant(e) 2: *Elle me la prête le vendredi.*

faire le lit	faire la cuisine
prêter ses livres	nettoyer la chambre
payer l'université	laver les vêtements

5 **Une entrevue** Avec un(e) partenaire, répondez aux questions sur votre enfance. Utilisez deux pronoms dans vos réponses.

1. Est-ce que tes parents te montraient les films de Disney quand tu étais petit(e)?
2. Est-ce que tu vas montrer les films de Disney à tes enfants un jour?
3. Est-ce que quelqu'un te parlait français quand tu étais petit(e)?
4. Qui t'a acheté ton premier vélo?
5. Qui te faisait à dîner quand tu étais petit(e)?
6. Qui te préparait le petit-déjeuner le matin?

6 **Au marché** Avec un(e) partenaire, préparez deux dialogues basés sur deux des photos. À tour de rôle, jouez le/la client(e) et le/la marchand(e). Utilisez le vocabulaire et deux pronoms si possible dans les dialogues.

commander	une entrée	une tarte
être au régime	un plat	une saucisse
cuisiner	du poulet	des croissants
les fruits de mer	un steak	du porc

- In an infinitive construction, the double object pronouns come after the conjugated verb and precede the infinitive, just like single object pronouns.

Mes notes de français? Je vais **vous les** prêter.
My French notes? I'm going to lend them to you.

Carole veut lire mon poème? Je vais **le lui** montrer.
Carole wants to read my poem? I'm going to show it to her.

- In the **passé composé** the double object pronouns precede the auxiliary verb, just like single object pronouns. The past participle agrees with the preceding direct object.

Rémi a-t-il acheté ces fleurs pour sa mère?
Did Rémi buy those flowers for his mother?

Oui, il **les lui** a **achetées**.
Yes, he bought them for her.

Vous m'avez donné la plus grande chambre?
Did you give me the biggest room?

Oui, nous **vous l'**avons **donnée**.
Yes, we gave it to you.

- In affirmative commands, the verb is followed by the direct object pronoun and then the indirect object pronoun, with hyphens in between. Remember to use **moi** and **toi** instead of **me** and **te**.

Vous avez trois voitures? Montrez-**les-moi**.
You have three cars? Show them to me.

Tu connais la réponse à la question du prof? Dis-**la-nous**.
You know the answer to the professor's question? Tell it to us.

Voici le livre. Donne-**le-leur**.
Here's the book. Give it to them.

Ce poème? Traduisons-**le-lui**.
This poem? Let's translate it for her.

Essayez! **Utilisez deux pronoms pour refaire ces phrases.**

1. Le prof vous donne les résultats des examens. *Le prof vous les donne.*
2. Tes parents t'achètent le billet. _____
3. Qui t'a donné cette belle lampe bleue? _____
4. Il nous a réservé les chambres. _____
5. Pose-moi tes questions. _____
6. Explique-leur le problème de maths. _____
7. Peux-tu me montrer les photos? _____
8. Tu préfères lui prêter ton dictionnaire? _____

Révision

1 **Fais les courses pour moi** Vous n'avez pas le temps d'aller dans tous ces magasins. Choisissez un magasin et puis, par groupes de quatre, trouvez des camarades qui vont dans d'autres magasins. À tour de rôle, demandez-leur de faire des courses pour vous. Utilisez des pronoms doubles dans vos réponses.

MODÈLE

Étudiant(e) 1: *J'ai besoin de deux poissons. Tu peux me les prendre à la poissonnerie?*
Étudiant(e) 2: *Pas de problème. Et moi, j'ai besoin de...*

deux bouteilles de lait	trois pains
douze œufs	un camembert
deux poissons	une boîte de tomates
quatre côtes (*chops*) de porc	une tarte aux pêches
six croissants	une tranche de jambon

2 **Je les leur commande** Vous êtes au restaurant. Avec un(e) partenaire, choisissez le meilleur plat pour chaque membre de votre famille. Employez des comparatifs, des superlatifs et des pronoms doubles dans vos réponses.

MODÈLE

Étudiant(e) 1: *Et le poulet?*
Étudiant(e) 2: *Mon père mange du poulet plus souvent que ma mère. Je vais le lui commander.*

Assiette de fruits de mer	Petits pois et carottes
Bœuf avec une sauce au vin	Pizza aux quatre fromages
Hamburger et frites	Sandwich au thon
Pêches à la crème	Tarte aux pommes

3 **Mes plats préférés** Par groupes de trois, interviewez vos camarades. Quels sont les plats qu'ils aiment le mieux? Quand les ont-ils mangés la dernière fois? Choisissez vos trois plats préférés et puis comparez-les avec les plats de vos camarades. Employez des comparatifs, des superlatifs et le passé récent.

4 **Le week-end dernier** Préparez deux listes par écrit, une pour les choses que vous avez pu faire le week-end dernier et une pour les choses que vous n'avez pas pu faire. Ensuite, avec un(e) partenaire, comparez vos listes et expliquez vos réponses. Employez les verbes **devoir**, **vouloir** et **pouvoir** au passé composé et, si possible, les pronoms doubles.

MODÈLE

Étudiant(e) 1: *J'ai voulu envoyer un e-mail à ma cousine.*
Étudiant(e) 2: *Est-ce que tu as pu le lui envoyer?*

Choses que j'ai pu faire

Choses que je n'ai pas pu faire

5 **C'est mieux** Par groupes de trois, donnez votre opinion sur ces sujets. Pour chaque sujet, comparez les deux options. Soyez prêts à présenter les résultats de vos discussions à la classe.

MODÈLE apporter des fleurs ou du vin à un dîner

Étudiant(e) 1: *C'est plus sympa d'apporter des fleurs à un dîner.*
Étudiant(e) 2: *Oui, on peut les mettre sur la table. Elles sont plus jolies qu'une bouteille de vin.*
Étudiant(e) 3: *Peut-être, mais le vin est un cadeau plus généreux.*

- commencer ou finir un régime
- faire les courses ou faire la cuisine
- manger ou faire la cuisine

6 **Six différences** Votre professeur va vous donner, à vous et à votre partenaire, deux feuilles d'activités différentes. Comparez les deux familles pour trouver les six différences. Attention! Ne regardez pas la feuille de votre partenaire.

MODÈLE

Étudiant(e) 1: *Fatiha est aussi grande que Samira.*
Étudiant(e) 2: *Non, Fatiha est moins grande que Samira.*

ressources		
WB pp. 121–124	LM pp. 71–72	promenades.vhlcentral.com Leçon 18

Écriture

Expressing and supporting opinions

Written reviews are just one of the many kinds of writing that require you to state your opinions. In order to convince your reader to take your opinions seriously, it is important to support them as thoroughly as possible. Details, facts, examples, and other forms of evidence are necessary. In a restaurant review, for example, it is not enough just to rate the food, service, and atmosphere. Readers will want details about the dishes you ordered, the kind of service you received, and the type of atmosphere you encountered. If you were writing a concert or album review, what kinds of details might your readers expect to find?

It is easier to include details that support your opinions if you plan ahead. Before going to a place or event that you are planning to review, write a list of questions that your readers might ask. Decide which aspects of the experience you are going to rate, and list the details that will help you decide upon a rating. You can then organize these lists into a questionnaire and a rating sheet. Bring these forms with you to remind you of the kinds of information you need to gather in order to support your opinions. Later, these forms will help you organize your review into logical categories. They can also provide the details and other evidence you need to convince your readers of your opinions.

Thème

Écrire une critique

Écrivez la critique d'un restaurant de votre ville pour le journal de l'université. Indiquez d'abord le nom du restaurant et le type de cuisine (cuisine chinoise, indienne, italienne, barbecue, etc.). Ensuite, parlez des catégories de la liste suivante. Enfin, donnez votre opinion personnelle sur le restaurant. Combien d'étoiles (*stars*) mérite-t-il (*deserve*)?

- **Cuisine**

  Quel(s) type(s) de plat(s) y a-t-il au menu? Le restaurant a-t-il une spécialité? Citez quelques plats typiques (entrées et plats principaux) que vous avez goûtés et indiquez les ingrédients utilisés dans ces plats.

- **Service**

  Comment est le service? Les serveurs sont-ils gentils et polis? Sont-ils lents ou rapides à apporter le menu, les boissons et les plats?

- **Ambiance**

  Comment est le restaurant? Est-il beau? Grand? Bien décoré? Est-ce un restaurant simple ou élégant? Y a-t-il une terrasse? Un bar? Des musiciens?

- **Informations pratiques**

  Quel est le prix moyen d'un repas dans ce restaurant (au déjeuner et/ou au dîner)? Où est le restaurant? Donnez son adresse et indiquez comment on y (*there*) va de l'université. Indiquez aussi le numéro de téléphone du restaurant et ses heures d'ouverture (*operating hours*).

Panorama

les vendanges° en Bourgogne

La Bourgogne

La région en chiffres

▶ **Superficie:** *31.582 km²*

▶ **Population:** *1.616.000*
SOURCE: INSEE

▶ **Industries principales:** *industries automobile et pharmaceutique, tourisme, viticulture°*

▶ **Villes principales:** *Auxerre, Chalon-sur-Saône, Dijon, Mâcon, Nevers*

Personnages célèbres

▶ **Gustave Eiffel,** *ingénieur (la tour Eiffel) (1832–1923)*

▶ **Colette,** *écrivain (1873–1954)*

▶ **Claude Jade,** *actrice (1948–2006)*

La Franche-Comté

La région en chiffres

▶ **Superficie:** *16.202 km²*

▶ **Population:** *1.133.000*

▶ **Industries principales:** *agriculture, artisanat, industrie automobile, horlogerie°, tourisme*

▶ **Villes principales:** *Belfort, Besançon, Dole, Pontarlier, Vesoul*

Personnages célèbres

▶ **Louis (1864–1948) et Auguste (1862–1954) Lumière,** *inventeurs du cinématographe°*

▶ **Claire Motte,** *danseuse étoile° à l'Opéra de Paris (1937–)*

viticulture grape growing **horlogerie** watch and clock making
cinématographe motion picture camera **danseuse étoile** principal
dancer **servaient à** were used for **toux** cough **persil** parsley
lutter contre fight against **vendanges** grape harvest

Sens

Auxerre

la Seine

Luxeuil-les-Bains

Vesoul

Belfort

la Saône

Montbéliard

Dijon

Besançon

le Doubs

BOURGOGNE

FRANCHE-COMTÉ

Nevers

Beaune

Dole

le Doubs

Pontarlier

LA SUISSE

Chalon-sur-Saône

Lons-le-Saunier

la Saône

l'Ain

LA FRANCE

Mâcon

la Loire

un marché à Dijon

la ville d'Ornans

L'ITALIE

0 ——— 50 milles
0 ——— 50 kilomètres

Incroyable mais vrai!

Au Moyen Âge, les escargots servaient à° la fabrication de sirops contre la toux°. La recette bourguignonne (beurre, ail, persil°) est popularisée au 19ᵉ siècle. La France produit 500 à 800 tonnes d'escargots par an, mais en importe 5.000 tonnes. L'escargot aide à lutter contre° le mauvais cholestérol et les maladies cardio-vasculaires.

Les sports

Les sports d'hiver dans le Jura

On peut pratiquer de nombreux sports d'hiver dans les montagnes du Jura, en Franche-Comté: ski alpin, surf°, monoski, planche à voile sur neige. Mais le Jura est surtout le paradis du ski de fond°. Avec des centaines de kilomètres de pistes°, on y skie de décembre à avril, y compris° la nuit, sur des pistes éclairées°. La célèbre Transjurassienne

est la 2e course° d'endurance du monde avec un parcours° de 76 km pour les hommes et 50 km pour les femmes. Il y a aussi une minitrans de 10 km pour les enfants.

Les destinations

Besançon: capitale de l'horlogerie

L'artisanat de l'horlogerie commence au 16e siècle avec l'installation de grandes horloges dans les monastères. Au 18e siècle, 400 horlogers suisses viennent s'installer° en Franche-Comté. Au 19e siècle, Montbéliard comptait 5.000 horlogers. En hiver, les paysans°-horlogers s'occupaient°, dans leurs fermes°, de la finition° et de la décoration des horloges. En 1862, une école d'horlogerie est créée° et en 1900, Besançon devient le berceau° de l'horlogerie française avec 8.000 horlogers qui produisent 600.000 montres par an.

L'architecture

Les toits de Bourgogne

Les toits° en tuiles vernissées° multicolores sont typiques de la Bourgogne. Inspirés de l'architecture flamande° et d'Europe centrale, ils forment des dessins géométriques. Le plus célèbre bâtiment° est l'Hôtel-Dieu° de Beaune, construit en 1443 pour accueillir° les pauvres et les victimes de la guerre° de 100 ans. Aujourd'hui, l'Hôtel-Dieu organise la plus célèbre vente aux enchères° de vins du monde.

Les gens

Louis Pasteur (1822–1895)

Louis Pasteur est né à Dole, en Franche-Comté. Il découvre° que les fermentations sont dues à des micro-organismes spécifiques. Dans ses recherches° sur les maladies° contagieuses, il montre la relation entre le microbe et l'apparition d'une maladie. Cette découverte° a des applications dans le monde hospitalier et industriel avec les méthodes de désinfection, de stérilisation et de pasteurisation. Le vaccin contre la rage° est aussi une de ses inventions. L'Institut Pasteur est créé à Paris en 1888. Aujourd'hui, il a des filiales° sur cinq continents.

 Qu'est-ce que vous avez appris?   Répondez aux questions par des phrases complètes.

1. Comment s'appellent les inventeurs du cinématographe?
2. À quoi servaient les escargots au Moyen Âge?
3. Avec quoi sont préparés les escargots de Bourgogne?
4. Quel est le sport le plus pratiqué dans le Jura?
5. Qu'est-ce que la Transjurassienne?
6. D'où viennent les horlogers au 18e siècle?

7. Quel style d'architecture a influencé les toits de Bourgogne?
8. Quel est le bâtiment avec le toit le plus célèbre en Bourgogne?
9. Comment les recherches de Pasteur ont-elles été utilisées par les hôpitaux et l'industrie?
10. Où trouve-t-on des Instituts Pasteur aujourd'hui?

ressources	
WB pp. 125–126	promenades.vhlcentral.com Unité 9

SUPERSITE   **SUR INTERNET**

Go to promenades.vhlcentral.com to find more cultural information related to this **PANORAMA**.

1. Quand ont lieu les vendanges en Bourgogne?
2. Cherchez trois recettes à base (*using*) d'escargots.
3. Trouvez des informations sur les vacances d'hiver dans le Jura: logement, prix, activités, etc.
4. Cherchez des informations sur Louis Pasteur. Quel effet ont eu ses découvertes sur des produits alimentaires d'usage courant (*everyday use*)?

surf *snowboarding* **ski de fond** *cross-country skiing* **pistes** *trails* **y compris** *including* **éclairées** *lit* **course** *race* **parcours** *course* **s'installer** *settle* **paysans** *peasants* **s'occupaient** *took care* **fermes** *farms* **finition** *finishing* **créée** *created* **berceau** *cradle* **toits** *roofs* **tuiles vernissées** *glazed tiles* **flamande** *Flemish* **bâtiment** *building* **Hôtel-Dieu** *Hospital* **accueillir** *take care of* **guerre** *war* **vente aux enchères** *auction* **découvre** *discovers* **recherches** *research* **maladies** *illnesses* **découverte** *discovery* **rage** *rabies* **filiales** *branches*

À table!

une assiette	plate
un bol	bowl
une carafe d'eau	pitcher of water
une carte	menu
un couteau	knife
une cuillère (à soupe/à café)	spoon (teaspoon/soupspoon)
une fourchette	fork
un menu	menu
une nappe	tablecloth
une serviette	napkin
une boîte (de conserve)	can
la crème	cream
l'huile (d'olive) (f.)	(olive) oil
la mayonnaise	mayonnaise
la moutarde	mustard
le poivre	pepper
le sel	salt
une tranche	slice
une cantine	cafeteria
À table!	Let's eat!/ Food is ready!
compris	included

Les fruits

une banane	banana
une fraise	strawberry
un fruit	fruit
une orange	orange
une pêche	peach
une poire	pear
une pomme	apple
une tomate	tomato

Autres aliments

un aliment	food
la confiture	jam
la nourriture	food, sustenance
des pâtes (f.)	pasta
le riz	rice
une tarte	pie, tart
un yaourt	yogurt

Verbes

devenir	to become
devoir	to have to (must); to owe
maintenir	to maintain
pouvoir	to be able to (can)
retenir	to keep, to retain
revenir	to come back
tenir	to hold
venir	to come
vouloir	to want; to mean (with dire)

Autres mots et locutions

depuis [+ time]	since
il y a [+ time]	ago
pendant [+ time]	for

Les repas

commander	to order
cuisiner	to cook
être au régime	to be on a diet
goûter	to taste
un déjeuner	lunch
un dîner	dinner
un goûter	afternoon snack
un petit-déjeuner	breakfast
un repas	meal
une entrée	appetizer, starter
un hors-d'œuvre	hors-d'œuvre, appetizer
un plat (principal)	(main) dish

Les viandes et les poissons

le bœuf	beef
un escargot	escargot, snail
les fruits de mer (m.)	seafood
un œuf	egg
un pâté (de campagne)	pâté, meat spread
le porc	pork
un poulet	chicken
une saucisse	sausage
un steak	steak
le thon	tuna
la viande	meat

Les légumes

l'ail (m.)	garlic
une carotte	carrot
un champignon	mushroom
des haricots verts (m.)	green beans
une laitue	lettuce
un légume	vegetable
un oignon	onion
des petits pois (m.)	peas
un poivron (vert, rouge)	(green, red) pepper
une pomme de terre	potato
une salade	salad

Les achats

faire les courses (f.)	to go (grocery) shopping
une boucherie	butcher's shop
une boulangerie	bread shop, bakery
une charcuterie	delicatessen
une pâtisserie	pastry shop, bakery
une poissonnerie	fish shop
un supermarché	supermarket
un(e) commerçant(e)	shopkeeper
un kilo(gramme)	kilo(gram)

Expressions utiles	See pp. 263 and 277.
Comparatives and superlatives	See pp. 280–281.

La santé

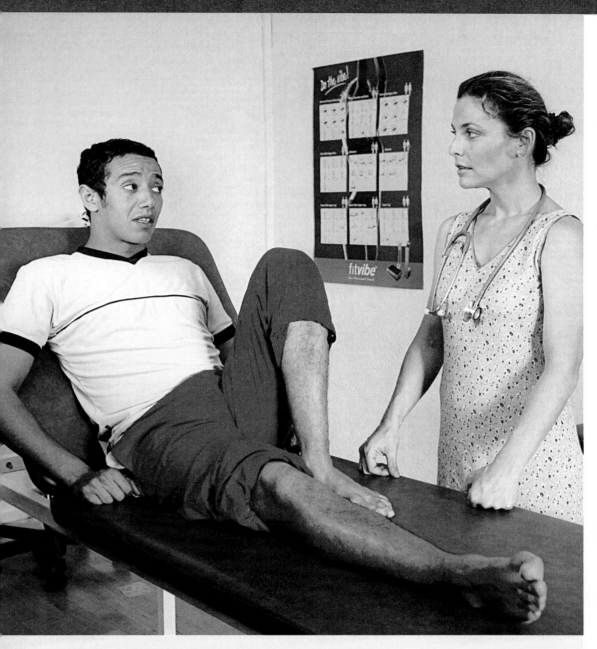

Pour commencer
- Quelle est la profession de la dame, coiffeuse ou médecin?
- Où sont Rachid et cette dame, à l'hôpital ou à l'épicerie?
- Est-ce qu'il veut revenir samedi prochain?
- Qu'est-ce qu'il faisait avant de venir, il jouait au foot ou il faisait les courses?

Savoir-faire

Leçon 19

You will learn how to...
- describe your daily routine
- discuss personal hygiene

La routine quotidienne

Vocabulaire

faire sa toilette	*to wash up*
se brosser les cheveux/ les dents	*to brush one's hair/ teeth*
se coiffer	*to do one's hair*
se coucher	*to go to bed*
se déshabiller	*to undress oneself*
s'endormir	*to go to sleep, to fall asleep*
s'habiller	*to get dressed*
se laver (les mains)	*to wash oneself (one's hands)*
se lever	*to get up, to get out of bed*
prendre une douche	*to take a shower*
se regarder	*to look at oneself*
se sécher	*to dry oneself*
le shampooing	*shampoo*
le cœur	*heart*
le corps	*body*
le dos	*back*
la gorge	*throat*
une joue	*cheek*
un orteil	*toe*
la peau	*skin*
la poitrine	*chest*
la taille	*waist*
le visage	*face*

une serviette de bain

une brosse à dents

une brosse à cheveux

le maquillage

un rasoir

un peigne

Elle se maquille. (se maquiller)

le savon

le dentifrice

la crème à raser

Il se rase. (se raser)

une pantoufle

ressources

WB pp. 127–128

LM p. 73

SUPERSITE
promenades.vhlcentral.com
Leçon 19

Mise en pratique

1 **Écoutez** 🎧 Sarah, son grand frère Guillaume et leur père parlent de qui va utiliser la salle de bains en premier ce matin. Écoutez la conversation et indiquez si les affirmations suivantes sont **vraies** ou **fausses**.

	Vrai	Faux
1. Guillaume ne va pas se raser.	☐	☐
2. Guillaume doit encore prendre une douche et se brosser les dents.	☐	☐
3. Sarah n'a pas entendu son réveil.	☐	☐
4. Guillaume demande à Sarah de lui apporter de la crème à raser.	☐	☐
5. Guillaume demande à Sarah un savon.	☐	☐
6. Guillaume demande à Sarah une grande serviette de bain.	☐	☐
7. Sarah doit prendre une douche et s'habiller en moins de vingt minutes.	☐	☐
8. Sarah décide de ne pas se maquiller et de ne pas se sécher les cheveux aujourd'hui.	☐	☐

2 **Association** Associez les activités de la colonne de gauche aux parties du corps correspondantes des colonnes de droite. Notez que certains éléments ne sont pas utilisés et que d'autres sont utilisés plus d'une fois.

1. _____ écouter
2. _____ manger
3. _____ marcher
4. _____ montrer
5. _____ parler
6. _____ penser
7. _____ sentir
8. _____ regarder

a. la bouche   f. le pied
b. la gorge   g. la taille
c. l'orteil   h. la tête
d. l'œil   i. le doigt
e. l'oreille   j. le nez

3 **Quel matin!** Remplissez les espaces par le mot ou l'expression de la liste qui convient afin de (*in order to*) trouver ce qui est arrivé à Alexandre aujourd'hui. Notez que tous les mots et expressions ne sont pas utilisés. Faites également les accords nécessaires.

le bras	s'habiller	le réveil	la gorge
se brosser les dents	le peigne	se laver	le ventre
se coucher	le pied	le cœur	les yeux

Ce matin, Alexandre n'entend pas son (1) _____. Quand il se lève, il met d'abord le (2) _____ gauche par terre. Il entre dans la salle de bains. Là, il ne trouve pas le (3) _____ pour se coiffer ni (*nor*) le dentifrice pour (4) _____. Il se regarde dans le miroir. Ses (5) _____ sont tout rouges. Comme il a très faim, son (6) _____ commence à faire du bruit (*noise*). Il retourne ensuite dans sa chambre pour (7) _____. Il met un pantalon noir et une chemise bleue. Puis, il descend les escaliers et tombe. Après un moment, il retourne dans sa chambre. Après un tel début (*such a beginning*) de journée, Alexandre va (8) _____.

Attention!

The verbs following the pronoun **se** are called reflexive verbs. You will learn more about them in **STRUCTURES**. For now, when talking about another person, place the pronoun **se** between the subject and the verb.

Il se regarde. *He looks at himself.*

Elle se réveille. *She wakes up.*

la tête
un œil (yeux *pl.*)
le nez
une oreille
la bouche
le cou
un bras
le réveil
un doigt
le ventre
un genou (genoux *pl.*)
une jambe
Elle se réveille. (se réveiller)
un pied
un doigt de pied

CONTEXTES

Communication

4 **Définition** Créez votre propre définition des mots de la liste suivante. Ensuite, à tour de rôle, lisez vos définitions à votre partenaire. Il/Elle doit deviner le mot correspondant.

> **MODÈLE**
>
> cheveux
>
> **Étudiant(e) 1:** *On utilise une brosse ou un peigne pour les brosser. Qu'est-ce que c'est?*
> **Étudiant(e) 2:** *Ce sont les cheveux.*

1. le cœur   4. les dents   7. la joue   10. le visage
2. le corps   5. le dos   8. le nez   11. l'œil
3. le cou   6. le genou   9. la poitrine 12. l'orteil

5 **Que font-ils?** Dites ce que font les personnes suivantes et ce qu'elles utilisent pour le faire. Donnez autant de (*as many*) détails que possible. Ensuite, à tour de rôle avec un(e) partenaire, lisez vos descriptions. Votre partenaire doit deviner quelle image vous décrivez.

1.

2.

3.

4.

5.

6.

7.

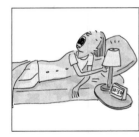

8.

6 **Écrivez** Pensez à votre acteur/actrice préféré(e). Quelle est sa routine du matin? Décrivez-la et utilisez les adjectifs de la liste suivante et les mots et expressions de la section **CONTEXTES**.

beau	gros	petit
court	heureux	sincère
égoïste	jeune	de taille moyenne
grand	long	vieux

7 **Décrivez** Votre professeur va vous donner, à vous et à votre partenaire, deux feuilles d'activités différentes. À tour de rôle, posez-vous des questions pour savoir ce que fait Nadia chaque soir et chaque matin. Attention! Ne regardez pas la feuille de votre partenaire.

> **MODÈLE**
>
> **Étudiant(e) 1:** *À vingt-trois heures, Nadia se déshabille et met son pyjama. Que fait-elle ensuite?*
> **Étudiant(e) 2:** *Après, elle…*

Les sons et les lettres

 Diacriticals for meaning

Some French words with different meanings have nearly identical spellings except for a diacritical mark (*accent*). Sometimes a diacritical does not affect pronunciation at all.

ou	**où**	**a**	**à**
or	*where*	*has*	*to, at*

Sometimes, you can clearly hear the difference between the words.

côte	**côté**	**sale**	**salé**
coast	*side*	*dirty*	*salty*

Very often, two similar-looking words are different parts of speech. Many similar-looking word pairs are those with and without an **-é** at the end.

âge	**âgé**	**entre**	**entré (entrer)**
age (n.)	*elderly* (adj.)	*between* (prep.)	*entered* (p.p.)

In such instances, context should make their meaning clear.

Tu as quel âge?   **C'est un homme âgé.**
How old are you? / What is your age?   *He's an elderly man.*

Prononcez Répétez les mots suivants à voix haute.

1. la (*the*)   là (*there*)
2. êtes (*are*)   étés (*summers*)
3. jeune (*young*)   jeûne (*fasting*)
4. pêche (*peach*)   pêché (*fished*)

Articulez Répétez les phrases suivantes à voix haute.

1. J'habite dans une ferme (*farm*).
   Le magasin est fermé (*closed*).
2. Les animaux mangent du maïs (*corn*).
   Je suis suisse, mais il est belge.
3. Est-ce que tu es prête?
   J'ai prêté ma voiture à Marcel.
4. La lampe est à côté de la chaise.
   J'adore la côte ouest de la France.

C'est un prêté pour un rendu. [2]

Dictons Répétez les dictons à voix haute.

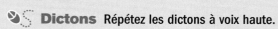

À vos marques, prêts, partez! [1]

[2] One good turn deserves another. (lit. It is one loaned for one returned.)

[1] On your mark, get set, go!

ROMAN-PHOTO

Drôle de surprise

David

Rachid

Chez David et Rachid...

DAVID Oh là là, ça ne va pas du tout, toi!

RACHID David, tu te dépêches? Il est sept heures et quart. Je dois me préparer, moi aussi!

DAVID Ne t'inquiète pas. Je finis de me brosser les dents!

RACHID On doit partir dans moins de vingt minutes. Tu ne te rends pas compte!

DAVID Excuse-moi, mais on s'est couché tard hier soir.

RACHID Oui et on ne s'est pas réveillé à l'heure, mais mon prof de sciences po, ça ne l'intéresse pas tout ça.

DAVID Attends, je ne trouve pas le peigne... Ah, le voilà. Je me coiffe... Deux secondes!

RACHID C'était vraiment sympa hier soir... On s'entend tous super bien et on ne s'ennuie jamais ensemble... Mais enfin, qu'est-ce que tu fais? Je dois me raser, prendre une douche et m'habiller, en exactement dix-sept minutes!

RACHID Bon, tu veux bien me passer ma brosse à dents, le dentifrice et un rasoir, s'il te plaît?

DAVID Attends une minute. Je me dépêche.

RACHID Comment est-ce qu'un mec peut prendre aussi longtemps dans la salle de bains?

DAVID Euh, j'ai un petit problème...

RACHID Qu'est-ce que tu as sur le visage?

DAVID Aucune idée.

RACHID Est-ce que tu as mal à la gorge? Fais: Ah!

RACHID Et le ventre, ça va?

DAVID Oui, oui ça va...

RACHID Attends, je vais examiner tes yeux... regarde à droite, à gauche... maintenant ferme-les. Bien. Tourne-toi...

DAVID Hé!

1 **Vrai ou faux?** Indiquez si les affirmations suivantes sont **vraies** ou **fausses**.

1. David se sent (*feels*) bien ce matin.
2. Rachid est pressé ce matin.
3. David se rase.
4. David se maquille.
5. Rachid doit prendre une douche.
6. David ne s'est pas réveillé à l'heure.
7. David s'est couché tôt hier soir.
8. Tout le monde s'est bien amusé (*had a good time*) hier soir.
9. Les amis se disputent souvent.
10. Rachid est très inquiet pour David.

David et Rachid se préparent le matin.

DAVID Patience, cher ami!
RACHID Tu n'as pas encore pris ta douche?!
DAVID Ne te mets pas en colère. J'arrive, j'arrive! Voilà... un peu de crème sur le visage, sur le cou...
RACHID Tu te maquilles maintenant?

DAVID Ce n'est pas facile d'être beau, ça prend du temps, tu sais. Écoute, ça ne sert à rien de se disputer. Lis le journal si tu t'ennuies, j'ai bientôt fini.

RACHID Ne t'inquiète pas, c'est probablement une réaction allergique. Téléphone au médecin pour prendre un rendez-vous. Qu'est-ce que tu as mangé hier?
DAVID Eh ben... J'ai mangé un peu de tout! Hé! Je n'ai pas encore fini ma toilette!

RACHID Patience, cher ami!

Expressions utiles

Talking about your routine

- **Je dois me préparer.**
  I have to get (myself) ready.
- **Je finis de me brosser les dents!**
  I'm finishing brushing my teeth!
- **On s'est couché tard hier soir.**
  We went to bed late last night.
- **On ne s'est pas réveillé à l'heure.**
  We didn't get up on time.
- **Je me coiffe.**
  I'm doing my hair.
- **Je dois me raser et m'habiller.**
  I have to shave (myself) and get dressed.
- **Tu te maquilles maintenant?**
  Are you putting makeup on now?

Talking about states of being

- **Ça ne sert à rien de se disputer.**
  Let's not argue.
- **Tu te dépêches?**
  Are you hurrying?/Will you hurry?
- **Ne t'inquiète pas.**
  Don't worry.
- **Tu ne te rends pas compte!**
  You don't realize!
- **On s'entend tous super bien et on ne s'ennuie jamais ensemble.**
  We all get along really well and we never get bored with each other.
- **Ne te mets pas en colère.**
  Don't get angry.
- **Lis le journal si tu t'ennuies.**
  Read the paper if you're bored.

Additional vocabulary

- **Je me dépêche.**
  I'm hurrying.
- **Tourne-toi.**
  Turn around.
- **un mec**
  a guy
- **aucune idée**
  no idea

---

2 **Les opposés** Trouvez pour chaque verbe de la colonne de gauche son opposé dans les colonnes de droite. Utilisez un dictionnaire. Attention! Tous les mots ne sont pas utilisés.

1. _____ bien s'entendre
2. _____ s'ennuyer
3. _____ se dépêcher
4. _____ se réveiller
5. _____ se reposer

a. s'amuser
b. s'occuper
c. se détendre
d. s'appeler
e. se disputer
f. se coucher

3 **Écrivez** Écrivez un paragraphe dans lequel vous décrivez la routine du matin et du soir de David ou de Rachid. Utilisez votre imagination et ce que vous savez de **ROMAN-PHOTO**.

A C T I V I T É S

CULTURE À LA LOUPE

Les Français et la maladie

Que fait-on en France quand on ne se sent pas bien? On peut bien sûr contacter son médecin. Généralement, il vous reçoit° dans son cabinet° pour une consultation et vous donne une ordonnance. Il faut ensuite se rendre° à la pharmacie et présenter son ordonnance pour acheter ses médicaments. Beaucoup de médicaments ne sont pas en vente libre°, donc consulter un médecin est important et nécessaire.

Cependant°, pour leurs petites maladies, les Français aiment demander conseil° à leur pharmacien. Les pharmaciens en France ont un diplôme spécialisé et font six années d'études supérieures. Ils sont donc très compétents pour donner des conseils de qualité. Les pharmacies sont faciles à trouver: elles ont toutes une grande croix° verte lumineuse° suspendue° à l'extérieur. Elles sont en général ouvertes du lundi au samedi, entre 9h00 et 20h00. Pour les jours fériés et la nuit, il existe des pharmacies de garde°, dont° la liste est affichée sur la porte de chaque pharmacie.

Quand on est très malade, le médecin donne une consultation à domicile°, ce qui° est très pratique pour les enfants et les personnes âgées! En cas d'urgence, on peut appeler deux autres numéros. SOS Médecin existe dans toutes les grandes villes. Ses médecins répondent aux appels 24 heures sur 24 et font des visites à domicile. Pour les accidents et les gros problèmes, on peut contacter le Samu. C'est un service qui emmène les patients à l'hôpital si nécessaire.

Coup de main

In France, body temperature is measured in Celsius.

37°C is the normal body temperature.

Between **37°** and **38°C** is a slight fever.

For a fever above **38.5°C**, medication should be taken.

Between **39°** and **40°C** is a high fever.

Les services et les produits de santé

- 85% des Français voient° un médecin généraliste dans l'année.
- 52% vont chez le dentiste dans l'année.
- Les médecins donnent une ordonnance dans 75% des consultations.
- 57% des Français utilisent les médecines alternatives.
- 39% utilisent l'homéopathie° au moins une fois dans l'année.

reçoit *sees* **cabinet** *office* **se rendre** *to go* **en vente libre** *available over the counter* **Cependant** *However* **conseil** *advice* **croix** *cross* **lumineuse** *illuminated* **suspendue** *hung* **de garde** *emergency* **dont** *of which* **à domicile** *at home* **ce qui** *which* **voient** *see* **homéopathie** *homeopathy*

1 Complétez Complétez les phrases, d'après le texte et le tableau.

1. À la fin d'une consultation, le médecin vous donne parfois _____.
2. _____ en France ne sont pas en vente libre.
3. Les pharmaciens en France font six années _____.
4. Les pharmacies sont faciles à trouver grâce à _____.
5. Parfois, le médecin vient à domicile pour donner _____.
6. Quand on est très malade, on peut appeler _____.
7. _____ voient un médecin généraliste dans l'année.
8. 39% des Français utilisent _____ au moins une fois dans l'année.
9. La température normale du corps est de _____.
10. On a une forte fièvre quand on a _____.

STRATÉGIE

Activating background knowledge

Using what you already know about a particular subject will often help you better understand a reading. As you read the **Culture à la loupe** selection on the previous page, think about what you already know about the subject of health. Remember that you possess a certain amount of knowledge on a wide range of subjects. Rely on it to inform your interpretation of unfamiliar words or concepts.

LE MONDE FRANCOPHONE

Des expressions près du corps

Voici quelques expressions idiomatiques.

En France

avoir le bras long être une personne importante qui peut influencer quelqu'un

avoir un chat dans la gorge ne pas pouvoir parler

casser les pieds à quelqu'un ennuyer une personne

coûter les yeux de la tête coûter très cher

se mettre le doigt dans l'œil faire une erreur

Au Québec

avoir quelqu'un dans le dos détester quelqu'un

coûter un bras coûter très cher

un froid à couper un cheveu un très grand froid

sur le bras gratuit, qu'on n'a pas besoin de payer

En Suisse

avoir des tournements de tête avoir des vertiges°

donner une bonne-main donner un pourboire

vertiges dizziness, vertigo

PORTRAIT

L'Occitane

En 1976, un jeune étudiant en littérature de 23 ans, Olivier Baussan, a commencé à fabriquer chez lui de l'huile de romarin° et l'a vendue sur les marchés de Provence. Son huile a été très appréciée par le public et Baussan a fondé° L'Occitane, marque° de produits de beauté. La première boutique a ouvert ses portes dans le sud de la France en 1980 et aujourd'hui, la compagnie a plus de 500 boutiques dans 60 pays, y compris aux États-Unis et au Canada. Les produits de L'Occitane, tous faits d'ingrédients naturels comme la lavande° ou l'olive, s'inspirent de la Provence et sont fabriqués avec des méthodes traditionnelles. L'Occitane offre des produits de beauté, des parfums, du maquillage et des produits pour le bain, pour la douche et pour la maison.

huile de romarin rosemary oil **fondé** founded **marque** brand **lavande** lavender

SUR INTERNET

Les hommes en France dépensent-ils beaucoup d'argent pour les produits de beauté ou de soin?

Go to promenades.vhlcentral.com to find more cultural information related to this **LECTURE CULTURELLE.**

---

2 **Vrai ou faux?** Indiquez si les phrases suivantes sont **vraies** ou **fausses**. Corrigez les phrases fausses.

1. La compagnie L'Occitane a été fondée en Provence.
2. Le premier magasin L'Occitane a ouvert ses portes en 1976.
3. On trouve l'olive dans certains produits de L'Occitane.
4. L'Occitane se spécialise dans les produits pour le corps.
5. Les produits de L'Occitane utilisent des ingrédients naturels et sont fabriqués avec des méthodes traditionnelles.

3 **Les expressions idiomatiques** Regardez bien la liste des expressions dans **Le monde francophone**. En petits groupes, discutez de ces expressions. Lesquelles (*Which*) aimez-vous? Pourquoi? Essayez de deviner l'équivalent de ces expressions en anglais.

ressources

promenades.vhlcentral.com
Leçon 19

A C T I V I T É S

19.1 Reflexive verbs

Point de départ A reflexive verb usually describes what a person does to or for himself or herself. In other words, it "reflects" the action of the verb back to the subject. Reflexive verbs always use reflexive pronouns.

SUBJECT   REFLEXIVE VERB

André   **se rase** à huit heures.

Reflexive verbs

se laver (*to wash oneself*)		
je	me lave	*I wash (myself)*
tu	te laves	*you wash (yourself)*
il/elle	se lave	*he/she/it washes (himself/herself/itself)*
nous	nous lavons	*we wash (ourselves)*
vous	vous lavez	*you wash (yourself/yourselves)*
ils/elles	se lavent	*they wash (themselves)*

● The pronoun **se** before an infinitive identifies the verb as reflexive: **se laver**.

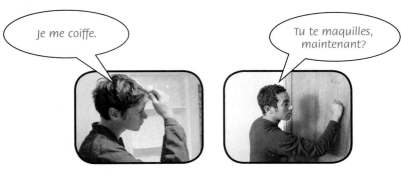

Je me coiffe.

Tu te maquilles, maintenant?

● When a reflexive verb is conjugated, the reflexive pronoun agrees with the subject. Except for **se**, reflexive pronouns have the same forms as direct and indirect object pronouns; **se** is used for both singular and plural subjects.

Tu **te couches**.
You're going to bed.

Les enfants **se réveillent**.
The children wake up.

Je **me maquille** aussi.
I put on makeup too.

Nous **nous levons** très tôt.
We get up very early.

● Note that the reflexive pronouns **nous** and **vous** are identical to the corresponding subject pronouns.

Nous **nous regardons** dans le miroir.
We look at ourselves in the mirror.

Vous **habillez**-vous déjà?
Are you getting dressed already?

MISE EN PRATIQUE

1 **Les habitudes** Vous allez chez vos amis Frédéric et Pauline. Tout le monde a ses habitudes. Que fait-on tous les jours?

> **MODÈLE** Frédéric / se raser
> *Frédéric se rase.*

1. vous / se réveiller / à six heures
2. Frédéric et Pauline / se brosser / dents
3. tu / se lever / puis / prendre une douche
4. nous / sécher / cheveux
5. on / s'habiller / avant le petit-déjeuner
6. Frédéric et Pauline / se coiffer / avant / sortir
7. je / se déshabiller / et après / se coucher
8. tout le monde / s'endormir / tout de suite

2 **La routine** Tous les matins, Juliette suit (*follows*) la même routine. Regardez les illustrations et dites ce que (*what*) fait Juliette.

1.   3.

2.   4.

3 **L'ordre logique** À tour de rôle avec un(e) partenaire, indiquez dans quel ordre vous (ou quelqu'un que vous connaissez) faites ces choses.

> **MODÈLE** se lever / se réveiller
> *D'abord je me réveille, ensuite je me lève.*

1. se laver / se sécher
2. se maquiller / prendre une douche
3. se lever / s'habiller
4. se raser / se réveiller
5. se coucher / se brosser les cheveux
6. s'endormir / se coucher
7. se coucher / se déshabiller
8. se lever / se réveiller

COMMUNICATION

4 **Tous les jours** Que fait votre partenaire tous les jours? Posez-lui les questions et il/elle vous répond.

MODÈLE se lever tôt le matin

Étudiant(e) 1: Est-ce que tu te lèves tôt le matin?
Étudiant(e) 2: Non, je ne me lève pas tôt le matin.

1. se réveiller tôt ou tard le week-end
2. se lever tout de suite
3. se maquiller tous les matins
4. se laver les cheveux tous les jours
5. se raser le soir ou le matin
6. se coucher avant ou après minuit

5 **Enquête** Votre professeur va vous donner une feuille d'activités. Circulez dans la classe et trouvez un(e) camarade différent(e) pour chaque action. Présentez les réponses à la classe.

MODÈLE

Étudiant(e) 1: Est-ce que tu te lèves avant six heures du matin?
Étudiant(e) 2: Oui, je me lève parfois à cinq heures!

Activité	Nom
1. se lever avant six heures du matin	Carole
2. se maquiller pour venir en cours	
3. se brosser les dents trois fois par jour	
4. se laver les cheveux le soir	
5. se coiffer à la dernière mode	
6. se reposer le vendredi soir	

6 **Jacques a dit** Par groupes de quatre, un(e) étudiant(e) donne des ordres au groupe. Attention! Vous devez obéir seulement si l'ordre est précédé de **Jacques a dit...** (*Simon says...*) La personne qui se trompe devient le meneur de jeu (*leader*). Le gagnant (*winner*) est l'étudiant(e) qui n'a pas été le meneur de jeu. Utilisez les expressions de la liste puis trouvez vos propres expressions.

se brosser les dents	se laver les mains
se coiffer	se lever
s'endormir	se maquiller
s'habiller	se sécher les cheveux

Common reflexive verbs

se brosser les cheveux/ les dents	to brush one's hair/teeth	se laver (les mains)	to wash oneself (one's hands)
se coiffer	to do one's hair	se lever	to get up, to get out of bed
se coucher	to go to bed	se maquiller	to put on makeup
se déshabiller	to undress	se raser	to shave oneself
s'endormir	to go to sleep, to fall asleep	se regarder	to look at oneself
		se réveiller	to wake up
s'habiller	to get dressed	se sécher	to dry oneself

• **S'endormir** is conjugated like **dormir**. **Se lever** and **se sécher** follow the same spelling-change patterns as **acheter** and **espérer**, respectively.

Il **s'endort** tôt.	Tu **te lèves** à quelle heure?	Elles **se sèchent**.
He falls asleep early.	*What time do you get up?*	*They dry off.*

• Some verbs can be used reflexively or non-reflexively. If the verb acts upon something other than the subject, the non-reflexive form is used.

La mère **se réveille** à sept heures.	Ensuite, elle **réveille** son fils.
The mother wakes up at 7 o'clock.	*Then, she wakes her son up.*

• When a body part is the direct object of a reflexive verb, it is usually preceded by a definite article.

Je ne **me brosse** pas **les** dents.	Vous **vous lavez les** mains.
I'm not brushing my teeth.	*You wash your hands.*

• You form the imperative of a reflexive verb as you would a non-reflexive verb. Add the reflexive pronoun to the end of an affirmative command. In negative commands, place the reflexive pronoun between **ne** and the verb. (Remember to change **te** to **toi** in affirmative commands.)

Réveille-toi, Bruno!	*but*	**Ne te réveille pas**!
Wake up, Bruno!		*Don't wake up!*

Essayez! Complétez les phrases avec les formes correctes des verbes.

1. Ils _se brossent_ (se brosser) les dents.
2. À quelle heure est-ce que vous _____ (se coucher)?
3. Tu _____ (s'endormir) en cours.
4. Nous _____ (se sécher) les cheveux.
5. On _____ (s'habiller) vite! Il faut partir.
6. Les hommes _____ (se maquiller) rarement.
7. Tu ne _____ (se déshabiller) pas encore.
8. Je _____ (se lever) vers onze heures.

19.2 Reflexives: *Sens idiomatique*

Point de départ You've learned that reflexive verbs "reflect" the action back to the subject. Some reflexive verbs, however, do not literally express a reflexive meaning.

Common idiomatic reflexives

s'amuser	to play; to have fun	s'intéresser (à)	to be interested (in)
s'appeler	to be called	se mettre à	to begin to
s'arrêter	to stop	se mettre en colère	to become angry
s'asseoir	to sit down	s'occuper (de)	to take care of, to keep oneself busy
se dépêcher	to hurry		
se détendre	to relax	se préparer	to get ready
se disputer (avec)	to argue (with)	se promener	to take a walk
s'énerver	to get worked up, to become upset	se rendre compte	to realize
		se reposer	to rest
s'ennuyer	to get bored	se souvenir (de)	to remember
s'entendre bien (avec)	to get along well (with)	se tromper	to be mistaken
s'inquiéter	to worry	se trouver	to be located

Lis le journal si tu t'ennuies.

Ne t'inquiète pas.

- **Se souvenir** is conjugated like **venir**.

  Souviens-toi de son anniversaire.
  Remember her birthday.

  Nous nous souvenons de cette date.
  We remember that date.

- **S'ennuyer** has the same spelling changes as **envoyer**. **Se promener** and **s'inquiéter** have the same spelling changes as **acheter** and **espérer**, respectively.

  Je **m'ennuie** à mourir aujourd'hui.
  I'm bored to death today.

  On **se promène** dans le parc.
  We take a walk in the park.

  Ils **s'inquiètent** pour leur fille.
  They worry about their daughter.

MISE EN PRATIQUE

1 **Ma sœur et moi** Complétez ce texte avec les formes correctes des verbes.

Je (1) _____ (s'appeler) Anne, et j'ai une sœur, Stéphanie. Nous (2) _____ (s'habiller) souvent de la même manière, mais nous sommes très différentes. Stéphanie (3) _____ (s'intéresser) à la politique et elle étudie le droit, et moi, je (4) _____ (s'intéresser) à la peinture et je fais de l'art. Nous habitons ensemble, et nous (5) _____ (s'entendre bien). On (6) _____ (s'asseoir) souvent sur un banc (*bench*) au parc pour bavarder. Quelquefois on (7) _____ (se mettre en colère). Heureusement, on (8) _____ (se rendre compte) que c'est inutile et on (9) _____ (s'arrêter). En fait, Stéphanie et moi, nous (10) _____ (ne pas s'ennuyer) ensemble.

2 **Que faire?** Que font Diane et ses copains? Utilisez les verbes de la liste pour compléter les phrases.

s'amuser	se disputer	s'occuper
s'appeler	s'énerver	se préparer
s'asseoir	s'ennuyer	se promener
se dépêcher	s'entendre	se reposer
se détendre	s'inquiéter	se tromper

1. Si je suis en retard pour mon cours, je _____.
2. Parfois, Toufik _____ et ne donne pas la bonne réponse.
3. Quand un cours n'est pas intéressant, nous _____.
4. Le week-end, Hubert et Édith sont fatigués, alors ils _____.
5. Quand je ne comprends pas mon prof, je _____.
6. Quand il fait beau, vous allez dans le parc et vous _____.

3 **La fête** Marc a invité ses amis pour célébrer la fin (*end*) du semestre. Avec un(e) partenaire, décrivez la scène à tour de rôle. Utilisez tous les verbes possibles de la liste de l'Activité 2.

Marc   Fatima   Virginie

Tran et Yves

Christine et Mohammed

Rachel et Victor

Chrystelle et Thomas

COMMUNICATION

4 **Se connaître** Vous voulez mieux connaître vos camarades. Par groupes de quatre, posez-vous des questions et puis présentez les réponses à la classe.

MODÈLE s'intéresser à la politique

Étudiant(e) 1: *Je ne m'intéresse pas à la politique. Et toi, t'intéresses-tu à la politique?*
Étudiant(e) 2: *Je m'intéresse beaucoup à la politique et je lis le journal tous les jours.*

1. s'amuser au cours de français
2. s'inquiéter pour des questions d'argent
3. s'asseoir au premier rang (*row*) dans la classe
4. s'énerver facilement
5. se mettre souvent en colère
6. se reposer le week-end

5 **Curieux** Utilisez ces verbes et expressions pour interviewer un(e) partenaire.

MODÈLE s'amuser / avec qui

Étudiant(e) 1: *Avec qui est-ce que tu t'amuses?*
Étudiant(e) 2: *Je m'amuse avec mes amis.*

1. s'entendre bien / avec qui
2. s'intéresser / à quoi
3. s'ennuyer / quand, pourquoi
4. se mettre en colère / pourquoi
5. se détendre / quand, comment
6. se promener / avec qui, où, quand
7. se disputer / avec qui, pourquoi
8. se dépêcher / quand, pourquoi

6 **Une mère inquiète** La mère de Philippe lui a écrit cet e-mail. Avec un(e) partenaire, préparez par écrit la réponse de Philippe. Employez des verbes réfléchis à sens idiomatique.

> Mon chéri,
>
> Je m'inquiète beaucoup pour toi. Je me rends compte que tu as changé. Tu ne t'amuses pas avec tes amis et tu te mets constamment en colère. Maintenant, tu restes tout le temps dans ta chambre et tu t'intéresses seulement à la télé. Est-ce que tu t'ennuies à l'école? Te souviens-tu que tu as des amis? J'espère que je me trompe.

- Note the spelling changes of **s'appeler** in the present tense.

s'appeler (to be named, to call oneself)	
je m'appelle	nous nous appelons
tu t'appelles	vous vous appelez
il/elle s'appelle	ils/elles s'appellent

Tu **t'appelles** comment?
What is your name?

Vous **vous appelez** Laure?
Is your name Laure?

- Note the irregular conjugation of the verb **s'asseoir**.

s'asseoir (to be seated, to sit down)	
je m'assieds	nous nous asseyons
tu t'assieds	vous vous asseyez
il/elle s'assied	ils/elles s'asseyent

Asseyez-vous, Monsieur.
Have a seat, sir.

Assieds-toi ici sur le canapé.
Sit here on the sofa.

- Many idiomatically reflexive expressions can be used alone, with a preposition, or with the conjunction **que**.

Tu **te trompes**.
You're wrong.

Il **se trompe** toujours **de** date.
He's always mixing up the date.

Marlène **s'énerve** facilement.
Marlène gets mad easily.

Marlène **s'énerve contre** Thierry.
Marlène gets mad at Thierry.

Ils **se souviennent de** ton anniversaire.
They remember your birthday.

Je **me souviens que** tu m'as téléphoné.
I remember you phoned me.

Essayez! Choisissez les formes correctes des verbes.

1. Mes parents ___s'inquiètent___ (s'inquiéter) beaucoup.
2. Nous _____ (s'entendre) bien, ma sœur et moi.
3. Alexis ne _____ (se rendre) pas compte que sa petite amie ne l'aime pas.
4. On doit _____ (se dépêcher) pour arriver à la fac.
5. Papa _____ (s'occuper) toujours de la cuisine.
6. Tu _____ (s'amuser) quand tu vas au cinéma?
7. Vous _____ (s'intéresser) au cours d'histoire de l'art?
8. Je ne _____ (se disputer) pas souvent avec les profs.
9. Tu _____ (se reposer) un peu sur le lit.
10. Angélique _____ (s'asseoir) toujours près de la porte.
11. Je _____ (s'appeler) Susanne.
12. Elles _____ (s'ennuyer) chez leurs cousins.

1 **Les colocataires** Avec un(e) partenaire, décrivez cette maison de colocataires à sept heures du matin. Que font-ils?

1.

2.

3.

2 **Le camping** Vous et votre partenaire faites du camping dans un endroit isolé. Malheureusement, vous avez tout oublié. À tour de rôle, parlez de ces problèmes à votre partenaire. Il/Elle va essayer de vous aider.

> **MODÈLE**
>
> **Étudiant(e) 1:** *Je veux me laver les cheveux, mais je n'ai pas pris mon shampooing.*
> **Étudiant(e) 2:** *Moi, j'ai apporté mon shampooing. Je te le prête.*

prendre une douche	se brosser les cheveux
se brosser les dents	se laver les mains
se coiffer	se sécher les cheveux
se laver le visage	se raser

3 **Débat** Par groupes de quatre, débattez cette question: Qui prend plus de temps pour se préparer avant de sortir, les hommes ou les femmes? Préparez une liste de raisons pour défendre votre point de vue. Présentez vos arguments à la classe.

4 **Dépêchez-vous!** Avec un(e) partenaire, imaginez que vous soyez (*are*) les parents de trois enfants. Ils doivent partir pour l'école dans dix minutes, mais ils viennent juste de se réveiller! Que leur dites-vous? Utilisez des verbes réfléchis.

> **MODÈLE**
>
> **Étudiant(e) 1:** *Dépêchez-vous!*
> **Étudiant(e) 2:** *Lève-toi!*

5 **Départ de vacances** Avec un(e) partenaire, observez les images et décrivez-les. Utilisez tous les verbes de la liste. Ensuite, racontez à la classe l'histoire du départ en vacances de la famille Glassié.

s'amuser	s'énerver
se dépêcher	se mettre en colère
se détendre	se préparer
se disputer (avec)	se rendre compte

6 **La personnalité de Martin** Votre professeur va vous donner, à vous et à votre partenaire, une feuille d'information sur Martin. Attention! Ne regardez pas la feuille de votre partenaire.

> **MODÈLE**
>
> **Étudiant(e) 1:** *Martin s'habille élégamment.*
> **Étudiant(e) 2:** *Mais...*

ressources		
WB pp. 129–132	LM pp. 75–76	promenades.vhlcentral.com Leçon 19

Le Zapping

1 femme sur 2 ne se démaquille pas...

En 1904, les laboratoires Bonetti créent° la crème médicale Diadermine. Cette crème connaît vite un grand succès et est utilisée par toute la famille. Son succès permet à la marque° de lancer° d'autres produits. Le groupe Henkel rachète° les laboratoires Bonetti en 1980. Et en 1998, Diadermine invente les lingettes démaquillantes° qui représentent aujourd'hui presque un quart du marché des démaquillants.

—Trop long, trop compliqué.

—Une seule lingette pour démaquiller et nettoyer le visage et les yeux.

Compréhension Répondez aux questions.

1. Pourquoi ces lingettes sont-elles une innovation?
2. Quelles femmes vont utiliser ces lingettes?

Discussion Par groupes de quatre, répondez aux questions et discutez.

1. Que pensez-vous du maquillage?
2. Passez-vous du temps à vous préparer le matin? Pourquoi ou pourquoi pas?

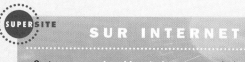

SUR INTERNET

Go to **promenades.vhlcentral.com** to watch the TV clip featured in this **Le zapping**.

créent *create* **marque** *brand* **lancer** *launch* **rachète** *buys out*
lingettes démaquillantes *make-up removal tissues*

Leçon 20

You will learn how to...
- describe your health
- talk about remedies and well-being

J'ai mal!

Il a de la fièvre.

Elle fait une piqûre.

Elle tousse. (tousser)

Elle a mal au dos.

Elle est enceinte.

un patient (patiente f.)

une pilule

Il a un rhume.

Elle est en bonne santé.

une blessure

Il éternue. (éternuer)

ATCHOUM!

Le Monde

SANTÉ

Vocabulaire

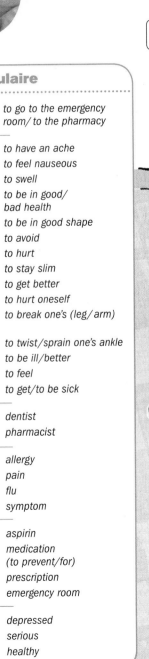

aller aux urgences/ à la pharmacie	to go to the emergency room/ to the pharmacy
avoir mal	to have an ache
avoir mal au cœur	to feel nauseous
enfler	to swell
être en bonne/ mauvaise santé	to be in good/ bad health
être en pleine forme	to be in good shape
éviter de	to avoid
faire mal	to hurt
garder la ligne	to stay slim
guérir	to get better
se blesser	to hurt oneself
se casser (la jambe/ le bras)	to break one's (leg/ arm)
se fouler la cheville	to twist/sprain one's ankle
se porter mal/mieux	to be ill/better
se sentir	to feel
tomber/être malade	to get/to be sick
un(e) dentiste	dentist
un(e) pharmacien(ne)	pharmacist
une allergie	allergy
une douleur	pain
la grippe	flu
un symptôme	symptom
une aspirine	aspirin
un médicament (contre/pour)	medication (to prevent/for)
une ordonnance	prescription
la salle des urgences	emergency room
déprimé(e)	depressed
grave	serious
sain(e)	healthy

ressources

WB pp. 133–134	LM p. 77	SUPERSITE promenades.vhlcentral.com Leçon 20

Mise en pratique

un infirmier

ne pas fumer

Elle fait de l'exercice.

une infirmière

Il a mal au ventre.

Elle a mal à la tête.

1 Écoutez 🎧 Monsieur Sebbar est tombé malade. Vous allez écouter une conversation entre lui et son médecin. Choisissez les éléments de chaque catégorie qui sont vrais.

Symptômes
1. J'ai mal à la tête. ☐
2. J'ai mal au ventre. ☐
3. J'ai mal aux yeux. ☐
4. J'ai mal à la gorge. ☐
5. J'ai mal au cœur. ☐
6. J'ai mal à la cheville. ☐

Diagnostic
1. la grippe ☐
2. un rhume ☐
3. la cheville cassée ☐
4. la fièvre ☐

Traitement
1. faire de l'exercice ☐
2. faire une piqûre ☐
3. prendre des médicaments ☐

2 Chassez l'intrus Indiquez le mot qui ne va pas avec les autres.

1. un médicament, une pilule, une ordonnance, une aspirine
2. un médecin, un dentiste, un patient, une pharmacienne
3. un rhume, une aspirine, la grippe, une allergie
4. tomber malade, guérir, être en bonne santé, se porter mieux
5. éternuer, tousser, fumer, avoir mal à la gorge
6. être en pleine forme, être malade, être au régime, garder la ligne
7. se sentir bien, se porter mieux, être en mauvaise santé, éviter de fumer
8. une blessure, une pharmacie, un symptôme, une douleur

3 Complétez Complétez les phrases suivantes avec le bon mot choisi dans la section **CONTEXTES** pour faire des phrases logiques.

1. Vous allez chez le médecin quand vous tombez _____.
2. Vous allez chez _____ quand vous avez mal aux dents.
3. _____ aide les médecins.
4. Une femme qui va avoir un bébé est _____.
5. Une personne qui a eu un accident grave est emmenée (*taken*) aux _____.
6. On prend une _____ quand on a mal à la tête.
7. Pour être en forme et garder la ligne, il faut _____.
8. Si on n'est pas malade, on est _____.
9. Le médecin peut vous faire _____.
10. _____ est une liste de médicaments à prendre.
11. Être _____, c'est être tout le temps malheureux.
12. Si les fleurs vous font _____, vous avez une allergie.

Communication

4 **Conversez** Interviewez un(e) camarade de classe.

1. Quand t'a-t-on fait une piqûre pour la dernière fois? Pourquoi? Et une ordonnance?
2. Est-ce que tu as souvent un rhume? Que fais-tu pour guérir?
3. Quel médicament prends-tu quand tu as de la fièvre? Et quand tu as mal à la tête?
4. Es-tu allé(e) chez le médecin cette année? À l'hôpital? Pourquoi?
5. Es-tu déjà allé(e) aux urgences? Pourquoi?
6. Connais-tu une femme enceinte? Comment se sent-elle?
7. Est-ce une bonne idée de fumer? Pourquoi pas?
8. Comment te sens-tu aujourd'hui? Et comment te sentais-tu hier?

5 **Qu'est-ce qui ne va pas?** Travaillez avec un(e) camarade de classe et à tour de rôle, indiquez ce qui ne va pas chez chaque personne. Proposez un traitement (*treatment*) pour chaque personne.

1.　　2.　　3.　　4.

5.　　6.　　7.　　8.

6 **Écriture** Suivez les instructions et composez un paragraphe. Ensuite, comparez votre paragraphe avec celui d'un(e) camarade de classe.

- Décrivez la dernière fois que vous étiez malade ou la dernière fois que vous avez eu un accident.
- Dites quels étaient vos symptômes.
- Dites si vous êtes allé(e) chez le médecin ou aux urgences.
- Mentionnez si vous avez eu une ordonnance et quels médicaments vous avez pris.

7 **Chez le médecin** Travaillez avec un(e) camarade de classe pour présenter un dialogue dans lequel vous:

- jouez le rôle d'un médecin et d'un(e) patient(e).
- parlez des symptômes du/de la patient(e).
- présentez le diagnostic (*diagnosis*) du médecin.
- proposez une ordonnance au/à la patient(e).

Les sons et les lettres

p, t, and c

Read the following English words aloud while holding your hand an inch or two in front of your mouth. You should feel a small burst of air when you pronounce each of the consonants.

| **pan** | **top** | **cope** | **pat** |

In French, the letters **p**, **t**, and **c** are not accompanied by a short burst of air. This time, try to minimize the amount of air you exhale as you pronounce these consonants. You should feel only a very small burst of air or none at all.

| **panne** | **taupe** | **capital** | **cœur** |

To minimize a **t** sound, touch your tongue to your teeth and gums, rather than just your gums.

| **taille** | **tête** | **tomber** | **tousser** |

Similarly, you can minimize the force of a **p** by smiling slightly as you pronounce it.

| **pied** | **poitrine** | **pilule** | **piqûre** |

When you pronounce a hard **c** sound, you can minimize the force by releasing it very quickly.

| **corps** | **cou** | **casser** | **comme** |

Prononcez Répétez les mots suivants à voix haute.

1. plat	4. timide	7. pardon	10. problème	13. petits pois
2. cave	5. commencer	8. carotte	11. rencontrer	14. colocataire
3. tort	6. travailler	9. partager	12. confiture	15. canadien

Articulez Répétez les phrases suivantes à voix haute.

1. Paul préfère le tennis ou les cartes?
2. Claude déteste le poisson et le café.
3. Claire et Thomas ont-ils la grippe?
4. Tu préfères les biscuits ou les gâteaux?

Dictons Répétez les dictons à voix haute.

Les absents ont toujours tort.[1]

Il n'y a que le premier pas qui coûte.[2]

[1] Those who are absent are always the ones to blame.
[2] The first step is always the hardest.

ROMAN-PHOTO

L'accident

SUPERSITE

PERSONNAGES

Amina

David

Dr Beaumarchais

Rachid

Stéphane

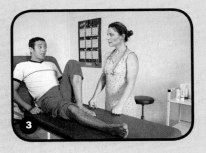

Au parc...

RACHID Comment s'appelle le parti politique qui gagne les élections en 1936?

STÉPHANE Le Front Populaire.

RACHID Exact. Qui en était le chef?

STÉPHANE Je ne m'en souviens pas.

RACHID Réfléchis. Qui est devenu président...?

AMINA Salut, vous deux!

RACHID Bonjour, Amina! (*Il tombe.*) Aïe!

STÉPHANE Tiens, donne-moi la main. Essaie de te relever.

RACHID Attends... non, je ne peux pas.

AMINA On va t'emmener chez le médecin tout de suite. Stéphane, mets-toi là de l'autre côté. Hop là! On y va? Allons-y.

Chez le médecin...

DOCTEUR Alors, expliquez-moi ce qui s'est passé.

RACHID Et bien, je jouais au foot quand tout à coup je suis tombé.

DOCTEUR Et où est-ce que vous avez mal? Au genou? À la jambe? Ça ne vous fait pas mal ici?

RACHID Non, pas vraiment.

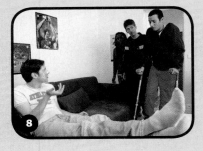

AMINA Ah, te voilà Rachid!

STÉPHANE Alors, tu t'es cassé la jambe? Euh... tu peux toujours jouer au foot?

AMINA Stéphane!

RACHID Pas pour le moment, non; mais ne t'inquiète pas. Après quelques semaines de repos, je vais guérir rapidement et retrouver la forme.

AMINA Qu'est-ce que t'a dit le docteur?

RACHID Oh, ce n'est pas grave. Je me suis foulé la cheville. C'est tout.

AMINA Ah, c'est une bonne nouvelle. Bon, on rentre?

RACHID Oui, volontiers. Dis, est-ce qu'on peut passer par la pharmacie?

AMINA Bien sûr!

Chez David et Rachid...

DAVID Rachid! Qu'est-ce qui t'est arrivé?

RACHID On jouait au foot et je suis tombé. Je me suis foulé la cheville.

DAVID Oh! C'est idiot!

AMINA Bon, on va mettre de la glace sur ta cheville. Il y en a au congélateur?

DAVID Oui, il y en a.

A C T I V I T É S

1 **Les événements** Mettez les événements suivants dans l'ordre chronologique.

a. _____ Rachid, Stéphane et Amina vont à la pharmacie.

b. _____ Rachid tombe.

c. _____ David explique qu'il a eu une réaction allergique.

d. _____ Rachid et Stéphane jouent au foot.

e. _____ Le docteur Beaumarchais explique que Rachid n'a pas la cheville cassée.

f. _____ Stéphane ne se souvient pas de la réponse.

g. _____ Amina et Stéphane aident Rachid.

h. _____ Amina et Stéphane sont surpris de voir (*see*) le visage de David.

i. _____ David dit qu'il est allé aux urgences.

j. _____ Le docteur Beaumarchais prépare une ordonnance.

Rachid se foule la cheville.

DOCTEUR Et là, à la cheville?

RACHID Aïe! Oui, c'est ça!

DOCTEUR Vous pouvez tourner le pied à droite... Et à gauche? Doucement. La bonne nouvelle, c'est que ce n'est pas cassé.

RACHID Ouf, j'ai eu peur.

DOCTEUR Vous vous êtes simplement foulé la cheville. Alors, voilà ce que vous allez faire: mettre de la glace, vous reposer. Ça veut dire: pas de foot pendant une semaine au moins et prendre des médicaments contre la douleur. Je vous prépare une ordonnance tout de suite.

RACHID Merci, Docteur Beaumarchais.

STÉPHANE Et toi, David, qu'est-ce qui t'est arrivé? Tu fais le clown ou quoi?

DAVID Ah! Ah!... Très drôle, Stéphane.

AMINA Ça te fait mal?

DAVID Non. C'est juste une allergie. Ça commence à aller mieux. Je suis allé aux urgences. On m'a fait une piqûre et on m'a donné des médicaments. Ça va passer. En attendant, je dois éviter le soleil.

STÉPHANE Vous faites vraiment la paire, tous les deux!

AMINA Allez, Stéphane. Laissons-les tranquilles. Au revoir, vous deux. Reposez-vous bien!

RACHID Merci! Au revoir!

DAVID Au revoir!

DAVID Eh! Rends-moi la télécommande! Je regardais ce film...

Expressions utiles

Giving instructions and suggestions

- **Essaie de te relever.**
  Try to get up.
- **On y va? Allons-y.**
  Should we go (there)? Let's go (there).
- **Qu'est-ce qui t'est arrivé?**
  What happened to you?
- **Laissons-les tranquilles.**
  Let's leave them alone.
- **Rends-moi la télécommande.**
  Give me the remote back.

Referring to ideas, quantities, and places

- **Qui en était le chef?**
  Who was the leader of it?
- **Je ne m'en souviens pas.**
  I don't remember it.
- **De la glace. Il y en a au congélateur?**
  Ice. Is there any in the freezer?
- **Oui, il y en a.**
  Yes, there is some (there).

Additional vocabulary

- **la bonne nouvelle**
  the good news
- **ça veut dire**
  that is to say/that means
- **volontiers**
  gladly
- **en attendant**
  in the meantime

2 **À vous!** Sandrine ne sait pas encore ce qui est arrivé à David et à Rachid. Avec deux camarades de classe, préparez une conversation dans laquelle Sandrine découvre ce qui s'est passé. Ensuite, jouez les rôles de Sandrine, David et Rachid devant la classe.

- Imaginez le contexte de la conversation: le lieu, qui fait/a fait quoi.
- Décidez si Sandrine rencontre les garçons ensemble ou séparément.
- Décrivez la surprise initiale de Sandrine. Détaillez ses questions et ses réactions.

3 **Écrivez** Rachid et David ont deux problèmes de santé très différents. Qu'est-ce que vous préférez, une cheville foulée pendant une semaine ou une réaction allergique au visage? Écrivez un paragraphe dans lequel vous comparez les deux situations. Quelle situation est la pire? Pourquoi?

ressources

| VM pp. 225–226 | DVD Leçon 20 | SUPERSITE promenades.vhlcentral.com Leçon 20 |

ACTIVITÉS

CULTURE À LA LOUPE

La Sécurité sociale

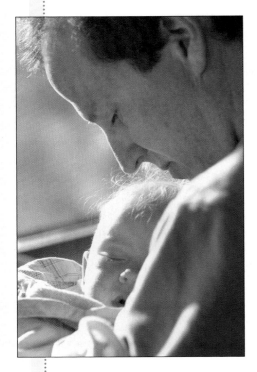

En France, presque tous les habitants sont couverts par le système national de la Sécurité sociale. La Sécurité sociale, ou «la sécu», est un organisme d'État, financé principalement par les cotisations° sociales des travailleurs, qui donne une aide financière à ses bénéficiaires dans différents domaines. La branche «famille», par exemple, s'occupe des allocations° pour la maternité et les enfants. La branche «vieillesse» paie les retraites des personnes âgées. La branche «maladie» aide les gens en cas de maladies et d'accidents du travail. Chaque personne qui bénéficie des prestations° de la Sécurité sociale a une carte Vitale qui ressemble à une carte de crédit et qui contient° toutes ses informations personnelles.

La Sécurité sociale rembourse° en moyenne 75% des frais° médicaux. Les visites chez le médecin sont remboursées à 70%. Le taux° de remboursement varie entre 80 et 100% pour les séjours en clinique ou à l'hôpital et entre 70 et 100% pour les soins dentaires°. Pour les achats° en pharmacie, le taux de remboursement varie beaucoup: de 35 à 100% selon° les médicaments achetés. Beaucoup de gens ont aussi une mutuelle, une assurance santé supplémentaire qui rembourse ce que la Sécurité sociale ne rembourse pas. Ceux° qui ne peuvent pas avoir de mutuelle et ceux qui n'ont pas droit à° la Sécurité sociale traditionnelle bénéficient parfois de la Couverture Maladie Universelle (CMU). La CMU garantit le remboursement à 100% des frais médicaux aux gens qui n'ont pas beaucoup de ressources.

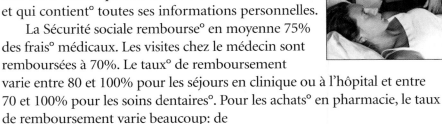

Les visites médicales

- En moyenne°, les Français consultent un médecin sept fois par an,
- dont° quatre fois un généraliste
- et trois fois un spécialiste.
- 70% des visites médicales ont lieu° chez le médecin.
- 20% ont lieu à la maison.
- 10% ont lieu à l'hôpital.

cotisations *contributions* allocations *allowances* prestations *benefits* contient *holds* rembourse *reimburses* frais *expenses* taux *rate* soins dentaires *dental care* achats *purchases* selon *depending on* Ceux *Those* n'ont pas droit à *don't qualify for* En moyenne *On average* dont *of which* ont lieu *take place*

1 **Vrai ou faux?** Indiquez si les phrases sont **vraies** ou **fausses**. Corrigez les phrases fausses.

1. Les cotisations des travailleurs financent la Sécurité sociale.
2. La Sécurité sociale a plusieurs branches.
3. La branche «vieillesse» s'occupe des accidents du travail.
4. La carte Vitale est une assurance supplémentaire.
5. La Sécurité sociale rembourse en moyenne 100% des frais médicaux.
6. Entre 70 et 100% des soins dentaires sont remboursés par la sécu.
7. La Sécurité sociale ne rembourse pas les médicaments.
8. En plus de la Sécurité sociale, certaines personnes ont des assurances santé supplémentaires.
9. Si on n'a pas beaucoup d'argent, on peut bénéficier de la CMU.
10. Vingt pour cent des consultations médicales ont lieu à l'hôpital.

STRATÉGIE

Using a dictionary

Be careful not to reach for the dictionary every time you do not understand what you read. Instead, keep a running list of unfamiliar words that you come across in the selection. Only after you have tried several strategies and are still unable to guess a word's meaning should you consider using a dictionary. Remember to weigh all the translations under an entry before choosing the right one for the context.

LE MONDE FRANCOPHONE

Des pionniers de la médecine

Voici quelques pionniers francophones de la médecine.

En Belgique
Jules Bordet (1870–1961) médecin et microbiologiste qui a découvert° le microbe de la coqueluche°

En France
Bernard Kouchner (1939–) médecin, cofondateur° de Médecins sans frontières° et de Médecins du monde

En Haïti
Yvonne Sylvain (1907–1989) première femme médecin et gynécologue obstétricienne d'Haïti

Au Québec
Jeanne Mance (1606–1673) fondatrice du premier hôpital d'Amérique du Nord

En Suisse
Henri Dunant (1828–1910) fondateur de la Croix-Rouge°

a découvert discovered **coqueluche** whooping cough **cofondateur** cofounder **frontières** Borders **Croix-Rouge** Red Cross

PORTRAIT

L'hôtel des Invalides

L'hôtel des Invalides est un monument parisien dont le dôme doré° est un chef-d'œuvre° de l'architecture du XVIIe siècle. Le roi° Louis XIV l'a fait construire entre 1670 et 1680 pour accueillir° les vieux soldats° et les soldats invalides°. Pendant la Seconde Guerre mondiale°, le monument a servi de cachette° à des membres de la Résistance. Plusieurs grands hommes de guerre reposent° aux Invalides, notamment Napoléon Bonaparte et Charles Joseph Rouget de Lisle, l'auteur de *La Marseillaise*, l'hymne national français. Aujourd'hui, l'hôtel des Invalides accueille toujours d'anciens° soldats de l'armée française, mais c'est aussi un site culturel qui a quatre musées.

doré gold **chef-d'œuvre** *masterpiece* **roi** *King* **accueillir** *welcome, take in* **soldats** *soldiers* **invalides** *disabled* **Guerre mondiale** *World War* **cachette** *hiding place* **reposent** *are buried* **anciens** *former*

SUPERSITE

SUR INTERNET

Qui a découvert le vaccin contre la tuberculose?

Go to **promenades.vhlcentral.com** to find more cultural information related to this **LECTURE CULTURELLE.** Then watch the corresponding **Flash culture.**

---

2 **Répondez** Répondez aux questions par des phrases complètes.

1. Pour qui Louis XIV a-t-il fait construire l'hôtel des Invalides?
2. Quand l'hôtel des Invalides a-t-il été construit?
3. Qui a utilisé l'hôtel des Invalides pendant la Seconde Guerre mondiale?
4. Que peut-on faire aujourd'hui à l'hôtel des Invalides?
5. Qui a été la première femme médecin d'Haïti?

3 **Problèmes de santé** Avec un(e) camarade, écrivez cinq phrases où vous utilisez ce vocabulaire: **une angine** (*strep throat*), **une carie** (*cavity*), **des frissons** (*m.*) (*chills*), **le nez bouché** (*stuffy nose*), **une toux** (*cough*). Soyez prêts à les présenter devant la classe.

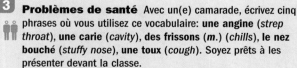

ressources

VM pp. 257–258

promenades.vhlcentral.com Leçon 20

ACTIVITÉS

20.1 The *passé composé* of reflexive verbs

Point de départ In **Leçon 19**, you learned to form the present tense and command forms of reflexive verbs. You will now learn how to form the **passé composé** of reflexive verbs.

Vous vous êtes foulé la cheville.

Tu t'es cassé la jambe?

- Use the auxiliary verb **être** with all reflexive verbs in the **passé composé**, and place the reflexive pronoun before it.

Nous **nous sommes fait** mal hier, pendant la randonnée.
We hurt ourselves during the hike yesterday.

Il **s'est lavé** les mains avant de prendre le médicament.
He washed his hands before taking the medicine.

- If the verb is not followed by a direct object, the past participle should agree with the subject in gender and number.

SUBJECT   PAST PARTICIPLE
L'infirmier et le médecin **se sont disputés**.
The nurse and the doctor argued.

SUBJECT   PAST PARTICIPLE
Elle **s'est assise** dans le fauteuil du dentiste.
She sat in the dentist's chair.

- If the verb is followed by a direct object, the past participle should not agree with the subject. Use the masculine singular form.

PAST   DIRECT
PARTICIPLE OBJECT
Régine **s'est foulé** les deux chevilles.
Régine twisted both ankles.

PAST   DIRECT
PARTICIPLE OBJECT
Ils **se sont cassé** les bras.
They broke their arms.

- To make a reflexive verb negative in the **passé composé**, place **ne** before the reflexive pronoun and **pas** after the auxiliary verb.

Elles **ne se sont pas** mises en colère.
They didn't get angry.

Nous **ne nous sommes pas** sentis mieux.
We didn't feel better.

Je **ne me suis pas** rasé ce matin.
I didn't shave this morning.

Tu **ne t'es pas** coiffée.
You didn't do your hair.

---

1 **Une lettre** Complétez la lettre que Christine a écrite sur sa journée. Mettez les verbes au passé composé.

Hier soir, je (1) _____ (se coucher) trop tard, et quand je (2) _____ (se réveiller), j'étais fatiguée. Mais je voulais jouer au basket, alors je (3) _____ (se lever) et je (4) _____ (se brosser) les dents. Mon amie est venue me chercher et je (5) _____ (s'endormir) dans la voiture! Je pense que mon amie (6) _____ (s'énerver) un peu contre moi. Nous (7) _____ (se préparer) pour le match et nous (8) _____ (se mettre) à jouer.

2 **Descriptions** Utilisez des verbes réfléchis pour décrire ce que (*what*) les personnages des illustrations ont fait ou n'ont pas fait hier. Mettez les verbes au passé composé.

MODÈLE

Thomas ne s'est pas lavé.

Thomas

1. mes amis

3. je

2. tu

4. vous

3 **Une mauvaise journée** Hier, Djamila a eu toutes sortes de difficultés. Avec un(e) partenaire, utilisez le vocabulaire de la liste pour raconter sa mauvaise journée.

MODÈLE

Étudiant(e) 1: *Djamila s'est trompée.*
Étudiant(e) 2: *Elle s'est brossé les dents avec du savon!*

se brosser	se sentir	la jambe
se casser	se tromper	le pied
s'habiller	le bras	un rhume
se laver	les chaussures	du savon
se lever	du dentifrice	du shampooing

4 **Et toi?** Avec un(e) partenaire, posez-vous ces questions. Ensuite, présentez vos réponses à la classe.

1. À quelle heure t'es-tu réveillé(e) ce matin?
2. Avec quel dentifrice t'es-tu brossé les dents?
3. Avec quel shampooing t'es-tu lavé les cheveux aujourd'hui?
4. T'es-tu énervé(e) cette semaine? Pourquoi?
5. T'es-tu disputé(e) avec quelqu'un cette semaine? Avec qui?
6. T'es-tu endormi(e) facilement hier soir? Pourquoi?
7. T'es-tu promené(e) récemment? Où?
8. Comment t'es-tu détendu(e) le week-end dernier?
9. Comment t'es-tu amusé(e) le week-end dernier?
10. T'es-tu bien entendu(e) avec ton/ta camarade de chambre le premier mois?

5 **Une investigation criminelle** Il y a eu un crime dans votre quartier et un agent de police vous pose des questions. Avec un(e) partenaire, utilisez le vocabulaire de la liste pour créer le dialogue.

se coucher	se trouver
se disputer	appartement
s'énerver	blessure
se lever	corps
se mettre en colère	quartier
se réveiller	déprimé(e)
revenir	grave
se souvenir	soudain

6 **Charades** Par groupes de quatre, pensez à une phrase au passé composé avec un verbe réfléchi et jouez-la. La première personne qui devine joue la prochaine phrase.

- Ask a question using inversion with a reflexive verb in the **passé composé** as you would with non-reflexive verbs. Place the subject pronoun after the auxiliary verb and keep the reflexive pronoun before the auxiliary.

   Irène **s'est-elle** blessée au genou?
   Did Irène hurt her knee?

   Ne **vous êtes-vous** pas rendu compte de ça?
   Didn't you realize that?

- Place a direct object pronoun between the reflexive pronoun and the auxiliary verb. Make the past participle agree with the direct object pronoun that precedes it.

   Il a la cheville un peu enflée. Il **se l'**est **cassée** il y a une semaine.
   His ankle is a bit swollen. He broke it a week ago.

   Mes mains? Mais je **me les** suis déjà **lavées**.
   My hands? But I already washed them.

- The irregular past participle of the verb **s'asseoir** is **assis(e)**.

Elle **s'est assise** près de la fenêtre.
She sat near the window.

Les jeunes mariés **se sont assis** dans le salon.
The newlyweds sat in the living room.

- Form the **imparfait** of reflexive verbs just as you would non-reflexive verbs. Just add the corresponding reflexive pronoun.

   Je **me brossais** les dents trois fois par jour.
   I used to brush my teeth three times a day.

   Nous **nous promenions** souvent au parc.
   We used to take walks often in the park.

Essayez!   **Complétez ces phrases.**

1. Natalia s'est ((foulé)/foulée) le bras.
2. Sa jambe? Comment Robert se l'est-il (cassé/cassée)?
3. Les deux joueurs de basket se sont (blessé/blessés) au genou.
4. L'infirmière s'est (lavé/lavées) les mains.
5. M. Pinchon s'est (fait/faite) mal à la jambe.
6. S'est-elle (rasé/rasées) les jambes?
7. Elles se sont (maquillé/maquillés) les yeux?
8. Nous nous les sommes (cassé/cassés).

20.2 The pronouns *y* and *en*

Point de départ The pronoun **y** replaces a previously mentioned phrase that begins with the prepositions **à**, **chez**, **dans**, **en**, or **sur**. The pronoun **en** replaces a previously mentioned phrase that begins with a partitive or indefinite article, or with the preposition **de**.

PREPOSITIONAL PHRASE		PRONOUN
Nous allons **chez le médecin**.	▶	Nous **y** allons.

PREPOSITIONAL PHRASE		PRONOUN
Il était le chef **du Front Populaire**.	▶	Il **en** était le chef.

Allons-y!

Le Front Populaire. Qui en était le chef?

- The pronouns **y** and **en** precede the conjugated verb.

  Es-tu allée **à la plage**?   Oui, j'**y** suis allée.
  Did you go to the beach?   *Yes, I went there.*

  Achètent-elles **de la moutarde**?   Oui, elles **en** achètent.
  Are they buying mustard?   *Yes, they're buying some.*

- Never omit **y** or **en** even when the English equivalents can be omitted.

  Ah, vous allez **à la boulangerie**.   Tu **y** vas aussi?
  Oh, you're going to the bakery.   *Are you going (there), too?*

  Est-ce qu'elle prend **du sucre**?   Non, elle n'**en** prend pas.
  Does she take sugar?   *No, she doesn't (take any).*

- Always use **en** with a number or expression of quantity when the noun is omitted.

  Combien **de frères** a-t-elle?   Elle **en** a **un (deux, trois)**.
  How many brothers does she have?   *She has one (two, three).*

  Avez-vous acheté **beaucoup de pain**?   Oui, j'**en** ai acheté **beaucoup**.
  Did you buy a lot of bread?   *Yes, I bought a lot.*

- Use **en** to replace a prepositional phrase that begins with **de**.

  Vous revenez **de vacances**?   Oui, nous **en** revenons.
  Are you coming back from vacation?   *Yes, we're coming back (from vacation).*

MISE EN PRATIQUE

1 **Sondage** M. Renaud répond aux questions d'un journaliste qui fait un sondage (*poll*) pour un magazine français. Utilisez **y** ou **en** pour compléter les notes du journaliste.

Nombre/Fréquence		Notes
1. Enfants	3	M. Renaud en a trois.
2. Chiens	0	_____
3. Voiture	2	_____
4. Cinéma	rarement	_____
5. Argent	peu	_____
6. Thé/café	parfois	_____
7. New York	en 2005	_____
8. Chez le médecin	une fois par an	_____

2 **Histoire médicale** Avec un(e) partenaire, choisissez une célébrité. Cette personne est allée à l'hôpital, où on lui pose ces questions. Comment répond votre célébrité? Justifiez toutes vos réponses. Utilisez les pronoms **y** et **en**.

1. Avez-vous des allergies?
2. Êtes-vous allé(e) aux urgences cette année?
3. Allez-vous chez le médecin régulièrement?
4. Combien d'aspirines prenez-vous par jour?
5. Faites-vous du sport tous les jours?
6. Avez-vous des douleurs?
7. Avez-vous de la fièvre?
8. Vous êtes-vous blessé(e) au travail?

3 **Chez le dentiste** Mme Hanh emmène ses fils chez un nouveau dentiste. Complétez le dialogue entre le dentiste et les deux garçons. Utilisez les pronoms **y** et **en**.

LE DENTISTE C'est la première fois que vous allez chez le dentiste?

FRÉDÉRIC Oui, (1) _____

LE DENTISTE N'ayez pas peur. Alors, mangez-vous beaucoup de sucre?

HENRI (2) _____

LE DENTISTE Et toi, Frédéric, utilises-tu du dentifrice?

FRÉDÉRIC (3) _____

HENRI Est-ce que vous allez nous faire une piqûre?

LE DENTISTE (4) _____

HENRI Moi, je n'ai pas peur des piqûres... mais j'espère que vous n'allez pas trouver de caries (*cavities*).

LE DENTISTE (5) _____

COMMUNICATION

4 Trouvez quelqu'un qui... Votre professeur va vous donner une feuille d'activités. Circulez dans la classe pour trouver un(e) camarade différent(e) qui donne une réponse affirmative à chaque question. Employez les pronoms **y** et **en**.

MODÈLE

Étudiant(e) 1: Je suis né(e) à Los Angeles. Y es-tu né(e) aussi?
Étudiant(e) 2: Oui, j'y suis né(e) aussi!

Qui...	Nom
1. est né(e) dans la même (same) ville que vous?	Mireille
2. a pris une aspirine aujourd'hui? Pourquoi?	
3. est allé(e) en Suisse? Quand?	
4. a mangé au resto U cette semaine? Combien de fois?	
5. est déjà allé(e) aux urgences une fois? Pourquoi?	
6. est allé(e) chez le dentiste ce mois-ci? Quand?	

5 Interview Posez ces questions à un(e) partenaire. Employez **y** ou **en** dans vos réponses et puis présentez-les à la classe.

Demandez à un(e) partenaire...

1. s'il/elle va à la bibliothèque (au restaurant, à la plage, chez le dentiste) aujourd'hui. Pourquoi?

2. s'il/elle a besoin d'argent (d'une voiture, de courage, de temps libre). Pourquoi?

3. s'il/elle s'intéresse aux sports (à la littérature, au jazz, à la politique). Que préfère-t-il/elle?

4. combien de personnes il y a dans sa famille (dans la classe de français, dans sa résidence).

5. s'il/elle a un chien (beaucoup de cousins, un grand-père, un vélo, un ordinateur). Où sont-ils?

6. s'il/elle a des allergies (une blessure, un rhume). Que fait-il/elle contre les symptômes?

6 Chez le docteur Vous avez ces problèmes et vous allez chez le docteur. Votre partenaire va jouer le rôle du docteur. Parlez de vos symptômes. Que faut-il faire? Utilisez les pronoms **y** et **en**.

- des allergies
- une grippe
- une cheville foulée
- mal à la gorge

- Like other pronouns in an infinitive construction, **y** and **en** follow the conjugated verb and precede the infinitive.

Quand préfères-tu manger **chez Fatima**?
When do you prefer to eat at Fatima's?

Je **préfère y manger** demain soir.
I prefer to eat there tomorrow night.

Allez-vous prendre **du thé**?
Are you going to have tea?

Oui, nous **allons en prendre**.
Yes, we're going to have some.

- In the **passé composé**, the past participle never agrees with **y** or **en**.

Avez-vous trouvé **des fraises**?
Did you find some strawberries?

Oui, nous **en** avons trouvé.
Yes, we found some.

- In an affirmative **tu** command, add an **-s** to any **-er** verb followed by **y** or **en**. Note that **aller** also follows this pattern.

Tu vas chez le médecin? Va**s-y**!
You're going to the doctor's? Go!

but Va chez le médecin!
Go to the doctor's!

Il y a des pommes. Mange**s-en**!
There are some apples. Eat a few!

but Mange des pommes!
Eat apples!

- When using two pronouns in the same sentence, **y** and **en** always come in second position.

Vous parlez **à Hélène de sa toux**?
Are you talking to Hélène about her cough?

Oui, nous **lui en** parlons.
Yes, we're talking to her about it.

- With imperatives, **moi** followed by **y** and **en** becomes **m'y** and **m'en**. **Toi** followed by **y** and **en** becomes **t'y** and **t'en**.

Vous avez **des pêches** aujourd'hui?
You have peaches today?

Donnez-**m'en** dix.
Give me ten.

- When used together in the same sentence, **y** is placed before **en**.

Il y a **de bons médecins** à l'hôpital?
Are there good doctors at the hospital?

Oui, il **y en** a.
Yes, there are.

Essayez! Complétez les phrases avec le pronom correct.

1. Faites-vous du sport? Oui, nous __en__ faisons.

2. Papa est au garage? Oui, il _____ est.

3. Nous voulons des fraises. Donnez-nous- _____ un kilo.

4. Mettez-vous du sucre dans votre café? Oui, nous _____ mettons.

5. Est-ce que tu t'intéresses à la médecine? Oui, je _____ intéresse.

6. Il est allé au cinéma? Oui, il _____ est allé.

7. Combien de pièces y avait-il? Il y _____ avait quatre.

8. Avez-vous des lampes? Non, nous n'_____ avons pas.

9. Elles sont chez leur copine. Elles _____ sont depuis samedi.

10. Êtes-vous allés en France? Oui, nous _____ sommes déjà allés.

SYNTHÈSE

Révision

1 **La salle d'attente** Observez cette salle d'attente (*waiting room*) et, avec un(e) partenaire, décrivez la situation ou la maladie de chaque personnage. À tour de rôle, essayez de prescrire un remède. Utilisez les pronoms **y** ou **en** dans vos dialogues.

> **MODÈLE**
>
> **Étudiant(e) 1:** *Ce garçon s'est foulé la cheville. Il doit aller aux urgences.*
> **Étudiant(e) 2:** *Oui, et cette fille...*

2 **Êtes-vous souvent malade?** Avec un(e) partenaire, préparez huit questions pour savoir si vos camarades de classe sont en bonne ou en mauvaise santé. Ensuite, par groupes de quatre, posez les questions à vos camarades et écrivez leurs réponses. Employez des pronoms.

3 **Oh! Ça va!?** Vous êtes un(e) piéton(ne) (*pedestrian*) et tout d'un coup, vous voyez (*see*) un(e) cycliste tomber de son vélo. Avec un(e) partenaire, suivez (*follow*) ces instructions et préparez la scène. Utilisez les pronoms **y** et **en**.

Piéton(ne)		Cycliste
Demandez s'il/elle s'est fait mal.	▶	Dites quel est le problème.
Posez des questions sur les symptômes.	▶	Décrivez les symptômes.
Proposez de l'emmener aux urgences.	▶	Acceptez ou refusez la proposition.

4 **Pour partir loin** Vous et un(e) partenaire allez vivre (*to live*) un mois dans une région totalement isolée. Regardez l'illustration: vous pouvez mettre seulement cinq choses dans votre sac de voyage. Choisissez-les avec votre partenaire.

> **MODÈLE**
>
> **Étudiant(e) 1:** *On prend du shampooing pour se laver les cheveux?*
> **Étudiant(e) 2:** *Non, la bouteille est trop grande!*

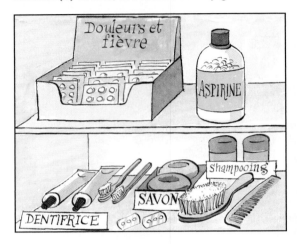

5 **Le malade imaginaire** Vous êtes hypocondriaque et vous pensez que vous êtes très malade. À tour de rôle, parlez de vos peurs à votre partenaire, qui va essayer de vous rassurer. Utilisez les pronoms **y** et **en** dans vos dialogues.

> **MODÈLE**
>
> **Étudiant(e) 1:** *J'ai de la fièvre, n'est-ce pas?*
> **Étudiant(e) 2:** *Mais non, tu n'en as pas!*
> **Étudiant(e) 1:** *J'ai besoin d'un médicament!*
> **Étudiant(e) 2:** *Mais non, tu n'en as pas besoin!*

6 **La famille à problèmes!** Votre professeur va vous donner, à vous et à votre partenaire, une feuille d'informations sur la famille Valmont. Attention! Ne regardez pas la feuille de votre partenaire.

> **MODÈLE**
>
> **Étudiant(e) 1:** *David jouait au baseball.*
> **Étudiant(e) 2:** *Voilà pourquoi il s'est cassé le bras!*

ressources

WB pp. 135–138	LM pp. 79–80	promenades.vhlcentral.com Leçon 20

Écriture

STRATÉGIE

Sequencing events

Paying attention to sequencing in a narrative will ensure that your writing flows logically from one part to the next. Of course, every composition should have an introduction, a body, and a conclusion.

The introduction presents the subject, the setting, the situation, and the people involved. The main part, or the body, describes the events and people's reactions to these events. The conclusion brings the narrative to a close.

Adverbs and adverbial phrases are often used as transitions between the introduction, the body, and the conclusion. Here is a list of commonly used adverbs in French.

Adverbes	
(tout) d'abord	first
premièrement / en premier	first
avant (de)	before
après	after
alors	then, at that time
(et) puis	(and) then
ensuite	then
plus tard	later
bientôt	soon
enfin	finally
finalement	finally

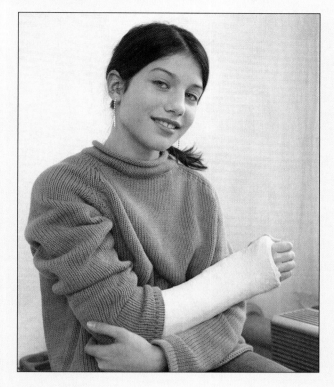

Thème
Écrire une lettre

Vous avez été malade le jour du dernier examen de français et vous n'avez pas pu passer l'examen. Préparez une lettre que vous allez envoyer à votre professeur de français pour lui expliquer ce qui s'est passé. Écrivez votre lettre au passé (passé composé et imparfait) et utilisez des adverbes. À la fin de la lettre, excusez-vous et demandez à votre professeur si vous pouvez passer l'examen la semaine prochaine. (Attention! Cette partie de la lettre doit être au présent.) Répondez aux questions suivantes pour vous aider.

- Que s'est-il passé? (maladie, accident, autre problème de santé, etc.)
- Quels étaient les symptômes ou quelle blessure avez-vous eue? (avoir mal au ventre, avoir de la fièvre, avoir la jambe cassée, etc.)
- Qu'est-ce qui a peut-être causé ce problème? (accident, pas assez d'exercice physique, ne pas manger sainement, etc.)
- Qu'avez-vous fait? (prendre des médicaments, aller chez le docteur ou le dentiste, aller aux urgences, etc.)
- Qu'est-ce qu'on vous a fait là-bas? (une piqûre, une radio [X-ray], une ordonnance, etc.)
- Comment vous sentez-vous maintenant et qu'allez-vous faire pour rester en forme? (ne plus fumer, faire plus attention, faire de l'exercice, etc.)

Panorama

La Suisse

Le pays en chiffres

- **Superficie:** *41.293 km²*
- **Population:** *7.073.000*
  SOURCE: Population Division, UN Secretariat
- **Industries principales:** *activités financières°
  (banques, assurances), agroalimentaire°, élevage
  bovin°, horlogerie°, métallurgie, tourisme*
- **Villes principales:** *Bâle, Berne, Genève,
  Lausanne, Zurich*
- **Langues:** *allemand, français, italien, romanche*

  *L'allemand, le français et l'italien sont les langues
  officielles, parlées dans les différentes régions du
  pays. Le romanche, langue d'origine latine, est
  parlée à l'est° du pays. Langue nationale depuis
  1938, elle n'est pas utilisée au niveau° fédéral.
  Aujourd'hui en Suisse, l'italien et le romanche sont
  moins parlés que d'autres langues étrangères.*

- **Monnaie:** *le franc suisse*

Suisses célèbres

- **Johanna Spyri,** *auteur de «Heidi» (1827–1901)*
- **Louis Chevrolet,** *coureur
  automobile°, fondateur de la
  société Chevrolet (1878–1941)*

- **Alberto Giacometti,** *sculpteur
  (1901–1966)*
- **Charles Édouard Jeanneret
  Le Corbusier,** *architecte (1887–1965)*

  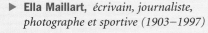

- **Ella Maillart,** *écrivain, journaliste,
  photographe et sportive (1903–1997)*
- **Jean-Luc Godard,** *cinéaste (1930–)*

financières *financial* **agroalimentaire** *food processing* **élevage bovin**
livestock farming **horlogerie** *watch and clock making* **est** *east*
niveau *level* **coureur automobile** *racecar driver* **barques** *small
boats* **guerres** *wars* **Battue** *Defeated* **paix** *peace treaty* **statut**
status **ne... ni** *neither... nor* **OTAN** *NATO*

le château de Chillon sur le lac Léman

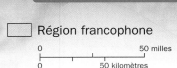

des barques° sur le lac de Saint-Moritz

☐ Région francophone

0 ————— 50 milles
0 ————— 50 kilomètres

Incroyable mais vrai!

La Suisse n'a pas connu de guerres° depuis
le 16ᵉ siècle! Battue° par la France en 1515,
elle signe une paix° perpétuelle avec ce pays
et inaugure donc sa période de neutralité.
Ce statut° est reconnu par les autres pays
européens en 1815 et, depuis, la Suisse
ne peut participer à aucune guerre ni° être
membre d'alliances militaires comme l'OTAN°.

L'économie

Des montres et des banques

L'économie suisse se caractérise par la présence de grandes entreprises° multinationales et par son secteur financier. Les multinationales sont particulièrement actives dans le domaine des banques, des assurances, de l'agroalimentaire (Nestlé), de l'industrie pharmaceutique et de l'horlogerie (Longines, Rolex, Swatch). Cinquante pour cent de la production mondiale° d'articles° d'horlogerie viennent de la Suisse. Le franc suisse est une des monnaies les plus stables du monde et les banques suisses ont la réputation de bien gérer° les fortunes de leurs clients.

Les gens

Jean-Jacques Rousseau (1712–1778)

Né à Genève, Jean-Jacques Rousseau a passé sa vie entre la France et la Suisse. Vagabond et autodidacte°, Rousseau est devenu écrivain, philosophe, théoricien politique et musicien.

Il a comme principe° que l'homme naît bon et que c'est la société qui le corrompt°. Défenseur de la tolérance religieuse et de la liberté de pensée, les principes de Rousseau, exprimés° principalement dans son œuvre° *Du contrat social*, se retrouvent° dans la Révolution française. À la fin de sa vie, il écrit *Les Confessions*, son autobiographie, un genre nouveau pour l'époque°.

Les traditions

Le couteau suisse

En 1884, Carl Elsener, coutelier° suisse, se rend compte que les soldats° suisses portent des couteaux allemands. Il décide donc de fonder sa propre compagnie en Suisse et invente le «couteau du soldat» à quatre outils°. Depuis 1891, chaque soldat de l'armée suisse en a un. En 1897, Elsener développe le «couteau d'officier°» pour l'armée et aujourd'hui, il est vendu au grand public. Le célèbre couteau, orné de la croix° suisse sur fond° rouge, offre un choix de 90 accessoires.

Les destinations

Genève

La ville de Genève, sur la frontière° franco-suisse, est une ville internationale et francophone. C'est une belle ville verte, avec sa rade° sur le lac Léman et son célèbre jet d'eau°. Son horloge fleurie°, ses promenades, ses magasins divers et ses nombreux chocolatiers font de Genève une ville très appréciée des touristes. C'est ici qu'on trouve aussi de nombreuses grandes entreprises internationales et organisations internationales et non gouvernementales, l'O.N.U.°, la Croix-Rouge° et l'O.M.S.° Pour cette raison, 40% de la population de Genève est d'origine étrangère.

 Qu'est-ce que vous avez appris? Répondez aux questions par des phrases complètes.

1. Quelles sont les langues officielles de la Suisse?
2. Quand la Suisse a-t-elle commencé sa période de neutralité?
3. Que signifie la neutralité pour la Suisse?
4. Quels sont deux secteurs importants de l'économie suisse?
5. Quel est le principe fondamental de Rousseau?
6. Quel événement a été influencé par les idées de Rousseau?
7. À quoi servait le couteau suisse à l'origine?
8. Pourquoi Carl Elsener a-t-il inventé le couteau suisse?
9. Où se trouve la ville de Genève en Suisse?
10. Quel pourcentage de la population de Genève est d'origine étrangère?

SUPERSITE — **SUR INTERNET**

Go to **promenades.vhlcentral.com** to find more cultural information related to this **PANORAMA**.

1. Cherchez plus d'informations sur Ella Maillart. Qu'a-t-elle fait de remarquable?
2. Cherchez plus d'informations sur les œuvres de Rousseau. Quelles autres œuvres a-t-il écrites?
3. La Suisse est membre des Nations Unies. Depuis quand en est-elle membre? Quel est son statut (*status*) dans l'Union européenne?

ressources	
WB pp. 139–140	promenades.vhlcentral.com Unité 10

entreprises *companies* **mondiale** *worldwide* **articles** *products* **gérer** *manage* **autodidacte** *self-taught* **comme principe** *as a principle* **corrompt** *corrupts* **exprimés** *expressed* **œuvre** *work* **se retrouvent** *are found* **époque** *time* **coutelier** *knife maker* **soldats** *soldiers* **outils** *tools* **officier** *officer* **orné de la croix** *adorned with the cross* **fond** *background* **frontière** *border* **rade** *harbor* **jet d'eau** *fountain* **horloge fleurie** *flower clock* **O.N.U. (Organisation des Nations Unies)** *U.N.* **Croix-Rouge** *Red Cross* **O.M.S. (Organisation Mondiale de la Santé)** *W.H.O. (World Health Organization)*

La routine

faire sa toilette	to wash up
se brosser les cheveux/les dents	to brush one's hair/teeth
se coiffer	to do one's hair
se coucher	to go to bed
se déshabiller	to undress
s'endormir	to go to sleep, to fall asleep
s'habiller	to get dressed
se laver (les mains)	to wash oneself (one's hands)
se lever	to get up, to get out of bed
se maquiller	to put on makeup
prendre une douche	to take a shower
se raser	to shave oneself
se regarder	to look at oneself
se réveiller	to wake up
se sécher	to dry oneself

Dans la salle de bains

un réveil	alarm clock
une brosse (à cheveux, à dents)	brush (hairbrush, toothbrush)
la crème à raser	shaving cream
le dentifrice	toothpaste
le maquillage	makeup
une pantoufle	slipper
un peigne	comb
un rasoir	razor
le savon	soap
une serviette (de bain)	(bath) towel
le shampooing	shampoo

La forme

être en pleine forme	to be in good shape
faire de l'exercice	to exercise
garder la ligne	to stay slim

Expressions utiles	See pp. 295 and 309.
The pronouns y and en	See pp. 314–315.

La santé

aller aux urgences/ à la pharmacie	to go to the emergency room/ to the pharmacy
avoir mal	to have an ache
avoir mal au cœur	to feel nauseous
enfler	to swell
éternuer	to sneeze
être en bonne/ mauvaise santé	to be in good/ bad health
éviter de	to avoid
faire mal	to hurt
faire une piqûre	to give a shot
fumer	to smoke
guérir	to get better
se blesser	to hurt oneself
se casser (la jambe/ le bras)	to break one's (leg/ arm)
se faire mal (à la jambe, au bras...)	to hurt one's (leg, arm...)
se fouler la cheville	to twist/sprain one's ankle
se porter mal/mieux	to be ill/better
se sentir	to feel
tomber/être malade	to get/to be sick
tousser	to cough

une allergie	allergy
une blessure	injury, wound
une douleur	pain
une fièvre (avoir de la fièvre)	(to have) a fever
la grippe	flu
un rhume	cold
un symptôme	symptom

une aspirine	aspirin
un médicament (contre/pour)	medication (to prevent/for)
une ordonnance	prescription
une pilule	pill
la salle des urgences	emergency room

déprimé(e)	depressed
enceinte	pregnant
grave	serious
sain(e)	healthy

un(e) dentiste	dentist
un infirmier/ une infirmière	nurse
un(e) patient(e)	patient
un(e) pharmacien(ne)	pharmacist

Verbes pronominaux

s'amuser	to play, to have fun
s'appeler	to be called
s'arrêter	to stop
s'asseoir	to sit down
se dépêcher	to hurry
se détendre	to relax
se disputer (avec)	to argue (with)
s'énerver	to get worked up, to become upset
s'ennuyer	to get bored
s'entendre bien (avec)	to get along well (with)
s'inquiéter	to worry
s'intéresser (à)	to be interested (in)
se mettre à	to begin to
se mettre en colère	to become angry
s'occuper (de)	to take care of, to keep oneself busy
se préparer	to get ready
se promener	to take a walk
se rendre compte	to realize
se reposer	to rest
se souvenir (de)	to remember
se tromper	to be mistaken
se trouver	to be located

Le corps

la bouche	mouth
un bras	arm
le cœur	heart
le corps	body
le cou	neck
un doigt	finger
un doigt de pied	toe
le dos	back
un genou (genoux pl.)	knee (knees)
la gorge	throat
une jambe	leg
une joue	cheek
le nez	nose
un œil (yeux pl.)	eye (eyes)
une oreille	ear
un orteil	toe
la peau	skin
un pied	foot
la poitrine	chest
la taille	waist
la tête	head
le ventre	stomach
le visage	face

La technologie

Pour commencer

- Stéphane est dans une salle...
  a. d'urgences.   b. de bains.
  c. d'ordinateurs.
- Qu'est-ce qu'il a dans la main gauche (*left*)?
  a. un savon   b. un CD-ROM   c. un fax
- Qu'est-ce qu'il va faire?
  a. ses devoirs   b. surfer sur Internet
  c. écrire des e-mails

Savoir-faire

Leçon 21

You will learn how to...
- talk about communication
- talk about electronics

Le son et l'image

un fax

un lecteur de CD

un portable

un moniteur

un écran

un disque dur

un clavier

une souris

une imprimante

un baladeur CD

Vocabulaire

allumer	to turn on
composer (un numéro)	to dial (a number)
démarrer	to start up
effacer	to erase
enregistrer	to record
éteindre	to turn off
être connecté(e) (avec)	to be online (with)
être en ligne (avec)	to be online/on the phone (with)
fermer	to close; to shut off
fonctionner/marcher	to function, to work
graver	to record, to burn
imprimer	to print
sauvegarder	to save
surfer sur Internet	to surf the Internet
télécharger	to download
un CD-ROM/un cédérom (CD-ROM/cédéroms *pl.*)	CD-ROM(s)
un e-mail	e-mail
un fichier	file
un jeu vidéo (jeux vidéo *pl.*)	video game(s)
un logiciel	software, program
un mot de passe	password
une page d'accueil	home page
un site Internet/web	web site
un appareil photo (numérique)	(digital) camera
une caméra vidéo/ un caméscope	camcorder
une chaîne (de télévision)	(television) channel
une chaîne stéréo	stereo system
un lecteur de DVD	DVD player
un magnétophone	tape recorder

ressources

WB
pp. 141–142

LM
p. 81

SUPERSITE
promenades.vhlcentral.com
Leçon 21

Attention!

- The prefix **re-** in French is used much as it is in English. It expresses the idea of doing an action again.

to dial	**composer**
to redial	**recomposer**
to start	**démarrer**
to restart	**redémarrer**

- The conjugation of **éteindre** is irregular:

j'éteins	nous éteignons
tu éteins	vous éteignez
il/elle éteint	ils/elles éteignent

Le téléphone sonne. (sonner)

un répondeur téléphonique

une télécommande

un poste de télévision

une cassette vidéo

un magnétoscope

des CD/compact disc/disques compacts (*m.*)

Mise en pratique

1 **Écoutez** 🎧 Écoutez la conversation entre Jérôme et l'employée d'un cybercafé. Ensuite, complétez les phrases suivantes.

1. Jérôme voudrait (*would like*)...
   a. imprimer et envoyer ses photos.
   b. sauvegarder ses photos sur son disque dur.
   c. effacer ses photos.
2. Jérôme peut sélectionner les photos...
   a. par un clic de la souris.
   b. avec une arobase.
   c. avec le clavier.
3. L'employée propose à Jérôme...
   a. de faire fonctionner le logiciel.
   b. de graver un CD.
   c. d'utiliser une imprimante noir et blanc.
4. Pour regarder les photos, Jérôme doit utiliser...
   a. un fax.
   b. un écran.
   c. le lecteur de CD.
5. L'adresse du site web de Jérôme est...
   a. www.email.fr.
   b. www.courriel.fr.
   c. www.courriel.com.
6. L'employée demande à Jérôme de ne pas oublier...
   a. d'éteindre.
   b. de sonner.
   c. de fermer.

Coup de main

Here are some useful terms to help you read e-mail addresses in French.

at sign (@)	**arobase (*f.*)**
dash	**tiret (*m.*)**
dot	**point (*m.*)**
underscore	**tiret bas (*m.*)**

2 **Association** Faites correspondre les activités de la colonne de gauche aux objets correspondants de la colonne de droite.

1. enregistrer une émission
2. faire un film
3. parler avec un ami à tout moment
4. laisser un message téléphonique
5. taper (*type*) un e-mail
6. écouter des CD
7. changer de chaîne
8. prendre des photos

a. une télécommande
b. un appareil photo
c. un caméscope
d. un répondeur
e. un magnétoscope
f. un portable
g. un baladeur
h. un clavier

3 **Chassez l'intrus** Choisissez le mot ou l'expression qui ne va pas avec les autres.

1. une arobase, une page d'accueil, un site web, un fax
2. sonner, démarrer, un portable, un répondeur
3. une souris, un clavier, un moniteur, une chaîne stéréo
4. un baladeur, un jeu vidéo, une chaîne stéréo, un CD
5. un fichier, sauvegarder, une télécommande, effacer
6. un site web, être en ligne, télécharger, composer

Communication

4 Qui fait quoi? Avec un(e) partenaire, formez des questions à partir de la liste d'expressions et de mots suivants. Ensuite, à tour de rôle, posez vos questions à votre partenaire afin d'en savoir plus sur ses habitudes par rapport à la technologie.

> **MODÈLE**
>
> **Étudiant(e) 1:** *À qui est-ce que tu envoies des e-mails?*
> **Étudiant(e) 2:** *J'envoie des e-mails à mes professeurs pour les devoirs et à mes amis qui sont loin d'ici.*

A	B	C
à qui	toi	être en ligne
combien de	tes parents	télécharger
comment	tes grands-parents	un e-mail
où	ton professeur de français	un disque compact
pour qui	ta sœur	un site web
pourquoi	tes amis	graver
quand	les autres étudiants	un appareil photo numérique
quel(le)(s)	les enfants	un jeu vidéo

5 Mots croisés Votre professeur va vous donner, à vous et à votre partenaire, une grille de mots croisés (*crossword puzzle*) incomplète. Votre partenaire a les mots qui vous manquent, et vice versa. Donnez-lui une définition et des exemples pour compléter la grille. Attention! N'utilisez pas le mot recherché.

> **MODÈLE**
>
> **Étudiant(e) 1:** *Horizontalement (Across), le numéro 1, c'est ce que tu fais pour mettre ton fichier Internet sur ton disque dur.*
> **Étudiant(e) 2:** *Télécharger!*

6 La technologie d'hier et d'aujourd'hui
Avec un(e) partenaire, imaginez que vous avez une conversation avec une personne célèbre du passé. Vous parlez de l'évolution de la technologie et, bien sûr, cette personne est choquée de voir (*see*) les appareils électroniques du 21e siècle (*century*). Utilisez les mots et expressions de la section **CONTEXTES**.

- Choisissez trois ou quatre appareils différents.
- Demandez/Donnez une définition pour chaque objet.
- Demandez/Expliquez comment utiliser chaque appareil.
- Demandez quels sont les points positifs et négatifs de chaque appareil, et expliquez-les.

7 Le cybercafé Le patron d'un cybercafé souhaite (*wishes*) avoir plus de clients et vous demande de créer une brochure. Avec un(e) partenaire, présentez les différents services offerts et tous les avantages de ce cybercafé. Utilisez les mots et expressions de la section **CONTEXTES**. Incluez les informations suivantes:

- nom, adresse et horaires du cybercafé
- nombre et type d'appareils électroniques
- description des services
- liste des prix par type de service

Les sons et les lettres

 Final consonants

You already learned that final consonants are usually silent, except for the letters **c**, **r**, **f**, and **l**.

| avec | hiver | chef | hôtel |

You've probably noticed other exceptions to this rule. Often, such exceptions are words borrowed from other languages. These final consonants are pronounced.

| *Latin* | *English* | *Inuit* | *Latin* |
| **forum** | **snob** | **anorak** | **gaz** |

Numbers, geographical directions, and proper names are common exceptions.

| **cinq** | **sud** | **Agnès** | **Maghreb** |

Some words with identical spellings are pronounced differently to distinguish between meanings or parts of speech.

fils = *son*   **fils** = *threads*

tous (pronoun) = *everyone*   **tous** (adjective) = *all*

The word **plus** can have three different pronunciations.

plus de (silent *s*)   **plus que** (*s* sound)   **plus ou moins** (*z* sound in liaison)

Prononcez Répétez les mots suivants à voix haute.

1. cap
2. six
3. truc
4. club
5. slip
6. actif
7. strict
8. avril
9. index
10. Alfred
11. bifteck
12. bus

> *Un pour tous, tous pour un!*[2]

Articulez Répétez les phrases suivantes à voix haute.

1. Leur fils est gentil, mais il est très snob.
2. Au restaurant, nous avons tous pris du bifteck.
3. Le sept août, David assiste au forum sur le Maghreb.
4. Alex et Ludovic jouent au tennis dans un club de sport.
5. Prosper prend le bus pour aller à l'est de la ville.

Dictons Répétez les dictons à voix haute.

> *Plus on boit, plus on a soif.*[1]

[1] The more you drink, the thirstier you are.
[2] All for one and one for all!

ROMAN-PHOTO

C'est qui, Cyberhomme?

PERSONNAGES

Amina

David

Rachid

Sandrine

Valérie

Chez David et Rachid...

RACHID Dis donc, David! Un peu de silence. Je n'arrive pas à travailler!

DAVID Qu'est-ce que tu dis?

RACHID Je dis que je ne peux pas me concentrer! La télé est allumée, tu ne la regardes même pas, et en même temps, la chaîne stéréo fonctionne et tu ne l'écoutes pas!

DAVID Oh, désolé, Rachid.

RACHID Ah, on arrive enfin à s'entendre parler et à s'entendre réfléchir! À quoi est-ce que tu joues?

DAVID Un jeu vidéo génial!

RACHID Tu n'étudies pas? Tu n'avais pas une dissertation à faire? Lundi, c'est dans deux jours!

DAVID Okay. Je la commence.

Au café...

SANDRINE Tu as un autre e-mail de Cyberhomme? Qu'est-ce qu'il dit?

AMINA Oh, il est super gentil, écoute: «Chère Technofemme, je ne sais pas comment te dire combien j'adore lire tes messages. On s'entend si bien et on a beaucoup de choses en commun. J'ai l'impression que toi et moi, on peut tout se dire.»

Chez David et Rachid...

DAVID Et voilà! J'ai fini ma dissert', Rachid.

RACHID Bravo!

DAVID Maintenant, je l'imprime.

RACHID N'oublie pas de la sauvegarder.

DAVID Oh, non!

RACHID Tu n'as pas sauvegardé?

DAVID Si, mais... Attends... le logiciel redémarre. Ce n'est pas vrai! Il a effacé les quatre derniers paragraphes! Oh non!

RACHID Téléphone à Amina. C'est une pro de l'informatique. Peut-être qu'elle peut retrouver la dernière version de ton fichier.

DAVID Au secours, Amina! J'ai besoin de tes talents.

Un peu plus tard...

AMINA Ça y est, David. Voilà ta dissertation.

DAVID Tu me sauves la vie!

AMINA Ce n'était pas grand-chose, mais tu sais David, il faut sauvegarder au moins toutes les cinq minutes pour ne pas avoir de problème.

DAVID Oui. C'est idiot de ma part.

A C T I V I T É S

1 **Vrai ou faux?** Indiquez si les affirmations suivantes sont vraies ou fausses.

1. Rachid est en train d'écrire (*in the process of writing*) une dissertation pour son cours de sciences po.

2. David ne fait pas ses devoirs immédiatement; il a tendance à remettre les choses à plus tard.

3. David aime les jeux vidéo.

4. David regarde la télévision avec beaucoup d'attention.

5. Rachid n'aime pas les distractions.

6. Valérie s'inquiète de la sécurité d'Amina.

7. David sauvegarde ses documents toutes les cinq minutes.

8. David pense qu'il a perdu la totalité de son document.

9. Amina sait beaucoup de choses à propos de la technologie.

10. Amina et Cyberhomme décident de se rencontrer.

Amina découvre l'identité de son ami virtuel.

SANDRINE Il est adorable, ton Cyberhomme! Continue! Est-ce qu'il veux te rencontrer en personne?

VALÉRIE Qui vas-tu rencontrer, Amina? Qui est ce Cyberhomme?

SANDRINE Amina l'a connu sur Internet. Ils s'écrivent depuis longtemps, n'est-ce pas, Amina?

AMINA Oui, mais comme je te l'ai déjà dit, je ne sais pas si c'est une bonne idée de se rencontrer en personne. S'écrire des e-mails, c'est une chose; se donner rendez-vous, ça peut être dangereux.

VALÉRIE Amina a raison, Sandrine. On ne sait jamais.

SANDRINE Mais il est si charmant et tellement romantique...

RACHID Merci, Amina. Tu me sauves la vie aussi. Peut-être que maintenant je vais pouvoir me concentrer.

AMINA Ah? Et tu travailles sur quoi? Ce n'est pas possible!... C'est toi, Cyberhomme?!

RACHID Et toi, tu es Technofemme?!

DAVID Évidemment, tu me l'as dit toi-même: Amina est une pro de l'informatique.

Expressions utiles

Expressing how you communicate with others

- **On arrive enfin à s'entendre parler!**
  Finally we can hear each other speak!
- **On s'entend si bien.**
  We get along so well.
- **On peut tout se dire.**
  We can tell each other everything.
- **Ils s'écrivent depuis longtemps.**
  They've been writing to each other for quite a while.
- **S'écrire des e-mails, c'est une chose; se donner rendez-vous, ça peut être dangereux.**
  Writing each other e-mails, that's one thing; arranging to meet, that can be dangerous.

Additional vocabulary

- **se rencontrer**
  to meet each other
- **On ne sait jamais.**
  You/One never know(s).
- **Au secours!**
  Help!
- **C'est idiot de ma part.**
  It's stupid of me.
- **une dissertation**
  paper
- **pas grand-chose**
  not much

---

2 **Questions** Répondez aux questions par des phrases complètes.

1. Pourquoi Rachid se met-il en colère?
2. Pourquoi y a-t-il beaucoup de bruit (*noise*) chez Rachid et David?
3. Est-ce qu'Amina s'entend bien avec Cyberhomme?
4. Que pense Valérie de la possibilité d'un rendez-vous avec Cyberhomme?
5. Qu'est-ce que Rachid fait pendant que David joue au jeu vidéo et écrit sa dissertation?

3 **À vous** Par rapport aux (*With respect to*) études, David et Rachid sont très différents. David aime les distractions et Rachid a besoin de silence pour travailler. Avec un(e) camarade de classe, décrivez vos habitudes par rapport aux études. Avez-vous les mêmes? Pouvez-vous être de bon(nes) colocataires? Présentez vos conclusions à la classe.

ressources

VM pp. 227–228	DVD Leçon 21	promenades.vhlcentral.com Leçon 21

A C T I V I T É S

CULTURE À LA LOUPE

La technologie et les Français

le Minitel

Pendant les années 1980, la technologie a connu une grande évolution. En France, cette révolution technologique a commencé par l'invention du Minitel, développé par France Télécom, la compagnie nationale française de téléphone, au début des années 1980. Le Minitel peut être considéré comme le prédécesseur d'Internet. C'est un petit terminal qu'on branche° sur sa ligne de téléphone et qui permet d'accéder à toutes sortes d'informations et de jeux, de faire des réservations de train ou d'hôtel, de commander des articles en ligne ou d'acheter des billets de concert, par exemple. Aujourd'hui, Internet remplace souvent le Minitel et de plus en plus de Français sont équipés chez eux d'un ordinateur et d'une connexion Internet. Environ° 50% d'entre eux ont encore la connexion Internet bas débit°, mais le pourcentage de gens qui ont la connexion haut débit° augmente chaque année et la conversion entre les deux se fait assez rapidement. Les Français ont le choix, pour le haut débit, entre la connexion par câble et la connexion ADSL°. Enfin, pour ceux° qui n'ont pas d'autre manière° de se connecter à Internet, il existe en France—beaucoup plus qu'aux États-Unis—de nombreux cybercafés.

En ce qui concerne les autres appareils électroniques à la mode, on note une augmentation des achats° de consoles de jeux vidéo, de lecteurs de CD/DVD, de caméras vidéo, de téléphones multifonctions, d'appareils photos numériques ou de produits périphériques° pour les ordinateurs, comme les imprimantes, les scanners ou les graveurs. Mais l'appareil qui a connu le plus grand succès en France, c'est sans doute le téléphone portable. En 1996, moins de 2,5 millions de Français avaient un téléphone portable. Aujourd'hui, plus de 40 millions de Français en possèdent un.

L'équipement technologique des Français (% de ménages)	
Téléphone	87
Téléphone portable	70
Ordinateur	45
Répondeur	43
Connexion Internet	31
Minitel	13
Téléphone multifonctions	6

branche *connects* **Environ** *About* **bas débit** *low-speed* **haut débit** *high-speed* **ADSL** *DSL* **ceux** *those* **manière** *way* **achats** *purchases* **périphériques** *peripheral*

Coup de main

When saying an e-mail address aloud, follow this example.

claude-monet@yahoo.fr

claude tiret monet arobase yahoo point F R

A C T I V I T É S

1   **Répondez** Répondez par des phrases complètes.

1. Quelle invention française est le prédécesseur d'Internet?
2. Qu'est-ce que le Minitel?
3. Quel est le nom de la compagnie nationale française de téléphone?
4. La connexion Internet haut débit existe-t-elle en France?
5. Où peut-on aller si on n'a pas d'accès Internet à la maison?
6. Quels sont deux appareils électroniques qu'on achète souvent en France en ce moment?
7. Quel appareil électronique a eu le plus de succès depuis 1996?
8. Quel est le pourcentage de Français qui possèdent un ordinateur?
9. Est-il courant (*common*) d'avoir Internet en France?
10. La majorité des Français ont-ils encore un Minitel?

STRATÉGIE

The purpose of a text

When you are faced with an unfamiliar text, it is important to determine the writer's purpose. If you are reading an editorial in a newspaper, for example, you know that the journalist's objective is to persuade you of his or her point of view. Identifying the purpose of a text will help you better comprehend its meaning. Scan the **Portrait** article on this page. Is the author expressing an opinion? What might the purpose of the article be?

LE MONDE FRANCOPHONE

Quelques stations de radio francophones

Voici quelques radios francophones en ligne.

En Afrique
Africa 1 radio africaine qui propose des actualités et beaucoup de musique africaine (www.africa1.com)

En Belgique
Classic 21 radio pour les jeunes qui passe° de la musique rock et propose des emplois° pour les étudiants (www.classic21.be)

En France
NRJ radio privée nationale pour les jeunes qui passe tous les grands tubes° (www.nrj.fr)

En Suisse
Fréquence Banane radio universitaire de Lausanne (www.frequencebanane.ch)

passe *plays* **emplois** *jobs* **tubes** *hits*

PORTRAIT

La fusée Ariane

Après la Seconde Guerre mondiale°, la conquête de l'espace° s'est amplifiée. En Europe, le premier programme spatial, le programme Europa, n'a pas eu beaucoup de succès et il a été abandonné. En 1970, la France a proposé un nouveau programme spatial, le projet Ariane, qui a eu un succès considérable. La fusée° Ariane est un lanceur° civil de satellites européen, à Kourou, en Guyane française, département et région français d'outre-mer°, en Amérique du Sud. Elle transporte des satellites commerciaux dans l'espace. La première fusée Ariane a été lancée en 1979 et il y a eu plusieurs générations de fusées Ariane depuis. Aujourd'hui, Ariane V (cinq), un lanceur beaucoup plus puissant° que ses prédécesseurs, est utilisée.

Guerre mondiale *World War* **espace** *space* **fusée** *rocket* **lanceur** *launcher* **outre-mer** *overseas* **puissant** *powerful*

SUR INTERNET

Qui est Jean-Loup Chrétien?

Go to **promenades.vhlcentral.com** to find more cultural information related to this **LECTURE CULTURELLE.**

---

2 **Complétez** Complétez les phrases d'après les textes.

1. Africa 1, la radio africaine, propose de la musique, mais aussi _____.
2. La radio privée nationale française destinée aux jeunes s'appelle _____.
3. En Suisse, beaucoup d'étudiants apprécient la radio _____.
4. Le premier programme spatial européen s'appelait _____.
5. La fusée Ariane est le _____ européen.

3 **À vous...** Avec un(e) partenaire, choisissez une des stations de radio présentées dans **Le monde francophone**, et écrivez six phrases où vous donnez des exemples de ce qu'on entend sur cette station. Soyez prêts à les présenter devant la classe.

ressources

promenades.vhlcentral.com
Leçon 21

A C T I V I T É S

21.1 Prepositions with the infinitive

Point de départ Infinitive constructions, where the first verb is conjugated and the second verb is an infinitive, are common in French.

CONJUGATED VERB   INFINITIVE

Vous **pouvez**   **fermer** le document.
You can   *close the document.*

- Some conjugated verbs are followed directly by an infinitive. Others are followed by the preposition **à** or **de** before the infinitive.

verbs followed directly by infinitive	verbs followed by à before infinitive	verbs followed by de before infinitive
adorer	aider à	arrêter de *to stop*
aimer	s'amuser à *to pass time by*	décider de *to decide to*
aller		éviter de
détester	apprendre à	finir de
devoir	arriver à *to manage to*	s'occuper de *to take care of, to see to*
espérer	commencer à	oublier de
pouvoir	continuer à	permettre de
préférer	hésiter à *to hesitate to*	refuser de *to refuse to*
savoir	se préparer à	rêver de *to dream about*
vouloir	réussir à	venir de *to have just*

Nous **allons manger** à midi.
We are going to eat at noon.

Elle **a appris à conduire** une voiture.
She learned to drive a car.

Il **rêve de visiter** l'Afrique.
He dreams about visiting Africa.

- Place object pronouns before infinitives. Unlike definite articles, they do not contract with the prepositions **à** and **de**.

J'**ai décidé de les télécharger**.
I decided to download them.

Il **est arrivé à lui donner** l'argent.
He managed to give him the money.

- The infinitive is also used after the prepositions **pour** and **sans**.

Nous sommes venus **pour t'aider**.
We came to help you.

Elle part **sans manger**.
She's leaving without eating.

Essayez!
Décidez s'il faut ou non une préposition. S'il en faut une, choisissez entre **à** et **de**.

1. Tu sais __Ø__ cuisiner.
2. Commencez ____ travailler.
3. Tu veux ____ goûter la soupe?
4. Elles vont ____ revenir.
5. Je finis ____ mettre la table.
6. Il hésite ____ me poser la question.

1 **Les vacances** Paul veut voyager cet été. Il vous raconte ses problèmes. Complétez le paragraphe avec les prépositions **à** ou **de**, si nécessaire.

Je n'arrive pas (1) ____ décider où prendre mes vacances. Je veux (2) ____ visiter un pays chaud et ensoleillé (*sunny*). J'espère (3) ____ trouver des billets d'avion pour la Martinique. Cet après-midi, je me suis amusé (4) ____ regarder les prix des billets d'avion sur Internet. Je n'ai pas réussi (5) ____ trouver un bon tarif (*fare*). Je vais continuer (6) ____ chercher. J'hésite (7) ____ payer plein tarif mais je refuse (8) ____ voyager en stand-by.

2 **Le week-end dernier** Sophie et ses copains ont fait beaucoup de choses le week-end dernier. Regardez les illustrations et dites ce qu'ils (*what they*) ont fait.

MODÈLE

J'ai décidé de conduire.

je / décider

1. nous / devoir

3. André / refuser

2. elles / apprendre

4. vous / aider

3 **Questionnaire** Vous cherchez un travail d'été. Complétez les phrases avec les prépositions **à** ou **de**, quand c'est nécessaire. Ensuite, indiquez si vous êtes d'accord avec ces affirmations.

oui non

1. __ __ Vous savez ____ parler plusieurs langues.
2. __ __ Vous acceptez ____ voyager souvent.
3. __ __ Vous n'hésitez pas ____ travailler tard.
4. __ __ Vous oubliez ____ répondre au téléphone.
5. __ __ Vous pouvez ____ travailler le week-end.
6. __ __ Vous commencez ____ travailler immédiatement.

COMMUNICATION

4 **Assemblez** Avez-vous eu de bonnes ou de mauvaises expériences avec la technologie? À tour de rôle, avec un(e) partenaire, assemblez les éléments des colonnes pour créer des phrases logiques.

MODÈLE

Étudiant(e) 1: *Je déteste télécharger des logiciels.*
Étudiant(e) 2: *Chez moi, ma mère n'arrive pas à envoyer des e-mails.*

A	B	C	D
ma mère		accepter	composer
mon père		aimer	effacer
mon frère		arriver	envoyer
ma sœur		décider	éteindre
mes copains		détester	être en ligne
mon petit ami	(ne pas)	hésiter	fermer
ma petite amie		oublier	graver
notre prof		refuser	ouvrir
nous		réussir	sauvegarder
?		?	télécharger

5 **Les voyages** Vous et votre partenaire parlez des vacances et des voyages. Utilisez ces éléments pour vous poser des questions. Justifiez vos réponses.

MODÈLE aimer / faire des voyage

Étudiant(e) 1: *Aimes-tu faire des voyages?*
Étudiant(e) 2: *Oui, j'aime faire des voyages. J'aime faire la connaissance de beaucoup de personnes.*

1. rêver / aller en Afrique
2. vouloir / visiter des musées
3. préférer / voyager avec un groupe ou seul(e)
4. commencer / lire des guides touristiques
5. réussir / trouver des vols bon marché
6. aimer / rencontrer des amis à l'étranger

6 **Une pub** Par groupes de trois, préparez une publicité pour École-dinateur, une école qui enseigne l'informatique aux technophobes. Utilisez le plus de verbes possible de la liste avec un infinitif.

MODÈLE *Rêvez-vous d'écrire des e-mails? Continuez-vous à travailler comme vos grands-parents? Alors...*

aimer	continuer	refuser
s'amuser	détester	réussir
apprendre	hésiter	rêver
arriver	oublier	savoir

Le français vivant

Internet?
Football?
Musique en ligne?
DVD?

Vous avez toujours rêvé de posséder un ordinateur comme ça. Vous vouliez l'acheter, et vous venez de l'allumer. Maintenant, vous commencez à vous rendre compte de ses possibilités. N'hésitez pas à en profiter. En tout confort.

Identifiez Quels verbes trouvez-vous devant un infinitif dans le texte de cette publicité (*ad*)? Lesquels (*Which ones*) prennent une préposition? Quelle préposition?

Questions À tour de rôle avec un(e) partenaire, posez-vous ces questions.

1. As-tu toujours rêvé de posséder quelque chose? De faire quelque chose? Explique.
2. Que veux-tu acheter en ce moment? Pourquoi?
3. D'habitude, qu'hésites-tu à faire?
4. La technologie peut-elle vraiment apporter le confort?
5. Qu'as-tu commencé à faire grâce à (*thanks to*) la technologie? Qu'as-tu arrêté de faire à cause de la technologie?

STRUCTURES

21.2 Reciprocal reflexives

Point de départ In **Leçon 19**, you learned that reflexive verbs indicate that the subject of a sentence does the action to itself. Reciprocal reflexives, on the other hand, express a shared or reciprocal action between two or more people or things. In this context, the pronoun means *(to) each other* or *(to) one another*.

Il **se regarde** dans le miroir.
He looks at himself in the mirror.

Alain et Diane **se regardent**.
Alain and Diane look at each other.

Common reciprocal verbs

s'adorer	to adore one another	s'entendre bien	to get along well (with one another)
s'aider	to help one another	se parler	to speak to one another
s'aimer (bien)	to love (like) one another	se quitter	to leave one another
se connaître	to know one another	se regarder	to look at one another
se dire	to tell one another	se rencontrer	to meet one another (make an acquaintance)
se donner	to give one another	se retrouver	to meet one another (planned)
s'écrire	to write one another	se téléphoner	to phone one another
s'embrasser	to kiss one another		

Annick et Joël **s'écrivent** tous les jours.
Annick and Joël write one another every day.

Vous **vous donnez** souvent rendez-vous le lundi?
Do you arrange to meet often on Mondays?

- The past participle of a reciprocal verb does not agree with the subject when the subject is also the indirect object of the verb.

Marie et son frère se sont **aidés**.
Marie and her brother helped each other.

but

Les deux sœurs se sont **parlé**.
The two sisters spoke to each other.

Essayez! Donnez les formes correctes des verbes.

1. (s'embrasser) nous ___nous embrassons___
2. (se quitter) vous _____
3. (se rencontrer) ils _____
4. (se dire) nous _____
5. (se parler) elles _____
6. (se retrouver) ils _____

  MISE EN PRATIQUE

1 **L'amour réciproque** Employez des verbes réciproques pour raconter l'histoire d'amour de Laure et d'Habib.

> **MODÈLE** Laure retrouve Habib tous les jours. Habib retrouve Laure tous les jours.
> *Laure et Habib se retrouvent tous les jours.*

1. Laure connaît bien Habib. Habib connaît bien Laure.
2. Elle le regarde amoureusement. Il la regarde amoureusement.
3. Laure écrit des e-mails à Habib. Habib écrit des e-mails à Laure.
4. Elle lui téléphone tous les soirs. Il lui téléphone tous les soirs.
5. Elle lui dit tous ses secrets. Il lui dit tous ses secrets.

2 **Souvenir** Les étudiants de votre classe se retrouvent pour fêter leur réunion. Employez l'imparfait.

> **MODÈLE** Marie et moi / s'aider souvent
> *Marie et moi, nous nous aidions souvent.*

1. Marc et toi / se regarder en cours
2. Anne et Mouna / se téléphoner
3. François et moi / s'écrire deux fois par semaine
4. Paul et toi / s'entendre bien
5. Luc et Sylvie / s'adorer
6. Patrick et moi / se retrouver après les cours

3 **Une rencontre** Regardez les illustrations. Qu'est-ce que ces personnages ont fait?

> **MODÈLE**
> *Ils se sont rencontrés.*

ils

1. Arnaud et moi

3. elles

2. vous

4. nous

COMMUNICATION

4 **Curieux** Pensez à deux amis qui sont amoureux. Votre partenaire va vous poser beaucoup de questions pour tout savoir sur leur relation. Répondez à ses questions.

MODÈLE

Étudiant(e) 1: Est-ce qu'ils se regardent tout le temps?
Étudiant(e) 2: Non, ils ne se regardent pas tout le temps, mais ils n'arrêtent pas de se téléphoner!

s'adorer	bien	se retrouver
s'aimer	mal	se téléphoner
s'écrire	quelquefois	tout le temps
s'embrasser	régulièrement	tous les jours
s'entendre	souvent	?

5 **Un rendez-vous** Avec un(e) partenaire, posez-vous des questions sur la dernière fois que vous êtes sorti(e) avec quelqu'un.

MODÈLE

à quelle heure / se donner rendez-vous
Étudiant(e) 1: À quelle heure est-ce que vous vous êtes donné rendez-vous?
Étudiant(e) 2: Nous nous sommes donné rendez-vous à sept heures.

1. où / se retrouver
2. longtemps / se parler
3. s'entendre / bien
4. à quelle heure / se quitter
5. plus tard / se téléphoner

6 **On se quitte** Julie a reçu (received) cette lettre de son petit ami Sébastien. Elle ne comprend pas du tout, mais elle doit lui répondre. Avec un(e) partenaire, employez des verbes réciproques pour écrire la réponse.

Chère Julie,

Nous devons nous quitter, ma chérie.
Pourquoi sommes-nous encore
ensemble? Nous ne nous sommes pas
aimés. Nous nous disputons tout le
temps et nous ne nous parlons pas
souvent. Soyons réalistes. Je te quitte
et j'espère que tu comprends.

Sébastien

Le français vivant

Avec le téléphone multifonctions, je cherche l'heure de mes cours. Nous nous retrouvons entre amis.
Nous nous écrivons.
Nous nous entendons mieux.
Avec ce téléphone, c'est facile de se parler.

Identifiez Quels verbes réciproques avez-vous trouvés dans la publicité (ad)?

Questions À tour de rôle avec un(e) partenaire, posez-vous ces questions.

1. Tes amis et toi, vous écrivez-vous avec un téléphone? Comment vous écrivez-vous?

2. Penses-tu que les gens s'entendent mieux grâce à (thanks to) la technologie? Pourquoi?

3. Quels gadgets technologiques utilises-tu pour communiquer avec tes amis? Pourquoi les utilises-tu?

4. Quels gadgets technologiques utilisaient tes grands-parents pour communiquer avec leurs amis? Pourquoi les utilisaient-ils?

SYNTHÈSE

Révision

1 **À deux** Que peuvent faire deux personnes avec chacun (*each one*) de ces objets? Avec un(e) partenaire, répondez à tour de rôle et employez des verbes réciproques.

> **MODÈLE** un appareil photo numérique
>
> *Avec un appareil photo numérique, deux personnes peuvent s'envoyer des photos tout de suite.*

- un portable
- du papier et un stylo
- un ordinateur
- un caméscope
- un fax
- un magnétophone

2 **La communication** Votre professeur va vous donner une feuille d'activités. Circulez dans la classe pour interviewer vos camarades. Comment communiquent-ils avec leurs familles et leurs amis? Pour chaque question, parlez avec des camarades différents qui doivent justifier leurs réponses.

> **MODÈLE**
>
> **Étudiant(e) 1:** *Tes amis et toi, vous écrivez-vous plus de cinq e-mails par jour?*
> **Étudiant(e) 2:** *Oui, parfois nous nous écrivons dix e-mails.*
> **Étudiant(e) 1:** *Pourquoi vous écrivez-vous tellement souvent?*

Activité	Oui	Non
1. s'écrire plus de cinq e-mails par jour	Jules	Corinne
2. s'envoyer des lettres par la poste		
3. se téléphoner le week-end		
4. se parler dans les couloirs		
5. se retrouver au resto U		
6. se donner rendez-vous		
7. se rencontrer sur Internet		
8. bien s'entendre		

3 **Dimanche au parc** Ces personnes sont allées au parc dimanche dernier. Avec un(e) partenaire, décrivez à tour de rôle leurs activités. Employez des verbes réciproques.

4 **Leur rencontre** Comment ces couples se sont-ils rencontrés? Par groupes de trois, inventez une histoire courte pour chaque couple. Utilisez les verbes donnés (*given*) plus des verbes réciproques.

1. venir de

3. continuer à

2. commencer à

4. rêver de

5 **Les bonnes relations** Parlez avec deux camarades. Que faut-il faire pour maintenir de bonnes relations avec ses amis ou sa famille? À tour de rôle, utilisez les verbes de la liste pour donner des conseils (*advice*).

> **MODÈLE**
>
> **Étudiant(e) 1:** *Dans une bonne relation, deux personnes peuvent tout se dire.*
> **Étudiant(e) 2:** *Oui, et elles apprennent à se connaître.*

s'adorer	se connaître	hésiter à
s'aider	se dire	oublier de
apprendre à	s'embrasser	pouvoir
arrêter de	espérer	refuser de
commencer à	éviter de	savoir

6 **Rencontre sur Internet** Votre professeur va vous donner, à vous et à votre partenaire, une feuille d'illustrations sur la rencontre sur Internet d'Amandine et de Gilles. Attention! Ne regardez pas la feuille de votre partenaire.

ressources		
WB pp. 143–146	LM pp. 83–84	promenades.vhlcentral.com Leçon 21

Le Zapping

NRJ Mobile

En 1981 est née, à Paris, la Nouvelle Radio Jeune, ou NRJ. La prononciation des trois lettres de son sigle° évoque un ingrédient du caractère de son public: l'énergie. La radio a toujours visé° les jeunes par la programmation de musique contemporaine et internationale. NRJ connaît un énorme succès et on peut aujourd'hui l'écouter partout° en France et dans d'autres pays européens. Débuté en 2005, NRJ Mobile vise aussi les jeunes et leur permet d'entièrement personnaliser leurs portables, y compris° les sonneries°.

—Alors j'ai créé KellyMobile, le premier opérateur qui comprend ce que c'est d'être un fan.

—L'opérateur avec des sonneries ultra puissantes°, comme nous!

Compréhension Répondez aux questions.

1. Pourquoi les filles dans la publicité (*commercial*) sont-elles heureuses?
2. Quelle réaction ont les personnes qui entendent leurs cris (*screams*)?

Discussion Par groupes de trois, répondez aux questions et discutez.

1. KellyMobile est-il le vrai nom du service mobile? Pourquoi s'appelle-t-il ainsi (*this way*)?
2. Pourquoi la pub montre-t-elle deux filles qui crient? Cette manière de s'exprimer (*expressing oneself*) est-elle normale? Pourquoi?
3. Comment personnalisez-vous votre portable? Pourquoi cette possibilité est-elle importante?

sigle *acronym* **visé** *aimed at* **partout** *everywhere* **y compris** *including* **sonneries** *ring tones* **puissantes** *powerful*

SUR INTERNET

Go to **promenades.vhlcentral.com** to watch the TV clip featured in this **Le zapping**.

Leçon **22**

You will learn how to...
- talk about cars
- talk about traffic
- say what you would do

En voiture!

une station-service

un coffre

une voiture

libre-service

Il fait le plein d'essence (f.).

un volant

un capot

Vocabulaire

arrêter (de faire quelque chose)	to stop (doing something)
attacher	to buckle
avoir un accident	to have/to be in an accident
dépasser	to go over; to pass
freiner	to brake
se garer	to park
offrir	to offer, to give something
ouvrir	to open
rentrer (dans)	to hit
réparer	to repair
tomber en panne	to break down
vérifier (l'huile/ la pression des pneus)	to check (the oil/ the air pressure)
l'embrayage (m.)	clutch
les freins (m.)	brakes
l'huile (f.)	oil
un pare-chocs (pare-chocs pl.)	bumper
un réservoir d'essence	gas tank
un rétroviseur	rearview mirror
une roue (de secours)	(emergency) tire
un voyant (d'essence/ d'huile)	(gas/oil) warning light
une amende	fine
une autoroute	highway
la limitation de vitesse	speed limit
un parking	parking lot
un permis de conduire	driver's license
une rue	street

une ceinture de sécurité

un moteur

un mécanicien (mécanicienne f.)

une portière

un pneu crevé

Attention!

The verbs **ouvrir** and **offrir** are irregular. Although they end in -ir, they use the endings of regular -er verbs in the present tense. See the Verb Conjugation Tables appendix for all their forms. The verbs **couvrir** (to cover), **découvrir** (to discover), and **souffrir** (to suffer) use the same endings as **ouvrir** and **offrir**.

un agent de police/un policier (policière f.)

les essuie-glaces (m.)

un pare-brise (pare-brise pl.)

la circulation

les phares (m.)

Mise en pratique SUPERSITE

1 **Écoutez** 🎧 Madeleine a eu une mauvaise journée. Écoutez son histoire, ensuite indiquez si les phrases suivantes sont **vraies** ou **fausses**.

	Vrai	Faux
Madeleine...		
1. a oublié son permis de conduire.	☐	☐
2. a dépassé la limitation de vitesse.	☐	☐
3. a fait le plein avant d'aller à la fac.	☐	☐
4. a attaché sa ceinture de sécurité.	☐	☐
5. s'est garée à l'université.	☐	☐
6. conduisait quand un policier l'a arrêtée.	☐	☐
Sa voiture...		
7. a redémarré.	☐	☐
8. avait un pneu crevé.	☐	☐
9. n'avait pas d'essence.	☐	☐
10. était en panne.	☐	☐

2 **Les correspondances** Choisissez l'élément de la liste **B** qui convient le mieux à chaque verbe de la liste **A**.

A	B
1. ____ dépasser	a. les freins
2. ____ tomber en panne	b. la limitation de vitesse
3. ____ freiner	c. la ceinture de sécurité
4. ____ faire le plein	d. une voiture
5. ____ réparer une voiture	e. l'essence
6. ____ se garer	f. un parking
7. ____ attacher	g. un mécanicien
8. ____ vérifier la pression	h. les pneus

3 **Complétez** Complétez les phrases suivantes avec le bon mot de vocabulaire pour faire une phrase logique.

1. La personne qui répare une voiture est un _____.
2. Il faut _____ le capot de la voiture pour vérifier l'huile.
3. On met de l'essence dans le _____.
4. Le _____ est un document officiel qui vous autorise à conduire.
5. On utilise les _____ pour voir (see) quand on conduit la nuit.
6. On utilise les _____ pour voir à travers (through) le pare-brise quand il pleut.
7. Le _____ sert à diriger la voiture.
8. Vous utilisez le _____ pour voir la circulation derrière vous.
9. La personne qui peut donner une amende est un _____.
10. On peut ranger ses valises dans le _____ de la voiture.
11. On utilise les _____ quand on veut s'arrêter.
12. Quand il y a beaucoup de voitures sur la route, il y a de la _____.

Communication

4 **Conversez** Interviewez un(e) camarade de classe.

1. As-tu une voiture? De quelle sorte? Tes parents te l'ont-ils offerte?
2. À quel âge as-tu obtenu (*obtained*) ton permis de conduire? Comment s'est passé l'examen?
3. Sais-tu comment changer un pneu crevé? En as-tu déjà changé un?
4. Ta voiture est-elle tombée en panne récemment? Qui l'a réparée?
5. Respectes-tu la limitation de vitesse sur l'autoroute? Et tes amis?
6. As-tu déjà été arrêté(e) par un policier? Pour quelle(s) raison(s)?
7. Combien de fois par mois fais-tu le plein (d'essence)? Combien paies-tu à chaque fois?
8. À quelle occasion offre-t-on une voiture à un(e) adolescent(e)?
9. Qu'as-tu découvert pendant ton dernier voyage en voiture?
10. As-tu eu des problèmes de pare-chocs récemment? Et des problèmes d'essuie-glaces?

5 **Sept différences** Votre professeur va vous donner, à vous et à votre partenaire, deux feuilles d'activités différentes. À tour de rôle, posez-vous des questions pour trouver les sept différences entre vos dessins. Attention! Ne regardez pas la feuille de votre partenaire.

> **MODÈLE**
>
> **Étudiant(e) 1:** *Ma voiture est blanche. De quelle couleur est ta voiture?*
>
> **Étudiant(e) 2:** *Oh! Ma voiture est noire.*

6 **Chez le mécanicien** Travaillez avec un(e) camarade de classe pour présenter un dialogue. Jouez les rôles d'un(e) client(e) et d'un(e) mécanicien(ne).

Le/La client(e)...
- explique le problème qu'il/qu'elle a.
- donne quelques détails sur les problèmes qu'il/qu'elle a eus dans le passé.
- négocie le prix et la date à laquelle il/elle peut venir chercher la voiture.

Le/La mécanicien(ne)...
- demande quand le problème a commencé et s'il y en a d'autres.
- explique le problème et donne le prix des réparations.
- accepte les conditions du/de la client(e).

7 **Écriture** Écrivez un paragraphe à propos (*about*) d'un accident de la circulation. Suivez les instructions.

- Parlez d'un accident (voiture, motocyclette, bicyclette) que vous avez eu récemment. Si vous n'avez jamais eu d'accident, inventez-en un.
- Décrivez ce qui s'est passé avant, pendant et après.
- Donnez des détails.
- Comparez votre paragraphe avec celui (*that*) d'un(e) camarade de classe.

Les sons et les lettres

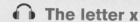 **The letter x**

The letter **x** in French is sometimes pronounced -*ks*, like the *x* in the English word *axe*.

taxi	expliquer	mexicain	texte

Unlike English, some French words begin with a *ks-* sound.

xylophone	xénon	xénophile	Xavière

The letters **ex-** followed by a vowel are often pronounced like the English word *eggs*.

exemple	examen	exil	exact

Sometimes an **x** is pronounced *s*, as in the following numbers.

soixante	six	dix

An **x** is pronounced *z* in a liaison. Otherwise, an **x** at the end of a word is usually silent.

deux‿enfants	six‿éléphants	mieux	curieux

Prononcez Répétez les mots suivants à voix haute.

1. fax
2. eux
3. dix
4. prix
5. jeux
6. index
7. excuser
8. exercice
9. orageux
10. expression
11. contexte
12. sérieux

Articulez Répétez les phrases suivantes à voix haute.

1. Les amoureux sont devenus époux.
2. Soixante-dix euros! La note (*bill*) du taxi est exorbitante!
3. Alexandre est nerveux parce qu'il a deux examens.
4. Xavier explore le vieux quartier d'Aix-en-Provence.
5. Le professeur explique l'exercice aux étudiants exceptionnels.

Dictons Répétez les dictons à voix haute.

Les belles plumes font les beaux oiseaux.[2]

Les beaux esprits se rencontrent.[1]

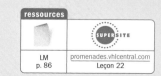

[1] Great minds think alike. [2] Beautiful feathers make beautiful birds.

La panne

PERSONNAGES

Amina

Garagiste

Rachid

Sandrine

Valérie

À la station-service...

GARAGISTE Elle est belle, votre voiture! Elle est de quelle année?

RACHID Elle est de 2005.

GARAGISTE Je vérifie l'huile ou la pression des pneus?

RACHID Non, merci ça va. Je suis un peu pressé en fait. Au revoir.

Au P'tit Bistrot...

SANDRINE Ton Cyberhomme, c'est Rachid! Quelle coïncidence!

AMINA C'est incroyable, non? Je savais qu'il habitait à Aix, mais...

VALÉRIE Une vraie petite histoire d'amour, comme dans les films!

SANDRINE C'est exactement ce que je me disais!

AMINA Rachid arrive dans quelques minutes. Est-ce que cette couleur va avec ma jupe?

SANDRINE Vous l'avez entendue? Elle doit être amoureuse.

AMINA Arrête de dire des bêtises.

RACHID Oh non!!

AMINA Qu'est-ce qu'il y a? Un problème?

RACHID Je ne sais pas, j'ai un voyant qui s'est allumé.

AMINA Allons à une station-service.

RACHID Oui... c'est une bonne idée.

De retour à la station-service...

GARAGISTE Ah! Vous êtes de retour. Mais que se passe-t-il? Je peux vous aider?

RACHID J'espère. Il y a quelque chose qui ne va pas, peut-être avec le moteur, regardez, ce voyant est allumé.

GARAGISTE Ah, ça? C'est l'huile. Je m'en occupe tout de suite.

GARAGISTE Vous pouvez redémarrer? Et voilà.

RACHID Parfait. Au revoir. Bonne journée.

GARAGISTE Bonne route!

ACTIVITÉS

1 **Vrai ou faux?** Indiquez si les affirmations suivantes sont **vraies** ou **fausses**.

1. La voiture de Rachid est très vieille.

2. Quand Rachid va à la station-service la première fois, il a beaucoup de temps.

3. Amina savait que Cyberhomme habitait à Aix.

4. Sandrine trouve l'histoire de Rachid et d'Amina très romantique.

5. Amina ouvre la portière de la voiture.

6. Rachid est galant (*a gentleman*).

7. Le premier problème que Rachid rencontre, c'est une panne d'essence.

8. Le garagiste répare la voiture.

9. La voiture a un pneu crevé.

10. Rachid n'est pas très fier de lui.

Amina sort avec Rachid pour la première fois.

SANDRINE Oh, regarde, il lui offre des fleurs.
RACHID Bonjour, Amina. Tiens, c'est pour toi.
AMINA Bonjour, Rachid. Oh, merci, c'est très gentil.
RACHID Tu es très belle aujourd'hui.
AMINA Merci.

RACHID Attends, laisse-moi t'ouvrir la portière.
AMINA Merci.
RACHID N'oublie pas d'attacher ta ceinture.
AMINA Oui, bien sûr.

AMINA Heureusement, ce n'était pas bien grave. À quelle heure est notre réservation?
RACHID Oh! C'est pas vrai!

AMINA Qu'est-ce que c'était?
RACHID On a un pneu crevé.
AMINA Oh, non!!

Expressions utiles

Talking about dating

- **Il lui offre des fleurs.**
  He's offering/giving her flowers.
- **Attends, laisse-moi t'ouvrir la portière.**
  Wait, let me open the (car) door for you.

Talking about cars

- **N'oublie pas d'attacher ta ceinture.**
  Don't forget to fasten your seatbelt.
- **J'ai un voyant qui s'est allumé.**
  I have a light that lit up.
- **Il y a quelque chose qui ne va pas.**
  There's something wrong.

Additional vocabulary

- **incroyable**
  incredible

---

2 **Qui?** Indiquez qui dirait (*would say*) les affirmations suivantes: Rachid (**R**), Amina (**A**), Sandrine (**S**), Valérie (**V**) ou le garagiste (**G**).

1. La prochaine fois, je vais suivre les conseils du garagiste.
2. Je suis un peu anxieuse.
3. C'est comme un conte de fées (*fairy tale*)!
4. Taisez-vous (*Be quiet*), s'il vous plaît!
5. Il aurait dû (*should have*) m'écouter.

3 **Écrivez** Qu'est-ce qui se passe pour Amina et Rachid après le deuxième incident? Utilisez votre imagination et écrivez un paragraphe qui raconte ce qu'ils ont fait. Est-ce que quelqu'un d'autre les aide? Amina est-elle fâchée? Y aura-t-il (*Will there be*) un deuxième rendez-vous pour Cyberhomme et Technofemme?

ressources		
VM pp. 229–230	DVD Leçon 22	promenades.vhlcentral.com Leçon 22

A
C
T
I
V
I
T
É
S

CULTURE À LA LOUPE

Les voitures en France

la Smart

Dans l'ensemble°, les Français utilisent moins leur voiture que les Américains. Il n'est pas rare qu'un couple ou une famille possède une seule voiture. Dans les grandes villes, beaucoup de gens se déplacent° à pied ou utilisent les transports en commun°. Dans les villages ou à la campagne, les gens utilisent un peu plus fréquemment leurs voitures. Pour de longs voyages, pourtant°, ils ont tendance, plus que les Américains, à laisser leurs voitures chez eux et à prendre le train ou l'avion. En général, les voitures en France sont beaucoup plus petites que les voitures qu'on trouve aux États-Unis, mais on y trouve des quatre-quatre°, même dans les grandes villes. La Smart, une voiture minuscule produite par les compagnies Swatch et Mercedes-Benz, a aussi beaucoup de succès en France et en Europe.

Il y a plusieurs raisons qui expliquent ces différences. D'abord, les rues des villes françaises sont beaucoup moins larges. Au centre-ville, beaucoup de rues sont piétonnes° et d'autres sont si petites qu'il est parfois difficile de passer, même pour une petite voiture. Il y a aussi de gros problèmes de parking dans la majorité des villes françaises. Il y a peu de places de parking et elles sont en général assez petites. Il est donc nécessaire de faire un créneau° pour se garer et plus la voiture est petite, plus° on a de chance de le réussir. Les rues en dehors° des villes sont souvent plus larges. En plus, en France, l'essence est plus chère qu'aux États-Unis. Il vaut donc mieux avoir une petite voiture économique qui ne consomme pas beaucoup d'essence, ou prendre les transports en commun quand c'est possible.

Pourcentage de Français qui possèdent une voiture

Dans les villages et à la campagne	92%
Dans les villes de moins de 20.000 habitants	86%
Dans les villes de 20.000 à 100.000 habitants	84%
Dans les villes de plus de 100.000 habitants	75%
En région parisienne	60%
À Paris	45%

Dans l'ensemble By and large **se déplacent** get around **transports en commun** public transportation **pourtant** however **quatre-quatre** sport utility vehicles **piétonnes** reserved for pedestrians **faire un créneau** parallel park **plus..., plus...** the more..., the more... **en dehors** outside

---

A C T I V I T É S

1 **Complétez** Donnez un début ou une suite logique à chaque phrase, d'après le texte.

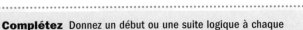

1. ... possèdent parfois une seule voiture.
2. Les Français qui habitent en ville se déplacent souvent...
3. Beaucoup de Français prennent le train ou l'avion...
4. ... sont en général plus petites qu'aux États-Unis.
5. Comme aux États-Unis, même dans les grandes villes en France, on trouve...
6. ..., on peut facilement faire un créneau pour se garer.
7. ... sont souvent plus larges.
8. Il n'est pas toujours facile de se garer dans les villes françaises...
9. ... parce que l'essence coûte cher en France.
10. ..., la grande majorité des Français ont une voiture.

Jotting down notes

As you read a text, you will find it helpful to jot down your thoughts and questions about it. You can write them either in the margins of the reading or in a separate notebook. If you make it a point to jot ideas down as you read, you will come up with questions, make connections, and draw conclusions about the text. When you return to the text later, your notes will reinforce what you understood as well as remind you of what you should revisit.

LE MONDE FRANCOPHONE

Conduire une voiture

Voici quelques informations utiles.

En France Il n'existe pas de carrefours° avec quatre panneaux° de stop.

En France, en Belgique et en Suisse Il est interdit d'utiliser un téléphone portable quand on conduit et on n'a pas le droit de tourner à droite quand le feu° est rouge.

À l'île Maurice et aux Seychelles Faites attention! On conduit à gauche.

En Suisse Pour conduire sur l'autoroute, il est nécessaire d'acheter une vignette° et de la mettre sur son pare-brise. On peut l'acheter à la poste ou dans les stations-service, et elle est valable° un an.

Dans l'Union européenne Le permis de conduire d'un pays de l'Union européenne est valable dans tous les autres pays de l'Union.

carrefours *intersections* **panneaux** *signs* **feu** *traffic light* **vignette** *sticker* **valable** *valid*

PORTRAIT

Le constructeur automobile Citroën

La marque° Citroën est une marque de voitures française créée° en 1919 par André Citroën, ingénieur et industriel français. La marque est réputée pour son utilisation de technologies d'avant-garde et pour ses innovations dans le domaine de l'automobile. Le premier véhicule construit par Citroën, la voiture type A, a été la première voiture européenne construite en série°. En 1924, Citroën a utilisé la première carrosserie° entièrement en acier° d'Europe. Puis, dans les années 1930, Citroën a inventé la traction avant°. Parmi les modèles de voiture les plus vendus de la marque Citroën, on compte la 2CV, ou «deux chevaux», un modèle bon marché et très apprécié des jeunes dans les années 1970 et 1980. En 1976, Citroën a fusionné° avec un autre grand constructeur automobile français, Peugeot, pour former le groupe PSA Peugeot-Citroën.

marque *make* **créée** *created* **en série** *mass-produced* **carrosserie** *body* **acier** *steel* **traction avant** *front-wheel drive* **a fusionné** *merged*

SUR INTERNET

Qu'est-ce que la Formule 1?

Go to **promenades.vhlcentral.com** to find more cultural information related to this **LECTURE CULTURELLE**. Then watch the corresponding **Flash culture**.

---

2 **Répondez** Répondez par des phrases complètes.

1. Quelles sont les caractéristiques de la marque Citroën?
2. Quelle est une des innovations de la marque Citroën?
3. Quel modèle de voiture Citroën a eu beaucoup de succès?
4. Qu'a fait la compagnie Citroën en 1976?
5. Que faut-il avoir pour conduire sur l'autoroute en Suisse?
6. Les résidents d'autres pays de l'U.E. ont-ils le droit de conduire en France?

3 **À vous...** Quelle est votre voiture préférée? Pourquoi? Avec un(e) partenaire, discutez de ce sujet et soyez prêts à expliquer vos raisons au reste de la classe.

ressources

VM pp. 259–260

promenades.vhlcentral.com Leçon 22

A C T I V I T É S

STRUCTURES

22.1 Le conditionnel

Point de départ The conditional expresses what you *would* do or what *would* happen under certain circumstances.

Sans réservation, nous ne mangerions pas avant minuit!

Y aurait-il une autre station-service près d'ici?

Conditional of regular verbs

	parler	réussir	attendre
je/j'	parlerais	réussirais	attendrais
tu	parlerais	réussirais	attendrais
il/elle	parlerait	réussirait	attendrait
nous	parlerions	réussirions	attendrions
vous	parleriez	réussiriez	attendriez
ils/elles	parleraient	réussiraient	attendraient

- Note that you form the conditional of **-er** and **-ir** verbs by adding the conditional endings to the infinitive. The conditional endings are the same as those of the **imparfait**. To form the conditional of **-re** verbs, drop the final **-e** end and add the endings.

> Nous **voyagerions** cet été.   Tu ne **sortirais** pas.   Ils **attendraient** Luc.
> *We'd travel this summer.*   *You wouldn't go out.*   *They would wait for Luc.*

- Note the conditional forms of most spelling-change **-er** verbs:

present form of **je**	+r	conditional forms
j'achète	achèter-	j'achèterais
je nettoie	nettoier-	je nettoierais
je paie/paye	paier-/payer-	je paierais/payerais
je m'appelle	m'appeller-	je m'appellerais

> Tu te **lèverais** si tôt?   Vous **essaieriez** de vous garer.
> *Would you get up that early?*   *You would try to park.*

- To form the conditional of **-er** verbs with an **é** before the infinitive ending, work as you would with regular **-er** verbs.

> Elle **répéterait** ses questions.   Elles **considéreraient** le pour et le contre.
> *She would repeat her questions.*   *They'd consider the pros and cons.*

SUPERSITE

MISE EN PRATIQUE

1 **Changer de vie** Alexandre parle à son ami de ce qu'il aimerait changer dans sa vie. Complétez ses phrases avec les formes correctes du conditionnel.

> **MODÈLE**
> J' _étudierais_ (étudier) tous les week-ends.

1. Ma petite amie et moi _____ (faire) des études dans la même (*same*) ville.
2. Je _____ (vendre) ma vieille voiture.
3. Nous _____ (acheter) une Porsche.
4. Je _____ (travailler) souvent.
5. Nos amis nous _____ (rendre) souvent visite.
6. Quelqu'un _____ (nettoyer) la maison.

2 **Les professeurs** Que feraient ces personnes si elles étaient profs de français?

> **MODÈLE** tu / donner / examen / difficile
> *Tu donnerais des examens difficiles.*

1. Marc / donner / devoirs
2. vous / répondre / à / questions / étudiants
3. nous / permettre / à / étudiants / de / manger / en classe
4. tu / parler / français / tout le temps
5. tes parents / boire / café / classe
6. nous / montrer / films / français

3 **Sur une île** Vous découvrez une île (*island*) et vous y emmenez un groupe de personnes et leurs familles. Assemblez les éléments des colonnes pour faire des phrases avec le conditionnel. Quels rôles joueraient ces personnes?

> **MODÈLE**
> *Le professeur enseignerait les mathématiques aux enfants.*

A	B	C
agent de police	construire	cartes
agent de voyages	découvrir	disputes
chauffeur	enseigner	enfants
dentiste	s'occuper de	logement
hôtelier/hôtelière	organiser	nourriture
infirmier/infirmière	parler	problèmes
mécanicien(ne)	préparer	réunions
professeur	servir	transports
serveur/serveuse	trouver	urgences
?	?	?

COMMUNICATION

4 **Une grosse fortune** Avec un(e) partenaire, parlez de la façon dont (*the way in which*) vous dépenseriez l'argent si quelqu'un vous laissait une grosse fortune. Posez-vous ces questions à tour de rôle.

1. Partirais-tu en voyage? Où irais-tu?
2. Quelle profession choisirais-tu?
3. Où habiterais-tu?
4. Qu'est-ce que tu achèterais? À tes amis? À ta famille?
5. Donnerais-tu de l'argent à des œuvres de charité (*charities*)? Auxquelles (*To which ones*)?
6. Qu'est-ce qui changerait dans ta vie quotidienne (*daily*)?

5 **Sans ça...** Par groupes de trois, dites ce qui (*what*) changerait dans le monde sans ces choses.

MODÈLE sans écoles?

Les étudiants n'apprendraient pas.

- sans voitures?
- sans ordinateurs?
- sans télévisions?
- sans avions?
- sans téléphones?
- ?

6 **Le tour de la France** Vous aimeriez faire le tour de la France avec un(e) partenaire. Regardez la carte et discutez de l'itinéraire. Où commenceriez-vous? Que visiteriez-vous? Utilisez ces idées et trouvez-en d'autres.

MODÈLE

Nous commencerions à Paris.

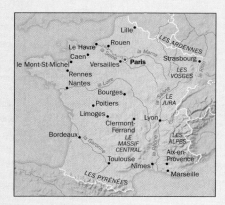

- les plages de la Côte d'Azur
- les randonnées dans le Centre
- le ski dans les Alpes
- les musées à Paris
- les châteaux (*castles*) de la Loire

- Although the conditional endings are the same for all verbs, some verbs use irregular stems.

Irregular verbs in the conditional

infinitive	stem	conditional forms
aller	ir-	j'irais
avoir	aur-	j'aurais
devoir	devr-	je devrais
envoyer	enverr-	j'enverrais
être	ser-	je serais
faire	fer-	je ferais
pouvoir	pourr-	je pourrais
savoir	saur-	je saurais
venir	viendr-	je viendrais
vouloir	voudr-	je voudrais

Vous **auriez** des vacances?
Would you have vacation?

Nous **irions** en Tunisie.
We'd go to Tunisia.

Il **enverrait** des e-mails.
He would send e-mails.

Tu le **saurais** dans une semaine.
You would know it in a week.

Elles y **seraient** plus heureuses.
They'd be happier there.

Je **ferais** le plein pour toi.
I would fill the tank for you.

- The verbs **devenir**, **maintenir**, **retenir**, **revenir**, and **tenir** are patterned after **venir** in the conditional, just as they are in the present tense.

Elle **viendrait** en voiture cette fois.
She would come by car this time.

Ils **tiendraient** le capot pendant que tu regardes le moteur.
They'd hold the hood while you look at the engine.

Nous **reviendrions** bientôt.
We would come back soon.

Tu **deviendrais** architecte un jour?
Would you become an architect one day?

- The conditional forms of **il y a**, **il faut**, and **il pleut** are, respectively, **il y aurait**, **il faudrait**, and **il pleuvrait**.

Il **faudrait** apporter le parapluie.
We'd need to bring the umbrella.

Quand **pleuvrait**-il dans ce pays?
When would it rain in this country?

Essayez! Indiquez la forme correcte du conditionnel de ces verbes.

1. je (perdre, devoir, venir) _____ *perdrais, devrais, viendrais*
2. tu (vouloir, aller, essayer) _____
3. Michel (dire, prendre, savoir) _____
4. nous (préférer, nettoyer, faire) _____
5. vous (être, pouvoir, avoir) _____
6. elles (dire, espérer, amener) _____
7. je (boire, choisir, essuyer) _____
8. il (tenir, se lever, envoyer) _____

22.2 Uses of *le conditionnel*; *Si* clauses

Uses of *le conditionnel*

- Use the conditional to make a polite request, soften a demand, or express what someone *could* or *should* do.

Je **voudrais** acheter une nouvelle imprimante.
I would like to buy a new printer.

Tu **devrais** dormir jusqu'à onze heures.
You should sleep until 11 o'clock.

Pourriez-vous nous dire où elles sont?
Could you tell us where they are?

Nous **aimerions** recevoir un salaire élevé.
We would like to receive a high salary.

Tu pourrais t'arrêter à la station-service?

Vous devriez faire plus attention au voyant d'huile.

- Use the conditional, along with a past-tense verb, to express what someone said or thought would happen in the future at a past moment in time.

Guillaume a dit qu'il **arriverait** vers midi.
Guillaume said that he would arrive around noon.

Nous pensions que tu **ferais** tes devoirs.
We thought that you would do your homework.

- Unlike French, in English *would* can also mean *used to*, in the sense of past habitual action. To express past habitual actions in French, you must use the **imparfait**.

Je **travaillais** pour une compagnie à Paris.
I would (used to) work for a company in Paris.

but Je **travaillerais** seulement pour une compagnie à Paris.
I would work only for a company in Paris.

Ils **attendaient** le week-end pour surfer sur Internet.
They'd (used to) wait for the weekend to surf the Internet.

but Ils **attendraient** bien le week-end, mais ils sont trop impatients.
They'd wait for the weekend, but they're too impatient.

Avec la vieille voiture, nous **tombions** en panne.
With the old car, we would (used to) break down.

but Sans un bon moteur, nous **tomberions** en panne.
Without a good engine, we would break down.

MISE EN PRATIQUE

1 **Questions** Votre voiture est tombée en panne et vous la laissez chez un(e) mécanicien(ne), à qui vous posez des questions. Indiquez ses réponses.

> **MODÈLE** Quand est-ce que vous pourriez commencer? (vous / être pressé(e) / je / pouvoir commencer demain)
>
> *Si vous étiez pressé(e), je pourrais commencer demain.*

1. Les pneus sont neufs (*new*). Ne devriez-vous pas vérifier leur pression? (pneus / être usés (*worn*) / je / vérifier leur pression)

2. Auriez-vous besoin de mon numéro de fax? (je / avoir un fax / je / prendre votre numéro)

3. Quand est-ce que je pourrais reprendre ma voiture? (nous / ne pas fermer le week-end / vous / pouvoir / la reprendre samedi)

4. Pourriez-vous m'appeler au bureau lundi? (je / ne pas pouvoir / finir / secrétaire / vous appeler)

2 **Et si...** D'abord, complétez les questions. Ensuite, employez le conditionnel pour y répondre. Comparez vos réponses aux réponses d'un(e) partenaire.

> **MODÈLE** Que ferais-tu si... tu / être malade?
>
> *Que ferais-tu si tu étais malade? Si j'étais malade, je dormirais toute la journée.*

Situation 1: Que ferais-tu si...

1. tu / être fatigué(e)?
2. il / pleuvoir?
3. il / faire beau?

Situation 2: Que feraient tes parents si...

1. tu / quitter l'université?
2. tu / choisir de devenir avocat(e)?
3. tu / partir habiter en France?

3 **Des réactions** À tour de rôle avec un(e) partenaire, dites ce que (*what*) vous aimeriez, devriez, pourriez ou voudriez faire dans ces circonstances.

> **MODÈLE** Vous vous rendez compte que votre petit(e) ami(e) et vous ne vous aimez plus.
>
> *Nous devrions nous quitter.*

1. Vous n'avez pas de devoirs ce week-end.
2. Votre ami(e) organise une fête sans rien vous dire.
3. Vos parents ne vous téléphonent pas pendant un mois.
4. Le prof de français vous donne une mauvaise note.
5. Vous tombez malade.

4 L'imagination Par groupes de trois, choisissez un de ces sujets et préparez un paragraphe par écrit. Ensuite, lisez votre paragraphe à la classe. Vos camarades décident quel groupe est le gagnant (*winner*).

- Si je pouvais devenir invisible, ...
- Si j'étais un extraterrestre à New York, ...
- Si j'inventais une machine, ...
- Si j'étais une célébrité, ...
- Si nous pouvions prendre des vacances sur Mars, ...

5 Le portefeuille Vos camarades de classe trouvent un portefeuille (*wallet*) plein d'argent. Par groupes de quatre, parlez avec un(e) de vos camarades pour deviner ce que (*what*) feraient les deux autres. Ensuite, rejoignez-les pour comparer vos prédictions.

MODÈLE

Étudiant(e) 1: *Si vous trouviez le portefeuille, vous le donneriez à la police.*
Étudiant(e) 2: *Oui, mais nous garderions l'argent pour aller dans un bon restaurant.*

6 Interview Par groupes de trois, préparez cinq questions pour un(e) candidat(e) à la présidence des États-Unis. Ensuite, jouez les rôles de l'interviewer et du/de la candidat(e). Alternez les rôles.

MODÈLE

Étudiant(e) 1: *Que feriez-vous au sujet du sexisme dans l'armée?*
Étudiant(e) 2: *Alors, si j'étais président(e), nous...*

Si clauses

- **Si** (*If*) clauses describe a condition or event upon which another condition or event depends. Sentences with **si** clauses consist of a **si** clause and a main (or result) clause.

Si je faisais une robe, elle serait laide.

Si j'échouais, ma mère se mettrait en colère.

- **Si** clauses can speculate or hypothesize about a current event or condition. They express what *would happen* if an event or condition *were to occur*. This is called a contrary-to-fact situation. In such instances, the verb in the **si** clause is in the **imparfait** while the verb in the main clause is in the conditional.

  Si j'**étais** chez moi, je lui **enverrais** un e-mail.
  If I were home, I'd send her an e-mail.

  Vous **partiriez** souvent en vacances si vous **aviez** de l'argent.
  You would go on vacation often if you had money.

- Note that **si** and **il/ils** contract to become **s'il** and **s'ils**, respectively.

  Nous **marcherions s'il** ne **pleuvait** pas.
  We'd walk if it weren't raining.

  S'ils faisaient le plein d'essence, ils **iraient** plus loin.
  If they filled the tank, they'd go farther.

- Use a **si** clause alone with the **imparfait** to make a suggestion or to express a wish.

  Si nous **faisions** des projets pour le week-end?
  What about making plans for the weekend?

  Ah! Si elle **obtenait** un meilleur travail!
  Oh! If only she got a better job!

Essayez! **Complétez les phrases avec la forme correcte des verbes.**

1. Si on visitait la Tunisie, on _____ (aller) admirer les ruines.
2. Vous _____ (être) plus heureux si vous faisiez vos devoirs.
3. Si tu _____ (avoir) la grippe, tu devrais aller chez le médecin.
4. Si elles avaient un million d'euros, que _____-elles (faire)?
5. Mes parents me _____ (rendre) visite ce week-end s'ils avaient le temps.
6. J'_____ (écrire) au président si j'avais son adresse.
7. Si nous lisions, nous _____ (savoir) les réponses.
8. Il _____ (avoir) le temps s'il ne regardait pas la télé.

SYNTHÈSE

Révision

1 **Du changement** Avec un(e) partenaire, observez ces bureaux. Faites une liste d'au minimum huit changements que les employés feraient s'ils en avaient les moyens (*means*).

MODÈLE

Étudiant(e) 1: *Si ces gens pouvaient changer quelque chose, ils achèteraient de nouveaux ordinateurs.*
Étudiant(e) 2: *Si les affaires allaient mieux, ils déménageraient.*

2 **Si j'étais...** Par groupes de quatre, discutez et faites votre propre (*own*) portrait à travers (*through*) ces occupations. Comparez vos réponses et présentez le portrait d'un(e) camarade à la classe.

MODÈLE

Étudiant(e) 1: *Si j'étais journaliste, j'écrirais sur la vie politique.*
Étudiant(e) 2: *Si je travaillais comme chauffeur, je conduirais tout le temps sur l'autoroute.*

architecte	chauffeur	médecin
artiste	homme/femme	musicien(ne)
athlète	d'affaires	professeur
avocat(e)	journaliste	propriétaire

3 **Je la vendrais...** Pour quelles raisons seriez-vous prêt(e)s à vendre votre voiture? Par groupes de trois, donnez chacun(e) (*each one*) au minimum deux raisons positives et deux raisons négatives.

MODÈLE

Étudiant(e) 1: *Je la vendrais si les freins ne marchaient pas.*
Étudiant(e) 2: *Moi, je vendrais ma voiture si l'essence était plus chère.*

4 **Au travail** Avec un(e) partenaire, observez ces personnes et écrivez une phrase avec **si** pour expliquer leur situation. Ensuite, comparez vos phrases aux phrases d'un autre groupe.

MODÈLE

Si elle dormait mieux la nuit, elle ne serait pas fatiguée pendant la journée.

1.

3.

2.

4.

5 **Soyons polis!** Avec un(e) partenaire, inventez un dialogue entre un(e) mécanicien(ne) et son assistant(e). Le/La mécanicien(ne) demande méchamment plusieurs services à l'assistant(e), qui refuse. Le/La mécanicien(ne) réitère alors ses demandes, mais plus poliment, et l'assistant(e) accepte.

MODÈLE

Étudiant(e) 1: *Apportez-moi le téléphone!*
Étudiant(e) 2: *Si vous me parliez gentiment, je vous apporterais le téléphone.*
Étudiant(e) 1: *Pourriez-vous m'apporter le téléphone, s'il vous plaît?*
Étudiant(e) 2: *Avec plaisir!*

6 **Causes et effets** Votre professeur va vous donner, à vous et à votre partenaire, deux feuilles d'activités différentes sur des causes et leurs effets. Attention! Ne regardez pas la feuille de votre partenaire.

ressources

WB pp. 149–152	LM pp. 87–88	SUPERSITE promenades.vhlcentral.com Leçon 22

Écriture

Listing key words

Once you have determined the purpose for a piece of writing and identified your audience, it is helpful to make a list of key words you can use while writing. If you were to write a description of your campus, for example, you would probably need a list of prepositions that describe location, such as **devant**, **à côté de**, and **derrière**. Likewise, a list of descriptive adjectives would be useful if you were writing about the people and places of your childhood.

By preparing a list of potential words ahead of time, you will find it easier to avoid using the dictionary while writing your first draft. You will probably also learn a few new words in French while preparing your list of key words.

Listing useful vocabulary is also a valuable organizational strategy since the act of brainstorming key words will help you form ideas about your topic. In addition, a list of key words can help you avoid redundancy when you write.

If you were going to write a composition about your communication habits with your friends, what words would be the most helpful to you? Jot a few of them down and compare your list with a partner's. Did you choose the same words? Would you choose any different or additional words, based on what your partner wrote?

Thème

Écrire une dissertation

Écrivez une dissertation pour décrire vos préférences et vos habitudes en ce qui concerne (*regarding*) les moyens (*means*) de communication d'hier et d'aujourd'hui.

- Quel est votre moyen de communication préféré (e-mail, téléphone, lettre,...)? Pourquoi?

- En général, comment communiquez-vous avec les gens que vous connaissez? Pourquoi? Avez-vous toujours communiqué avec eux de cette manière (*in this way*)?

- Communiquez-vous avec tout le monde de la même manière ou cela dépend-il des personnes? Par exemple, restez-vous en contact avec vos grands-parents de la même manière qu'avec votre professeur de français? Expliquez.

- Comment restez-vous en contact avec les membres de votre famille? Et avec vos amis et vos camarades de classe?

- Communiquez-vous avec certaines personnes tous les jours? Avec qui? Comment?

Avant de commencer, faites une liste des personnes avec qui vous communiquez régulièrement, et donnez le moyen de communication que vous avez utilisé dans le passé et que vous utilisez aujourd'hui. Utilisez aussi votre liste de mots-clés comme point de départ pour votre dissertation.

Panorama

une barque° sur l'Escaut

La Belgique

Le pays en chiffres

- **Superficie:** *30.500 km²*
- **Population:** *10.296.000*
  SOURCE: Population Division, UN Secretariat
- **Industries principales:** *agroalimentaire°, chimie, métallurgie, sidérurgie°, textile*
- **Villes principales:** *Anvers, Bruges, Bruxelles, Gand, Liège, Namur*
- **Langues:** *allemand, français, néerlandais°*

  Les Belges néerlandais parlent une variante° de la langue néerlandaise qui s'appelle le flamand°. Environ° 60% de la population belge parlent flamand et habitent dans la partie nord° du pays, la Flandre. Le français est parlé surtout dans la partie sud° du pays, la Wallonie, par environ 40% des Belges. L'allemand est parlé par très peu de gens, environ 1%, dans l'est° du pays.

- **Monnaie:** *l'euro*

Belges célèbres

- **Marguerite Yourcenar,** *écrivain (1903–1987)*
- **Georges Simenon,** *écrivain (1903–1989)*
- **Jacques Brel,** *chanteur (1929–1978)*
- **Eddy Merckx,** *cycliste, cinq fois gagnant° du Tour de France (1945–)*
- **Cécile de France,** *actrice (1975–)*
- **Justine Hénin-Hardenne,** *joueuse de tennis (1982–)*

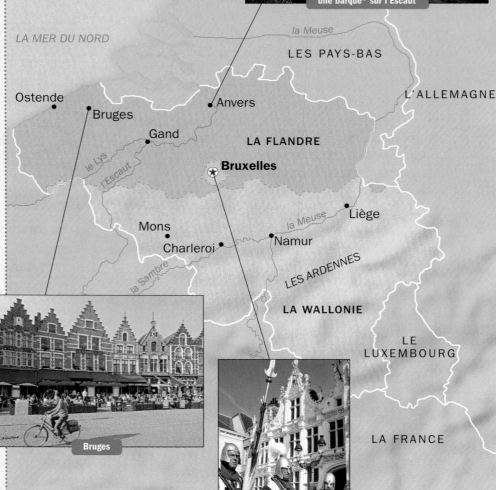

LA MER DU NORD

la Meuse

LES PAYS-BAS

L'ALLEMAGNE

Ostende

Bruges

Anvers

Gand

LA FLANDRE

le Lys

l'Escaut

Bruxelles

Mons

Charleroi

la Meuse

Liège

Namur

la Sambre

LES ARDENNES

LA WALLONIE

LE LUXEMBOURG

LA FRANCE

Bruges

☐ Régions francophones

0   50 milles
0   50 kilomètres

l'Ommegang, festival historique

Incroyable mais vrai!

Acheter de la bière ou du fromage au monastère? Pourquoi pas? Les moines° trappistes suivent° des principes monastiques stricts: isolés, ils se consacrent° au travail et à la prière°. Pour subvenir° à leurs besoins, ils font des bières et des fromages de qualité. Seules six bières belges peuvent porter l'appellation «trappiste».

agroalimentaire food processing **sidérurgie** steel industry
néerlandais Dutch **variante** variant **flamand** Flemish **Environ** About
nord north **sud** south **est** east **gagnant** winner **moines** monks **suivent** follow **se consacrent** devote themselves **prière** prayer **subvenir** provide
barque small boat

Les destinations
Bruxelles, capitale de l'Europe

Fondée au septième siècle, la ville de Bruxelles a été choisie en 1958, en partie pour sa situation géographique centrale, comme siège° de la C.E.E.° Aujourd'hui, elle reste encore le siège de l'Union européenne (l'U.E.), lieu central des institutions et des décisions européennes. On y trouve le Parlement européen, organe législatif de l'U.E., et depuis 1967, le siège de l'OTAN°. Bruxelles est une ville très cosmopolite, avec un grand nombre d'habitants étrangers. Elle est aussi touristique, renommée pour sa Grand-Place, ses nombreux chocolatiers et la grande qualité de sa cuisine.

Les traditions
La bande dessinée

Les dessinateurs° de bandes dessinées (BD) sont très nombreux en Belgique. À Bruxelles, il y a de nombreuses peintures murales° et statues de BD. Le dessinateur Peyo est devenu célèbre avec la création des Schtroumpfs° en 1958, mais le père de la BD belge est Hergé, dessinateur qui a créé Tintin et Milou en 1929. Tintin est un reporter qui a des aventures partout dans° le monde. En 1953, il devient le premier homme, avant Neil Armstrong, à marcher sur la Lune° dans *On a marché sur la Lune*. La BD de Tintin est traduite en 45 langues.

La gastronomie
Les moules frites

Les moules° frites sont une spécialité belge. Les moules, cuites° dans du vin blanc, et les frites sont servies dans des plats séparés mais on les mange ensemble, et c'est délicieux. Beaucoup de gens ne savent pas que les frites ne sont pas françaises mais belges! On peut en

acheter dans les nombreuses friteries. Elles sont servies dans un cornet° en papier avec une sauce, souvent de la mayonnaise. Il existe même en Belgique une Semaine nationale de la frite et une Union nationale des frituristes.

Les arts
René Magritte (1898–1967)

René Magritte, peintre surréaliste, s'intéressait à la représentation des images mentales. En montrant° la divergence entre un objet et sa représentation, son désir était de «faire hurler° les objets les plus familiers», mais toujours avec humour. Le musée Magritte à Bruxelles se trouve dans la maison où il a habité pendant 24 ans, et qui était aussi le quartier général° des surréalistes belges. Le portrait de Magritte était sur les billets de 500 francs belges. Une de ses œuvres° les plus célèbres, à gauche, est *Le fils de l'homme*.

Qu'est-ce que vous avez appris? Répondez aux questions par des phrases complètes.

1. Quelle est la langue la plus parlée en Belgique?
2. Que produisent les moines trappistes?
3. À quelles activités se consacrent-ils?
4. Pourquoi Bruxelles a-t-elle été choisie comme capitale de l'Europe?
5. Qui est le père de la bande dessinée belge?

6. Qui est allé sur la Lune avant Armstrong?
7. Quelle bande dessinée a été créée (*created*) par Peyo?
8. Où peut-on acheter des frites?
9. Qu'est-ce que Magritte montre dans ses œuvres?
10. Où se trouvait le quartier général des surréalistes belges?

ressources

WB pp. 153–154

promenades.vhlcentral.com Unité 11

SUPERSITE

SUR INTERNET

Go to **promenades.vhlcentral.com** to find more cultural information related to this **PANORAMA**.

1. Quels sont les noms de trois autres personnages de bandes dessinées belges?
2. Dans quelles peintures Magritte a-t-il représenté des parties de la maison (fenêtre, cheminée, escalier)?
3. Cherchez des informations sur la ville de Bruges. Combien de kilomètres de canaux (*canals*) y a-t-il?

siège *headquarters* **C.E.E** *European Economic Community (predecessor of the European Union)* **OTAN** *NATO* **dessinateurs** *artists* **peintures murales** *murals* **Schtroumpfs** *Smurfs* **partout dans** *all over* **Lune** *moon* **moules** *mussels* **cuites** *cooked* **cornet** *cone* **En montrant** *In showing* **faire hurler** *make scream* **quartier général** *headquarters* **œuvres** *works*

L'ordinateur

un CD/compact disc/disque compact (CD/compact disc/disques compacts *pl.*)	CD, compact disc (CDs, compact discs)
un CD-ROM/cédérom (CD-ROM/cédéroms *pl.*)	CD-ROM(s)
un clavier	keyboard
un disque dur	hard drive
un écran	screen
un e-mail	e-mail
un fichier	file
une imprimante	printer
un jeu vidéo (jeux vidéo *pl.*)	video game(s)
un logiciel	software, program
un moniteur	monitor
un mot de passe	password
une page d'accueil	home page
un site Internet/web	web site
une souris	mouse
démarrer	to start up
être connecté(e) (avec)	to be connected (with)
être en ligne (avec)	to be online/on the phone (with)
graver	to record, to burn
imprimer	to print
sauvegarder	to save
surfer sur Internet	to surf the Internet
télécharger	to download

Verbes

couvrir	to cover
découvrir	to discover
offrir	to offer, to give something
ouvrir	to open
souffrir	to suffer

Expressions utiles	See pp. 327 and 341.
Prepositions with the infinitive	See p. 330.

La voiture

arrêter (de faire quelque chose)	to stop (doing something)
attacher sa ceinture de sécurité (*f.*)	to buckle one's seatbelt
avoir un accident	to have/to be in an accident
dépasser	to go over; to pass
faire le plein	to fill the tank
freiner	to brake
se garer	to park
rentrer (dans)	to hit
réparer	to repair
tomber en panne	to break down
vérifier (l'huile/la pression des pneus)	to check (the oil/ the air pressure)
un capot	hood
un coffre	trunk
l'embrayage (*m.*)	clutch
l'essence (*f.*)	gas
un essuie-glace (des essuie-glaces)	windshield wiper(s)
les freins (*m.*)	brakes
l'huile (*f.*)	oil
un moteur	engine
un pare-brise (pare-brise *pl.*)	windshield
un pare-chocs (pare-chocs *pl.*)	bumper
les phares (*m.*)	headlights
un pneu (crevé)	(flat) tire
une portière	car door
un réservoir d'essence	gas tank
un rétroviseur	rearview mirror
une roue (de secours)	(emergency) tire
une voiture	car
un volant	steering wheel
un voyant (d'essence/ d'huile)	(gas/oil) warning light
un agent de police/ un(e) policier/policière	police officer
une amende	fine
une autoroute	highway
la circulation	traffic
la limitation de vitesse	speed limit
un(e) mécanicien(ne)	mechanic
un parking	parking lot
un permis de conduire	driver's license
une rue	street
une station-service	service station

Verbes pronominaux réciproques

s'adorer	to adore one another
s'aider	to help one another
s'aimer (bien)	to love (like) one another
se connaître	to know one another
se dire	to tell one another
se donner	to give one another
s'écrire	to write one another
s'embrasser	to kiss one another
s'entendre bien (avec)	to get along well (with one another)
se parler	to speak to one another
se quitter	to leave one another
se regarder	to look at one another
se rencontrer	to meet one another (make an acquaintance)
se retrouver	to meet one another (planned)
se téléphoner	to phone one another

L'électronique

un appareil photo (numérique)	(digital) camera
un baladeur CD	personal CD player
une caméra vidéo/ un caméscope	camcorder
une cassette vidéo	videotape
une chaîne (de télévision)	(television) channel
une chaîne stéréo	stereo system
un fax	fax (machine)
un lecteur de CD/DVD	CD/DVD player
un magnétophone	tape recorder
un magnétoscope	videocassette recorder (VCR)
un portable	cell phone
un poste de télévision	television set
un répondeur (téléphonique)	answering machine
une télécommande	remote control
allumer	to turn on
composer (un numéro)	to dial (a number)
effacer	to erase
enregistrer	to record
éteindre	to turn off
fermer	to close; to shut off
fonctionner/marcher	to work, to function
sonner	to ring

En ville

Pour commencer
- Qu'est-ce que David a dans la main?
- Quel temps fait-il?
- Qu'est-ce que fait Valérie?
- Est-ce que David va conduire jusqu'à sa destination?

Savoir-faire

Leçon **23**

You will learn how to...
- make business transactions
- get around town

Les courses

une papeterie

La Maison du Papier

SOLDES

LA POSTE

Bijooterie Martin

une bijouterie

cyberc@fé
espace connexion

un bureau de poste

un cybercafé

LA POSTE

un colis

une boîte aux lettres

Elle poste une lettre. (poster)

un marchand de journaux

Vocabulaire

accompagner	to accompany
avoir un compte bancaire	to have a bank account
déposer de l'argent	to deposit money
emprunter	to borrow
payer avec une carte de crédit	to pay with a credit card
payer en liquide	to pay in cash
payer par chèque	to pay by check
remplir un formulaire	to fill out a form
retirer de l'argent	to withdraw money
signer	to sign
une adresse	address
une carte postale	postcard
une enveloppe	envelope
un timbre	stamp
une boutique	boutique, store
une brasserie	café, restaurant
un commissariat de police	police station
une laverie	laundromat
une mairie	town/city hall; mayor's office
un compte de chèques	checking account
un compte d'épargne	savings account
une dépense	expenditure, expense
des pièces de monnaie/ de la monnaie	coins/change
fermé(e)	closed
ouvert(e)	open

ressources

WB pp. 155–156	LM p. 89	SUPERSITE promenades.vhlcentral.com Leçon 23

Mise en pratique 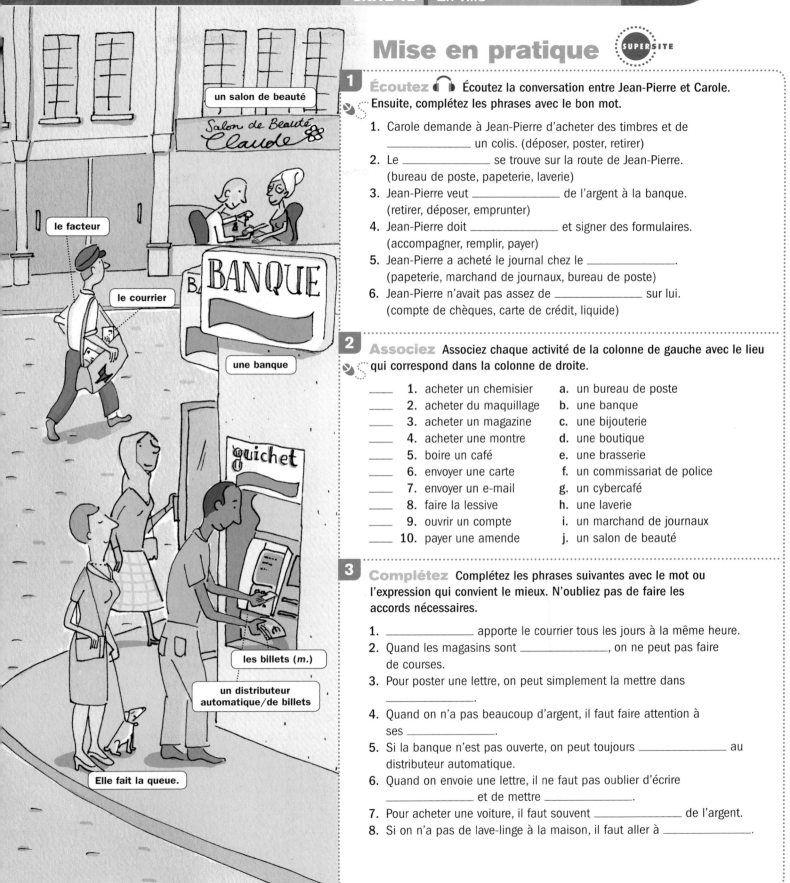 SUPERSITE

1 **Écoutez** 🎧 Écoutez la conversation entre Jean-Pierre et Carole. Ensuite, complétez les phrases avec le bon mot.

1. Carole demande à Jean-Pierre d'acheter des timbres et de _____ un colis. (déposer, poster, retirer)
2. Le _____ se trouve sur la route de Jean-Pierre. (bureau de poste, papeterie, laverie)
3. Jean-Pierre veut _____ de l'argent à la banque. (retirer, déposer, emprunter)
4. Jean-Pierre doit _____ et signer des formulaires. (accompagner, remplir, payer)
5. Jean-Pierre a acheté le journal chez le _____. (papeterie, marchand de journaux, bureau de poste)
6. Jean-Pierre n'avait pas assez de _____ sur lui. (compte de chèques, carte de crédit, liquide)

2 **Associez** Associez chaque activité de la colonne de gauche avec le lieu qui correspond dans la colonne de droite.

_____	1. acheter un chemisier	a. un bureau de poste
_____	2. acheter du maquillage	b. une banque
_____	3. acheter un magazine	c. une bijouterie
_____	4. acheter une montre	d. une boutique
_____	5. boire un café	e. une brasserie
_____	6. envoyer une carte	f. un commissariat de police
_____	7. envoyer un e-mail	g. un cybercafé
_____	8. faire la lessive	h. une laverie
_____	9. ouvrir un compte	i. un marchand de journaux
_____	10. payer une amende	j. un salon de beauté

3 **Complétez** Complétez les phrases suivantes avec le mot ou l'expression qui convient le mieux. N'oubliez pas de faire les accords nécessaires.

1. _____ apporte le courrier tous les jours à la même heure.
2. Quand les magasins sont _____, on ne peut pas faire de courses.
3. Pour poster une lettre, on peut simplement la mettre dans _____.
4. Quand on n'a pas beaucoup d'argent, il faut faire attention à ses _____.
5. Si la banque n'est pas ouverte, on peut toujours _____ au distributeur automatique.
6. Quand on envoie une lettre, il ne faut pas oublier d'écrire _____ et de mettre _____.
7. Pour acheter une voiture, il faut souvent _____ de l'argent.
8. Si on n'a pas de lave-linge à la maison, il faut aller à _____.

Labels in image:
un salon de beauté
Salon de Beauté Claude
le facteur
le courrier
BANQUE
une banque
guichet
les billets (m.)
un distributeur automatique/de billets
Elle fait la queue.

CONTEXTES

Communication

4 **Décrivez** Avec un(e) partenaire, regardez les photos et décrivez où et comment Annick et Charles ont passé la journée samedi dernier.

1.

2.

3.

4.

5.

6.

5 **Répondez** Avec un(e) partenaire, posez les questions suivantes et répondez-y à tour de rôle. Ensuite, comparez vos réponses avec celles d'un autre groupe.

1. Vas-tu souvent au bureau de poste? Pour quoi faire?
2. Quel genre de courses fais-tu le week-end?
3. Où est-ce que tu fais souvent la queue? Pourquoi?
4. Y a-t-il une laverie près de chez toi? Combien de fois par mois y vas-tu?
5. Comment préfères-tu payer tes achats (*purchases*)? Pourquoi?
6. Combien de fois par semaine utilises-tu un distributeur de billets?

6 **À vous de jouer** Par petits groupes, choisissez une des situations suivantes et écrivez un dialogue. Ensuite, jouez la scène.

1. À la banque, un(e) étudiant(e) veut ouvrir un compte bancaire et connaître les services offerts.
2. À la poste, une vieille dame (*lady*) veut envoyer un colis, acheter des timbres et faire un changement d'adresse. Il y a la queue derrière elle.
3. Dans un salon de beauté, deux femmes discutent de leurs courses à la mairie, à la papeterie et chez le marchand de journaux.
4. Dans un cybercafé, des étudiants font des achats en ligne sur différents sites.

Les sons et les lettres

🎧 **The letter h**

You already know that the letter **h** is silent in French, and you are familiar with many French words that begin with an **h muet**. In such words, the letter **h** is treated as if it were a vowel. For example, the articles **le** and **la** become **l'** and there is a liaison between the final consonant of a preceding word and the vowel following the **h**.

l'heure   l'homme   des hôtels   des hommes

Some words begin with an **h aspiré**. In such words, the **h** is still silent, but it is not treated like a vowel. Words beginning with **h aspiré**, like these you've already learned, are not preceded by **l'** and there is no liaison.

la honte   les haricots verts   le huit mars   les hors-d'œuvre

Words that begin with an **h aspiré** are normally indicated in dictionaries by some kind of symbol, usually an asterisk (*).

Prononcez Répétez les mots suivants à voix haute.

1. le hall	5. le héron	9. l'hilarité	13. les hiéroglyphes
2. la hi-fi	6. l'horloge	10. la Hongrie	14. les hors-d'œuvre
3. l'humeur	7. l'horizon	11. l'hélicoptère	15. les hippopotames
4. la honte	8. le hippie	12. les hamburgers	16. l'hiver

Articulez Répétez les phrases suivantes à voix haute.

1. Hélène joue de la harpe.
2. Hier, Honorine est allée à l'hôpital.
3. Le hamster d'Hervé s'appelle Henri.
4. La Havane est la capitale de Cuba.
5. L'anniversaire d'Héloïse est le huit mars.
6. Le hockey et le hand-ball sont mes sports préférés.

Dictons Répétez les dictons à voix haute.

> La honte n'est pas d'être inférieur à l'adversaire, c'est d'être inférieur à soi-même.[1]

> L'heure, c'est l'heure; avant l'heure, c'est pas l'heure; après l'heure, c'est plus l'heure.[2]

[1] Shame is not being inferior to an adversary; it's being inferior to oneself.
[2] On time is on time; before the hour is not on time; after the hour is no longer on time.

ressources

LM p. 90

promenades.vhlcentral.com
Leçon 23

ROMAN-PHOTO

On fait des courses

PERSONNAGES

Amina

David

Employée

Rachid

Sandrine

À la charcuterie...

EMPLOYÉE Bonjour, Mademoiselle, Monsieur. Qu'est-ce que je vous sers?

RACHID Bonjour, Madame, quatre tranches de pâté et de la salade de carottes pour deux personnes, s'il vous plaît.

EMPLOYÉE Et avec ça?

RACHID Deux tranches de jambon, s'il vous plaît.

RACHID Vous prenez les cartes de crédit?

EMPLOYÉE Ah désolée, Monsieur, nous n'acceptons que les paiements en liquide ou par chèque.

RACHID Amina, je viens de m'apercevoir que je n'ai pas de liquide sur moi!

AMINA Ce n'est pas grave, j'en ai assez. Tiens.

Dans la rue...

RACHID Merci, chérie. Passons à la banque avant d'aller au parc.

AMINA Mais nous sommes samedi midi, la banque est fermée.

RACHID Peut-être, mais il y a toujours le distributeur automatique.

AMINA Bon d'accord... J'ai quelques courses à faire plus tard cet après-midi. Tu veux m'accompagner?

Dans une autre partie de la ville...

DAVID Tu aimes la cuisine alsacienne?

SANDRINE Oui, j'adore la choucroute!

DAVID Tu veux aller à la brasserie La Petite France? C'est moi qui t'invite.

SANDRINE D'accord, avec plaisir.

DAVID Excellent! Avant d'y aller, il faut trouver un distributeur automatique.

SANDRINE Il y en a un à côté de la banque.

Au distributeur automatique...

SANDRINE Eh regarde qui fait la queue!

RACHID Tiens, salut, qu'est-ce que vous faites de beau, vous deux?

SANDRINE On va à la brasserie. Vous voulez venir avec nous?

AMINA Non non! Euh... je veux dire... Rachid et moi, on va faire un pique-nique dans le parc.

RACHID Oui, et après ça, Amina a des courses importantes à faire.

SANDRINE Je comprends, pas de problème... David et moi, nous avons aussi des choses à faire cet après-midi.

A C T I V I T É S

 Vrai ou faux? Indiquez si les affirmations suivantes sont **vraies** ou **fausses**.

1. Aujourd'hui, la banque est ouverte.

2. Amina doit aller à la poste pour envoyer un colis.

3. Amina doit aller à la poste pour acheter des timbres.

4. Amina va mettre ses cartes postales dans une boîte aux lettres à côté de la banque.

5. Sandrine n'aime pas la cuisine alsacienne.

6. David et Rachid vont retirer de l'argent.

7. Il n'y a pas de queue au distributeur automatique.

8. David et Sandrine invitent Amina et Rachid à la brasserie.

9. Amina et Rachid vont à la brasserie.

10. Amina va faire ses courses après le pique-nique.

Amina et Rachid préparent un pique-nique.

RACHID Volontiers. Où est-ce que tu vas?

AMINA Je dois aller à la poste pour acheter des timbres et envoyer quelques cartes postales, et puis je voudrais aller à la bijouterie. J'ai reçu un e-mail de la bijouterie qui vend les bijoux que je fais. Regarde.

RACHID Très joli!

AMINA Oui, tu aimes? Et après ça, je dois passer à la boutique Olivia où l'on vend mes vêtements.

RACHID Tu vends aussi des vêtements dans une boutique?

AMINA Oui, mes créations! J'étudie le stylisme de mode, tu ne t'en souviens pas?

RACHID Si, bien sûr, mais... Tu as vraiment du talent.

AMINA Alors! On n'a plus besoin de chercher un Cyberhomme?

SANDRINE Pour le moment, je ne cherche personne. David est super.

DAVID De quoi parlez-vous?

SANDRINE Oh, rien d'important.

RACHID Bon, Amina. On y va?

AMINA Oui. Passez un bon après-midi.

SANDRINE Vous aussi.

Expressions utiles

Dealing with money

- **Nous n'acceptons que les paiements en liquide.**
  We only accept payment in cash.
- **Je viens de m'apercevoir que je n'ai pas de liquide.**
  I just noticed/realized I don't have any cash.
- **Il y a toujours le distributeur automatique.**
  There's always the ATM.

Running errands

- **J'ai quelques courses à faire plus tard cet après-midi.**
  I have a few/some errands to run later this afternoon.
- **Je voudrais aller à la bijouterie qui vend les bijoux que je fais.**
  I would like to go to the jewelry shop that sells the jewelry I make.

Expressing negation

- **Pas de problème.**
  No problem.
- **On n'a plus besoin de chercher un Cyberhomme?**
  We no longer need to look for a Cyberhomme?
- **Pour le moment, je ne cherche personne.**
  For the time being/the moment, I'm not looking for anyone.
- **Rien d'important.**
  Nothing important.

Additional vocabulary

- **J'ai reçu un e-mail.**
  I received an e-mail.
- **Qu'est-ce que vous faites de beau?**
  What are you up to?

---

2 **Complétez** Complétez les phrases suivantes.

1. La charcuterie accepte les paiements en liquide et _____.

2. Amina veut aller à la poste, à la boutique de vêtements et à la _____.

3. À côté de la banque, il y a un _____.

4. Amina paie avec des pièces de monnaie et des _____.

5. Amina a des _____ à faire cet après-midi.

3 **À vous!** Que se passe-t-il au pique-nique ou à la brasserie? Avec un(e) camarade de classe, écrivez une conversation entre Amina et Sandrine ou Rachid et David, dans laquelle elles/ils se racontent ce qu'ils ont fait. Qu'ont-ils mangé? Se sont-ils amusés? Était-ce romantique? Jouez la scène devant la classe.

ressources		
VM pp. 231–232	DVD Leçon 23	promenades.vhlcentral.com Leçon 23

A C T I V I T É S

LECTURE CULTURELLE

CULTURE À LA LOUPE

Les moyens de paiement en France

© CNES 1999/ JP. Haigneré

À l'exception des petites courses quotidiennes, les Français paient très rarement leurs achats° et leurs factures° en liquide. Pour les paiements réguliers, comme les factures d'électricité ou de téléphone, les virements° et les prélèvements° automatiques sur comptes bancaires sont souvent utilisés. Pour les autres dépenses, le mode de paiement préféré est la carte bancaire.

Les Français sont les plus gros utilisateurs de chèques du monde, mais le système de chèques payants° en France les encourage à se servir de leur carte bancaire. Au départ, les cartes bancaires françaises, émises° uniquement par des banques, servaient seulement à retirer de l'argent dans les distributeurs automatiques. Peu de commerces les acceptaient et il fallait° souvent que les achats dépassent° une certaine somme°. Aujourd'hui, l'usage des cartes bancaires est en hausse°, mais on trouve encore des petits commerces qui ne les acceptent pas.

La plupart des Français possèdent actuellement° une carte de la gamme° Carte Bleue. La carte, qui peut être nationale ou internationale, est une carte bancaire liée° à un compte en banque. Certaines cartes peuvent aussi être utilisées comme des cartes de crédit. Dans ce cas, les sommes sont généralement débitées à la fin de chaque mois ou bien on peut faire des paiements mensuels° à la banque. Il existe aussi de plus en plus d'organismes de crédit et de magasins qui offrent leur propre° carte de crédit à leurs clients. Longtemps réticents° devant ce type de crédit, les Français l'utilisent de plus en plus aujourd'hui.

achats *purchases* **factures** *bills* **virements** *transfers* **prélèvements** *withdrawals* **payants** *with a fee* **émises** *issued* **il fallait** *it was necessary* **dépassent** *exceed* **somme** *sum* **en hausse** *increasing* **actuellement** *currently* **gamme** *line* **liée** *linked* **mensuels** *monthly* **propre** *own* **réticents** *hesitant*

Coup de main

If you are in France for more than three months, you may open a bank account as a **résident** by showing three documents.

- your passport
- your **permis de séjour**
- proof of residence (electric, gas or phone bill)

ACTIVITÉS

1 **Répondez** Répondez aux questions par des phrases complètes.

1. Comment paie-t-on souvent ses factures en France?
2. Quel mode de paiement est préféré pour faire des achats?
3. Pourquoi de plus en plus de Français utilisent-ils leur carte bancaire?
4. À quoi servait la carte bancaire quand elle est arrivée en France?
5. À l'origine, pourquoi était-il difficile d'utiliser une carte bancaire?
6. Qu'est-ce qu'une carte bancaire?
7. Quelle carte peut être utilisée à l'étranger?
8. À quel type de carte américaine ressemble la carte bancaire française?
9. Comment en est-elle différente?
10. Quels organismes offrent leur propre carte de crédit à leurs clients?

Summarizing a text

Summarizing a text in your own words can help you comprehend it better. Before summarizing a text, you might find it helpful to skim it and jot down a few notes about its general meaning. You can then read the text again, writing down the important details. Your notes will help you summarize what you have read. If the text is particularly long, you may want to subdivide it into smaller segments so that you can summarize it more easily.

LE MONDE FRANCOPHONE

Où faire des courses?

Voici quelques endroits où faire des courses.

En Afrique du Nord les souks, quartiers des vieilles villes où il y a une grande concentration de magasins et de stands

En Côte d'Ivoire le marché de Cocody à Abidjan où on trouve des tissus° et des objets locaux

À la Martinique le grand marché de Fort-de-France, un marché couvert°, ouvert tous les jours, qui offre toutes sortes de produits

À Montréal la ville souterraine°, un district du centre-ville où il y a de nombreux centres commerciaux reliés° entre eux par des tunnels

À Paris le marché aux puces° de Saint-Ouen où on trouve des antiquités et des objets divers

À Tahiti le marché couvert de Papeete où on offre des produits pour les touristes et pour les Tahitiens

tissus *fabrics* **couvert** *covered* **souterraine** *underground* **reliés** *connected* **marché aux puces** *flea market*

PORTRAIT

Le «Spiderman» français

Alain Robert, le «Spiderman» français, découvre l'escalade° quand il est enfant et devient un des meilleurs grimpeurs° de falaises° du monde. Malgré° deux accidents qui l'ont laissé invalide à 60%°, avec des problèmes de vertiges°, il commence sa carrière de grimpeur «urbain» et escalade son premier gratte-ciel° à Chicago, en 1994. Depuis, il a escaladé plus de 70 gratte-ciel et autres structures du monde, dont la tour Eiffel à Paris et la Sears Tower à Chicago. En 1997, il a été arrêté par la police pendant son ascension du plus grand bâtiment du monde, les tours Petronas en Malaisie. Parfois en costume de Spiderman, mais toujours sans corde° et à mains nues°, Robert fait souvent des escalades pour collecter des dons° et il attire° parfois des milliers de spectateurs.

escalade *climbing* **grimpeurs** *climbers* **falaises** *cliffs* **Malgré** *In spite of* **invalide à 60%** *60% disabled* **vertiges** *vertigo* **gratte-ciel** *skyscraper* **corde** *rope* **nues** *bare* **dons** *charitable donations* **attire** *attracts*

 SUPERSITE

SUR INTERNET

Que peut-on acheter chez les bouquinistes, à Paris?

Go to **promenades.vhlcentral.com** to find more cultural information related to this **LECTURE CULTURELLE**. Then watch the corresponding **Flash culture.**

2 **Vrai ou faux?** Indiquez si les phrases sont **vraies** ou **fausses**.

1. Alain Robert escalade seulement des falaises.
2. Alain Robert a escaladé son premier bâtiment à Chicago.
3. Alain Robert n'a jamais eu de problèmes de santé dans sa carrière de grimpeur.
4. À Montréal, il y a un quartier souterrain.
5. Il y a des souks dans les marchés d'Abidjan.

3 **Le marchandage** En Afrique du Nord, il est très courant de marchander ou de discuter avec un vendeur pour obtenir un meilleur prix. Avez-vous déjà eu l'occasion de marchander? Où? Quand? Qu'avez-vous acheté? Avez-vous obtenu un bon prix? Discutez de ce sujet avec un(e) partenaire.

ressources	
VM pp. 261–262	SUPERSITE promenades.vhlcentral.com Leçon 23

ACTIVITÉS

23.1 *Voir, recevoir, and apercevoir*

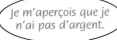

Je m'aperçois que je n'ai pas d'argent.

On vous a vus devant le distributeur!

The verb *voir* (to see)

je vois	nous voyons
tu vois	vous voyez
il/elle voit	ils/elles voient

Nous **voyons** le nouveau commissariat de police.
We see the new police station.

Tu **vois** les cartes postales sur la table?
Do you see the postcards on the table?

- **Voir** takes **avoir** as an auxiliary verb in the **passé composé**, and its past participle is **vu**.

Tu **as vu** le nouveau facteur?
Did you see the new mailman?

Ils **ont vu** *Un air de famille* en DVD.
They saw Un air de famille *on DVD.*

- The **conditionnel** of **voir** is formed with the stem **verr-**.

S'ils pouvaient, ils **verraient** le film ce week-end.
If they could, they would see the film this weekend.

Elle **verrait** mieux si elle portait des lunettes.
She would see better if she wore glasses.

- The verb **revoir** (*to see again*) is derived from **voir** and is conjugated in the same way.

Au revoir!

On se **revoit** mercredi ou jeudi?
Will we see each other again Wednesday or Thursday?

On a **revu** nos camarades à la papeterie.
We saw our classmates again at the stationery store

MISE EN PRATIQUE

1 **À la Martinique** Alain et Chantal sont en vacances. Que disent-ils? Utilisez le présent de l'indicatif du verbe **voir**.

> **MODÈLE** tu / voir / la plage et la mer
> *Tu vois la plage et la mer.*

1. je / voir / couleurs / merveilleux
2. Chantal / voit / énorme / poisson
3. ils / voir / que / marché aux fruits / fermer / tôt
4. nous / voir / le Carnaval / balcon de l'hôtel
5. tu / voir / enfants / dans / parc
6. vous / voir / plantation de café

2 **Recevoir ou apercevoir?** Vous parlez avec un(e) ami(e) de votre vie sur le campus. Complétez les phrases avec les verbes appropriés au présent.

1. De sa chambre, mon ami Marc _____ le campus.
2. Mon camarade de chambre et moi, nous ne _____ pas de visites pendant la semaine.
3. Tu _____ parfois le facteur passer en voiture.
4. Ma petite amie et sa sœur _____ souvent des colis de leurs parents.
5. Quelquefois, je/j' _____ mes profs au supermarché.
6. Ton meilleur ami et toi, vous _____ souvent des amis le week-end.

3 **Revoir** Alain et Chantal ont beaucoup aimé leur séjour à la Martinique et ils disent à une amie qu'ils ont déjà vu ces endroits et qu'ils les reverraient volontiers.

MODÈLE

Nous avons vu la montagne Pelée et nous la reverrions volontiers.

la montagne Pelée (nous)

1. d'énormes poissons (tu)

3. le marché (Alain)

2. la forêt tropicale (je)

4. les plages (vous)

COMMUNICATION

4 **Curieux!** Avec un(e) partenaire, posez-vous ces questions à tour de rôle.

1. Reçois-tu souvent des lettres? De qui? Quand?
2. As-tu vu un bon film récemment? Quel film?
3. Tes parents recevaient-ils souvent des amis quand tu étais petit(e)? Aimais-tu leurs amis?
4. Voyais-tu tes camarades pendant les vacances d'été? Pourquoi?
5. Qu'aperçois-tu de ta chambre? Que préférerais-tu apercevoir?

5 **Assemblez** Achetez-vous sur Internet? Avec un(e) partenaire, assemblez les éléments des colonnes pour raconter vos expériences. Utilisez les verbes **voir**, **recevoir**, **apercevoir** et **s'apercevoir** dans votre conversation.

MODÈLE

Étudiant(e) 1: *Je commande parfois des livres sur Internet. Une fois, je n'ai pas reçu mes livres!*
Étudiant(e) 2: *Mon père adore acheter sur Internet. Il voit souvent des objets qui l'intéressent.*

A	B	C
je	apercevoir	boîte aux lettres
tu	s'apercevoir	bureau de poste
un(e) ami(e)	commander	colis
nous	poster	enveloppe
vous	recevoir	facteur
tes parents	voir	timbre
?	?	?

6 **Enquête** Votre professeur va vous donner une feuille d'activités. Circulez dans la classe et demandez à vos camarades s'ils connaissent quelqu'un qui pratique chaque activité de la liste. S'ils répondent par l'affirmative, demandez-leur qui est la personne et écrivez la réponse. Ensuite, présentez vos réponses à la classe.

MODÈLE

Étudiant(e) 1: *Connais-tu quelqu'un qui reçoit rarement des e-mails?*
Étudiant(e) 2: *Oui, mon frère aîné reçoit très peu d'e-mails.*

Activités	Nom	Réponses
1. recevoir / rarement / e-mails	Quang	son frère aîné
2. s'inquiéter / quand / ne pas / recevoir / e-mails		
3. apercevoir / e-mail bizarre / le / ouvrir		

• In **Leçon 17**, you learned to conjugate **devoir**. **Recevoir** and **apercevoir** are conjugated similarly.

recevoir and apercevoir		
	recevoir (*to receive*)	**apercevoir** (*to catch sight of, to see*)
je/j'	reçois	aperçois
tu	reçois	aperçois
il/elle	reçoit	aperçoit
nous	recevons	apercevons
vous	recevez	apercevez
ils/elles	reçoivent	aperçoivent

Je **reçois** une lettre de mon copain.
I receive a letter from my friend.

Vous **recevez** le courrier à la même heure tous les après-midi.
You receive the mail at the same time every afternoon.

Les criminels **aperçoivent** le policier.
The criminals see the police officer.

Le chien **aperçoit** le facteur quand il s'approche.
The dog sees the mailman when he approaches.

• **Recevoir** and **apercevoir** take **avoir** as the auxiliary verb in the **passé composé**. Their past participles are, respectively, **reçu** and **aperçu**.

Guillaume **a reçu** une carte postale.
Guillaume received a postcard.

J'**ai aperçu** un distributeur automatique.
I saw an ATM.

• The **conditionnel** of **recevoir** and **apercevoir** is formed with the stems **recevr-** and **apercevr-**, respectively.

Nous **recevrions** des colis si elle nous en envoyait.
We would receive packages if she sent us some.

D'ici, on **apercevrait** le bureau de poste.
From here, you would catch sight of the post office.

• The verb **s'apercevoir** (**de**) means *to notice* or *to realize*.

Elle **s'est aperçue** qu'il fallait faire la queue.
She realized it was necessary to wait in line.

Nous **nous sommes aperçus** du problème hier.
We noticed the problem yesterday.

Essayez! Choisissez la forme appropriée du verbe au présent.

voir
1. tu _____ vois _____
2. vous _____
3. elle _____
4. elles _____

recevoir
5. il _____ reçoit _____
6. nous _____
7. ils _____
8. je _____

apercevoir
9. vous _____ apercevez _____
10. tu _____
11. elles _____
12. Houda _____

23.2 Negative/affirmative expressions

Point de départ In **Leçon 3**, you learned how to negate verbs with **ne... pas**, which is used to make a general negation. In French, as in English, you can also use a variety of expressions that add a more specific meaning to the negation.

- The other negative expressions are also made up of two parts: **ne** and the second negative word.

Negative expressions			
ne... aucun(e)	*none (not any)*	ne... plus	*no more (not anymore)*
ne... jamais	*never (not ever)*	ne... que	*only*
ne... ni... ni	*neither... nor*	ne... rien	*nothing (not anything)*
ne... personne	*nobody, no one*		

Je **n'**ai **aucune** envie de manger.
I have no desire to eat.

Le bureau de poste **n'**est **jamais** ouvert.
The post office is never open.

Elle **ne** parle à **personne**.
She doesn't talk to anyone.

Il **n'**a **plus** faim.
He's not hungry anymore.

Ils **n'**ont **que** des timbres de la poste aérienne.
They only have airmail stamps.

Le facteur **n'**avait **rien** pour nous.
The mailman had nothing for us.

- To negate the expression **il y a**, place **n'** before **y** and the second negative word after the form of **avoir**.

Il **n'**y a **aucune** banque près d'ici?
Aren't there any banks nearby?

Il **n'**y avait **rien** sur mon compte.
There wasn't anything in my account.

- The negative words **personne** and **rien** can be the subject of a verb, in which case they are placed before the verb.

Personne n'était là.
No one was there.

Rien n'est arrivé dans le courrier.
Nothing arrived in the mail.

- Note that **aucun(e)** can be either an adjective or a pronoun. Therefore, it must agree with the noun it modifies. It is always used in the singular.

Tu ne trouves **aucune boîte aux lettres**?
Can't you find any mailboxes?

Je n'en trouve **aucune** par ici.
I can't find any around here.

- **Jamais, personne, plus,** and **rien** can be doubled up with **ne**.

Elle **ne** parle **jamais** à **personne**.
She never talks to anyone.

Elle **ne** dit **jamais rien**.
She never says anything.

Il **n'**y a **plus personne** ici.
There isn't anyone here anymore.

Il **n'**y a **plus rien** ici.
There isn't anything here anymore.

---

1 Les jumelles Olivia et Anaïs sont des jumelles *(twin sisters)* bien différentes. Expliquez comment.

> **MODÈLE** Olivia est toujours heureuse.
> *Anaïs n'est jamais heureuse.*

1. Olivia rit tout le temps.
2. Olivia remarque *(notes)* tout.
3. Olivia voit encore ses amies d'enfance.
4. Olivia aime le chocolat et la glace.
5. Olivia connaît beaucoup de monde.
6. Olivia reçoit beaucoup de colis.

2 À la banque Vous voulez ouvrir un nouveau compte et vous posez des questions au banquier. Écrivez ses réponses à la forme négative.

> **MODÈLE** La banque ferme-t-elle à midi? (jamais)
> *Non, la banque ne ferme jamais à midi.*

1. La banque est-elle ouverte le samedi? (jamais)
2. Peut-on ouvrir un compte sans papier d'identité? (personne)
3. Avez-vous des distributeurs automatiques dans les supermarchés? (aucun)
4. Pour retirer de l'argent, avons-nous encore besoin de remplir ce document? (plus)
5. Avez-vous des billets et des pièces dans vos distributeurs automatiques? (que)
6. Est-ce que tout le monde peut retirer de l'argent de notre compte bancaire? (personne)

3 Pas exactement Tristan exagère souvent. Il a écrit cet e-mail et vous lui répondez pour dire que les choses ne sont pas arrivées exactement comme ça. Mettez toutes ses phrases à la forme négative dans votre réponse.

> **MODÈLE**
> *Tu n'es pas arrivé tard à la banque...*

> Je suis arrivé tard à la banque. Quelqu'un m'a ouvert la porte. J'ai regardé les affiches et les catalogues. J'ai demandé quelque chose. Il y avait encore beaucoup d'argent sur mon compte. Je vais souvent revenir dans cette banque.

4 **De mauvaise humeur** Aujourd'hui, Anne-Marie est très négative. Elle répond négativement à toutes les questions. Avec un(e) partenaire, jouez les rôles d'Anne-Marie et de son amie. Rajoutez (*Add*) deux lignes supplémentaires de dialogue à la fin.

MODÈLE

tu / sortir avec quelqu'un en ce moment
Étudiant(e) 1: *Est-ce que tu sors avec quelqu'un en ce moment?*
Étudiant(e) 2: *Non, je ne sors avec personne.*

1. tu / faire quelque chose ce soir
2. tes parents / venir chez toi ce week-end
3. ton frère / avoir encore sa vieille voiture
4. tes amis et toi / déjà aller en vacances au Canada
5. quelqu'un / habiter dans ta maison cet été
6. tu / avoir encore faim
7. ?
8. ?

5 **Activités dangereuses** Avec un(e) partenaire, faites une liste de dix activités dangereuses. Ensuite, travaillez avec un autre groupe et demandez à vos camarades s'ils pratiquent ces activités. Répondent-ils toujours par des phrases négatives?

MODÈLE

Étudiant(e) 1: *Fais-tu du jogging la nuit?*
Étudiant(e) 2: *Non! Je ne fais jamais de jogging la nuit.*

6 **À la banque** En vacances, vous vous apercevez que votre valise a disparu (*disappeared*) avec votre argent liquide, vos papiers et vos cartes de crédit. Vous avez besoin de retirer de l'argent à la banque. Préparez un dialogue entre vous et deux employés de banque. Utilisez les expressions de la boîte.

jamais	ne... que	quelqu'un
ne... aucun(e)	ne... rien	rien
ne... ni... ni...	quelque chose	toujours
ne... plus		

• To say *neither... nor*, you use three negative words: **ne... ni... ni**. Note that partitive and indefinite articles are usually omitted.

Le facteur **n'**est **ni** sympa **ni** sociable.
The mailman is neither nice nor sociable.

Je **n'**ai **ni** frères **ni** sœurs.
I have neither brothers nor sisters.

• Note that in the **passé composé**, the words **jamais**, **plus**, and **rien** are placed between the auxiliary verb and the past participle. **Aucun(e)**, **personne**, and **que** follow the past participle.

Elle **n'**est **jamais** revenue.
She's never returned.

Nous **n'**avons **plus** emprunté d'argent.
We haven't borrowed money anymore.

Je **n'**ai **rien** dit aujourd'hui.
I didn't say anything today.

Vous **n'**avez signé **aucun** papier.
You didn't sign any paper.

Il **n'**a parlé à **personne**.
He didn't speak to anyone.

Ils **n'**en ont posté **que** deux.
They only mailed two.

• These expressions can be used in affirmative phrases. Note that when **jamais** is not accompanied by **ne**, it can mean *ever*.

jamais	*ever*	quelqu'un	*someone*
quelque chose	*something*	toujours	*always; still*

As-tu **jamais** été à cette brasserie?
Have you ever been to that brasserie?

Il y a **quelqu'un**?
Is someone there?

Vous cherchez **quelque chose**?
Are you looking for something?

Il est **toujours** aussi réservé?
Is he still so reserved?

• Note that **personne**, **quelque chose**, **quelqu'un**, and **rien** can be modified with an adjective after **de**.

Nous cherchons **quelque chose de joli**.
We're looking for something pretty.

Ce n'est **rien de nouveau**.
It's nothing new.

BOÎTE À OUTILS
Remember to use **de** instead of the indefinite article in a negative construction:
Il n'y a plus de billets dans le distributeur; personne ne poste de lettre le dimanche.

Essayez! Choisissez l'expression correcte.

1. (Jamais / Personne) ne trouve cet homme agréable.
2. Je ne veux (rien / jamais) faire aujourd'hui.
3. Y a-t-il (quelqu'un / personne) à la banque?
4. Je n'ai reçu (pas de / aucun) colis.
5. Il n'y avait (ne / ni) lettres ni colis dans la boîte aux lettres.
6. Il n'y a (plus / aucun) d'argent à la banque?
7. Jérôme ne va (toujours / jamais) à la poste.
8. Le facteur n'arrive (toujours / qu') à trois heures.

Révision

1 **Je ne vais jamais…** Votre professeur va vous donner une feuille d'activités. Circulez dans la classe pour trouver un(e) camarade différent(e) qui fait ses courses à ces endroits. Où ne vont-ils jamais? Où ne vont-ils plus? Justifiez toutes vos réponses.

MODÈLE

Étudiant(e) 1: *Vas-tu à la laverie?*
Étudiant(e) 2: *Non, je n'y vais plus parce que j'ai acheté un lave-linge. Mais, je vais toujours à la banque le lundi.*

Endroit	Nom
1. banque	Yvonne
2. bijouterie	
3. boutique de vêtements	
4. cybercafé	
5. laverie	

2 **Le courrier** Avec un(e) partenaire, préparez six questions pour interviewer vos camarades. Que reçoivent-ils dans leur courrier? Qu'envoient-ils? Utilisez les expressions négatives et les verbes **recevoir** et **envoyer**. Ensuite, par groupes de quatre, posez vos questions et écrivez les réponses.

MODÈLE

Étudiant(e) 1: *Est-ce que tu ne reçois que des lettres dans ton courrier?*
Étudiant(e) 2: *Non, je reçois des cadeaux parfois, mais je n'en envoie jamais.*

3 **Au village** Vous visitez un petit village pour la première fois. Malheureusement, tout y est fermé. Vous posez des questions à un(e) habitant(e) sur les endroits de la liste et il/elle vous répond par des expressions négatives. Préparez le dialogue avec un(e) partenaire.

MODÈLE

Étudiant(e) 1: *À quelle heure le bureau de poste ouvre-t-il aujourd'hui?*
Étudiant(e) 2: *Malheureusement, le bureau de poste n'existe plus, Monsieur!*

banque	laverie
bureau de poste	mairie
commissariat de police	salon de beauté

4 **Vrai ou faux?** Par groupes de quatre, travaillez avec un(e) partenaire pour préparer huit phrases au sujet des deux autres partenaires de votre groupe. Essayez de deviner ce qu'ils/elles (*what they*) ont fait et n'ont pas fait. Utilisez dans vos phrases le passé composé et les expressions négatives indiquées. Ensuite, lisez les phrases à vos deux camarades, qui vont vous dire si elles sont vraies ou fausses.

MODÈLE

Étudiant(e) 1: *Tu n'es jamais allée dans le bureau du prof.*
Étudiant(e) 2: *C'est faux. J'ai dû y aller hier pour lui poser une question.*

- ne… aucun(e)
- ne… jamais
- ne… personne
- ne… plus
- ne… que
- ne… rien

5 **Au secours!** Avec un(e) partenaire, préparez un dialogue pour représenter la scène de cette illustration. Utilisez le verbe **voir** et des expressions négatives et affirmatives.

6 **Dix ans plus tard** Votre professeur va vous donner, à vous et à votre partenaire, deux plans d'une ville. Attention! Ne regardez pas la feuille de votre partenaire.

MODÈLE

Étudiant(e) 1: *Il y a dix ans, la laverie avait beaucoup de clients.*
Étudiant(e) 2: *Aujourd'hui, il n'y a personne dans la laverie.*

ressources		
WB pp. 157–160	LM pp. 91–92	SUPERSITE promenades.vhlcentral.com Leçon 23

Le Zapping

Rennes: capitale bretonne

La ville de Rennes devient capitale de la Bretagne en 1532, année où cette région est annexée à la France. Elle commence sa longue histoire de plus de 2.000 ans à l'époque des Gaulois°. Rennes se trouve sur le confluent de deux fleuves°, l'Ille et la Vilaine, emplacement stratégique qui attire° ses premiers habitants. Au centre-ville, on peut admirer son architecture de différentes périodes historiques, comme les maisons médiévales à colombages° et le Parlement de Bretagne du XVIIᵉ siècle.

Métropole **Rennes** La Bretagne en Capitale

—Au centre-ville, on trouve des cafés, la mairie, des boutiques, des distributeurs automatiques...

—Une promenade à travers les rues anciennes du centre historique vous fait découvrir la magnifique architecture bretonne...

Compréhension Répondez aux questions.

1. Quelles courses peut-on faire dans un centre-ville français?
2. Quels lieux d'intérêt culturel peut-on visiter à Rennes?
3. Comment peut-on s'y détendre?

Discussion Avec un(e) partenaire, discutez de ces questions.

1. Y a-t-il des villes dans ce pays avec des centres-villes de style français? Lesquelles (*Which ones*)?
2. Que pensez-vous des centres-villes français? Aimeriez-vous habiter à Rennes? Pourquoi?

Gaulois *Gauls (ancient Celtic people)* **fleuves** *rivers* **attire** *attracts* **à colombages** *half-timbered*

SUR INTERNET

Go to **promenades.vhlcentral.com** to watch the TV clip featured in this **Le zapping**.

Leçon **24**

You will learn how to...
- ask for directions
- tell what you will do

Où se trouve...?

Vocabulaire

continuer	to continue
se déplacer	to move (change location)
suivre	to follow
tourner	to turn
traverser	to cross
un angle	corner
une avenue	avenue
un bâtiment	building
un boulevard	boulevard
un chemin	way; path
un coin	corner
des indications (f.)	directions
un office du tourisme	tourist office
au bout (de)	at the end (of)
au coin (de)	at the corner (of)
autour (de)	around
jusqu'à	until
(tout) près (de)	(very) close (to)
tout droit	straight ahead

un pont

Elle monte les escaliers.
(monter)

une statue

Il descend les escaliers.
(descendre)

une fontaine

OUEST NORD SUD EST

Il est perdu.
(perdue f.)

Elle s'oriente.
(s'orienter)

ressources

WB
pp. 161–162

LM
p. 93

SUPERSITE
promenades.vhlcentral.com
Leçon 24

Attention!

The verb **suivre** (*to follow*) is an important verb for giving and getting directions. Its first person singular form (**je**) is the same as the **je** form of the present tense of **être**. Context will determine the meaning.

je suis	nous suivons
tu suis	vous suivez
il/elle suit	ils/elles suivent

un feu de signalisation (feux *pl.*)

un carrefour

une rue

une cabine téléphonique

un banc

Mise en pratique

1 **Écoutez** 🎧 Écoutez cette conversation entre un touriste et une dame (*lady*) à qui il demande son chemin. Ensuite, dites si les affirmations suivantes sont vraies ou fausses.

1. Le touriste est perdu.
2. Il cherche la rue Saint-Antoine.
3. Il cherche l'hôtel Étoile.
4. L'hôtel est loin d'où il se trouve.
5. Le touriste doit traverser le pont de Sully.
6. Il doit tourner une fois à gauche.
7. La rue de Rivoli se trouve au bout de la rue Saint-Antoine.
8. Le touriste a peur de ne pas se souvenir des indications.
9. Le touriste a oublié le numéro de téléphone de l'hôtel.
10. La dame suggère au touriste de prendre un taxi.

2 **Les antonymes** Quel est le contraire des expressions et des mots suivants?

1. continuer tout droit _____
2. descendre _____
3. sud _____
4. est _____
5. à droite _____
6. devant _____
7. très loin de _____
8. s'orienter _____
9. rester _____
10. au début de _____

3 **Complétez** Complétez les phrases suivantes avec le bon mot de vocabulaire pour faire des phrases cohérentes. Notez que tous les mots ne sont pas utilisés.

angles	cabine téléphonique	continuer	pont
avenue	chemin	se déplacer	statue
banc	coin	feu de signalisation	traverser

1. On peut s'asseoir sur un _____ au parc.
2. L'_____ des Champs-Élysées est très populaire à Paris.
3. La _____ de la Liberté se trouve à New York.
4. Le _____ du Golden Gate se trouve à San Francisco.
5. Généralement, il y a quatre _____ à un carrefour.
6. On peut téléphoner dans une _____.
7. Il faut toujours s'arrêter quand le _____ est au rouge.
8. Il faut toujours regarder à gauche et à droite avant de _____ la rue.
9. En ville, on peut _____ rapidement en métro.
10. Quand on est perdu, on demande son _____.

Communication

4 **Le plan de la ville** Travaillez avec un(e) partenaire et, à tour de rôle, demandez des indications pour pouvoir vous rendre (*to get*) aux endroits listés. Indiquez votre point de départ.

 Café de la Gare

 Boulangerie Le Pain Chaud

 Hôpital St-Jean

 Office du tourisme

 Épicerie Bresson

 Bureau de poste

 Pharmacie La Molière

 Banque

 Université Joseph Fourier

 Téléphone

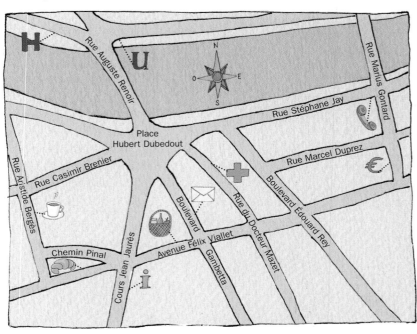

MODÈLE

la boulangerie Le Pain Chaud, le bureau de poste
Étudiant(e) 1: *Excusez-moi, où se trouve la boulangerie Le Pain Chaud, s'il vous plaît?*
Étudiant(e) 2: *Du bureau de poste, suivez le boulevard jusqu'à l'avenue Félix Viallet, ensuite prenez à droite, continuez tout droit, la boulangerie est à droite, juste après le cours Jean Jaurès.*

1. l'hôpital, la pharmacie
2. le café, l'office du tourisme
3. la banque, le bureau de poste
4. l'université, l'épicerie

5. la cabine téléphonique, la boulangerie
6. l'office du tourisme, la pharmacie
7. la banque, l'université
8. la boulangerie, la pharmacie

5 **Conversez** Interviewez un(e) camarade de classe.

1. Quelles statues célèbres connais-tu? Connais-tu aussi des ponts, des bâtiments célèbres?
2. Quand t'es-tu perdu(e) pour la dernière fois? Où? Qui t'a aidé(e)?
3. Quand as-tu utilisé une cabine téléphonique pour la dernière fois? Où étais-tu?
4. Es-tu déjà allé(e) dans un office du tourisme? Pour quoi faire?
5. Qu'est-ce qui se trouve au coin de la rue où tu habites? Et au bout de la rue?
6. Qui, de ta famille ou de tes ami(e)s, habite près de chez toi?

6 **En vacances** Préparez cette conversation avec un(e) partenaire. Soyez prêt(e)s à jouer la scène devant la classe.

- Vous êtes un(e) touriste perdu(e) en ville.
- Vous demandez où se trouvent deux endroits différents.
- Quelqu'un vous indique le chemin.

Les sons et les lettres

Les majuscules et les minuscules

Some of the rules governing capitalization are the same in French as they are in English. However, many words that are capitalized in English are not capitalized in French. For example, the French pronoun **je** is never capitalized except when it is the first word in a sentence.

Aujourd'hui, je vais au marché.   **Today, I am going to the market.**

Days of the week, months, and geographical terms are not capitalized in French.

Qu'est-ce que tu fais lundi après-midi?   **Mon anniversaire, c'est le 14 octobre.**
Cette ville est sur la mer Méditerranée. **Il habite 5 rue de la Paix.**

Languages are not capitalized in French, nor are adjectives of nationality. However, if the word is a noun that refers to a person or people of a particular nationality, it is capitalized.

Tu apprends le français.   **C'est une voiture allemande.**
You are learning French.   *It's a German car.*

Elle s'est mariée avec un Italien.   **Les Français adorent le foot.**
She married an Italian.   *The French love soccer.*

As a general rule, you should write capital letters with their accents. Diacritical marks can change the meaning of words, so not including them can create ambiguities.

LES AVOCATS SERONT JUGÉS.   **LES AVOCATS SERONT JUGES.**
Lawyers will be judged.   *Lawyers will be the judges.*

Corrigez Corrigez la capitalisation des mots suivants.

1. MAI   3. VENDREDI   5. L'OCÉAN PACIFIQUE
2. QUÉBEC   4. ALLEMAND   6. LE BOULEVARD ST-MICHEL

Écrivez Écrivez correctement les phrases en utilisant les minuscules et les majuscules.

1. LE LUNDI ET LE MERCREDI, J'AI MON COURS D'ITALIEN.
2. CHARLES BAUDELAIRE ÉTAIT UN POÈTE FRANÇAIS.
3. LES AMÉRICAINS AIMENT BEAUCOUP LE LAC MICHIGAN.
4. UN MONUMENT SE TROUVE SUR L'AVENUE DES CHAMPS-ÉLYSÉES.

Dictons Répétez les dictons à voix haute.

Si le Français est "tout yeux", l'Anglais est "tout oreilles."[2]

La France, c'est le français quand il est bien écrit.[1]

[2] If the Frenchman is all eyes, the Englishman is all ears.

[1] France is French (when it is) well written.

ROMAN-PHOTO

Chercher son chemin

PERSONNAGES

Amina

David

M. Hulot

Rachid

Sandrine

Stéphane

Touriste

Au kiosque de M. Hulot...

M. HULOT Bonjour, Monsieur.
TOURISTE Bonjour.
M. HULOT Trois euros, s'il vous plaît.
TOURISTE Je n'ai pas de monnaie.
M. HULOT Voici cinq, six, sept euros qui font dix. Merci.
TOURISTE Excusez-moi, où est le bureau de poste, s'il vous plaît?

M. HULOT Euh... c'est par là... Ah... non... euh... voyons... vous prenez cette rue, là et... euh, non non... je ne sais pas vraiment comment vous expliquer... Attendez, vous voyez le café qui est juste là? Il y aura certainement quelqu'un qui saura vous dire comment y aller.
TOURISTE Ah, merci, Monsieur, au revoir!

Au P'tit Bistrot...

SANDRINE Qu'est-ce que vous allez faire le week-end prochain?
RACHID Je pense que nous irons faire une randonnée à la Sainte-Victoire.
AMINA Oui, j'espère qu'il fera beau!
DAVID S'il ne pleut pas, nous irons au concert en plein air de Pauline Ester. C'est la chanteuse préférée de Sandrine, n'est-ce pas, chérie?

DAVID Non! À droite!
RACHID Non, à gauche! Puis, vous continuez tout droit, vous traversez le cours Mirabeau et c'est juste là, en face de la fontaine de La Rotonde, à côté de la gare.
DAVID Non, c'est à côté de l'office du tourisme.

TOURISTE Euh merci, je... je vais le trouver tout seul. Au revoir.
TOUS Bonne journée, Monsieur.

À la terrasse...

STÉPHANE Bonjour, je peux vous aider?
TOURISTE J'espère que oui.
STÉPHANE Vous êtes perdu?
TOURISTE Exactement. Je cherche le bureau de poste.

A C T I V I T É S

1 **Questions** Répondez par des phrases complètes.

1. Qu'est-ce que Rachid et Amina vont faire ce week-end?
2. Qu'est-ce que Sandrine et David vont faire ce week-end?
3. Quels points de repères (*landmarks*) Stéphane donne-t-il au touriste?
4. Est-ce que vous pensez que la musique de Pauline Ester est très appréciée aujourd'hui? Pourquoi?

5. Est-ce que vous pensez que les choses vont bien entre Amina et Rachid? Pourquoi?
6. Est-ce que vous pensez que les choses vont bien entre Sandrine et David? Pourquoi?
7. Comment pensez-vous que le touriste se sent quand il sort du P'tit Bistrot?
8. Qui avait raison, à votre avis (*in your opinion*), David ou Rachid?

Un touriste se perd à Aix... heureusement, il y a Stéphane!

SANDRINE Absolument! «Oui, je l'adore, c'est mon amour, mon trésor...»

AMINA Pauline Ester! Tu aimes la musique des années quatre-vingt-dix?

SANDRINE Pas tous les styles de musique, mais Pauline Ester, oui.

AMINA Comme on dit, les goûts et les couleurs, ça ne se discute pas!

RACHID Tu n'aimes pas Pauline Ester, mon cœur?

TOURISTE Excusez-moi, est-ce que vous savez où se trouve le bureau de poste, s'il vous plaît?

RACHID Oui, ce n'est pas loin d'ici. Vous descendez la rue, juste là, ensuite vous continuez jusqu'au feu rouge et vous tournez à gauche.

STÉPHANE Le bureau de poste? C'est très simple.

TOURISTE Ah bon! C'est loin d'ici?

STÉPHANE Non, pas du tout. C'est tout près. Vous prenez cette rue, là, à gauche. Vous continuez jusqu'au cours Mirabeau. Vous le connaissez?

TOURISTE Non, je ne suis pas d'ici.

STÉPHANE Bon... Le cours Mirabeau, c'est le boulevard principal de la ville.

STÉPHANE Alors, une fois que vous serez sur le cours Mirabeau, vous tournerez à gauche et suivrez le cours jusqu'à La Rotonde. Vous la verrez... Il y a une grande fontaine. Derrière la fontaine, vous trouverez le bureau de poste, et voilà!

TOURISTE Merci beaucoup.

STÉPHANE De rien. Au revoir!

Expressions utiles

Giving directions

- **Attendez, vous voyez le café qui est juste là?**
  Wait, do you see the café right over there?

- **Il y aura certainement quelqu'un qui saura vous dire comment y aller.**
  There will surely be someone there who will know how to tell you how to get there.

- **Vous tournerez à gauche et suivrez le cours jusqu'à La Rotonde.**
  You will turn left and follow the street until the Rotunda.

- **Vous la verrez.**
  You will see it.

- **Derrière la fontaine, vous trouverez le bureau de poste.**
  Behind the fountain, you will find the post office.

Talking about the weekend

- **Je pense que nous irons faire une randonnée.**
  I think we will go for a hike.

- **J'espère qu'il fera beau!**
  I hope it will be nice/the weather will be good!

- **Nous irons au concert en plein air.**
  We will go to the outdoor concert.

Additional vocabulary

- **voyons**
  let's see

- **le boulevard principal**
  the main drag/principal thoroughfare

---

2 **Comment y aller?** Remettez les indications pour aller du P'tit Bistrot au bureau de poste dans l'ordre. Écrivez un **X** à côté de l'indication que l'on ne doit pas suivre.

a. _____ Suivez le cours Mirabeau jusqu'à la fontaine.

b. _____ Le bureau de poste se trouve derrière la fontaine.

c. _____ Tournez à gauche.

d. _____ Tournez à droite au feu rouge.

e. _____ Prenez cette rue à gauche jusqu'au boulevard principal.

3 **Écrivez** Le touriste est soulagé (*relieved*) d'arriver enfin au bureau de poste. Il était très découragé; presque personne ne savait lui expliquer comment y aller. Il écrit une carte postale à sa femme pour lui raconter son aventure. Composez son message.

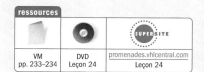

ressources		
VM pp. 233–234	DVD Leçon 24	promenades.vhlcentral.com Leçon 24

A C T I V I T É S

CULTURE À LA LOUPE

Villes et villages français

Quand on regarde le plan d'un village, d'une petite ville ou celui d'un quartier d'une grande ville, on remarque qu'il y a souvent une place au centre, autour de laquelle° la ville ou le quartier s'organise. Elle est un peu comme «le cœur» de la ville ou du quartier.

Sur la place principale des villes et villages français, on trouve souvent une église. Il peut s'y trouver aussi l'hôtel de ville (la mairie), ainsi que° d'autres bâtiments administratifs comme la poste, le commissariat de police ou l'office du tourisme, s'il y en a un. La grande place est aussi le quartier commercial d'une petite ville et beaucoup de gens y vont pour faire leurs courses dans les magasins ou pour se détendre dans un café, un restaurant ou au cinéma. On y trouve aussi parfois un musée ou un théâtre. La place peut être piétonne° ou ouverte à la circulation, mais dans les deux cas, elle est souvent très animée°.

En général, la grande place est bien entretenue° et décorée d'une fontaine, d'un parterre de fleurs° ou d'une statue. La majorité des rues principales de la ville ou du quartier partent ensuite de la place. Le nom de la place reflète souvent ce qu'on y trouve, par exemple la place de l'Église, la place de la Mairie ou la place de la Comédie.

Beaucoup de rues portent le nom d'un écrivain ou d'un personnage célèbre de l'histoire de France, comme rue Victor Hugo ou avenue du général de Gaulle. Au centre-ville, les rues sont souvent très étroites et beaucoup sont à sens unique°.

laquelle *which* **ainsi que** *as well as* **piétonne** *pedestrian* **animée** *busy* **entretenue** *cared for* **parterre de fleurs** *flower bed* **sens unique** *one-way*

Coup de main

Some major cities in France, such as Paris, Lyon and Marseille, are divided into **arrondissements**, or districts. You can determine in which **arrondissement** something is located by the final numbers of its zip code. For example, 75011 indicates the 11th **arrondissement** in Paris and 13001 is the 1st **arrondissement** in Marseille.

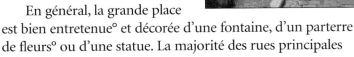

A C T I V I T É S

1 **Complétez** Donnez un début logique à chaque phrase, d'après le texte.

1. ... au centre de la majorité des petites villes françaises.
2. ... autour de sa grande place.
3. ... se situe souvent sur la place principale d'une ville française.
4. ... pour faire leurs courses ou pour se détendre.
5. ... décorent souvent les places.
6. ... sont réservées exclusivement aux piétons.
7. ... détermine souvent le nom d'une place.
8. ... donnent souvent leur nom aux rues françaises.
9. ... sont souvent à sens unique.
10. ... sont parfois divisées en arrondissements.

STRATÉGIE

Previously learned grammar and vocabulary

As you read, remember to identify and take advantage of previously learned grammar and vocabulary. Doing so has two advantages. First, concepts and words that you have already learned function as clues for understanding new or unfamiliar ones. Second, by identifying known grammar and vocabulary, you recycle and thereby retain them better for future reference.

LE MONDE FRANCOPHONE

Le centre des villes

Voici le «cœur» de quelques villes francophones.

En Belgique
la Grand-Place à Bruxelles cœur de la vieille ville avec l'hôtel de ville, la maison du roi et de nombreux restaurants et cafés

Au Maroc
la médina à Fès centre historique avec ses monuments, ses boutiques et surtout ses artisans

En Nouvelle-Calédonie
le marché municipal de Nouméa ouvert tous les jours, on y vend du poisson, des fleurs, des légumes et des fruits

Au Québec
la Place-Royale à Québec rues étroites° et maisons de pierre° restaurées des premiers colons° français

étroites *narrow* **pierre** *stone* **colons** *colonists*

PORTRAIT

Le baron Haussmann

En 1853, Napoléon III demande au baron Georges Eugène Haussmann (1809-1891) de moderniser Paris. Le baron imagine alors un programme de transformation de la ville entière°. Il en est le premier vrai urbaniste. Il multiplie sa surface par deux. Pour améliorer° la circulation, il ouvre de larges avenues et des boulevards, comme le boulevard Haussmann, qu'il borde° d'immeubles bourgeois. Il crée de grands carrefours, comme l'Étoile ou la place de la Concorde, et de nombreux parcs

et jardins. Plus de 600 km d'égouts° sont construits. Parce qu'il a aussi détruit beaucoup de bâtiments historiques, les Français ont longtemps détesté le baron Haussmann. Pourtant°, son influence a été remarquable.

entière *entire* **améliorer** *improve* **borde** *lines with* **égouts** *sewers* **Pourtant** *However*

SUPERSITE

SUR INTERNET

Quelle est la particularité de la ville de Rocamadour, en France?

Go to **promenades.vhlcentral.com** to find more cultural information related to this **LECTURE CULTURELLE**.

---

2 **Complétez** Donnez une suite logique à chaque phrase.

1. En 1853, Napoléon III demande à Haussmann...
2. Pour améliorer la circulation dans Paris, le baron Haussmann a créé...
3. Les Français ont longtemps détesté le baron Haussmann...
4. La médina représente...
5. Au marché de Nouméa, on peut acheter...

3 **Une école de langues** Vous et un(e) partenaire dirigez une école de langues située en plein centre-ville. Préparez une petite présentation de votre école où vous expliquez où elle se situe, les choses à faire au centre-ville, etc. Vos camarades ont-ils envie de s'y inscrire (*enroll*)?

ressources

SUPERSITE
promenades.vhlcentral.com
Leçon 24

ACTIVITÉS

24.1 *Le futur simple*

Point de départ In **Leçon 7**, you learned to use **aller** + [*infinitive*] to express actions that are going to happen in the immediate future (**le futur proche**). You will now learn the future tense to say what *will happen*.

- The future uses the same verb stems as the conditional.

Future tense of regular verbs			
	parler	**réussir**	**attendre**
je/j'	parlerai	réussirai	attendrai
tu	parleras	réussiras	attendras
il/elle	parlera	réussira	attendra
nous	parlerons	réussirons	attendrons
vous	parlerez	réussirez	attendrez
ils/elles	parleront	réussiront	attendront

Au Québec, nous
parlerons français.
In Quebec, we will speak French.

Je **suivrai** le chemin
autour du parc.
I'll follow the path around the park.

- The same patterns that you learned for forming the conditional of spelling-change **-er** verbs also apply to the future.

Vous m'**emmènerez** avec vous?
Will you take me with you?

Tu **répéteras** les indications?
Will you repeat the directions?

- The same irregular stems you learned for the conditional are used for the future.

J'**irai** chez toi, mais pas aujourd'hui.
I'll go to your house, but not today.

Elles **feront** du vélo ce week-end.
They'll ride their bikes this weekend.

Vous **viendrez** par le petit chemin.
You'll come down the small path.

À l'angle, tu **devras** tourner à gauche.
At the corner, you'll have to turn left.

BOÎTE À OUTILS
See **Leçon 22** for the explanation of how to form the conditional of spelling-change verbs and for the list of verbs with irregular conditional stems.

- In **Leçon 22**, you learned how to use **si** clauses to express contrary-to-fact situations. **Si** clauses can also express conditions or events that are possible or likely to occur. In such instances, the **si** clause is in the present while the main clause uses the **futur** or **futur proche**.

Si je **tombe** en panne, je
trouverai une station-service.
*If I break down, I'll find
a service station.*

Si vous **réparez** la voiture,
vous **allez éviter** l'amende.
*If you repair the car, you're
going to avoid the fine.*

MISE EN PRATIQUE

1 Projets Cécile et ses amis parlent de leurs projets (*plans*) d'avenir. Employez le futur pour refaire ses phrases.

MODÈLE Je vais chercher une belle maison.
Je chercherai une belle maison.

1. Je vais finir mes études.
2. Philippe va me dire où trouver un travail.
3. Tu vas gagner beaucoup d'argent.
4. Mes amis vont habiter près de chez moi.
5. Mon petit ami et moi, nous allons acheter un chien.
6. Vous allez nous rendre visite de temps en temps.

2 Plus tard Aurélien parle de ses projets (*plans*) et des projets de sa famille et de ses amis. Mettez les verbes au futur.

MODÈLE dès que / je / avoir / le bac / je / aller / à l'université
Dès que j'aurai le bac, j'irai à l'université.

1. quand / je / être / à l'université / ma sœur et moi / habiter ensemble
2. quand / ma sœur / étudier plus / elle / réussir
3. quand / mes parents / être / à la retraite / je / emprunter pour payer mes études
4. dès que / vous / finir vos études / vous / contacter / employeurs
5. quand / tu / travailler / tu / acheter une voiture
6. quand / nous / trouver / nouveau travail / nous / ne plus lire / les annonces (*want ads*)

3 Si... Avec un(e) partenaire, finissez ces phrases à tour de rôle. Employez le futur des verbes de la boîte dans toutes vos réponses.

MODÈLE Si mon ami(e) ne me téléphone pas ce soir, ...
*Si mon amie ne me téléphone pas ce soir,
je ne serai pas très content.*

aller	devoir	faire	venir
avoir	être	pouvoir	vouloir

1. Si on m'invite à une fête samedi soir, ...
2. Si mes parents me donnent $100, ...
3. Si mon ami(e) me prête sa voiture, ...
4. Si le temps est mauvais, ...
5. Si je suis fatigué(e) vendredi, ...
6. Si ma famille me rend visite, ...

COMMUNICATION

4 Faites des projets Travaillez avec un(e) camarade de classe pour faire des projets (*plans*) pour ces événements qui auront lieu dans l'avenir.

MODÈLE

Étudiant(e) 1: Après l'université, je chercherai un travail à San Diego. J'enseignerai dans un lycée.
Étudiant(e) 2: Moi, après l'université, j'irai en Europe. Je travaillerai comme serveuse dans un café.

1. Samedi soir: Décidez où vous irez et comment vous y arriverez.

2. Les prochaines vacances: Parlez de ce que (*what*) vous ferez. Que visiterez-vous?

3. Votre prochain anniversaire: Quel âge aurez-vous? Que ferez-vous? Avec qui ferez-vous la fête?

4. À 65 ans: Où serez-vous? Que ferez-vous? Avec qui partagerez-vous votre vie?

5 Content(e) Votre professeur va vous donner une feuille d'activités. Circulez dans la classe pour trouver une réponse affirmative et une réponse négative à chaque question. Justifiez toutes vos réponses.

MODÈLE

Étudiant(e) 1: Est-ce que tu seras plus content(e) quand tu auras du temps libre?
Étudiant(e) 2: Oui, je serai plus content(e) dès que j'aurai du temps libre, parce que je ferai plus souvent de la gym.

6 Partir très loin Vous et votre partenaire avez décidé de prendre des vacances très loin de chez vous. Regardez les photos et choisissez deux endroits où vous voulez aller, puis comparez-les. Utilisez ces questions pour vous guider. Ensuite, présentez vos réponses à la classe.

- Qu'apporterez-vous?
- Quand partirez-vous?
- Que ferez-vous?
- Comment vous détendrez-vous?
- Quand rentrerez-vous?

- Sometimes, French uses **le futur simple** where English uses the present tense.

FUTURE   FUTURE

Je me **mettrai** à chercher du travail, quand je n'**aurai** plus d'argent.
*I **will start** looking for work when I **don't have** any more money.*

Je te rendrai l'argent dès que je passerai au distributeur.

Quand vous serez dans le café, quelqu'un pourra vous aider.

- In a clause that begins with **quand** or **dès que** (*as soon as*), use the future tense if the clause describes an event that will happen in the future.

Il enverra les e-mails **quand il aura** le temps.
He will send the e-mails when he has time.

Je posterai les lettres **dès que je pourrai**.
I will mail the letters as soon as I can.

- If a clause with **quand** or **dès que** does not describe a future action, another tense may be used for the verb.

Quand avez-vous fait vos valises?
When did you pack your bags?

La policière nous parle **dès qu'elle arrive**.
The police officer talks to us as soon as she arrives.

- The words **le futur** and **l'avenir** (*m.*) both mean *future*. Use the first word when referring to the grammatical future; use the second word when referring to events that haven't occurred yet.

On étudie **le futur** en cours.
We're studying the future (tense) in class.

Je parlerai de **mon avenir** au prof.
I'll speak to the professor about my future.

Essayez!   Conjuguez ces verbes au futur.

1. je/j' (aller, vouloir, savoir) ___*irai, voudrai, saurai*___
2. tu (suivre, pouvoir, tourner) _____
3. Marc (venir, être, ouvrir) _____
4. nous (avoir, devoir, choisir) _____
5. vous (recevoir, tenir, aller) _____
6. elles (vouloir, faire, être) _____
7. je/j' (devenir, dire, envoyer) _____
8. elle (aller, avoir, continuer) _____

24.2 Relative pronouns
qui, que, dont, où

Point de départ Relative pronouns combine two sentences into one, more complex sentence. The second phrase gives more information about a noun both sentences have in common. In English, relative pronouns can be omitted, but the relative pronoun in French cannot be.

Vous traversez **l'avenue**.
You are crossing the avenue.

Je connais bien **l'avenue**.
I know the avenue well.

Vous traversez l'avenue **que** je connais bien.
You are crossing the avenue that I know well.

C'est Pauline Ester qui chante ça?

Je ne vois pas la fontaine dont il parle.

Relative pronouns

qui	*who, that, which*	dont	*of which, of whom*
que	*that, which*	où	*where*

- Use **qui** if the noun in common is the subject of the second phrase.

FINAL NOUN

Nous écoutons **le prof**.
We listen to the professor.

SUBJECT

Le prof parle vite.
The professor speaks fast.

Nous écoutons le prof **qui** parle vite.
We listen to the professor who speaks fast.

FINAL NOUN

Les étudiantes vont au **café**.
The students go to the café.

SUBJECT

Le café se trouve près de la fac.
The café is near the university.

Les étudiantes vont au café **qui** se trouve près de la fac.
The students go to the café that is near the university.

MISE EN PRATIQUE

1 Des publicités Complétez les phrases pour ces publicités de boutiques qui viennent d'ouvrir en ville. Employez les pronoms relatifs **où**, **dont**, **qui** ou **que**.

MODÈLE

Nous avons des bracelets ___qui___ sont vraiment élégants.

1. Il y a des soldes sur les dictionnaires _____ vous avez besoin.
2. Il y a des montres _____ ne sont pas chères.
3. Nous avons des sacs à dos _____ sont légers (*light*) mais solides.
4. Regardez notre site web _____ nous avons des photos de notre magasin.
5. Nous avons les nouveaux CD _____ vous désirez.
6. Venez dans notre boutique _____ vous allez trouver tous les objets _____ vous cherchez.

2 À mon avis... La grand-mère d'Édith parle de la technologie avec sa petite-fille. Assemblez les deux phrases avec **où**, **dont**, **qui** ou **que** pour faire une seule phrase.

1. Le fax est une invention récente. Je trouve cette invention formidable.
2. J'aime bien lire les e-mails. Tu m'envoies des e-mails.
3. Tu devras réparer ton ordinateur un jour. Tu auras de l'argent un jour.
4. Tu m'as donné un portable. Je n'utilise pas ce portable.
5. Je ne peux pas allumer le poste de télévision. Le poste de télévision est dans ma chambre.
6. J'ai visité le site web. On parle de ton université sur ce site.
7. Explique-moi comment sauvegarder ces documents. J'ai besoin de ces documents.
8. Je voudrais aller au magasin. Tu as acheté ton appareil photo dans ce magasin.

3 Les choses que je préfère Marianne parle des choses qu'elle préfère. À tour de rôle avec un(e) partenaire, utilisez les pronoms relatifs pour écrire ses phrases. Présentez vos phrases à la classe.

1. Marc est l'ami... (qui, dont)
2. «Chez Henri», c'est le restaurant... (où, que)
3. Ce CD est le cadeau... (que, qui)
4. Ma sœur est la personne... (dont, que)

COMMUNICATION

4 **Des opinions** Avec un(e) partenaire, donnez votre opinion sur ces thèmes. Utilisez les pronoms relatifs **qui, que, dont** et **où**.

MODÈLE

le printemps / saison

Étudiant(e) 1: *Le printemps est la saison que je préfère parce que j'aime les fleurs.*
Étudiant(e) 2: *L'hiver est la saison que moi, je préfère, parce que j'aime la neige.*

1. le petit-déjeuner / repas
2. surfer sur Internet / passe-temps
3. mon/ma camarade de chambre / personne
4. le samedi / jour
5. la chimie / cours
6. la France / pays
7. Tom Cruise / acteur
8. ? / ?

5 **Des endroits intéressants** Par groupes de trois, organisez un voyage. Parlez des endroits qui vous intéressent et expliquez pourquoi vous voulez y aller. Utilisez des pronoms relatifs dans vos réponses et décidez où vous allez.

MODÈLE

Allons à Bruxelles où nous pouvons acheter des chocolats délicieux.

6 **Chère Madame** Avec un(e) partenaire, écrivez une lettre à votre professeur où vous lui expliquez pourquoi vous n'avez pas fini votre devoir. Utilisez des pronoms relatifs et le vocabulaire de cette leçon.

Chère Madame,

Je suis désolé(e), mais je n'ai pas fini mon devoir. La bibliothèque où...

- Use **que** if the noun in common is the direct object in the second phrase. The past participle following **que** agrees in number and gender with the direct object.

FINAL NOUN	DIRECT OBJECT
J'apporte **les CD**.	J'ai acheté **les CD** hier.
I'm bringing the CDs.	*I bought the CDs yesterday.*

J'apporte les CD **que** j'ai acheté**s** hier.
I'm bringing the CDs (that) I bought yesterday.

FINAL NOUN	DIRECT OBJECT
Samir est à côté de **la porte**.	Nicole lui a ouvert **la porte**.
Samir is by the door.	*Nicole opened the door for him.*

Samir est à côté de la porte **que** Nicole lui a ouvert**e**.
Samir is by the door (that) Nicole opened for him.

- Use **dont**, meaning *that* or *of which*, after the noun in common if it is the object of the preposition **de** in the second phrase.

FINAL NOUN	OBJECT OF PREPOSITION **DE**
Voici **l'huile**.	Tu m'as parlé **de l'huile**.
Here's the oil.	*You talked to me about the oil.*

Voici l'huile **dont** tu m'as parlé.
Here's the oil (that) you talked to me about.

- Use **où**, meaning *where*, *when*, or *in which*, if the noun in common is a place or a period of time.

FINAL NOUN	PERIOD OF TIME
Venez me parler à **ce moment-là**.	Vous arrivez à **ce moment-là**.
Come speak with me at that moment.	*You arrive at that moment.*

Venez me parler au moment **où** vous arrivez.
Come speak with me at the moment (that) you arrive.

Essayez! **Complétez les phrases avec qui, que, dont, où.**

1. La France est le pays _____que_____ j'aime le plus.
2. Tu te souviens du jour _____ tu as fait ma connaissance?
3. Rocamadour est le village _____ mes amis m'ont parlé.
4. C'est la voiture _____ vous avez louée?
5. Voici l'enveloppe _____ tu as besoin.
6. Vous connaissez l'autoroute _____ descend à Montpellier?
7. On passe devant la fac _____ j'ai fait mes études.
8. Je reconnais le mécanicien _____ a réparé ma voiture.

SYNTHÈSE

Révision

1 **Mes stratégies** Avec un(e) partenaire, faites une liste de dix stratégies pour bien mener (*to lead*) votre prochaine année universitaire. Utilisez **quand** ou **dès que**.

> **MODÈLE**
>
> **Étudiant(e) 1:** *Dès qu'un cours deviendra trop difficile, j'irai parler au prof.*
> **Étudiant(e) 2:** *Quand je serai trop fatiguée, je dormirai au moins sept heures par nuit.*

2 **La visite de Québec** Avec un(e) partenaire, vous visitez la ville de Québec. Préparez un itinéraire de votre visite où vous vous arrêterez souvent pour visiter ou acheter quelque chose, manger, boire, etc. Soyez prêts à présenter votre itinéraire à la classe.

> **MODÈLE**
>
> **Étudiant(e) 1:** *Le matin, nous prendrons le petit-déjeuner dans l'hôtel.*
> **Étudiant(e) 2:** *Ensuite, nous irons visiter le musée de la Civilisation.*

Québec vous attend!

Visitez:
- le château Frontenac
- la terrasse Dufferin
- le musée de la Civilisation
- la basilique Notre Dame-de-Québec
- le musée de l'Amérique française et beaucoup plus!

3 **C'est l'histoire de...** Avec un(e) partenaire, commentez ces titres de films français et imaginez les histoires. Utilisez des pronoms relatifs. Ensuite, comparez vos histoires avec les histoires d'un autre groupe. Qui a l'histoire la plus proche (*closest*) du vrai film?

> **MODÈLE**
>
> **Étudiant(e) 1:** *C'est l'histoire d'un homme qui...*
> **Étudiant(e) 2:** *... et que la police cherche...*

- *Le dernier métro*
- *Les visiteurs*
- *Toto le héros*
- *La chèvre (*goat*)*
- *L'argent de poche (*pocket*)*
- *Le professionnel*

4 **La leçon de conduite** Vous êtes moniteur (*instructor*) et c'est la première leçon de conduite (*driving*) que prend votre partenaire. Inventez une scène où il/elle découvre la voiture et où vous lui expliquez la fonction des différents accessoires. Utilisez plusieurs pronoms relatifs dans votre dialogue.

> **MODÈLE**
>
> **Étudiant(e) 1:** *Et ça, c'est le bouton qu'on utilise pour freiner?*
> **Étudiant(e) 2:** *Mais non! C'est le bouton qui sert à allumer les phares que tu dois utiliser la nuit.*

5 **Des prévisions météo** Avec un(e) partenaire, parlez des prévisions météo pour le week-end prochain. Chacun (*Each one*) doit faire cinq prévisions et dire ce qu'on (*what one*) peut faire par ce temps. Soyez prêts à parler de vos prévisions et des possibilités pour le week-end à la classe.

> **MODÈLE**
>
> **Étudiant(e) 1:** *Samedi, il fera beau dans le nord. On pourra faire une promenade.*
> **Étudiant(e) 2:** *Dimanche, il pleuvra dans l'ouest. On devra passer la journée dans l'appartement.*

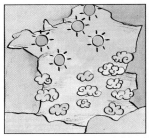 

| samedi | dimanche |

6 **La vie de Gaëlle et de Jean-Georges** Votre professeur va vous donner, à vous et à votre partenaire, deux feuilles d'activités différentes sur l'avenir de Gaëlle et de Jean-Georges. Attention! Ne regardez pas la feuille de votre partenaire.

> **MODÈLE**
>
> **Étudiant(e) 1:** *Jean-Georges et Gaëlle finiront leurs études au lycée.*
> **Étudiant(e) 2:** *Ensuite, ...*

| ressources |
| WB pp. 163–166 | LM pp. 95–96 | promenades.vhlcentral.com Leçon 24 |

Écriture

Using linking words

You can make your writing more sophisticated by using linking words to connect simple sentences or ideas in order to create more complex sentences. Consider these passages that illustrate this effect:

Without linking words

Aujourd'hui, j'ai fait beaucoup de courses. Je suis allé à la poste. J'ai fait la queue pendant une demi-heure. J'ai acheté des timbres. J'ai aussi posté un colis. Je suis allé à la banque. La banque est rue Girardeau. J'ai perdu ma carte de crédit hier. Je devais aussi retirer de l'argent. Je suis allé à la brasserie pour déjeuner avec un ami. Cet ami s'appelle Marc. Je suis rentré à la maison. Ma mère rentrait du travail.

With linking words

Aujourd'hui, j'ai fait beaucoup de courses. D'abord, je suis allé à la poste où j'ai fait la queue pendant une demi-heure. J'ai acheté des timbres et j'ai aussi posté un colis. Après, je suis allé à la banque qui est rue Girardeau, parce que j'ai perdu ma carte de crédit hier et parce que je devais aussi retirer de l'argent. Ensuite, je suis allé à la brasserie pour déjeuner avec un ami qui s'appelle Marc. Finalement, je suis rentré à la maison alors que ma mère rentrait du travail.

Linking words			
alors	*then*	**mais**	*but*
alors que	*as*	**ou**	*or*
après	*then, after that*	**où**	*where*
d'abord	*first*	**parce que**	*because*
donc	*so*	**pendant (que)**	*while*
dont	*of which*	**(et) puis**	*(and) then*
enfin	*finally*	**puisque**	*since*
ensuite	*then, after that*	**quand**	*when*
et	*and*	**que**	*that, which*
finalement	*finally*	**qui**	*who, that*

Thème
Faire la description d'un nouveau commerce

Avec des amis, vous allez ouvrir un commerce (*business*) dans le quartier de votre université. Vous voulez créer quelque chose d'original qui n'existe pas encore et qui sera très utile aux étudiants: un endroit où ils pourront faire plusieurs choses en même temps (par exemple, une laverie/salon de coiffure). Préparez une description détaillée de votre idée et de ce que (*what*) votre commerce proposera comme services. Utilisez votre imagination et les questions suivantes comme point de départ de votre description.

- Quel sera le nom du commerce?
- Quel type de commerce voulez-vous ouvrir?
- Quels seront les produits (*products*) que vous vendrez? Quels seront les prix? Donnez quelques détails sur l'activité commerciale.
- Où se trouvera le commerce?
- Comment sera l'intérieur du commerce (style, décoration, etc.)?
- Quels seront ses jours et heures d'ouverture (*business hours*)?
- En quoi consistera l'originalité de votre commerce? Expliquez pourquoi votre commerce sera unique et donnez les raisons pour lesquelles (*which*) des étudiants fréquenteront votre commerce.

Panorama

un traîneau à chiens°

Le Québec

La province en chiffres

▶ **Superficie:** *1.540.680 km²*

▶ **Population:** *7.542.800*
SOURCE: Statistique Canada

▶ **Industries principales:** *agriculture, exploitation forestière°, hydroélectricité, industrie du bois (papier), minerai° (fer°, cuivre°, or°)*

▶ **Villes principales:** *Montréal, Québec, Trois-Rivières*

▶ **Langues:** *anglais, français*

Le français parlé par les Québécois a une histoire très intéressante. La population française qui s'installe° au Québec en 1608 est composée en majorité de Français du nord-ouest de la France. Ils parlent tous leur langue régionale, comme le normand ou le breton. Beaucoup d'entre eux parlent aussi le français de la cour du roi°, langue qui devient la langue commune de tous les Québécois. Assez isolés du reste du monde francophone et ardents défenseurs de leur langue, les Québécois continuent à parler un français considéré plus pur même° que celui° des Français.

▶ **Monnaie:** *le dollar canadien*

Québécois célèbres

▶ **Antonine Maillet,** *écrivain (1929–)*

▶ **Jean Chrétien,** *ancien premier ministre du Canada (1934–)*

▶ **Robert Charlebois,** *chanteur (1944–)*

▶ **Carole Laure,** *actrice (1948–)*

▶ **Julie Payette,** *astronaute (1963–)*

▶ **Mario Lemieux,** *joueur de hockey sur glace (1965–)*

exploitation forestière *forestry* **minerai** *ore* **fer** *iron* **cuivre** *copper* **or** *gold* **s'installe** *settles* **cour du roi** *king's court* **même** *even* **celui** *that* **traîneau à chiens** *dogsled* **loger** *house* **Bonhomme** *Snowman (mascot of the carnival)* **de haut** *high* **profondeur** *depth*

□ Région francophone

LA BAIE D'HUDSON

LA MER DU LABRADOR

Kangiqsujuaq

Inukjuak

LE QUÉBEC

TERRE-NEUVE-ET-LABRADOR

LE CANADA

Chisasibi

Labrador City

La Tabatière

le Saint-Laurent

L'ÎLE-DU-PRINCE-ÉDOUARD

Québec

LE NOUVEAU-BRUNSWICK

Trois-Rivières

L'ONTARIO

Ottawa ✪

Montréal

LA NOUVELLE-ÉCOSSE

Toronto

le lac Ontario

LES ÉTATS-UNIS

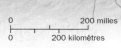

la ville de Trois-Rivières

| 0 | 200 milles |
| 0 | 200 kilomètres |

le Stade olympique, Montréal

L'OCÉAN ATLANTIQUE

Incroyable mais vrai!

Chaque année, pour le carnaval d'hiver de la ville de Québec, 15 personnes travaillent pendant deux mois à la construction d'un immense palais de glace pour loger° le Bonhomme° Carnaval. L'architecture et la taille du palais changent chaque année, mais il mesure parfois jusqu'à 50 mètres de long, 20 m de haut° et 20 m de profondeur°.

La société
Un Québec indépendant

Pour des raisons politiques, économiques et culturelles, un grand nombre de Québécois, surtout les francophones, luttent°, depuis les années soixante, pour un Québec indépendant du Canada. Ils forment le mouvement souverainiste° et font des efforts pour conserver l'identité culturelle québécoise. Ces Canadiens français ont pris le nom de québécois pour montrer leur «nationalisme». Les séparatistes ont perdu deux référendums en 1980 et en 1995, mais aujourd'hui, l'indépendance est une idée toujours d'actualité°.

Les destinations
Montréal

Montréal, deuxième ville francophone du monde après Paris, est située sur une île° du fleuve° Saint-Laurent et présente une ambiance américano-européenne. Elle a été fondée° en 1642 et a, à la fois, l'énergie d'un centre urbain moderne et le charme d'une vieille ville de style européen. Ville cosmopolite et largement bilingue de 1,8 millions d'habitants, elle attire° beaucoup de touristes et accueille° de nombreux étudiants dans ses quatre universités. La majorité des Montréalais, 68%, est de langue maternelle française; 12% parlent l'anglais et 19% une autre langue. Pourtant°, 57% de la population montréalaise peuvent communiquer en français et en anglais.

La musique
Le festival de jazz de Montréal

Le festival international de jazz de Montréal est parmi° les plus prestigieux du monde. Avec 500 concerts, dont 300 donnés gratuitement en plein air°, le festival attire 2.000 artistes de plus de 20 pays, et près de 2 millions de spectateurs. Le centre-ville, fermé à la circulation, se transforme en un village musical. De grands noms internationaux comme Miles Davis, Ella Fitzgerald, Dizzy Gillespie ou Pat Metheny sont venus au festival, ainsi que° des jazzmen locaux.

L'histoire
La ville de Québec

Capitale de la province de Québec, la ville de Québec est la seule ville d'Amérique du Nord qui a conservé ses fortifications. Fondée par l'explorateur français Samuel de Champlain en 1608, Québec est située sur un rocher°, au bord du° fleuve Saint-Laurent. Elle est connue en particulier pour sa vieille ville, son carnaval d'hiver et le château Frontenac. Les plaines d'Abraham, où les Britanniques ont vaincu° les Français en 1759 pour prendre le contrôle du Canada, servent aujourd'hui de vaste parc public. De nombreux étudiants de l'Université Laval profitent° du charme de cette ville francophone.

 Qu'est-ce que vous avez appris? Répondez aux questions par des phrases complètes.

1. Quelle était la deuxième langue de beaucoup de Français quand ils sont arrivés au Québec?
2. Quel est le nom d'un chanteur québécois célèbre?
3. Combien de temps et combien de personnes sont nécessaires à la construction du palais de glace?
4. Le palais est-il identique pour chaque carnaval?
5. Que désire le mouvement souverainiste pour le Québec?
6. Quelles sont les deux langues principales parlées à Montréal?
7. Pourquoi le centre-ville de Montréal est-il fermé pour le festival de jazz?
8. Y a-t-il seulement de grandes stars du jazz au festival?
9. Où se situe la ville de Québec?
10. Qui a fondé la ville de Québec?

SUPERSITE

SUR INTERNET

Go to **promenades.vhlcentral.com** to find more cultural information related to this **PANORAMA**.

1. Quelles sont quelques-unes des expressions qui sont particulières au français des Québécois?
2. Quels sont les autres grands festivals du Québec? Quand ont-ils lieu?
3. Cherchez plus d'informations sur le carnaval d'hiver de Québec. Le palais de glace a-t-il toujours été fait de glace?

luttent *fight* **souverainiste** *in support of sovereignty for Quebec* **d'actualité** *current, relevant* **île** *island* **fleuve** *river* **fondée** *founded* **attire** *attracts* **accueille** *welcomes* **Pourtant** *However* **parmi** *among* **en plein air** *outside* **ainsi que** *as well as* **rocher** *rock* **au bord du** *on the banks of* **ont vaincu** *defeated* **profitent** *take advantage of, benefit from*

Panorama

le marché de Douz, en Tunisie

L'Algérie

Le pays en chiffres

- ▶ **Superficie:** *2.380.000 km²*
- ▶ **Population:** *35.635.000*
  SOURCE: Population Division, UN Secretariat
- ▶ **Industries principales:** *agriculture, gaz naturel, pétrole°*
- ▶ **Ville capitale:** *Alger*   ▶ **Monnaie:** *dinar algérien*
- ▶ **Langues:** *arabe, français*

Le Maroc

Le pays en chiffres

- ▶ **Superficie:** *710.000 km²*
- ▶ **Population:** *35.324.000*
- ▶ **Industries principales:** *agriculture, tourisme*
- ▶ **Ville capitale:** *Rabat*   ▶ **Monnaie:** *dirham*
- ▶ **Langues:** *arabe, français*

La Tunisie

Le pays en chiffres

- ▶ **Superficie:** *164.000 km²*
- ▶ **Population:** *10.629.000*
- ▶ **Industries principales:** *agriculture, tourisme*
- ▶ **Ville capitale:** *Tunis*   ▶ **Monnaie:** *dinar tunisien*
- ▶ **Langues:** *arabe, français*

Personnages célèbres

- ▶ **Juliette Smája-Zerah,** *Tunisie, première avocate de Tunisie (1890–1973)*
- ▶ **Khaled,** *Algérie, chanteur (1960–)*
- ▶ **Saïd Aouita,** *Maroc, coureur de fond° (1960–)*

pétrole *oil* **coureur de fond** *long-distance runner*
Grâce aux *Thanks to* **sources** *springs* **sable** *sand*
faire pousser *grow* **En plein milieu** *Right in the middle*

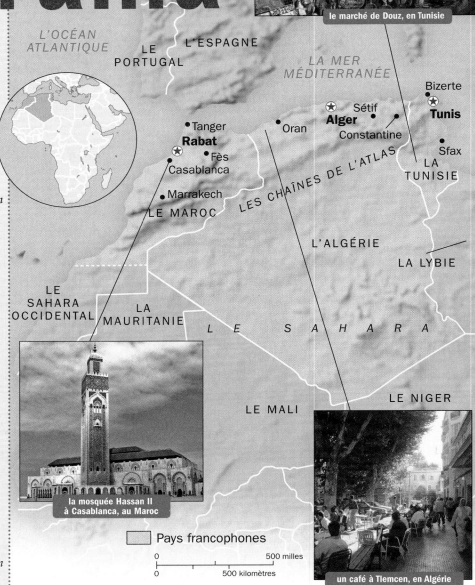

L'OCÉAN ATLANTIQUE
LE PORTUGAL
L'ESPAGNE
LA MER MÉDITERRANÉE
Bizerte
Sétif
Alger   **Tunis**
Oran   Constantine
Tanger   Sfax
Rabat
Fès   LA TUNISIE
Casablanca
Marrakech
LE MAROC   LES CHAÎNES DE L'ATLAS
L'ALGÉRIE
LA LYBIE
LE SAHARA OCCIDENTAL
LA MAURITANIE
LE SAHARA
LE MALI   LE NIGER

la mosquée Hassan II
à Casablanca, au Maroc

Pays francophones

0 _____ 500 milles
0 _____ 500 kilomètres

un café à Tlemcen, en Algérie

Incroyable mais vrai!

Des oranges du Sahara? Dans ce désert, il ne tombe que 12 cm de pluie par an. Grâce aux° sources° et aux rivières sous le sable°, les Sahariens ont développé un système d'irrigation pour faire pousser° des fruits et des légumes dans les oasis. En plein milieu° du désert, on peut trouver des tomates, des abricots ou des oranges!

Les régions

Le Maghreb

La région du Maghreb, en Afrique du Nord, se compose° du Maroc, de l'Algérie et de la Tunisie. Envahis° aux 7ᵉ et 8ᵉ siècles par les Arabes, les trois pays deviennent plus tard des colonies françaises avant de retrouver leur indépendance dans les années 1950–1960. La population du Maghreb est composée d'Arabes, d'Européens et de Berbères, les premiers résidents de l'Afrique du Nord. Le Grand Maghreb inclut ces trois pays, plus la Libye et la Mauritanie. En 1989, les cinq pays ont formé l'Union du Maghreb Arabe dans l'espoir° de créer une union politique et économique.

Les arts

Assia Djebar (1936–)

Lauréate de nombreux prix littéraires et cinématographiques, Assia Djebar fait partie des écrivains et cinéastes algériens les plus talentueux. Dans ses œuvres°, Djebar présente le point de vue° féminin avec l'intention de donner une voix° aux femmes algériennes. *La Soif*, son premier roman°, sort en 1957. C'est plus tard, pendant qu'elle enseigne l'histoire à l'Université d'Alger, qu'elle devient cinéaste et sort son premier film, *La Nouba des femmes du Mont Chenoua*, en 1979. Le film reçoit le prix de la critique internationale au festival du film de Venise. En 2005, Assia Djebar est élue° à l'Académie française.

Les destinations

Marrakech

La ville de Marrakech, fondée en 1062, est un grand symbole du Maroc médiéval. Sa médina, ou vieille ville, est entourée° de fortifications et fermée aux automobiles. On y trouve la mosquée de Kutubiyya et la place Djema'a el-Fna. La mosquée est le joyau° architectural de la ville, et la place Djema'a el-Fna est la plus active de toute l'Afrique à tout moment de la journée, avec ses nombreux artistes et vendeurs. La médina a aussi le plus grand souk (grand marché couvert°) du Maroc, où toutes sortes d'objets sont proposés, au milieu de délicieuses odeurs de thé à la menthe°, d'épices et de pâtisseries au miel°.

Les traditions

Les hammams

Inventés par les Romains et adoptés par les Arabes, les hammams, ou «bains turcs», sont très nombreux et populaires en Afrique du Nord. Ce sont des bains de vapeur° composés de plusieurs pièces—souvent trois—où la chaleur est plus ou moins forte. L'architecture des hammams varie d'un endroit à un autre, mais ces bains de vapeur servent tous de lieux où se laver et de centres sociaux très importants dans la culture régionale. Les gens s'y réunissent aux grandes occasions de la vie, comme les mariages et les naissances, et y vont aussi de manière habituelle pour se détendre et bavarder entre amis.

 Qu'est-ce que vous avez appris? Répondez aux questions par des phrases complètes.

1. Qui est un chanteur algérien célèbre?
2. Où fait-on pousser des fruits et des légumes dans le Sahara?
3. Pourquoi le français est-il parlé au Maghreb?
4. Combien de pays composent le Grand Maghreb? Lesquels?
5. Qui est Assia Djebar?

6. Qu'essaie-t-elle de faire dans ses œuvres?
7. Qu'est-ce qu'un souk?
8. Quel est l'autre nom pour la vieille ville de Marrakech?
9. Où peut-on aller au Maghreb pour se détendre et bavarder entre amis?
10. Qui a inventé les hammams?

SUPERSITE | **SUR INTERNET**

Go to promenades.vhlcentral.com to find more cultural information related to this **PANORAMA**.

1. Cherchez plus d'information sur les Berbères. Où se trouvent les grandes populations de Berbères? Ont-ils encore une identité commune?
2. Le henné est une tradition dans le monde maghrébin. Comment et pourquoi est-il employé?
3. Cherchez des informations sur les oasis du Sahara. Comment est la vie là-bas? Que peut-on y faire?

se compose *is made up* **Envahis** *Invaded* **espoir** *hope* **œuvres** *works* **point de vue** *point of view* **voix** *voice* **roman** *novel* **élue** *elected* **entourée** *surrounded* **joyau** *jewel* **couvert** *covered* **menthe** *mint* **miel** *honey* **vapeur** *steam*

Lecture

Avant la lecture

STRATÉGIE

Identifying point of view

You can understand a text more completely if you identify the point of view of the narrator. You can do this by simply asking yourself from whose perspective the story is being told. Some stories are narrated in the first person. That is, the narrator is a character in the story, and everything you read is filtered through that person's thoughts, emotions, and opinions. Other texts have an omniscient narrator who is not a character in the story but who reports the thoughts and actions of the story's characters.

Examinez le texte

Regardez le titre du texte et l'illustration. De quoi va parler ce texte, à votre avis? Décrivez l'illustration. Où est le personnage? Que fait-il? Quel âge a-t-il, d'après vous? A-t-il l'air de bien s'amuser?

À propos de l'auteur
Hector de Saint-Denys Garneau

Né à Montréal en 1912, Hector de Saint-Denys Garneau a d'abord passé une grande partie de son enfance dans la maison de campagne de sa famille. Puis, en 1923, sa famille part habiter à Montréal où Hector fait des études dans plusieurs collèges et où il étudie aussi l'art à l'École des Beaux-Arts. Certains de ses tableaux sont exposés à la Galerie des arts de Montréal. Il écrit aussi des articles sur l'art, des poèmes, des lettres et un journal. En 1926, à 14 ans, il reçoit le Premier Prix du Concours littéraire de la maison Henri Morgan. Puis en 1928, il gagne le Prix du Poetry Group de la Canadian Authors Association. En 1934, il arrête ses études pour des raisons de santé. Il passe alors beaucoup de temps à se reposer dans la maison de sa famille, à Sainte-Catherine-de-Fossambault où il meurt d'une crise cardiaque° en 1943, à l'âge de 31 ans.

crise cardiaque *heart attack*

Le Jeu

1   Ne me dérangez° pas je suis profondément° occupé

   Un enfant est en train de bâtir° un village
   C'est une ville, un comté°
   Et qui sait
5   Tantôt° l'univers.

   Il joue.

   Ces cubes de bois° sont des maisons qu'il déplace et des châteaux
   Cette planche fait signe d'un toit qui penche° ça n'est pas mal à voir°
   Ce n'est pas peu de savoir où va tourner la route de cartes

Extrait de: «Le jeu» dans *Regards et jeux dans l'espace* d'Hector de Saint-Denys Garneau

Hector de Saint-Denys Garneau

10 Cela pourrait° changer complètement le cours de la rivière°
   À cause du° pont qui fait un si beau mirage dans l'eau du tapis
   C'est facile d'avoir un grand arbre°
   Et de mettre au-dessous° une montagne pour qu'il soit en haut°.

   Joie° de jouer! paradis des libertés!
15 Et surtout n'allez pas mettre un pied° dans la chambre
   On ne sait jamais ce qui peut être dans ce coin
   Et si vous n'allez pas écraser° la plus chère des fleurs invisibles. [...]

dérangez bother **profondément** extremely **bâtir** build **comté** county **Tantôt** Maybe
bois wood **Cette planche fait signe d'un toit qui penche** This board looks like an angled roof
voir see **pourrait** could **cours de la rivière** path of the river **À cause du** Because of
arbre tree **au-dessous** underneath **pour qu'il soit en haut** so that it would be at the top
Joie Joy **mettre un pied** set foot **écraser** crush

Après la lecture

Vrai ou faux? Indiquez si les phrases sont **vraies** ou **fausses**. Citez le texte pour justifier vos réponses.

1. Le petit garçon construit son village dans le jardin de la maison.
   _____

2. D'après le narrateur, l'enfant n'a pas beaucoup d'imagination.
   _____

3. L'enfant construit des maisons avec des cubes de bois.
   _____

4. La rue du village est faite de cartes.
   _____

5. Il est facile pour l'enfant de décider où mettre la route de cartes.
   _____

6. Le petit garçon utilise le tapis de sa chambre pour faire une rivière.
   _____

7. Le narrateur imagine le reflet (*reflection*) d'un pont dans l'eau.
   _____

8. La ville de l'enfant est toute plate.
   _____

9. D'après le narrateur, l'enfant n'aime pas beaucoup jouer dans sa chambre.
   _____

10. Tout le monde doit aller voir le village du petit garçon.
    _____

Le narrateur Regardez rapidement les lignes 2 à 17 du texte et notez les sujets et les pronoms sujets utilisés dans les descriptions. Qui décrit la scène: le petit garçon de l'histoire ou bien une autre personne?

Un autre narrateur? Relisez la première phrase du poème. Quel est le pronom sujet utilisé dans cette phrase? Qui parle, à votre avis? Est-ce le même narrateur que dans le reste du poème ou bien est-ce peut-être un autre narrateur? Qui? Justifiez votre réponse.

L'enfance L'auteur pense-t-il que l'enfance est un moment heureux de la vie? Expliquez pourquoi et citez des exemples du texte pour justifier vos réponses. Et vous, partagez-vous l'opinion de l'auteur? Qu'est-ce qui est différent quand on est enfant?

Retrouver son chemin

continuer	to continue
se déplacer	to move (change location)
descendre	to go/come down
être perdu(e)	to be lost
monter	to go up/come up
s'orienter	to get one's bearings
suivre	to follow
tourner	to turn
traverser	to cross
un angle	corner
une avenue	avenue
un banc	bench
un bâtiment	building
un boulevard	boulevard
une cabine téléphonique	phone booth
un carrefour	intersection
un chemin	way; path
un coin	corner
des indications (f.)	directions
un feu de signalisation (feux pl.)	traffic light(s)
une fontaine	fountain
un office du tourisme	tourist office
un pont	bridge
une rue	street
une statue	statue
est	east
nord	north
ouest	west
sud	south

Pour donner des indications

au bout (de)	at the end (of)
au coin (de)	at the corner (of)
autour (de)	around
jusqu'à	until
(tout) près (de)	(very) close (to)
tout droit	straight ahead

Vocabulaire supplémentaire

dès que	as soon as
quand	when

À la poste

poster une lettre	to mail a letter
une adresse	address
une boîte aux lettres	mailbox
une carte postale	postcard
un colis	package
le courrier	mail
une enveloppe	envelope
un facteur	mailman
un timbre	stamp

À la banque

avoir un compte bancaire	to have a bank account
déposer de l'argent	to deposit money
emprunter	to borrow
payer avec une carte de crédit	to pay with a credit card
payer en liquide	to pay in cash
payer par chèque	to pay by check
retirer de l'argent	to withdraw money
les billets (m.)	bills, notes
un compte de chèques	checking account
un compte d'épargne	savings account
une dépense	expenditure, expense
un distributeur automatique/de billets	ATM
les pièces de monnaie (f.)/ de la monnaie	coins/change

Pronoms relatifs

dont	of which, of whom
où	where
que	that, which
qui	who, that, which

En ville

accompagner	to accompany
faire la queue	to wait in line
remplir un formulaire	to fill out a form
signer	to sign
une banque	bank
une bijouterie	jewelry store
une boutique	boutique, store
une brasserie	café, restaurant
un bureau de poste	post office
un cybercafé	cybercafé
une laverie	laundromat
un marchand de journaux	newsstand
une papeterie	stationery store
un salon de beauté	beauty salon
un commissariat de police	police station
une mairie	town/city hall; mayor's office
fermé(e)	closed
ouvert(e)	open

La négation

jamais	never; ever
ne... aucun(e)	none (not any)
ne... jamais	never (not ever)
ne... ni... ni...	neither... nor
ne... personne	nobody, no one
ne... plus	no more (not anymore)
ne... que	only
ne... rien	nothing (not anything)
pas (de)	no, none
personne	no one
quelque chose	something
quelqu'un	someone
rien	nothing
toujours	always; still

Verbes

apercevoir	to catch sight of, to see
s'apercevoir	to notice; to realize
recevoir	to receive
voir	to see

Expressions utiles	See pp. 359 and 373.
Le futur simple	See pp. 376–377.

L'espace vert

Pour commencer

- Où est le groupe d'amis?
  a. à la mer   b. à la campagne   c. en ville
- Qu'est-ce qu'ils vont faire?
  a. un pique-nique   b. les courses   c. du vélo
- Qu'est-ce qu'il y a derrière eux?
  a. une jungle   b. une montagne   c. un pont

Savoir-faire

Leçon 25

You will learn how to...

- talk about pollution
- talk about what needs to be done

Sauvons la planète!

un nuage de pollution

la pluie acide

l'énergie nucléaire (f.)

l'énergie solaire (f.)

une centrale nucléaire

USINE AUTOMOBILE

la pollution

le covoiturage

Vocabulaire

abolir	to abolish
améliorer	to improve
développer	to develop
gaspiller	to waste
préserver	to preserve
prévenir l'incendie	to prevent fires
proposer une solution	to propose a solution
sauver la planète	to save the planet
une catastrophe	catastrophe
un danger	danger, threat
des déchets toxiques (m.)	toxic waste
l'effet de serre (m.)	greenhouse effect
le gaspillage	waste
un glissement de terrain	landslide
une population croissante	growing population
le réchauffement de la Terre	global warming
la surpopulation	overpopulation
le trou dans la couche d'ozone	hole in the ozone layer
une usine	factory
l'écologie (f.)	ecology
un emballage en plastique	plastic wrapping/packaging
l'environnement (m.)	environment
un espace	space, area
un produit	product
la protection	protection
écologique	ecological
en plein air	outdoor, open-air
pur(e)	pure
un gouvernement	government
une loi	law

ressources

WB pp. 171–172

LM p. 97

promenades.vhlcentral.com
Leçon 25

Mise en pratique SUPERSITE

le ramassage des ordures (f.)

Elle recycle. (recycler)

le recyclage

interdire

Ils ont pollué. (polluer)

1 Écoutez 🎧 Écoutez l'annonce radio suivante. Ensuite, complétez les phrases avec le mot ou l'expression qui convient le mieux.

1. C'est l'annonce radio _____
   a. d'un groupe d'étudiants.
   b. d'une entreprise commerciale.
   c. d'une agence écologiste.
2. La protection de l'environnement, c'est l'affaire _____
   a. de tous.
   b. du gouvernement.
   c. des centres de recyclage.
3. L'annonce dit qu'on peut recycler _____
   a. les emballages en plastique et en papier.
   b. les boîtes de conserve.
   c. les bouteilles en plastique.
4. Pour les déchets toxiques, il y a _____
   a. le ramassage des ordures.
   b. le centre de recyclage.
   c. l'effet de serre.
5. Pour ne pas gaspiller l'eau, on peut _____
   a. acheter des produits écologiques.
   b. développer les incendies.
   c. prendre des douches plus courtes.

2 Complétez Complétez les phrases suivantes avec le mot ou l'expression qui convient le mieux pour parler de l'environnement. N'oubliez pas les accords.

1. Nous avons trois poubelles différentes pour pouvoir _____.
2. _____ contribue au réchauffement de la Terre.
3. _____ produisent près de 80% de l'énergie en France.
4. Les pluies ont provoqué _____. À présent, la route est fermée.
5. Chez moi, _____ des ordures se fait tous les lundis.
6. L'accident à l'usine chimique a provoqué un _____.

3 Composez Utilisez les éléments de chaque colonne pour former six phrases cohérentes au sujet de l'environnement. Vous pouvez composer des phrases affirmatives ou négatives.

Les gens	Les actions	Les éléments
vous	développer	l'eau
on	gaspiller	le covoiturage
les gens	polluer	l'énergie solaire
les politiciens	préserver	l'environnement
les entreprises	proposer	la planète
les centrales nucléaires	sauver	la Terre

CONTEXTES

Communication

4   Décrivez Avec un(e) partenaire, décrivez ces photos et donnez autant de détails et d'informations que possible. Soyez prêt(e)s à présenter vos descriptions à la classe.

1.

3.

2.

4.

5   À vous de jouer Par petits groupes, préparez une conversation au sujet d'une des situations suivantes. Ensuite jouez la scène devant la classe.

- Un(e) employé(e) du centre de recyclage local vient dans votre université pour expliquer aux étudiants un nouveau système de recyclage. De nombreux étudiants posent des questions.
- Un groupe d'écologistes rencontre le patron d'une entreprise accusée de polluer la rivière (*river*) locale.
- Le ministre de l'environnement donne une conférence de presse au sujet d'une nouvelle loi sur la protection de l'environnement.
- Votre colocataire oublie systématiquement de recycler les emballages. Vous avez une conversation animée avec lui/elle.

6   L'article Vous êtes journaliste et vous devez écrire un article pour le journal local au sujet de la pollution. Vous en expliquez les causes et les conséquences sur l'environnement. Vous suggérez aussi des solutions pour améliorer la situation.

MODÈLE

Les dangers de la pollution chimique

Les usines chimiques de notre région polluent! C'est une catastrophe pour notre environnement. Il faut leur interdire de fonctionner jusqu'à ce qu'elles améliorent leurs systèmes de recyclage...

Les sons et les lettres

🎧 **Les liaisons obligatoires et les liaisons interdites**

Rules for making liaisons are complex and have many exceptions. Generally, a liaison is made between pronouns and between a pronoun and a verb that begins with a vowel or vowel sound.

vous en avez   **nous habitons**   **ils aiment**   **elles arrivent**

Make liaisons between articles, numbers, or the verb **est** and a noun or adjective that begins with a vowel or a vowel sound.

un éléphant   **les amis**   **dix hommes**   **Roger est enchanté.**

There is a liaison after many single-syllable adverbs, conjunctions, and prepositions.

très intéressant   **chez eux**   **quand elle**   **quand on décidera**

Many expressions have obligatory liaisons that may or may not follow these rules.

C'est-à-dire...   **Comment allez-vous?**   **plus ou moins**   **avant-hier**

Never make a liaison before or after the conjunction **et** or between a noun and a verb that follows it. Likewise, do not make a liaison between a singular noun and an adjective that follows it.

un garçon et une fille   **Gilbert adore le football.**   **un cours intéressant**

There is no liaison before **h aspiré** or before the word **oui** and before numbers.

un hamburger   **les héros**   **un oui et un non**   **mes onze animaux**

🔊 **Prononcez** Répétez les mots suivants à voix haute.

  1. les héros   2. mon petit ami   3. un pays africain   4. les onze étages

🔊 **Articulez** Répétez les phrases suivantes à voix haute.

  1. Ils en veulent onze.
  2. Vous vous êtes bien amusés hier soir?
  3. Cristelle et Albert habitent en Angleterre.
  4. Quand est-ce que Charles a acheté ces objets?

🔊 **Dictons** Répétez les dictons à voix haute.

Les murs ont des oreilles.[2]

Deux avis valent mieux qu'un.[1]

[1] Two heads are better than one. (lit. Two opinions are better than one.)
[2] The walls have ears.

ressources

LM
p. 98

promenades.vhlcentral.com
Leçon 25

ROMAN-PHOTO

Une idée de génie

PERSONNAGES

Amina

David

Rachid

Sandrine

Stéphane

Valérie

Au P'tit Bistrot...

VALÉRIE Stéphane, mon chéri, tu peux porter ces bouteilles en verre à recycler, s'il te plaît?

STÉPHANE Oui, bien sûr, maman.

VALÉRIE Oh, et puis, ces emballages en plastique aussi.

STÉPHANE Oui, je m'en occupe tout de suite.

RACHID ET AMINA Bonjour, Madame Forestier!

VALÉRIE Bonjour à vous deux.

AMINA Où est Michèle?

VALÉRIE Je n'en sais rien.

RACHID Mais elle ne travaille pas aujourd'hui?

VALÉRIE Non, elle ne vient ni aujourd'hui, ni demain, ni la semaine prochaine.

AMINA Elle est en vacances?

VALÉRIE Elle a démissionné.

RACHID Mais pourquoi?

AMINA Ça ne nous regarde pas!

VALÉRIE Oh, ça va, je peux vous le dire. Michèle voulait un autre travail.

RACHID Quelle sorte de travail?

VALÉRIE Plus celui-ci... Elle voulait une augmentation, ce n'était pas possible.

DAVID Madame Forestier, vous avez entendu la nouvelle? Je rentre aux États-Unis.

VALÉRIE Tu repars aux États-Unis?

DAVID Dans trois semaines.

VALÉRIE Il te reste très peu de temps à Aix, alors!

SANDRINE Oui. On sait.

DAVID Il faut que nous passions le reste de mon séjour de bonne humeur, hein?

RACHID Ah, mais vraiment, tout le monde a l'air triste aujourd'hui!

AMINA Oui. Pensons à quelque chose pour améliorer la situation. Tu as une idée?

RACHID Oui, peut-être.

AMINA Dis-moi! *(Il lui parle à l'oreille.)* Excellente idée!

RACHID Tu crois? Tu es sûre? Bon... Écoutez, j'ai une idée.

DAVID C'est quoi, ton idée?

RACHID Tout le monde a l'air triste aujourd'hui. Si on allait au mont Sainte-Victoire ce week-end. Ça vous dit?

DAVID Oui! J'aimerais bien y aller. J'adore dessiner en plein air.

ACTIVITÉS

1 Les évènements Remettez les évènements suivants dans l'ordre chronologique.

_____ a. David dit qu'il part dans trois semaines.

_____ b. Valérie explique que Michèle ne travaille plus au P'tit Bistrot.

_____ c. Amina dit qu'elle veut aller à la montagne Sainte-Victoire ce week-end.

_____ d. Stéphane va apporter les bouteilles et les emballages à recycler.

_____ e. Amina veut savoir où est Michèle.

_____ f. David veut parler de ce qu'il a appris dans le journal au reste du groupe.

_____ g. Sandrine semble *(seems)* avoir le trac *(stage fright)*.

_____ h. Ils décident de passer le week-end tous ensemble.

_____ i. Rachid essaie de remonter le moral à ses amis.

_____ j. David console Sandrine.

Rachid propose une excursion en montagne.

DAVID Bonjour, tout le monde. Vous avez lu le journal ce matin? Il faut que je vous parle de cet article sur la pollution. J'ai appris beaucoup de choses au sujet des pluies acides, du trou dans la couche d'ozone, de l'effet de serre...

AMINA Oh, David, la barbe.

RACHID Allez, assieds-toi et déjeune avec nous.

Un peu plus tard...

RACHID Ton concert est dans une semaine, n'est-ce pas Sandrine?

SANDRINE Oui.

RACHID Qu'est-ce que tu vas chanter?

SANDRINE Écoute, Rachid, je n'ai pas vraiment envie de parler de ça.

SANDRINE Oui, peut-être...

AMINA Allez! Ça nous fera du bien! Adieu pollution de la ville. À nous, l'air pur de la campagne! Qu'en penses-tu, Sandrine?

SANDRINE Bon, d'accord.

AMINA Super! Et vous, Madame Forestier? Vous et Stéphane avez besoin de vous reposer aussi, vous devez absolument venir avec nous!

VALÉRIE En effet, je crois que c'est une excellente idée!

Expressions utiles

Talking about necessities

- **Il faut que je vous parle de cet article sur la pollution.**
  I have to tell you about this article on pollution.
- **Il faut que nous passions le reste de mon séjour de bonne humeur.**
  We have to spend the rest of my stay in a good mood.

Getting someone's opinion

- **Qu'en penses-tu?**
  What do you think (about that)?
- **Je pense que...**
  I think that...

Expressing denial

- **Je n'en sais rien.**
  I have no idea.
- **Ça ne nous regarde pas.**
  That is none of our business.
- **Quelle sorte de travail? Plus celui-ci.**
  What kind of job? Not this one anymore.

Additional vocabulary

- **au sujet de**
  about
- **Adieu!**
  Farewell!
- **Il te reste très peu de temps.**
  You don't have much time left.
- **en effet**
  indeed/in fact
- **je crois**
  I think/believe
- **Ça te/vous dit?**
  Does that appeal to you?

---

2 **Répondez** Répondez aux questions suivantes par des phrases complètes.

1. Que se passe-t-il avec Sandrine?
2. Qu'est-ce qu'Amina croit (*believe*) qu'il se passe avec Michèle?
3. Pourquoi Rachid veut-il aller à la montagne Sainte-Victoire?
4. À votre avis, qu'est-ce que David a appris après avoir lu le journal?

3 **Écrivez** Imaginez comment se passera le week-end du groupe d'amis à la montagne Sainte-Victoire. Composez un paragraphe qui explique comment ils vont y aller, ce qu'ils y feront, s'ils s'amuseront...

ressources

| VM pp. 235–236 | DVD Leçon 25 | promenades.vhlcentral.com Leçon 25 |

A C T I V I T É S

LECTURE CULTURELLE

CULTURE À LA LOUPE

L'écologie

l'agriculture française

Le mouvement écologique a commencé en France dans les années 1970, mais ne s'est réellement développé que dans les années 1980. Ce sont surtout les crises majeures comme le nuage de Tchernobyl en 1986, la destruction de la couche d'ozone, l'effet de serre et les marées noires° qui ont réveillé la conscience écologique des Français. Le désir de préserver la qualité de la vie et les espaces naturels s'est développé en même temps.

Aujourd'hui, l'environnement n'est pas le sujet d'inquiétude° numéro un des Français. L'emploi, la baisse des revenus° et l'avenir des retraites les préoccupent° plus. Pourtant, le score aux élections du parti écologique des Verts est en hausse° depuis 1999 et on considère que le parti des Verts est le deuxième parti de gauche.

De manière générale, les problèmes liés à° l'environnement qui retiennent° le plus l'attention des Français sont la pollution atmosphérique des villes, la pollution de l'eau, le réchauffement du climat et la prolifération des déchets nucléaires. Pour l'opinion publique, le plus urgent à régler est la qualité de l'eau. En effet, à cause de° l'agriculture française, les taux° de nitrates et de phosphates dans l'eau sont presque partout largement supérieurs à la normale. Depuis la crise de la vache folle°, les Français sont aussi sensibles aux menaces alimentaires°. Les cultures OGM° ont porté le débat écologique dans les assiettes.

une manifestation° des Verts

Les inquiétudes sur l'environnement

les Français qui sont préoccupés par la pollution de l'air et de l'eau	70 à 80%
les Français qui s'opposent à la culture de plantes génétiquement modifiées	66%
les Français qui s'inquiètent de plus en plus des changements climatiques	35%
les Français qui sont préoccupés par les problèmes de qualité du cadre de vie°: urbanisation en augmentation, pollution sonore°, disparition des paysages°, etc.	33%

marées noires *oil spills* **inquiétude** *concern* **baisse des revenus** *lowering of incomes* **préoccupent** *worry* **en hausse** *on the rise* **liés à** *linked to* **retiennent** *hold* **régler** *solve* **à cause de** *because of* **taux** *levels* **vache folle** *mad cow* **alimentaires** *food-related* **OGM (organismes génétiquement modifiés)** *GMO* **cadre de vie** *living environment* **pollution sonore** *noise pollution* **disparition des paysages** *changing landscapes* **manifestation** *demonstration*

ACTIVITÉS

1 Complétez Complétez les phrases.

1. Le mouvement écologique s'est développé _____.

2. Les crises majeures comme _____ ont réveillé la conscience écologique des Français.

3. _____ n'est pas la principale préoccupation des Français.

4. _____ préoccupent les Français.

5. Le score du parti écologique des Verts est _____

6. Le problème écologique le plus urgent à régler est _____.

7. À cause de l'agriculture, _____ sont presque partout largement supérieurs à la normale.

8. 70 à 80% des Français sont préoccupés _____

9. 66% des Français s'opposent _____.

10. _____ s'inquiètent de plus en plus des changements climatiques.

STRATÉGIE

Drawing conclusions

Every time you apply one of the reading strategies you have learned, you are able to draw a conclusion about one particular aspect of the text. The more conclusions you accumulate, the clearer the text's broader meaning should become. After you have applied all the reading strategies relevant to a text, draw your own general conclusions and form your own opinions about the overall text with confidence.

LE MONDE FRANCOPHONE

L'écotourisme

Voici quelques destinations francophones de l'écotourisme.

En Afrique du Nord avec le désert du Sahara, en Algérie, au Maroc et en Tunisie

À la Guadeloupe avec le volcan de la Soufrière, ses nombreuses cascades° et ses forêts tropicales

En Guyane française avec sa forêt tropicale humide qui couvre 90% du pays

Au Québec avec sa géographie variée, ses communautés indigènes° et ses trois réserves de biosphère

Aux Seychelles les 115 îles de l'archipel, avec leurs nombreuses réserves naturelles et leurs récifs de corail°

Au Viêt-nam le delta du Mékong, avec son paysage de canaux° et ses cultures de riz

cascades *waterfalls* **indigènes** *native* **récifs de corail** *coral reefs* **canaux** *canals*

PORTRAIT

L'énergie nucléaire

En France, le nucléaire produit 75 à 80% de l'électricité. C'est EDF (Électricité de France) qui a construit les premières centrales° du pays. Aujourd'hui, le pays possède 58 réacteurs et une usine de traitement°, la COGEMA. Les déchets radioactifs de France, d'Europe et d'Asie y sont traités°. La France est un exemple de réussite de l'énergie nucléaire, mais sa population est inquiète. L'explosion de Tchernobyl en 1986 a démontré les risques d'accidents des centrales. Dix pour cent des déchets, dits «à vie longue», ne sont pas traitables° et deviennent un problème de santé publique. Le rôle des énergies renouvelables ne peut donc qu'augmenter° à l'avenir.

centrales *power plants* **usine de traitement** *reprocessing plant* **traités** *reprocessed* **ne sont pas traitables** *cannot be reprocessed* **augmenter** *become larger*

SUPERSITE

SUR INTERNET

Quand la dernière marée noire a-t-elle eu lieu en France?

Go to **promenades.vhlcentral.com** to find more cultural information related to this **LECTURE CULTURELLE.**

---

2 **Répondez** Répondez aux questions d'après les textes.

1. En France, quelle quantité d'électricité le nucléaire produit-il?
2. Qui a construit les premières centrales françaises?
3. Quel type de déchets la COGEMA traite-t-elle?
4. Les Français sont-ils contents du nucléaire?
5. Où peut-on faire de l'écotourisme au Québec?

3 **Nucléaire et environnement** Vous travaillez à la COGEMA et votre partenaire est un militant écologiste. Imaginez ensemble un dialogue où vous parlez de vos opinions pour et contre l'usage (*use*) de l'énergie nucléaire en France. Soyez prêts à jouer votre dialogue devant la classe.

ressources

SUPERSITE
promenades.vhlcentral.com
Leçon 25

ACTIVITÉS

STRUCTURES

25.1 The interrogative pronoun *lequel* and demonstrative pronouns

Point de départ If a person or thing has already been mentioned, use a form of the pronoun **lequel**, translated as *which one*, in place of the adjective **quel(le)** [+ *noun*].

Quel produit choisirez-vous?
Which product will you choose?

Lequel choisirez-vous?
Which one will you choose?

- **Lequel** agrees with the noun to which it refers.

	singular	plural
masculine	lequel	lesquels
feminine	laquelle	lesquelles

Quelle solution proposeraient-ils?
Which solution would they propose?

Laquelle proposeraient-ils?
Which one would they propose?

- Place the form of **lequel** wherever you would place **quel(le)(s)** [+ *noun*] in a question.

Dans **quel emballage** l'envoie-t-il?
In which package is he sending it?

Dans **lequel** l'envoie-t-il?
In which one is he sending it?

- Remember that past participles agree with preceding direct objects.

Laquelle avez-vous **choisie**?
Which one did you choose?

Lesquels as-tu **faits**?
Which ones did you do?

- Forms of **lequel** contract with the prepositions **à** and **de**.

à + form of *lequel*		
	singular	plural
masculine	auquel	auxquels
feminine	à laquelle	auxquelles

de + form of *lequel*		
	singular	plural
masculine	duquel	desquels
feminine	de laquelle	desquelles

Auxquels vous intéressez-vous?
Which ones interest you?

Vous parlez **duquel**?
Which one are you talking about?

Michèle avait ses raisons? Lesquelles?

Les meilleures idées sont toujours celles de Rachid.

 SUPERSITE **MISE EN PRATIQUE**

1 **Le marché aux puces** Vous êtes au marché aux puces (*flea market*) pour trouver des cadeaux. Complétez les phrases avec des pronoms démonstratifs.

1. Ce magnifique vase bleu, je pense que c'est _____ que maman voulait.

2. Ces deux jolis sacs: _____ est pour Sylvie et _____ est pour Soraya.

3. Cette casquette rouge est pour moi. Elle ressemble à _____ de Françoise.

4. Il y avait des boîtes pleines de livres anciens. _____ que j'ai achetés étaient les plus beaux.

5. J'adore ces deux affiches. _____ est pour Julien et _____ est pour André.

2 **Répétez** Vous rencontrez M. Dupont pendant un dîner où il y a beaucoup de bruit (*noise*). Il vous pose des questions, mais il n'entend pas vos réponses. Avec un(e) partenaire, alternez les rôles.

> **MODÈLE** examen / avoir réussi
> *Quel examen avez-vous réussi?*
> *Lequel avez-vous réussi?*

1. produit / s'intéresser à

2. e-mail / avoir envoyé

3. solution / avoir trouvé pour améliorer les espaces verts

4. déchets / être les plus toxiques

5. lois / devoir suivre

6. domaine (*area*) de l'environnement / se spécialiser dans

3 **La culture francophone** À tour de rôle, posez-vous ces questions et répondez. Ensuite, posez-vous une question avec une forme de **lequel**.

> **MODÈLE** Qui chante en français?
> a. Madonna b. Céline Dion c. Mariah Carey
> *Laquelle/Lesquelles de ces chanteuses aimes-tu?*

1. Qui est un acteur français?
   a. Gérard Depardieu
   b. Paul Newman
   c. Johnny Depp

2. Où parle-t-on français?
   a. Philadelphie b. Montréal c. Athènes

3. Quelle voiture est française?
   a. Lotus b. Ferrari c. Peugeot

4. Quelle marque (*brand*) est française?
   a. Mabelle b. Versace c. L'Oréal

5. Qui est un réalisateur (*director*) français?
   a. Visconti b. Besson c. Spielberg

COMMUNICATION

4 Définitions Votre petit frère vous demande de lui expliquer ces expressions. Avec un(e) partenaire, alternez les rôles pour donner leurs définitions. Utilisez **celui qui, celle qui, ceux qui** ou **celles qui**.

MODÈLE

un pollueur
Étudiant(e) 1: *Qu'est-ce que c'est, un pollueur?*
Étudiant(e) 2: *C'est celui qui laisse des papiers sales dans la rue.*

- les déchets toxiques
- l'énergie solaire
- un(e) écologiste
- la pluie acide
- un écoproduit
- les voitures hybrides

5 La pollution Que pensent vos camarades de la pollution? Posez ces questions à un(e) partenaire. Ensuite, présentez les réponses à la classe. Utilisez **celui, celle, ceux** ou **celles**.

1. Quelles voitures polluent le moins: les voitures hybrides ou les voitures de sport? Lesquelles préfères-tu?
2. Connais-tu quelqu'un qui fait régulièrement du covoiturage? Qui? Pourquoi le fait-il/elle?
3. Les emballages en plastique polluent-ils plus que ceux en papier? Pourquoi?
4. Est-ce que ceux qui recyclent leurs déchets aident à préserver la nature? Pourquoi?
5. Parmi (*Among*) les pays industrialisés, lesquels polluent le plus? Lesquels polluent le moins?

6 Enquête Votre professeur va vous donner une feuille d'activités. Circulez dans la classe et parlez à des camarades différent(e)s pour trouver qui fait quoi. Demandez des détails.

MODÈLE

Étudiant(e) 1: *Écoutes-tu de la musique?*
Étudiant(e) 2: *Oui.*
Étudiant(e) 1: *Laquelle aimes-tu?*
Étudiant(e) 2: *J'écoute toujours de la musique classique.*

Activités	Nom	Réponse
1. écouter de la musique	Delphine	musique classique
2. avoir des passe-temps		
3. bien s'entendre avec des membres de sa famille		
4. s'intéresser aux livres		
5. travailler avec d'autres étudiant(e)s		

Demonstrative pronouns

- In **Leçon 11**, you learned how to use demonstrative adjectives. Demonstrative *pronouns* refer to a person or thing that has already been mentioned. Examples of English demonstrative pronouns include *this one* and *those*.

L'énergie qui coûte moins cher est plus dangereuse.
The energy that costs less is more dangerous.

Celle qui coûte moins cher est plus dangereuse.
The one that costs less is more dangerous.

- Demonstrative pronouns agree in number and gender with the noun to which they refer.

Demonstrative pronouns

	singular		plural	
masculine	celui	*this one; that one; the one*	ceux	*these; those; the ones*
feminine	celle	*this one; that one; the one*	celles	*these; those; the ones*

- Demonstrative pronouns must be followed by one of three constructions: **-ci** or **-là**, a relative clause, or a prepositional phrase.

-ci; -là	**Quels emballages? Ceux-ci?** *Which packages? These here?*	**Quelle bouteille? Celle-là en verre?** *Which bottle? The glass one there?*
relative clause	**Quelle femme? Celle qui parle?** *Which woman? The one who is talking?*	**C'est celui qu'on a entendu à la radio.** *He is the one we heard on the radio.*
prepositional phrase	**Quel problème? Celui de l'effet de serre?** *What problem? The one about the greenhouse effect?*	**Ces sacs coûtent plus cher que ceux en papier.** *Those bags cost more than the paper ones.*

Essayez! **Refaites les questions avec des formes de lequel.**

1. Pour quelle compagnie travaillez-vous? *Pour laquelle travaillez-vous?*
2. Quel timbre préférez-vous? _____
3. Quels pays t'intéressent? _____
4. Quelles usines polluent? _____

Choisissez le bon pronom démonstratif.

5. Le recyclage du plastique coûte plus cher que (celle / **celui**) du verre.
6. Les espaces verts sont (ceux / celles) dont on a le plus besoin en ville.
7. Les ordures les plus sales sont (ceux / celles) des industries.
8. Quel sac préfères-tu: (ceux / celui)-ci?

25.2 The subjunctive (Part 1)
Introduction, regular verbs, and impersonal expressions

Point de départ With the exception of commands and the conditional, the verb forms you have learned have been in the indicative mood. The indicative is used to state facts and to express actions or states that the speaker considers real and definite. In contrast, the subjunctive mood expresses the speaker's subjective attitudes toward events and actions or states the speaker's views as uncertain or hypothetical.

Present subjunctive of one-stem verbs

	parler	finir	attendre
que je/j'	parle	finisse	attende
que tu	parles	finisses	attendes
qu'il/elle	parle	finisse	attende
que nous	parlions	finissions	attendions
que vous	parliez	finissiez	attendiez
qu'ils/elles	parlent	finissent	attendent

- The **je**, **tu**, **il/elle**, and **ils/elles** forms of the three verb types form the subjunctive the same way. They add the subjunctive endings to the stem of the **ils/elles** form of the present indicative.

INFINITIVE	PRESENT INDICATIVE OF ILS/ELLES	PRESENT SUBJUNCTIVE
parler	parlent	que je parle
finir	finissent	que je finisse
attendre	attendent	que j'attende

Il est nécessaire qu'on **évite** le gaspillage.
It is necessary that we avoid waste.

Il est important que tu **réfléchisses** aux dangers.
It is important that you think about the dangers.

- The **nous** and **vous** forms of the present subjunctive are the same as those of the **imparfait**.

Il vaut mieux que nous **préservions** l'environnement.
It is better that we preserve the environment.

Il est essentiel que vous **trouviez** un meilleur travail.
It is essential that you find a better job.

Il faut que nous **commencions**.
It is necessary that we start.

Il est bon que vous **réfléchissiez**.
It is good that you're thinking.

BOÎTE À OUTILS
English also uses the subjunctive. It used to be very common, but now survives mostly in expressions such as *if I were you* and *be that as it may*.

SUPERSITE **MISE EN PRATIQUE**

1 **Prévenir et améliorer** Complétez ces phrases avec la forme correcte des verbes au présent du subjonctif.

1. Il est essentiel que je _____ (recycler).
2. Il est important que nous _____ (réduire) la pollution.
3. Il faut que le gouvernement _____ (interdire) les voitures polluantes (*polluting*).
4. Il vaut mieux que vous _____ (améliorer) les transports en commun (*public transportation*).
5. Il est possible que les pays _____ (prendre) des mesures pour réduire les déchets toxiques.
6. Il est indispensable que tu _____ (boire) de l'eau pure.

2 **Sur le campus** Quelles règles les étudiants qui habitent sur le campus doivent-ils suivre? Transformez ces phrases avec **il faut** et le présent du subjonctif.

> **MODÈLE** Vous devez vous coucher avant minuit.
> *Il faut que vous vous couchiez avant minuit.*

1. Le matin, vous devez vous lever à sept heures.
2. Ils doivent fermer leur porte avant de partir.
3. Tu dois prendre le bus au coin de la rue.
4. Je dois déjeuner au resto U à midi.
5. Nous devons rentrer tôt pendant la semaine.
6. Elle doit travailler pour payer ses études.

3 **Éviter une catastrophe** Que devons-nous faire pour préserver notre planète? Avec un(e) partenaire, faites des phrases avec des expressions impersonnelles.

> **MODÈLE**
> *Il est essentiel que tu évites le gaspillage.*

A	B	C
je/j'	améliorer	les écoproduits
tu	développer	les emballages
on	éviter	le gaspillage
nous	préserver	les glissements de terrain
vous	prévenir	les industries propres
le président	recycler	la nature
les pays	sauver	la pollution
?	trouver	le ramassage des ordures

COMMUNICATION

4 **Oui ou non?** Vous discutez avec un(e) partenaire des problèmes d'environnement. À tour de rôle, parfois, vous confirmez ce qu'il/elle dit, mais parfois, vous n'êtes pas d'accord.

MODÈLE

Étudiant(e) 1: *Il faut que les pays industrialisés réduisent les émissions à effet de serre.*
Étudiant(e) 2: *C'est vrai, il faut qu'ils réduisent les émissions à effet de serre.*

1. Il est nécessaire que tu recycles les bouteilles.
2. Il est dommage que les étudiants prennent le bus pour aller à la fac.
3. Il est bon qu'on développe des énergies propres.
4. Il est essentiel qu'on signe le protocole de Kyoto.
5. Il est indispensable que nous évitions le gaspillage.
6. Il faut que les pays développent de nouvelles technologies pour réduire les émissions toxiques.

5 **Les opinions** Vous discutez avec un(e) partenaire des problèmes de pollution. À tour de rôle, répondez à ces questions. Justifiez vos réponses.

MODÈLE

Étudiant(e) 1: *Faut-il que nous préservions l'environnement?*
Étudiant(e) 2: *Oui, il faut que nous préservions l'environnement pour éviter le réchauffement de la Terre.*

1. Est-il important qu'on s'intéresse à l'écologie?
2. Faut-il qu'on évite de gaspiller?
3. Est-il essentiel que nous construisions des centrales nucléaires?
4. Vaut-il mieux que j'utilise des bacs (*bins*) à recyclage pour le ramassage des ordures?
5. Est-il indispensable qu'on prévienne les incendies?
6. Est-il possible qu'on développe l'énergie solaire?

6 **L'écologie** Par groupes de quatre, regardez les deux photos et parlez des problèmes écologiques qu'elles évoquent. Ensuite, préparez par écrit une liste des solutions. Comparez votre liste avec celles de la classe.

MODÈLE

Étudiant(e) 1: *Aujourd'hui, il y a trop d'ordures.*
Étudiant(e) 2: *Il faut qu'on développe le recyclage.*

• The verbs on the preceding page are called one-stem verbs because the same stem is used for all the endings. Two-stem verbs have a different stem for **nous** and **vous**, but their forms are still identical to those of the **imparfait**.

Present subjunctive of two-stem verbs				
	acheter	**venir**	**prendre**	**boire**
que je/j'	achète	vienne	prenne	boive
que tu	achètes	viennes	prennes	boives
qu'il/elle	achète	vienne	prenne	boive
que nous	achetions	venions	prenions	buvions
que vous	achetiez	veniez	preniez	buviez
qu'ils/elles	achètent	viennent	prennent	boivent

• The subjunctive is usually used in complex sentences that consist of a main clause and a subordinate clause. The main clause contains a verb or expression that triggers the subjunctive. The word **que** connects the two clauses.

• These impersonal expressions of opinion are often followed by clauses in the subjunctive. They are followed by the infinitive, without **que**, if no person or thing is specified. Add **de** before the infinitive after expressions with **être**.

Il est bon que...	*It is good that...*	Il est indispensable que...	*It is essential that...*
Il est dommage que...	*It is a shame that...*	Il est nécessaire que...	*It is necessary that...*
Il est essentiel que...	*It is essential that...*	Il est possible que...	*It is possible that...*
Il est important que...	*It is important that...*	Il faut que...	*One must... / It is necessary that...*
		Il vaut mieux que...	*It is better that...*

Il est important qu'on **réduise** le gaspillage.   *but*   **Il est important de réduire** le gaspillage.
It is important that we reduce waste.   *It is important to reduce waste.*

Il faut qu'on **ferme** l'usine.   *but*   **Il faut fermer** l'usine.
We must close the factory.   *We must close the factory.*

Essayez! Indiquez la forme correcte du présent du subjonctif de ces verbes.

1. (améliorer) que j' *améliore*
2. (maigrir) que tu _____
3. (dire) qu'elle _____
4. (revenir) que nous _____
5. (apprendre) que vous _____
6. (répéter) qu'ils _____

SYNTHÈSE

Révision

 Des solutions Avec un(e) partenaire, décrivez ces problèmes et donnez des solutions. Utilisez le présent du subjonctif et un pronom démonstratif pour chaque photo. Présentez vos solutions à la classe.

MODÈLE

Étudiant(e) 1: *Cette eau est sale.*
Étudiant(e) 2: *Il faut que celui qui a pollué cette eau paie une grosse amende.*

1.

3.

2.

4.

 Nettoyez Vous habitez un village où les autorités veulent construire un grand aéroport. Avec un(e) partenaire, écrivez une lettre aux responsables où vous expliquez vos inquiétudes (*worries*). Utilisez des expressions impersonnelles, puis lisez la lettre à la classe.

Lequel? Avec un(e) partenaire, imaginez un dialogue entre le chef (*head*) d'un organisme qui défend l'environnement et un(e) collègue qui demande des précisions. Alternez les rôles.

MODÈLE

Étudiant(e) 1: *Vous appellerez le journaliste, s'il vous plaît?*
Étudiant(e) 2: *Oui, mais lequel?*
Étudiant(e) 1: *Celui qui est venu hier après-midi.*

accompagner un visiteur	envoyer des colis
appeler des clients	laisser un message à un(e) employé(e)
chercher un numéro de téléphone	prendre un rendez-vous

ressources

| WB pp. 173–176 | LM pp. 99–100 | promenades.vhlcentral.com Leçon 25 |

 Si... Avec un(e) partenaire, observez ces scènes et lisez les phrases. Pour chaque scène, faites trois phrases au présent du subjonctif, puis présentez-les à la classe.

MODÈLE

Étudiant(e) 1: *Si l'eau est sale, il ne faut pas que les gens mangent les poissons.*
Étudiant(e) 2: *Oui, il faut qu'ils les achètent à la poissonnerie.*

1. Si l'eau est sale,...

3. S'il tombe une pluie acide,...

2. S'il y a un nuage de pollution,...

4. S'il y a un glissement de terrain,...

 Les plaintes Par groupes de trois, interviewez vos camarades à tour de rôle. Que vous suggèrent-ils de faire quand vous vous plaignez (*complain*) d'une de ces personnes? Écrivez leurs réponses, puis comparez-les à celles d'un autre groupe.

MODÈLE

Il est important que tu lui écrives une lettre.

- vos parents
- votre professeur
- votre camarade de chambre
- un(e) serveur/serveuse
- un(e) patron(ne) (*boss*)
- un médecin

 Non, Solange! Votre professeur va vous donner, à vous et à votre partenaire, deux feuilles d'activités différentes sur les mauvaises habitudes de Solange. Attention! Ne regardez pas la feuille de votre partenaire.

MODÈLE

Étudiant(e) 1: *Il est dommage que Solange conduise une voiture qui pollue.*
Étudiant(e) 2: *Il faut qu'elle conduise une voiture plus écologique.*

La BMCE

La Banque Marocaine du Commerce Extérieur est la deuxième plus grande banque du Maroc. Elle a non seulement des agences en Europe et en Asie, mais elle vise° aussi constamment à étendre° les liens° entre le Maroc et le reste du monde. À travers la Fondation BMCE Éducation et Environnement, la banque se soucie° également° de la protection de l'environnement et du développement de la société marocaine. En 2000, elle a lancé le projet Medersat.com, dont un des objectifs les plus importants est la scolarisation des enfants dans les villages ruraux du Maroc.

—Comme tu es belle, petite fleur! Seras-tu encore belle demain?

—Attends-moi! Moi aussi, j'ai envie d'apprendre.

Compréhension Répondez aux questions.

1. Sur quoi le garçon est-il debout (*standing*) dans la première scène?
2. Que demande-t-il à la colombe (*dove*)?
3. Où vont le garçon et sa sœur à la fin?

Discussion Par groupes de trois, répondez aux questions et discutez.

1. Pourquoi le garçon pose-t-il des questions? Pourquoi à une fleur, aux étoiles (*stars*), à une colombe et à un arbre (*tree*)? Quels sont leurs attributs?
2. Quels messages concernant les missions de la BMCE la publicité (*commercial*) nous transmet-elle?

vise *aims* étendre *to extend* liens *links* se soucie *cares* également *also*

SUR INTERNET

Go to **promenades.vhlcentral.com** to watch the TV clip featured in this **Le zapping**.

Leçon **26**

You will learn how to...
- discuss nature
- express feelings, opinions, and doubts

En pleine nature

| le ciel |

| un arbre |

| une plante |

| Ils font un pique-nique(s). (faire) |

| un écureuil |

| une vache |

| l'herbe (f.) |

Vocabulaire

chasser	to hunt
jeter	to throw away
un animal	animal
un bois	woods
un champ	field
une côte	coast
un désert	desert
un fleuve	river
une forêt (tropicale)	(tropical) forest
la jungle	jungle
la nature	nature
une région	region
une rivière	river
un sentier	path
un volcan	volcano
la chasse	hunt
le déboisement	deforestation
l'écotourisme (m.)	ecotourism
une espèce (menacée)	(endangered) species
l'extinction (f.)	extinction
la préservation	protection
une ressource naturelle	natural resource
le sauvetage des habitats	habitat preservation

ressources

WB
pp. 177–178

LM
p. 101

SUPERSITE
promenades.vhlcentral.com
Leçon 26

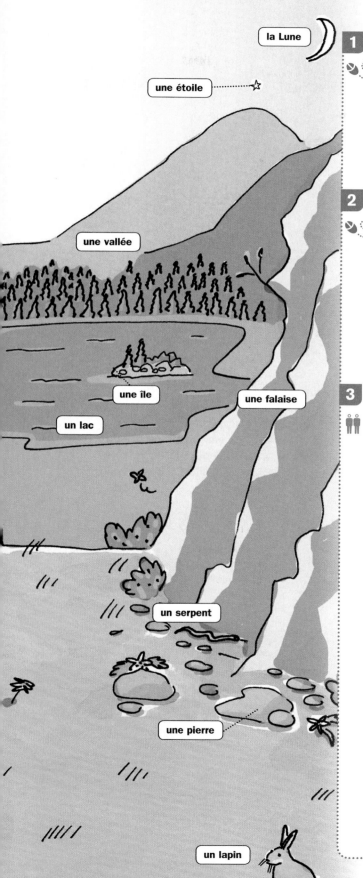

la Lune

une étoile

une vallée

une île

un lac

une falaise

un serpent

une pierre

un lapin

Mise en pratique

1 **Écoutez** 🎧 Écoutez Armand parler de quelques-unes de ses expériences avec la nature. Après une deuxième écoute, écrivez les termes qui se réfèrent au ciel, à la terre et aux plantes.

Terre	Ciel	Plantes
_____	_____	_____
_____	_____	_____
_____	_____	_____
_____	_____	_____

2 **Par catégorie** Faites correspondre les éléments de la colonne de gauche avec l'élément des colonnes de droite qui convient.

1. _____ la Seine
2. _____ la Martinique
3. _____ une vache
4. _____ l'Etna
5. _____ le pétrole
6. _____ le Sahara
7. _____ un arbre
8. _____ Érié

a. un volcan
b. une jungle
c. un lac
d. un fleuve
e. une plante

f. une forêt
g. un désert
h. un animal
i. une ressource naturelle
j. une île

3 **La nature** Choisissez le terme qui correspond à chaque définition. Ensuite choisissez trois autres termes dans la section **CONTEXTES** et écrivez leur définition. Avec un partenaire, lisez vos définitions et devinez quels sont les termes que vous avez choisis.

le déboisement	une falaise	la préservation
l'écotourisme	une jungle	le sauvetage des habitats
l'environnement	une pierre	un sentier
l'extinction	un pique-nique	une vache

1. Là où l'homme vit _____.
2. Sauver et protéger _____.
3. Lieu très chaud, très humide _____.
4. Chemin très étroit (*narrow*) _____.
5. Quand une espèce n'existe plus _____.
6. Conséquence de la destruction des arbres _____.
7. Action de sauver le lieu où vivent des animaux _____.
8. Vacances qui favorisent la protection de l'environnement _____.
9. Un animal de taille importante qui mange de l'herbe _____.
10. Quand on mange dans la nature _____.
11. Élément minéral solide, parfois gris _____.
12. Sur le dessin à gauche, c'est la masse rocheuse (*rocky*) à droite _____.

Communication

4 **Conversez** Interviewez un(e) camarade de classe.

1. As-tu déjà fait de l'écotourisme? Où? Si non, où as-tu envie d'essayer d'en faire?
2. Aimes-tu les pique-niques? Quand en as-tu fait un pour la dernière fois? Avec qui?
3. Quelles activités aimes-tu pratiquer dans la nature?
4. As-tu déjà visité une forêt? Laquelle?
5. Connais-tu un lac? Quand y es-tu allé(e)? Quelles activités y as-tu pratiquées?
6. Es-tu déjà allé(e) dans un désert? Lequel?
7. Es-tu déjà allé(e) sur une île? Laquelle? Comment as-tu passé le temps?
8. Quelles sont les régions du monde que tu veux visiter? Pour quelle(s) raison(s)?
9. Si tu étais un animal, lequel serais-tu? Pourquoi?
10. Quand tu regardes le ciel, que trouves-tu de beau? Pourquoi?

5 **La nature et moi** Écrivez un paragraphe dans lequel vous racontez votre expérience avec la nature. Ensuite, à tour de rôle, lisez votre description à votre partenaire et comparez vos paragraphes.

- Choisissez au minimum deux lieux naturels différents.
- Utilisez un minimum de huit mots de vocabulaire de **CONTEXTES**.
- Faites votre description avec le plus de détails possible.
- Expliquez ce que vous aimez ou ce que vous n'aimez pas à propos de chaque lieu.

6 **Les écologistes** Vous faites partie d'un club d'écologistes à l'université. Avec deux camarades de classe et les informations suivantes, préparez une brochure pour informer les étudiants du campus d'un grave problème écologique. Présentez ensuite votre brochure au reste de la classe. Quel groupe a présenté le problème le plus sérieux? Quel groupe a proposé les solutions les plus originales?

- le nom de votre club
- la situation géographique du problème écologique
- la description du problème
- les causes du problème
- les conséquences du problème
- les solutions possibles au problème

7 **À la radio** Vous travaillez pour le ministère du Tourisme d'un pays francophone et devez préparez un texte qui sera lu à la radio. L'objectif de ce message est de faire la promotion de ce pays pour son écotourisme. Décrivez la nature et les activités offertes. Utilisez les mots que vous avez appris dans la section **CONTEXTES**.

MODÈLE

Venez découvrir la beauté de l'île de Madagascar. Chaque région vous offre des sentiers qui permettent d'admirer des plantes rares et des arbres magnifiques et de rencontrer des animaux extraordinaires… À Madagascar, la nature est unique, préservée. Le charme et l'exotisme sont ici!

Les sons et les lettres

Homophones

Many French words sound alike, but are spelled differently. As you have already learned, sometimes the only difference between two words is a diacritical mark. Other words that sound alike have more obvious differences in spelling.

a / à	ou / où	sont / son	en / an

Several forms of a single verb may sound alike. To tell which form is being used, listen for the subject or words that indicate tense.

je parle	**tu** parles	**ils** parlent
vous parlez	**j'ai** parlé	**je vais** parler

Many words that sound alike are different parts of speech. Use context to tell them apart.

VERB	POSSESSIVE ADJECTIVE	PREPOSITION	NOUN
Ils sont belges.	**C'est son mari.**	**Tu vas en France?**	**Il a un an.**

You may encounter multiple spellings of words that sound alike. Again, context is the key to understanding which word is being used.

je peux *I can*	**elle peut** *she can*	**peu** *a little, few*
le foie *liver*	**la foi** *faith*	**une fois** *one time*
haut *high*	**l'eau** *water*	**au** *at, to, in the*

Prononcez Répétez les paires de mots suivants à voix haute.

1. ce se
2. leur leurs
3. né nez
4. foi fois
5. ces ses
6. vert verre
7. au eau
8. peut peu
9. où ou
10. lis lit
11. quelle qu'elle
12. c'est s'est

Choisissez Choisissez le mot qui convient à chaque phrase.

1. Je (lis / lit) le journal tous les jours.
2. Son chien est sous le (lis / lit).
3. Corinne est (née / nez) à Paris.
4. Elle a mal au (née / nez).

Jeux de mots Répétez les jeux de mots à voix haute.

Le ver vert va vers le verre.[1]

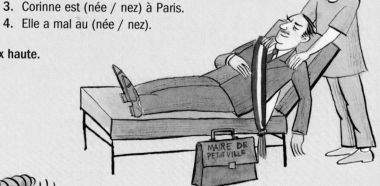

Mon père est maire, mon frère est masseur.[2]

MAIRE DE PETITVILLE

[2] My father is a mayor, my brother is a masseur.

[1] The green worm is going toward the glass.

ressources

LM p. 102

promenades.vhlcentral.com Leçon 26

ROMAN-PHOTO

La randonnée

PERSONNAGES

Amina

David

Guide

Rachid

Sandrine

Stéphane

Valérie

À la montagne...

DAVID Que c'est beau!

VALÉRIE C'est la première fois que tu viens à la montagne Sainte-Victoire?

DAVID Non, en fait, je viens assez souvent pour dessiner, mais malheureusement c'est peut-être la dernière fois. C'est dommage que j'aie si peu de temps.

SANDRINE Je préférerais qu'on parle d'autre chose.

AMINA Elle a raison, nous sommes venus ici pour passer un bon moment.

STÉPHANE Tiens, et si on essayait de trouver des serpents?

AMINA Des serpents ici?

RACHID Ne t'inquiète pas, ma chérie. Par précaution, je suggère que tu restes près de moi.

RACHID Mais il ne faut pas que tu sois aussi anxieuse.

SANDRINE C'est romantique ici, n'est-ce pas?

DAVID Comment? Euh, oui, enfin...

VALÉRIE Avant de commencer notre randonnée, je propose qu'on visite la Maison Sainte-Victoire.

AMINA Bonne idée. Allons-y!

Après le pique-nique...

DAVID Mais tu avais faim, Sandrine!

SANDRINE Oui. Pourquoi?

DAVID Parce que tu as mangé autant que Stéphane!

SANDRINE C'est normal, on a beaucoup marché, ça ouvre l'appétit. En plus, ce fromage est délicieux!

DAVID Mais, tu peux manger autant de fromage que tu veux, ma chérie.

Stéphane laisse tomber une serviette...

VALÉRIE Stéphane! Mais qu'est-ce que tu jettes par terre? Il est essentiel qu'on laisse cet endroit propre!

STÉPHANE Oh, ne t'inquiète pas, maman. J'allais mettre ça à la poubelle plus tard.

SANDRINE David, j'aimerais que tu fasses un portrait de moi, ici, à la montagne. Ça te dit?

DAVID Peut-être un peu plus tard... Cette montagne est tellement belle!

VALÉRIE David, tu es comme Cézanne. Il venait ici tous les jours pour dessiner. La montagne Sainte-Victoire était un de ses sujets favoris.

A C T I V I T É S

1 **Vrai ou faux?** Indiquez si les affirmations suivantes sont **vraies** ou **fausses**.

1. David fait un portait de Sandrine sur-le-champ (*on the spot*).

2. C'est la première fois que Stéphane visite la Maison Sainte-Victoire.

3. Valérie traite la nature avec respect.

4. Sandrine mange beaucoup au pique-nique.

5. David et Sandrine passent un après-midi très romantique.

6. Le guide confirme qu'il y a des serpents sur la montagne Sainte-Victoire.

7. David est un peu triste de devoir bientôt retourner aux États-Unis.

8. Valérie pense que David est un artiste sans talent.

9. Rachid est très romantique.

10. Stéphane laisse Rachid et Amina tranquilles.

Les amis se promènent à la montagne Sainte-Victoire.

À la Maison Sainte-Victoire

GUIDE Mesdames, Messieurs, bonjour et bienvenue. C'est votre première visite de la Maison Sainte-Victoire?

STÉPHANE Pour moi, oui.

GUIDE La Maison Sainte-Victoire a été construite après l'incendie de 1989.

DAVID Un incendie?

GUIDE Oui, celui qui a détruit une très grande partie de la forêt.

GUIDE Maintenant, la montagne est un espace protégé.

DAVID Protégé? Comment?

GUIDE Eh bien, nous nous occupons de la gestion de la montagne et de la forêt. Notre mission est la préservation de la nature, le sauvetage des habitats naturels et la prévention des incendies. Je vous fais visiter le musée?

VALÉRIE Oui, volontiers!

RACHID Tiens, chérie.

AMINA Merci, elle est très belle cette fleur.

RACHID Oui, mais toi, tu es encore plus belle. Tu es plus belle que toutes les fleurs de la nature réunies!

AMINA Rachid...

RACHID Chut! Ne dis rien... Stéphane! Laisse-nous tranquilles.

Expressions utiles

Expressing regrets and preferences

- **C'est dommage que j'aie si peu de temps.**
  It's a shame that I have so little time.
- **Je préférerais qu'on parle d'autre chose.**
  I would prefer to talk about something else.
- **J'aimerais que tu fasses un portrait de moi.**
  I would like you to do a portrait of me.

Making suggestions

- **Par précaution, je suggère que tu restes près de moi.**
  As a precaution, I suggest that you stay close to me.
- **Il ne faut pas que tu sois si anxieuse.**
  There's no need to be so anxious.
- **Je propose qu'on visite...**
  I propose we visit...

2 **À vous!** Imaginez que vous êtes allé(e) à la montagne Sainte-Victoire avec des amis. À l'entrée du parc, il y a une liste de règles (*rules*) à suivre pour protéger la nature. Avec un(e) camarade de classe, imaginez quelles sont ces règles et écrivez une liste. Qu'est-ce qu'il faut faire si vous faites un pique-nique? Une randonnée? Quelles sont les activités interdites? Présentez votre liste à la classe.

3 **Écrivez** Il y a deux couples dans notre histoire, Sandrine et David, Amina et Rachid. Composez un paragraphe dans lequel vous expliquez quel couple va rester ensemble et quel couple va se séparer. Pourquoi? Attention! Le départ de David n'entre pas en jeu (*doesn't come into play*).

ressources

| VM pp. 237–238 | DVD Leçon 26 | promenades.vhlcentral.com Leçon 26 |

A C T I V I T É S

SUPERSITE

CULTURE À LA LOUPE

Les parcs nationaux

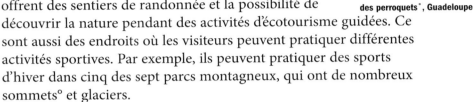

des perroquets°, Guadeloupe

Les neuf parcs nationaux français sont protégés par le gouvernement, qui s'occupe de leur gestion. Tous offrent des sentiers de randonnée et la possibilité de découvrir la nature pendant des activités d'écotourisme guidées. Ce sont aussi des endroits où les visiteurs peuvent pratiquer différentes activités sportives. Par exemple, ils peuvent pratiquer des sports d'hiver dans cinq des sept parcs montagneux, qui ont de nombreux sommets° et glaciers.

Les Cévennes, en Languedoc-Roussillon, est le plus grand parc national forestier français avec 3.200 km² de forêts, mais on y trouve aussi des montagnes et des plateaux. La Vanoise, un parc de haute montagne dans les Alpes, a été le premier parc créé° en France, en 1963. Avec ses 107 lacs et sa vingtaine° de glaciers, c'est une réserve naturelle où le bouquetin° est protégé. Deux autres parcs, les Écrins

le parc de la Vanoise

et le Mercantour, sont aussi situés dans la région des Alpes. Autre parc montagneux, le parc national des Pyrénées est composé de six vallées principales, riches en forêts, cascades° et autres formations naturelles. C'est aussi un refuge pour de nombreuses espèces menacées, comme l'ours° et l'aigle royal°. Quand il fait beau l'été, le parc marin de Port-Cros, composé d'îles méditerranéennes, est idéal pour des activités aquatiques. Aux Antilles°, il fait chaud et humide toute l'année dans le parc national de la Guadeloupe. Situé dans la forêt tropicale, les paysages° du parc sont très variés: forestiers, volcaniques, côtiers° et maritimes. Ouverts depuis 2007 seulement, les deux parcs nationaux les plus récents sont le Parc Amazonien de Guyane, en Amérique du Sud, et le Parc national de La Réunion, dans l'océan Indien.

Les records naturels de la France en Europe de l'Ouest

- Le Mont-Blanc, dans les Alpes, est la plus haute montagne d'Europe de l'Ouest. Il mesure 4.807 mètres.
- La forêt de pins des Landes, en Aquitaine, est le plus grand massif forestier d'Europe. Il fait plus d'un million d'hectares.
- La dune du Pilat, en Aquitaine, est la plus haute dune de sable° d'Europe. Elle mesure 117 mètres.
- Le cirque° de Gavarnie, dans les Pyrénées, a la plus grande cascade d'Europe. Elle mesure 442 mètres.

sommets summits **créé** created **vingtaine** about twenty **bouquetin** ibex, a type of wild goat **cascades** waterfalls **ours** bear **aigle royal** golden eagle **Antilles** the French West Indies **paysages** landscapes **côtiers** coastal **perroquets** parrots **sable** sand **cirque** steep-walled, mountainous basin

ACTIVITÉS

1 **Répondez** Répondez aux questions par des phrases complètes.

1. Combien de parcs nationaux français y a-t-il?
2. Quel type de parc est le parc des Cévennes?
3. Quel parc est situé sur des îles méditerranéennes?
4. Quels sont deux animaux qu'on peut trouver dans les Pyrénées?
5. Quels sont deux types de paysages du parc de la Guadeloupe?

6. Comment s'appellent deux des parcs nationaux français et où se trouvent-ils (à la montagne, etc.)?
7. Quelle est la plus haute montagne d'Europe?
8. Où se trouve le plus grand massif forestier d'Europe?
9. Combien mesure la dune du Pilat?
10. Combien mesure la plus grande cascade d'Europe?

STRATÉGIE

Being aware of the reading process

It is crucial to understand that the reading strategies you have learned are part of a larger process to help you become a smarter and more efficient reader in French as well as in general. Going down the list of strategies and hitting them all without keeping the bigger picture in mind will prove less rewarding than remembering how they work together.

LE MONDE FRANCOPHONE

Grands sites naturels

Voici quelques exemples d'espaces naturels remarquables du monde francophone.

En Algérie Plus de 80% de la superficie de l'Algérie, deuxième plus grand pays d'Afrique, sont occupés par le Sahara.

Au Cambodge Le lac Tonle Sap est le plus grand lac d'Asie du sud-est.

Au Cameroun La réserve Dja Faunal est l'une des plus grandes forêts tropicales d'Afrique.

À l'île Maurice L'île est presque entièrement entourée° de plus de 150 km de récifs de corail.

Au Sénégal Le parc national du Niokolo Koba, site du Patrimoine° mondial et Réserve de la biosphère internationale, est l'une des réserves naturelles les plus importantes d'Afrique de l'ouest.

Aux Seychelles L'atoll Aldabra abrite la plus grande population de tortues géantes du monde.

entièrement entourée *entirely surrounded* **Patrimoine** *Heritage*

PORTRAIT

Madagascar

Madagascar, ancienne colonie française, est la quatrième plus grande île du monde, et, avec plus de 20 parcs nationaux et réserves naturelles, elle est un paradis pour l'écotourisme. Madagascar (plus de 16 millions d'habitants) est située à 400 km à l'est du Mozambique, dans l'océan Indien. Sa faune et sa flore sont exceptionnelles avec 250.000 espèces différentes, dont 1.000 orchidées. Plus de 90% de ces espèces sont uniques au monde. Ses mangroves, rivières, lacs et récifs coralliens° offrent des milieux écologiques variés et ses forêts abritent° 90% des lémuriens° du monde. Caméléons, tortues terrestres°, tortues de mer° et baleines à bosse° sont aussi typiques de l'île.

récifs coralliens *coral reefs* **abritent** *provide a habitat for* **lémuriens** *lemurs* **tortues terrestres** *tortoises* **tortues de mer** *sea turtles* **baleines à bosse** *humpback whales*

SUPERSITE

SUR INTERNET

Quel est le sujet de l'émission *Thalassa*?

Go to **promenades.vhlcentral.com** to find more cultural information related to this **LECTURE CULTURELLE.** Then watch the corresponding **Flash culture.**

---

2 **Complétez** Complétez les phrases.

1. Madagascar est une grande _____ près du Mozambique.
2. Madagascar est une bonne destination pour _____.
3. À Madagascar, la majorité des espèces sont _____.
4. _____ sont des espèces typiques de l'île.
5. L'une des plus grandes forêts tropicales d'Afrique se trouve _____.

3 **À la découverte** Vous et deux partenaires voulez visiter ensemble plusieurs pays francophones et découvrir la nature. Quelles destinations choisissez-vous? Comparez les activités qui vous intéressent et les endroits que vous voulez visiter. Soyez prêts à présenter votre itinéraire à la classe.

ressources

VM pp. 263–264	SUPERSITE promenades.vhlcentral.com Leçon 26

ACTIVITÉS

26.1 The subjunctive (Part 2)
Will and emotion, irregular subjunctive forms

- Use the subjunctive with verbs and expressions of will and emotion. Verbs and expressions of will are often used when someone wants to influence the actions of other people. Verbs and expressions of emotion express someone's feelings or attitude.

Je suggère que tu restes près de moi.

Je propose qu'on visite la Maison Sainte-Victoire.

BOÎTE À OUTILS
See **Leçon 25** for an introduction to the subjunctive and the structure of clauses containing verbs in the subjunctive.

- When the main clause contains an expression of will or emotion and the subordinate clause has a different subject, the subjunctive is required.

MAIN CLAUSE		SUBORDINATE CLAUSE
VERB OF WILL	CONNECTOR	SUBJUNCTIVE
Mes parents exigent	**que**	**je dorme** huit heures.
My parents demand	*that*	*I sleep eight hours.*

EXPRESSION OF EMOTION	CONNECTOR	SUBJUNCTIVE
Tu es triste	**que**	**Sophie ne vienne pas** avec nous.
You are sad	*that*	*Sophie isn't coming with us.*

VERB OF WILL	CONNECTOR	SUBJUNCTIVE
Je préfère	**que**	**tu travailles** ce soir.
I prefer	*that*	*you work tonight.*

- Here are some verbs and expressions of will commonly followed by the subjunctive.

Verbs of will

demander que...	to ask that...	recommander que...	to recommend that...
désirer que...	to want/desire that...	souhaiter que...	to wish that...
exiger que...	to demand that...	suggérer que...	to suggest that...
préférer que...	to prefer that...	vouloir que...	to want that...
proposer que...	to propose that...		

 MISE EN PRATIQUE

1 Des réactions Que devraient faire les personnages sur les illustrations? Employez ces expressions pour donner vos réactions.

MODÈLE
Je propose que vous mangiez quelque chose.

vous (proposer que)

acheter une décapotable (*convertible*)	faire une fête
	garder le secret
boire de l'eau	manger quelque chose
me donner de l'argent	trouver des amis

1. tu (suggérer que)

4. Yves (souhaiter que)

2. mes voisins (vouloir que)

5. elle (recommander que)

3. vous (exiger que)

6. tu (désirer que)

2 Des opinions Complétez ces phrases avec le présent du subjonctif. Ensuite, comparez vos réponses avec celles d'un(e) partenaire.

1. Nous sommes furieux que les examens...
2. Notre prof exige que...
3. Nous aimons que le prof...
4. Je propose que... le vendredi.
5. Les étudiants veulent que les cours...
6. Je recommande que... tous les jours.
7. C'est triste que cette université...
8. Nous préférons que le resto U...

COMMUNICATION

3 **Enquête** Comparez vos idées sur la nature et l'environnement avec celles d'un(e) partenaire. Posez-vous ces questions.

1. Que suggères-tu qu'on fasse pour protéger les forêts tropicales?
2. Vaut-il mieux qu'on ne chasse plus? Pourquoi?
3. Que recommandes-tu qu'on fasse pour arrêter la pollution?
4. Comment souhaites-tu que nous préservions nos ressources naturelles?
5. Quels produits recommandes-tu qu'on développe?
6. Quel problème écologique veux-tu qu'on traite tout de suite?

4 **Mme Quefège...** Mme Quefège donne des conseils (*advice*) à la radio. Pensez à une difficulté que vous avez et préparez par écrit un paragraphe que vous lui lirez. Elle va vous faire des recommandations. Avec un(e) partenaire, alternez les rôles pour jouer les scènes.

MODÈLE

Étudiant(e) 1: *Ma petite amie fait constamment ses devoirs et elle ne quitte plus son appartement.*
Étudiant(e) 2: *Je suis désolée qu'elle n'arrête pas de travailler. Si elle ne quitte toujours pas l'appartement ce week-end, je suggère que vous écriviez à ses parents.*

5 **Les habitats naturels** Par groupes de trois, préparez le texte pour cette affiche où vous expliquez ce qu'on doit faire pour sauver les habitats naturels. Utilisez des verbes au présent du subjonctif.

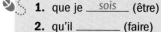

● These are some verbs and expressions of emotion followed by the subjunctive.

Verbs and expressions of emotion

aimer que...	*to like that...*	être heureux / heureuse que...	*to be happy that...*
avoir peur que...	*to be afraid that...*	être surpris(e) que...	*to be surprised that...*
être content(e) que...	*to be glad that...*	être triste que...	*to be sad that...*
être désolé(e) que...	*to be sorry that...*	regretter que...	*to regret that...*
être furieux / furieuse que...	*to be furious that...*		

● In English, the word *that* introducing the subordinate clause may be omitted. In French, never omit **que** between the two clauses.

Ils sont heureux **que** j'arrive.
They're happy (that) I'm arriving.

Elle préfère **que** tu partes.
She prefers (that) you leave.

● If the subject doesn't change, use the infinitive with expressions of will and emotion. In the case of **avoir peur**, **regretter**, and expressions with **être**, add **de** before the infinitive.

Tu souhaites faire un pique-nique?
Do you wish to have a picnic?

Nous sommes tristes d'entendre la mauvaise nouvelle.
We're sad to hear the bad news.

● Some verbs have irregular subjunctive forms.

Present subjunctive of *avoir, être, faire*

	avoir	être	faire
que je/j'	aie	sois	fasse
que tu	aies	sois	fasses
qu'il/elle	ait	soit	fasse
que nous	ayons	soyons	fassions
que vous	ayez	soyez	fassiez
qu'ils/elles	aient	soient	fassent

Elle veut que je **fasse** le lit.
She wants me to make the bed.

Tu es désolé qu'elle **soit** loin.
You are sorry that she is far away.

Essayez! Indiquez les formes correctes du présent du subjonctif des verbes.

1. que je ___sois___ (être)
2. qu'il _____ (faire)
3. que vous _____ (être)
4. que leur enfant _____ (avoir)
5. qu'elle _____ (faire)
6. que nous _____ (faire)
7. qu'ils _____ (avoir)
8. que tu _____ (être)

STRUCTURES

26.2 The subjunctive (Part 3)
Verbs of doubt, disbelief, and uncertainty; more irregular subjunctive forms

The verb *croire*

The verb *croire* (to believe)	
je crois	nous croyons
tu crois	vous croyez
il/elle croit	ils/elles croient

Les touristes **croient** que la forêt est en danger.
The tourists believe that the forest is in danger.

Tu **crois** que l'extinction des espèces menacées est imminente?
Do you think that the extinction of endangered species is imminent?

- **Croire** takes **avoir** as an auxiliary verb in the **passé composé**, and its past participle is **cru**. In the **passé composé**, **croire** can mean *thought*.

J'**ai cru** qu'il y était.
I thought he was there.

Vous **avez cru** à son histoire?
Did you believe his story?

- The **futur simple** and **conditionnel** of **croire** are formed with the stem **croir-**.

Nous le **croirons** si nous le voyons.
We will believe it if we see it.

On **croirait** que c'est une tragédie.
One would think it's a tragedy.

The subjunctive

- The subjunctive is used in a subordinate clause when there is a change of subject and the main clause implies doubt, disbelief, or uncertainty.

MAIN CLAUSE	CONNECTOR	SUBORDINATE CLAUSE
Je doute	**que**	la rivière **soit** propre.
I doubt	*that*	*the river is clean.*

Expressions of doubt, disbelief, and uncertainty			
douter que...	to doubt that...	Il est impossible que...	It is impossible that...
ne pas croire que...	not to believe that...	Il n'est pas certain que...	It is uncertain that...
ne pas penser que...	not to think that...	Il n'est pas sûr que...	It is not sure that...
Il est douteux que...	It is doubtful that...	Il n'est pas vrai que...	It is untrue that...

Il n'est pas sûr qu'il y **ait** un problème.
It's not sure that there is a problem.

Je ne crois pas qu'on **fasse** une randonnée sur le volcan.
I don't believe that we're hiking on the volcano.

 MISE EN PRATIQUE

1 **Fort-de-France** Vous discutez de vos projets (*plans*) avec votre ami(e) martiniquais(e). Complétez les phrases avec les formes correctes du présent de l'indicatif ou du subjonctif.

1. Je crois que Fort-de-France _____ (être) plus loin de Paris que de New York.
2. Il n'est pas certain que je _____ (venir) à Fort-de-France cet été.
3. Il n'est pas sûr que nous _____ (partir) en croisière (*cruise*) ensemble.
4. Il est clair que nous _____ (ne pas partir) sans toi.
5. Nous savons que ce voyage _____ (aller) t'intéresser.
6. Il est douteux que le ski alpin _____ (être) un sport populaire ici.

2 **Camarade pénible** Vous faites une présentation sur la Martinique devant la classe. Un(e) camarade critique toutes vos idées. Avec un(e) partenaire, jouez la scène.

MODÈLE

Étudiant(e) 1: *Le carnaval martiniquais est populaire.*
Étudiant(e) 2: *Je doute qu'il soit populaire.*

1. Les ressources naturelles sont protégées.
2. Tout le monde va se promener dans la forêt.
3. Les Martiniquais font des pique-niques tous les jours.
4. L'île a de belles plages.
5. Les enfants y font des randonnées.
6. On y boit des jus de fruits délicieux.

3 **Le Tour de France** Maxime veut participer un jour au Tour de France. Employez des expressions de doute et de certitude pour lui dire ce que vous pensez de ses habitudes.

MODÈLE

Je ne crois pas que tu puisses dormir jusqu'à midi!

1.

2.

COMMUNICATION

4 **Assemblez** Imaginez que vous ayez l'occasion de faire un séjour aux Antilles françaises. À tour de rôle avec un(e) partenaire, assemblez les éléments de chaque colonne pour parler de ces vacances.

MODÈLE

Il n'est pas certain que nous allions visiter une plantation.

A	B	C
Il est certain que	je/j'	être content(e)(s)
Il n'est pas certain que	tu	faire des excursions
Il est évident que	mon copain	faire beau temps
Il est impossible que	ma sœur	faire du bateau
Il est vrai que	mon frère	jouer sur la plage
Il n'est pas sûr que	nous	pouvoir parler créole
Je doute que	les touristes	visiter une plantation
Je crois que	mes parents	?
Je ne crois pas que	?	
?		

5 **Voyage en Afrique centrale** Vous voulez visiter ces endroits en Afrique centrale. Avec un(e) partenaire, préparez un dialogue dans lequel vous utilisez des expressions de doute et de certitude. Ensuite, échangez les rôles.

MODÈLE

Étudiant(e) 1: *Il est clair qu'on doit visiter Kribi, au Cameroun. Il y a beaucoup de plages.*
Étudiant(e) 2: *Je doute que nous en ayons le temps. Il vaut mieux que nous visitions le marché, au Gabon.*

> la forêt de Dzanga-Sangha (République centrafricaine)
> le lac Kivu (Rwanda)
> les marchés (Gabon)
> le parc national de Lobéké (Cameroun)
> le parc national de l'Ivindo (Congo)
> les plages de Kribi (Cameroun)

6 **Je doute** Votre partenaire veut mieux vous connaître. Écrivez cinq phrases qui vous décrivent: quatre fausses et une vraie. Votre partenaire doit deviner laquelle est vraie et justifier sa réponse. Ensuite, alternez les rôles.

MODÈLE

Étudiant(e) 1: *Je finis toujours mes devoirs avant de me coucher.*
Étudiant(e) 2: *Je doute que tu finisses tes devoirs avant de te coucher, parce que tu a toujours beaucoup de devoirs.*

● The indicative is used in a subordinate clause when the main clause expresses certainty.

Expressions of certainty

croire que...	*to believe that...*	Il est clair que...	*It is clear that...*
penser que...	*to think that...*	Il est évident que...	*It is obvious that...*
savoir que...	*to know that...*		
Il est certain que...	*It is certain that...*	Il est sûr que...	*It is sure that...*
		Il est vrai que...	*It is true that...*

On **sait que** l'histoire **finit** mal.
We know the story ends badly.

Il est certain qu'elle **comprend**.
It is certain that she understands.

● Sometimes a speaker may opt to use the subjunctive in a question to indicate that he or she feels doubtful or uncertain of an affirmative response.

Crois-tu que cette loi **soit** juste pour tout le monde?
Do you believe that this law is just for everybody?

Est-il vrai que vous **partiez** déjà en vacances?
Is it true that you're already leaving on vacation?

Here are more verbs that are irregular in the subjunctive.

Present subjunctive of *aller, pouvoir, savoir, vouloir*

	aller	pouvoir	savoir	vouloir
que je/j'	aille	puisse	sache	veuille
que tu	ailles	puisses	saches	veuilles
qu'il/elle	aille	puisse	sache	veuille
que nous	allions	puissions	sachions	voulions
que vous	alliez	puissiez	sachiez	vouliez
qu'ils/elles	aillent	puissent	sachent	veuillent

Je doute qu'on **aille** au théâtre ce soir.
I doubt we'll go to the theater tonight.

Il n'est pas sûr qu'on **arrive** à l'heure.
It's not sure we'll arrive on time.

Essayez! **Choisissez la forme correcte du verbe.**

1. Il est douteux que le guide (sait / ⦅sache⦆) où est le champ.
2. Il est certain qu'elle (sait / sache) nager.
3. Nous doutons que vous (voulez / vouliez) recycler.
4. Ne crois-tu pas qu'Anne (va / aille) au Maroc seule?
5. Est-il vrai que les Français (font / fassent) de l'écotourisme?
6. Je ne crois pas qu'on (peut / puisse) nager dans ce lac.
7. Tu penses que l'énergie solaire (peut / puisse) sauver la planète.
8. Il n'est pas certain qu'ils (peuvent / puissent) chasser.

SYNTHÈSE
Révision

1 **Des changements** Avec un(e) partenaire, observez ces endroits et dites, à tour de rôle, ce que vous aimeriez qu'il y ait pour améliorer la situation. Ensuite, comparez vos phrases à celles d'un autre groupe.

MODÈLE

Étudiant(e) 1: *Je préférerais qu'il y ait de l'eau dans cette rivière.*
Étudiant(e) 2: *J'aimerais mieux qu'il y ait de l'herbe.*

1.

3.

2.

4.

2 **Visite de votre région** Interviewez vos camarades. Que recommandent-ils à des visiteurs qui ne connaissent pas votre région? Écrivez leurs réponses, puis comparez vos résultats à ceux d'un autre groupe. Utilisez ces expressions.

MODÈLE

Étudiant(e) 1: *Que devraient faire les visiteurs de cette région?*
Étudiant(e) 2: *Je recommande qu'ils visitent les musées du centre-ville. Il serait bon qu'ils assistent aussi à un match de baseball.*

il est bon que	proposer que
il est indispensable que	recommander que
il faut que	suggérer que
?	?

3 **Mes activités** Faites la liste de quatre activités qui protègent l'environnement, une à laquelle vous participez et trois auxquelles vous ne participez pas. Donnez cette liste à deux de vos camarades, qui devineront celle à laquelle vous participez. Utilisez les verbes **croire** et **penser**. Ensuite, présentez vos discussions à la classe.

4 **Je ne pense pas** Que pensent vos camarades de ces affirmations? Par groupes de quatre, trouvez au moins une personne qui soit d'accord avec chaque phrase et une qui ne soit pas d'accord. Utilisez des expressions de doute et de certitude. Ensuite, présentez vos arguments à la classe.

MODÈLE On lit moins à cause de la télévision.

Étudiant(e) 1: *Penses-tu qu'on lise moins à cause de la télévision?*
Étudiant(e) 2: *Non, je ne crois pas que ce soit vrai. Il est clair que les gens achètent toujours beaucoup de livres.*

- Le réchauffement de la Terre n'est pas vraiment un problème.
- L'écotourisme n'est qu'une mode passagère (*temporary*).
- Personne n'aime chasser aujourd'hui.
- Les humains peuvent sauver la planète.
- L'extinction des espèces va s'arrêter dans l'avenir.

5 **Échange d'opinions** Avec un(e) partenaire, imaginez une conversation entre un chasseur (*hunter*) et un défenseur de la nature. Préparez un dialogue où les deux se font des suggestions. Ensuite, jouez votre dialogue pour la classe.

MODÈLE

Étudiant(e) 1: *Il est dommage que vous disiez que les chasseurs n'aiment pas la nature.*
Étudiant(e) 2: *Je souhaite que vous respectiez plus les animaux.*

6 **La maman de Carine** Votre professeur va vous donner, à vous et à votre partenaire, deux feuilles d'activités différentes sur Carine et sa mère. Attention! Ne regardez pas la feuille de votre partenaire.

MODÈLE

Étudiant(e) 1: *Si Carine prend l'avion,...*
Étudiant(e) 2: *... sa mère veut qu'elle l'appelle de l'aéroport.*

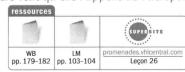

ressources		
WB pp. 179–182	LM pp. 103–104	promenades.vhlcentral.com Leçon 26

Écriture

STRATÉGIE

Considering audience and purpose

Writing always has a purpose. During the planning stages, you must determine to whom you are addressing the piece and what you want to express to your reader. Once you have defined both your audience and your purpose, you will be able to decide which genre, vocabulary, and grammatical structures will best serve your composition.

Let's say you want to share your thoughts on local traffic problems. Your audience can be either the local government or the community. You could choose to write a newspaper article, a letter to the editor, or a letter to the city's governing board. You should first ask yourself these questions:

1. Are you going to comment on traffic problems in general, or are you going to point out several specific problems?

2. Are you intending to register a complaint?

3. Are you simply intending to inform others and increase public awareness of the problems?

4. Are you hoping to persuade others to adopt your point of view?

5. Are you hoping to inspire others to take concrete actions?

The answers to these questions will help you establish the purpose of your writing and determine your audience. Of course, your writing can have more than one purpose. For example, you may intend for your writing to both inform others of a problem and inspire them to take action.

Thème
Écrire une lettre ou un article

Vous allez écrire au sujet d'un problème de l'environnement qui est important pour vous.

1. Choisissez d'abord le problème dont vous voulez parler. Vous pouvez choisir un problème local (par exemple, le ramassage des ordures sur votre campus) ou bien un problème mondial comme la surpopulation.

2. Décidez qui sera votre public: Voulez-vous écrire une lettre à un(e) ami(e), à un membre du gouvernement, à une association universitaire, etc.? Préférez-vous écrire un article pour un journal ou pour un magazine?

3. Identifiez le but de votre lettre ou article: Voulez-vous simplement informer votre public ou allez-vous aussi donner votre opinion personnelle?

4. Préparez une courte introduction, puis présentez le problème que vous avez choisi, de façon logique.

5. Si vous avez choisi d'exprimer votre opinion personnelle, justifiez-la pour essayer de persuader votre (vos) lecteur(s) que vous avez raison.

6. Préparez la conclusion de votre lettre ou article.

Panorama

un marché en Afrique

L'Afrique de l'Ouest

La région en chiffres

▶ **Bénin:** *(8.278.000 habitants), Porto Novo*
▶ **Burkina-Faso:** *(15.764.000), Ouagadougou*
▶ **Côte d'Ivoire:** *(19.625.000), Yamoussoukro*
▶ **Guinée:** *(9.996.000), Conakry*
▶ **Mali:** *(15.234.000), Bamako*
▶ **Mauritanie:** *(3.577.000), Nouakchott*
▶ **Niger:** *(15.550.000), Niamey*
▶ **Sénégal:** *(12.051.000), Dakar*
▶ **Togo:** *(5.826.000), Lomé*
SOURCE: Population Division, UN Secretariat

L'Afrique centrale

La région en chiffres

▶ **Burundi:** *(8.662.000), Bujumbura*
▶ **Cameroun:** *(18.347.000), Yaoundé*
▶ **Congo:** *(4.084.000), Brazzaville*
▶ **Gabon:** *(1.568.000), Libreville*
▶ **République centrafricaine:** *(4.430.000), Bangui*
▶ **République démocratique du Congo (R.D.C.):** *(71.272.000), Kinshasa*
▶ **Rwanda:** *(9.425.000), Kigali*
▶ **Tchad:** *(10.689.000), N'Djamena*

Personnages célèbres

▶ **Mory Kanté,** *Guinée et Mali, chanteur et musicien (1950–)*

▶ **Djimon Hounsou,** *Bénin, acteur (1964–)*
▶ **Françoise Mbango-Etone,** *Cameroun, athlète olympique (1976–)*

liste du patrimoine mondial en péril *World Heritage in Danger List*

la ville d'Abidjan

LA TUNISIE
LE MAROC
L'ALGÉRIE
LE SAHARA OCCIDENTAL
LA LYBIE
LE SAHARA
LA MAURITANIE
⊛ Nouakchott
LE MALI
LE NIGER
LE TCHAD
LE SOUDAN
LE SÉNÉGAL
⊛ Dakar
LA GAMBIE
LE BURKINA-FASO
⊛ Bamako
⊛ Ouagadougou
⊛ Niamey
⊛ N'Djamena
LA GUINÉE
⊛ Conakry
LA GUINÉE-BISSAU
LE GHANA
LE BÉNIN
LE NIGÉRIA
LA RÉPUBLIQUE CENTRAFRICAINE
⊛ Lomé
⊛ Porto Novo
LE CAMEROUN
⊛ Bangui
LA SIERRA LEONE
⊛ Yamoussoukro
LA CÔTE D'IVOIRE
LE TOGO
⊛ Yaoundé
LE LIBÉRIA
LE GOLFE DE GUINÉE
⊛ Libreville
LA GUINÉE ÉQUATORIALE
LE GABON
LE CONGO
L'OUGANDA
LE RWANDA
⊛ Kigali
⊛ Bujumbura
L'OCÉAN ATLANTIQUE
Brazzaville
Kinshasa
LA RÉPUBLIQUE DÉMOCRATIQUE DU CONGO
LA TANZANIE
LE BURUNDI
L'ANGOLA
LA ZAMBIE
le Nil

une femme à Kinshasa

☐ Pays francophones
0 ___ 500 milles
0 ___ 500 kilomètres

Incroyable mais vrai!

Progrès ou destruction? Dans le parc Kahuzi-Biega, à l'est de la R.D.C., habite une espèce menacée d'extinction: le gorille de montagne. Il est encore plus menacé, depuis peu, par l'exploitation d'un minerai qu'on trouve dans ce parc, le coltan, utilisé dans la fabrication de téléphones portables. Aujourd'hui, le parc est sur la liste du patrimoine mondial en péril°.

Les gens

Léopold Sédar Senghor, le président poète (1906–2001)

Senghor, homme politique et poète sénégalais, était professeur de lettres en France avant de mener° le Sénégal à l'indépendance et de devenir le premier président du pays en 1960. Humaniste et homme de culture, il est un des pères fondateurs° de la Négritude, un mouvement littéraire d'Africains et d'Antillais noirs qui examinent et mettent en valeur leur identité culturelle. Il a aussi organisé le premier Festival mondial des arts nègres, à Dakar, en 1966. Senghor a produit une importante œuvre° littéraire dans laquelle il explore le métissage° des cultures africaines, européennes et américaines. Docteur honoris causa de nombreuses universités, dont Harvard et la Sorbonne, il a été élu° à l'Académie française en 1983.

La musique

Le reggae ivoirien

La Côte d'Ivoire est un des pays d'Afrique où le reggae africain est le plus développé. Ce type de reggae se distingue du reggae jamaïcain par les instruments de musique utilisés et les thèmes abordés°. En fait, les artistes ivoiriens incorporent souvent

Alpha Blondy

des instruments traditionnels d'Afrique de l'Ouest et les thèmes sont souvent très politiques. Alpha Blondy, par exemple, est le plus célèbre des chanteurs ivoiriens de reggae et fait souvent des commentaires sociopolitiques. Le chanteur Tiken Jah Fakoly critique la politique occidentale et les gouvernants africains, et Ismaël Isaac dénonce les ventes d'armes° dans le monde. Le reggae ivoirien est chanté en français, en anglais et dans les langues africaines.

Les lieux

Les parcs nationaux du Cameroun

Avec la forêt, la savane et la montagne dans ses réserves et parcs nationaux, le Cameroun présente une des faunes et flores les plus riches et variées d'Afrique. Deux cent quarante empreintes° de dinosaures sont fossilisées au site de dinosaures de Manangia, dans la province du Nord. Les différentes réserves du pays abritent°, entre autres, éléphants, gorilles, chimpanzés, antilopes et plusieurs centaines d'espèces de reptiles, d'oiseaux et de poissons. Le parc national Korup est une des plus anciennes forêts tropicales du monde. Il est connu surtout récemment pour une liane°, découverte là-bas, qui pourrait avoir un effet sur la guérison° de certains cancers et du VIH°.

FESPACO 2007
20° édition
24 février – 03 mars
Cinéma africain et diversité culturelle
African cinema and cultural diversity

Les arts

Le FESPACO

Le FESPACO (Festival Panafricain du Cinéma et de la télévision à Ouagadougou), créé en 1969 pour favoriser la promotion du cinéma africain, est le plus grand festival du cinéma africain du monde et le plus grand événement culturel d'Afrique qui revient régulièrement. Vingt films et vingt courts métrages° africains sont présentés en compétition officielle, tous les deux ans, à ce festival du Burkina-Faso. Le FESPACO est aussi une fête populaire avec une cérémonie d'ouverture à laquelle assistent 40.000 spectateurs et des stars de la musique africaine.

 Qu'est-ce que vous avez appris? Répondez aux questions par des phrases complètes.

1. Qu'est-ce qui menace la vie des gorilles de montagne?
2. Quelle est une des utilisations du coltan?
3. Pourquoi Senghor est-il important dans l'histoire du Sénégal?
4. De quel mouvement Senghor était-il un des fondateurs?
5. Qu'est-ce qui fait la spécificité du son (*sound*) du reggae ivoirien?
6. De quoi parlent souvent les chanteurs de reggae en Côte d'Ivoire?
7. Qu'a-t-on trouvé sur le site de Manangia?
8. Pourquoi le parc national Korup est-il bien connu récemment?
9. Pourquoi le FESPACO a-t-il été créé?
10. Le FESPACO est-il un festival réservé exclusivement aux professionnels du cinéma?

ressources

WB pp. 183–184

SUPERSITE promenades.vhlcentral.com Unité 13

SUR INTERNET

Go to **promenades.vhlcentral.com** to find more cultural information related to this **PANORAMA**.

1. Trouvez des informations sur le mouvement de la Négritude. Qui en étaient les autres principaux fondateurs?
2. Écoutez des chansons (*songs*) de reggae ivoirien. De quoi parlent-elles?
3. Cherchez plus d'informations sur le gorille de montagne et le coltan. Quel est le statut (*status*) du gorille aujourd'hui?

mener *lead* **pères fondateurs** *founding fathers* **œuvre** *body of work* **métissage** *mixing* **élu** *elected* **abordés** *dealt with* **ventes d'armes** *weapons sales* **empreintes** *footprints* **abritent** *provide a habitat for, shelter* **liane** *vine* **guérison** *cure* **VIH** *HIV* **métrages** *films*

Panorama

SUPERSITE

L'OCÉAN
ATLANTIQUE

la ville de Gustavia, à Saint-Barthélemy

Les Antilles

L'archipel en chiffres

▶ **Guadeloupe:** *(460.000 habitants), Pointe-à-Pitre, Basse-Terre*

▶ **Haïti:** *(9.500.000), Port-au-Prince*

▶ **Martinique:** *(402.000), Fort-de-France*

▶ **Saint-Barthélemy:** *(6.858), Gustavia*

▶ **Saint-Martin:** *(en partie) (29.126), Marigot*

SOURCE: Population Division, UN Secretariat

Antillais célèbres

▶ **Aimé Césaire,** *la Martinique, poète (1913–2008)*

▶ **Raphaël Confiant,** *la Martinique, écrivain° (1951–)*

▶ **Garcelle Beauvais,** *Haïti, actrice (1966–)*

▶ **Wyclef Jean,** *Haïti, chanteur de rap (1972–)*

La Polynésie française

L'archipel en chiffres

▶ **Îles Australes:** *(6.386), Tubuai*

▶ **Îles de la Société:** *(214.445), Papeete*

▶ **Îles Gambier:** *(1.097), Mangareva*

▶ **Îles Marquises:** *(8.712), Nuku-Hiva*

▶ **Îles Tuamotu:** *(16.959), Fakarava, Rankiroa*

Polynésiens célèbres

▶ **Henri Hiro,** *Tahiti, îles de la Société, poète (1944–1990)*

▶ **Rodolphe Vinh Tung,** *Raiatea, îles de la Société, professionnel du wakeboard (1974–)*

écrivain *writer* **survivants** *survivors* **enfermé** *detained* **pirogues** *dugout canoes*

LES ÉTATS-UNIS

LES ANTILLES

CUBA

Porto Rico — Saint-Martin — Saint-Barthélemy — La Guadeloupe — La Martinique

LA JAMAÏQUE — HAÏTI

LE VENEZUELA — LE SURINAM — La Guyane française

LA COLOMBIE

LA GUYANA

L'OCÉAN PACIFIQUE

LA POLYNÉSIE FRANÇAISE

Les îles Marquises

L'OCÉAN PACIFIQUE

LE BRÉSIL

Les îles Tuamotu

Les îles de la Société

Tahiti

Les îles Australes

Les îles Gambier

Régions francophones

| 0 | 1,000 milles |
| 0 | 1,000 kilomètres |

| 0 | 500 milles |
| 0 | 500 kilomètres |

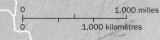

les courses de pirogues° en Polynésie française

Incroyable mais vrai!

Jusqu'au vingtième siècle, Saint-Pierre était le port le plus actif des Antilles et la capitale de la Martinique. Mais en 1902, un volcan, la montagne Pelée, entre en éruption. Il n'y a eu que deux survivants°, dont un qui a été protégé par les murs de la prison où il était enfermé°. Certains historiens doutent de l'authenticité de l'histoire de cet homme.

Les arts

Les peintures de Gauguin

En 1891, le peintre° Paul Gauguin (1848–1903) vend ses œuvres° à Paris et déménage à Tahiti, dans les îles de la Société, pour échapper à° la vie moderne. Il y reste deux ans avant de rentrer en France et, en 1895, il retourne en Polynésie française pour y habiter jusqu'à sa mort en 1903. Inspirée par le nouvel environnement du peintre et la nature qui l'entoure°, l'œuvre «tahitienne» de Gauguin est célèbre° pour sa représentation du peuple indigène et l'emploi° de couleurs vives°. Ses peintures° de femmes font partie de ses meilleurs tableaux°.

Les destinations

Haïti, première République noire

En 1791, un ancien esclave°, Toussaint Louverture, mène° une rébellion pour l'abolition de l'esclavage en Haïti, ancienne colonie française. Après avoir gagné le combat, Louverture se proclame gouverneur de l'île d'Hispaniola (Haïti et Saint-Domingue) et abolit l'esclavage. Il est plus tard capturé par l'armée française et renvoyé en France. Son successeur, Jean-Jacques Dessalines, lui-même ancien esclave, vainc° l'armée en 1803 et proclame l'indépendance d'Haïti en 1804. C'est la première République noire du monde et le premier pays du monde occidental à abolir l'esclavage.

L'économie

La perle noire

La Polynésie française est le principal producteur de perles° noires. Dans la nature, les perles sont très rares; on en trouve dans une huître° sur 15.000. Par contre°, aujourd'hui, la Polynésie française produit plusieurs tonnes de perles noires chaque année. Des milliers de Tahitiens vivent de° l'industrie perlière. Parce qu'elle s'est développée dans les lagons, la perliculture° a même aidé à repeupler° certaines îles et certains endroits ruraux, abandonnés par les gens partis en ville. Les perles sont très variées et présentent différentes formes et nuances de noir.

Les gens

Maryse Condé

Née en Guadeloupe, puis étudiante à la Sorbonne, à Paris, Maryse Condé a vécu° huit ans en Afrique (Ghana, Sénégal, Guinée, etc.). En 1973, elle enseigne dans les universités françaises et commence sa carrière° d'écrivain°. Elle sera ensuite professeur en Californie et à l'Université de Columbia. Ses nombreux romans°, y compris° *Moi, Tituba Sorcière*, ont reçu de multiples récompenses°. Ses romans mêlent° souvent fiction et événements historiques pour montrer la complexité de la culture antillaise, culture liée° à celle de l'Europe et à celle de l'Afrique.

 Qu'est-ce que vous avez appris? Répondez aux questions par des phrases complètes.

1. Que s'est-il passé en Martinique au début du vingtième siècle?
2. L'éruption a-t-elle tué tous les habitants de Saint-Pierre?
3. Pour quelle raison Gauguin a-t-il déménagé à Tahiti?
4. Pour quelles raisons l'œuvre «tahitienne» de Gauguin est-elle célèbre?
5. Quelle est la principale particularité d'Haïti?
6. Qui a réussi à abolir l'esclavage en Haïti?
7. D'où viennent la majorité des perles noires?
8. Comment la perliculture a-t-elle changé la population de la Polynésie?
9. Où Maryse Condé a-t-elle étudié? Où est-elle née?
10. Ses romans sont-ils entièrement des œuvres de fiction?

ressources

WB pp. 185–186 | promenades.vhlcentral.com Unité 13

SUPERSITE

SUR INTERNET

Go to **promenades.vhlcentral.com** to find more cultural information related to this **PANORAMA**.

1. Cherchez des informations sur Aimé Césaire. Qu'a-t-il en commun avec Léopold Sédar Senghor, poète et homme politique mentionné dans le **PANORAMA** précédent?
2. Trouvez des informations sur la ville de Saint-Pierre. Comment est-elle aujourd'hui?
3. Cherchez des informations sur les courses de pirogues en Polynésie française. Quelle est leur signification?

peintre *painter* **œuvres** *artworks* **échapper à** *escape* **entoure** *surrounds* **célèbre** *famous* **emploi** *use* **vives** *bright* **peintures** *paintings* **tableaux** *paintings* **esclave** *slave* **mène** *leads* **vainc** *defeats* **perles** *pearls* **huître** *oyster* **Par contre** *On the other hand* **vivent de** *make a living from* **perliculture** *pearl farming* **repeupler** *repopulate* **a vécu** *lived* **carrière** *career* **écrivain** *writer* **romans** *novels* **y compris** *including* **récompenses** *awards* **mêlent** *mix* **liée** *tied*

Lecture

 SUPERSITE

Avant la lecture

STRATÉGIE

Recognizing chronological order

Recognizing the chronological order of events in a narrative is key to understanding the cause and effect relationship between them. When you are able to establish the chronological chain of events, you will easily be able to follow the plot. In order to be more aware of the order of events in a narrative, you may find it helpful to prepare a numbered list of the events as you read.

Examinez le texte

Dans l'extrait (*excerpt*) du *Petit Prince* que vous allez lire, le petit prince rencontre un géographe. Que fait un géographe? En quoi consiste son travail exactement? Est-ce un travail facile ou difficile, à votre avis? Regardez les illustrations et décrivez le géographe et le petit prince.

À propos de l'auteur
Antoine de Saint-Exupéry

Antoine de Saint-Exupéry est né à Lyon, en France, en 1900. C'est un écrivain français très apprécié dans le monde entier qui a aussi eu une carrière d'aviateur. En 1921, il entre dans l'armée, où il est formé comme pilote. Plus tard, en 1926, il devient pilote pour la compagnie Aéropostale et voyage entre la France, l'Afrique du Nord et l'Amérique du Sud. À cette époque, il écrit ses deux premiers romans°, *Courrier Sud* et *Vol de nuit*. De nouveau dans l'armée française, Saint-Exupéry écrit, en 1943, alors qu'il est en Afrique du Nord, son œuvre la plus célèbre, *Le Petit Prince*. Elle sera traduite en plus de 150 langues. Saint-Exupéry disparaît° en 1944 lors d'°une mission en avion.

Le Petit Prince raconte l'histoire d'un jeune garçon qui a quitté sa planète pour visiter d'autres planètes. Pendant son voyage, il rencontre des personnages et des animaux différents. Dans cet extrait, le petit prince arrive sur la sixième planète, où habite un vieux monsieur qui est géographe.

romans *novels* **disparaît** *disappears* **lors d'** *during*

Le Petit Prince

[...]

La sixième planète était une planète dix fois plus vaste. Elle était habitée par un vieux Monsieur qui écrivait d'énormes livres.

—Tiens! voilà un explorateur! s'écria-t-il°, quand il aperçut° le petit prince.

Le petit prince s'assit° sur la table et souffla° un peu. Il avait déjà tant° voyagé!

—D'où viens-tu? lui dit le vieux Monsieur.

—Quel est ce gros livre? dit le petit prince. Que faites-vous ici?

—Je suis géographe, dit le vieux Monsieur.

—Qu'est-ce qu'un géographe?

—C'est un savant° qui connaît où se trouvent les mers, les fleuves, les villes, les montagnes et les déserts.

—Ça, c'est intéressant, dit le petit prince. Ça, c'est enfin un véritable métier! Et il jeta un coup d'œil autour° de lui sur la planète du géographe. Il n'avait jamais vu encore une planète aussi majestueuse.

—Elle est bien belle, votre planète. Est-ce qu'il y a des océans?

—Je ne puis° pas le savoir, dit le géographe.

—Ah! (Le petit prince était déçu°.) Et des montagnes?

—Je ne puis pas le savoir, dit le géographe.

—Et des villes et des fleuves et des déserts?

—Je ne puis pas le savoir non plus, dit le géographe.

—Mais vous êtes géographe!

—C'est exact, dit le géographe, mais je ne suis pas explorateur. Je manque° absolument d'explorateurs. Ce n'est pas le géographe qui va faire le compte° des villes, des fleuves, des montagnes, des mers et des océans. Le géographe est trop important pour flâner°. Il ne quitte pas son bureau. Mais il reçoit les explorateurs. Il les interroge, et il prend note de leurs souvenirs°. Et si les souvenirs de l'un d'entre eux lui paraissent° intéressants, le géographe fait une enquête° sur la moralité de l'explorateur.

—Pourquoi ça?

—Parce qu'un explorateur qui mentirait° entraînerait° des catastrophes dans les livres de géographie. Et aussi un explorateur qui boirait° trop.

—Pourquoi ça? fit° le petit prince.

—Parce que les ivrognes° voient double. Alors le géographe noterait deux montagnes, là où il n'y en a qu'une seule.

—Je connais quelqu'un, dit le petit prince, qui serait mauvais explorateur.

—C'est possible. Donc, quand la moralité de l'explorateur paraît° bonne, on fait une enquête sur sa découverte°.

—On va voir?

—Non. C'est trop compliqué. Mais on exige qu'il en rapporte° de grosses pierres.

Le géographe soudain s'émut°.

—Mais toi, tu viens de loin! Tu es explorateur! Tu vas me décrire ta planète!

Et le géographe, ayant ouvert son registre°, tailla° son crayon. On note d'abord au crayon les récits des explorateurs. On attend, pour noter à l'encre°, que l'explorateur ait fourni des preuves°.

—Alors? interrogea le géographe.

—Oh! chez moi, dit le petit prince, ce n'est pas très intéressant, c'est tout petit. J'ai trois volcans. Deux volcans en activité, et un volcan éteint. [...]

s'écria-t-il *he exclaimed* aperçut *noticed* s'assit *sat down* souffla *breathed* tant *so much* savant *scholar* jeta un coup d'œil autour *glanced around* puis *can* déçu *disappointed* manque *lack* faire le compte *count* flâner *stroll* souvenirs *memories* paraissent *seem* enquête *investigation* mentirait *would lie* entraînerait *would cause* boirait *would drink* fit *said* ivrognes *drunks* paraît *seems* découverte *discovery* rapporte *brings back* s'émut *became emotional* ayant ouvert son registre *having opened his book* tailla *sharpened* encre *ink* ait fourni des preuves *has provided proof*

Après la lecture

Le travail d'un géographe Cherchez, dans le texte, les différentes étapes du travail du géographe et mettez-les dans l'ordre chronologique.

1. _____ Le géographe écrit la version du récit des explorateurs à l'encre.

2. _____ Le géographe demande aux explorateurs de raconter leurs récits.

3. _____ Le géographe note les découvertes des explorateurs au crayon.

4. _____ Le géographe reçoit des explorateurs.

5. _____ Les explorateurs donnent des preuves au géographe.

6. _____ Le géographe fait une enquête sur les découvertes des explorateurs.

7. _____ Le géographe fait une enquête sur la moralité des explorateurs.

8. _____ Le géographe demande aux explorateurs de lui ramener (*bring back*) des pierres.

Répondez Répondez aux questions par des phrases complètes.

1. Où habite le géographe?

2. Que faisait le géographe quand le petit prince est arrivé sur sa planète?

3. Pourquoi est-ce que le petit prince est fatigué quand il arrive chez le géographe?

4. D'après le géographe, quel est le métier du petit prince?

5. Pourquoi est-ce qu'un géographe n'explore jamais les endroits qu'il veut connaître?

6. Si un explorateur ment, quelles peuvent être les conséquences, d'après le géographe?

7. Qu'est-ce que le géographe demande au petit prince à la fin de l'extrait?

8. Comment est la planète du petit prince?

Dans le futur Nous sommes en 2650 et on peut voyager dans l'espace. Avez-vous envie de visiter les autres planètes, comme le petit prince? Expliquez. Comment sont les autres planètes, à votre avis? Sont-elles comme la Terre?

Une lettre au géographe Vous êtes un(e) des explorateurs/exploratrices qui travaillent pour le géographe. Aidez-le à mieux connaître la Terre. Écrivez-lui une lettre dans laquelle vous lui expliquez comment est votre région, votre pays ou un autre endroit dans le monde, si vous préférez.

VOCABULAIRE

La nature

un espace	space, area
une espèce (menacée)	(endangered) species
la nature	nature
un pique-nique	picnic
une région	region
une ressource naturelle	natural resource
un arbre	tree
un bois	wood
un champ	field
le ciel	sky
une côte	coast
un désert	desert
une étoile	star
une falaise	cliff
un fleuve	river
une forêt (tropicale)	(tropical) forest
l'herbe (f.)	grass
une île	island
la jungle	jungle
un lac	lake
la Lune	moon
une pierre	stone
une plante	plant
une rivière	river
un sentier	path
une vallée	valley
un volcan	volcano
en plein air	outdoor, open-air
pur(e)	pure

Vocabulaire supplémentaire

lequel	which one (m. sing.)
lesquels	which ones (m. pl.)
laquelle	which one (f. sing.)
lesquelles	which ones (f. pl.)

L'écologie

améliorer	to improve
chasser	to hunt
développer	to develop
gaspiller	to waste
jeter	to throw away
polluer	to pollute
préserver	to preserve
prévenir l'incendie	to prevent fires
proposer une solution	to propose a solution
recycler	to recycle
sauver la planète	to save the planet
une catastrophe	catastrophe
une centrale nucléaire	nuclear plant
la chasse	hunt
le covoiturage	carpooling
un danger	danger, threat
le déboisement	deforestation
des déchets toxiques (m.)	toxic waste
l'écologie (f.)	ecology
l'écotourisme (m.)	ecotourism
l'effet de serre (m.)	greenhouse effect
un emballage en plastique	plastic wrapping/ packaging
l'énergie nucléaire (f.)	nuclear energy
l'énergie solaire (f.)	solar energy
l'environnement (m.)	environment
l'extinction (f.)	extinction
le gaspillage	waste
un glissement de terrain	landslide
un nuage de pollution	pollution cloud
la pluie acide	acid rain
la pollution	pollution
une population croissante	growing population
la préservation	protection
un produit	product
la protection	protection
le ramassage des ordures	garbage collection
le réchauffement de la Terre	global warming
le recyclage	recycling
le sauvetage des habitats	habitat preservation
la surpopulation	overpopulation
le trou dans la couche d'ozone	hole in the ozone layer
une usine	factory
écologique	ecological

Les animaux

un animal	animal
un écureuil	squirrel
un lapin	rabbit
un serpent	snake
une vache	cow

Les lois et les règlements

abolir	to abolish
interdire	to forbid, to prohibit
un gouvernement	government
une loi	law

Pronoms démonstratifs

celui	this one; that one; the one (m. sing.)
ceux	these; those; the ones (m. pl.)
celle	this one; that one; the one (f. sing.)
celles	these; those; the ones (f. pl.)

Expressions utiles	See pp. 395 and 409.
Impersonal expressions	See p. 401.
Verbs of will	See p. 412.
Verbs and expressions of emotion	See p. 413.
Expressions of doubt and certainty	See p. 414.
croire	See p. 414.

Appendice A

Appendice B

Vocabulaire

Index

Credits & Bios

Le monde francophone

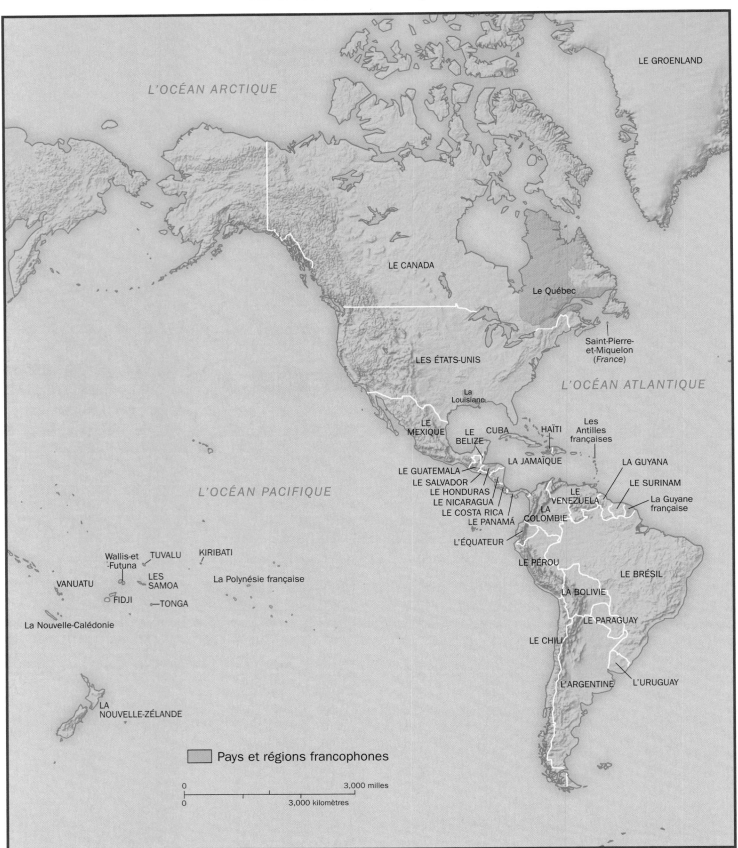

LE GROENLAND

L'OCÉAN ARCTIQUE

LE CANADA

Le Québec

Saint-Pierre-
et-Miquelon
(*France*)

LES ÉTATS-UNIS

L'OCÉAN ATLANTIQUE

La
Louisiane

L'OCÉAN PACIFIQUE

LE
MEXIQUE

LE
BELIZE

CUBA

HAÏTI

Les
Antilles
françaises

LA JAMAÏQUE

LA GUYANA

LE GUATEMALA

LE SURINAM

LE SALVADOR

LE HONDURAS

LE
VENEZUELA

La Guyane
française

LE NICARAGUA

LE COSTA RICA

LA
COLOMBIE

LE PANAMÁ

L'ÉQUATEUR

Wallis-et-
Futuna

TUVALU

KIRIBATI

LE PÉROU

LE BRÉSIL

VANUATU

LES
SAMOA

La Polynésie française

FIDJI

TONGA

LA BOLIVIE

La Nouvelle-Calédonie

LE PARAGUAY

LE CHILI

LA
NOUVELLE-ZÉLANDE

L'ARGENTINE

L'URUGUAY

Pays et régions francophones

0   3,000 milles
0   3,000 kilomètres

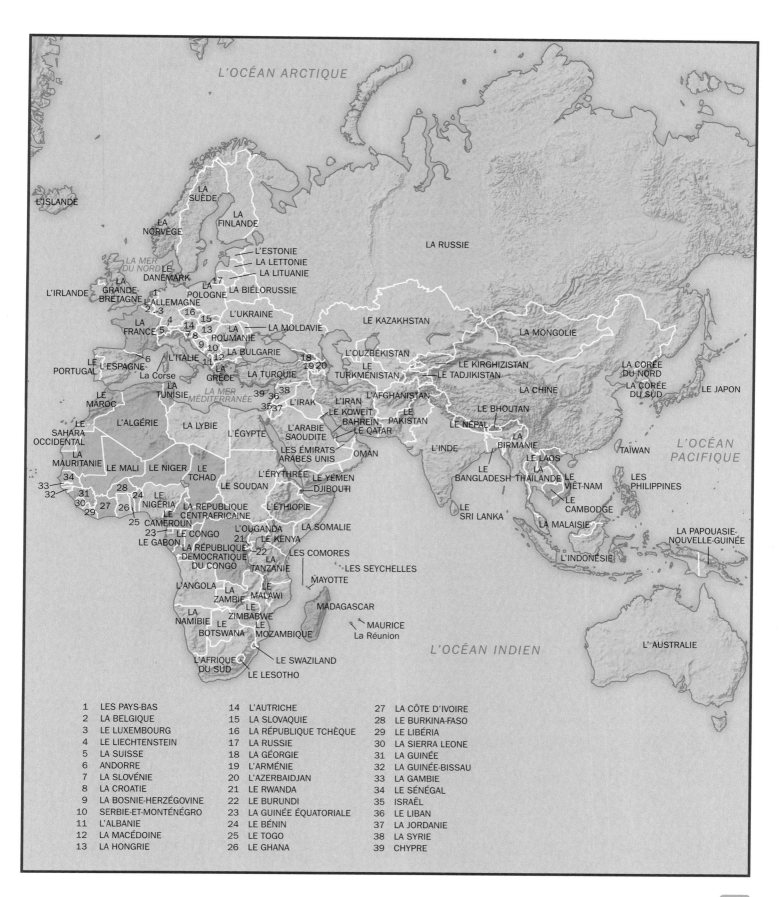

L'OCÉAN ARCTIQUE

L'ISLANDE

LA SUÈDE

LA NORVÈGE

LA FINLANDE

LA MER DU NORD

LE DANEMARK

L'IRLANDE

LA GRANDE-BRETAGNE

L'ESTONIE
LA LETTONIE
LA LITUANIE

LA RUSSIE

17 LA POLOGNE
LA BIÉLORUSSIE

1 L'ALLEMAGNE

2 3
16
15
L'UKRAINE

LA FRANCE
14 13
LA ROUMANIE
LA MOLDAVIE

LE KAZAKHSTAN

5 7 8
9
LA MONGOLIE

10
12
11
L'ITALIE
LA BULGARIE
18
19 20
L'OUZBÉKISTAN

6
La Corse
LA GRÈCE
LA TURQUIE

LE PORTUGAL
L'ESPAGNE

LE KIRGHIZISTAN
LE TADJIKISTAN

LA CORÉE DU NORD
LA CORÉE DU SUD

LE MAROC

LA TUNISIE

LA MER MÉDITERRANÉE

39 36
38
L'IRAK
L'IRAN
LE KOWEÏT
BAHREÏN
LE QATAR

L'AFGHANISTAN
LA CHINE

LE JAPON

35 37

LE SAHARA OCCIDENTAL

L'ALGÉRIE

LA LYBIE

L'ÉGYPTE

L'ARABIE SAOUDITE

LE PAKISTAN
LE NÉPAL

LE BHOUTAN

L'OCÉAN PACIFIQUE

TAÏWAN

LA MAURITANIE

LE MALI
LE NIGER
LE TCHAD

LES ÉMIRATS ARABES UNIS
OMAN

L'INDE
LA BIRMANIE

LE LAOS

33
34
32
31
28
24
30
27 26
29
25

LE SOUDAN

L'ÉRYTHRÉE
LE YÉMEN
DJIBOUTI

LE BANGLADESH
LA THAÏLANDE
LE VIÊT-NAM

LES PHILIPPINES

LE NIGÉRIA
LE CAMEROUN
23
LE GABON
LE CONGO

LA RÉPUBLIQUE CENTRAFRICAINE

L'ÉTHIOPIE

LE SRI LANKA

LE CAMBODGE

LA PAPOUASIE-NOUVELLE-GUINÉE

L'OUGANDA
21
LE KENYA

LA SOMALIE

LA MALAISIE

LA RÉPUBLIQUE DÉMOCRATIQUE DU CONGO
22
LA TANZANIE

LES COMORES

LES SEYCHELLES

L'INDONÉSIE

L'ANGOLA
LA ZAMBIE
LE MALAWI

MAYOTTE

LA NAMIBIE
LE ZIMBABWE
LE BOTSWANA
LE MOZAMBIQUE

MADAGASCAR

MAURICE
La Réunion

L'OCÉAN INDIEN

L'AUSTRALIE

L'AFRIQUE DU SUD
LE SWAZILAND
LE LESOTHO

1	LES PAYS-BAS	14	L'AUTRICHE	27	LA CÔTE D'IVOIRE
2	LA BELGIQUE	15	LA SLOVAQUIE	28	LE BURKINA-FASO
3	LE LUXEMBOURG	16	LA RÉPUBLIQUE TCHÈQUE	29	LE LIBÉRIA
4	LE LIECHTENSTEIN	17	LA RUSSIE	30	LA SIERRA LEONE
5	LA SUISSE	18	LA GÉORGIE	31	LA GUINÉE
6	ANDORRE	19	L'ARMÉNIE	32	LA GUINÉE-BISSAU
7	LA SLOVÉNIE	20	L'AZERBAIDJAN	33	LA GAMBIE
8	LA CROATIE	21	LE RWANDA	34	LE SÉNÉGAL
9	LA BOSNIE-HERZÉGOVINE	22	LE BURUNDI	35	ISRAËL
10	SERBIE-ET-MONTÉNÉGRO	23	LA GUINÉE ÉQUATORIALE	36	LE LIBAN
11	L'ALBANIE	24	LE BÉNIN	37	LA JORDANIE
12	LA MACÉDOINE	25	LE TOGO	38	LA SYRIE
13	LA HONGRIE	26	LE GHANA	39	CHYPRE

La France

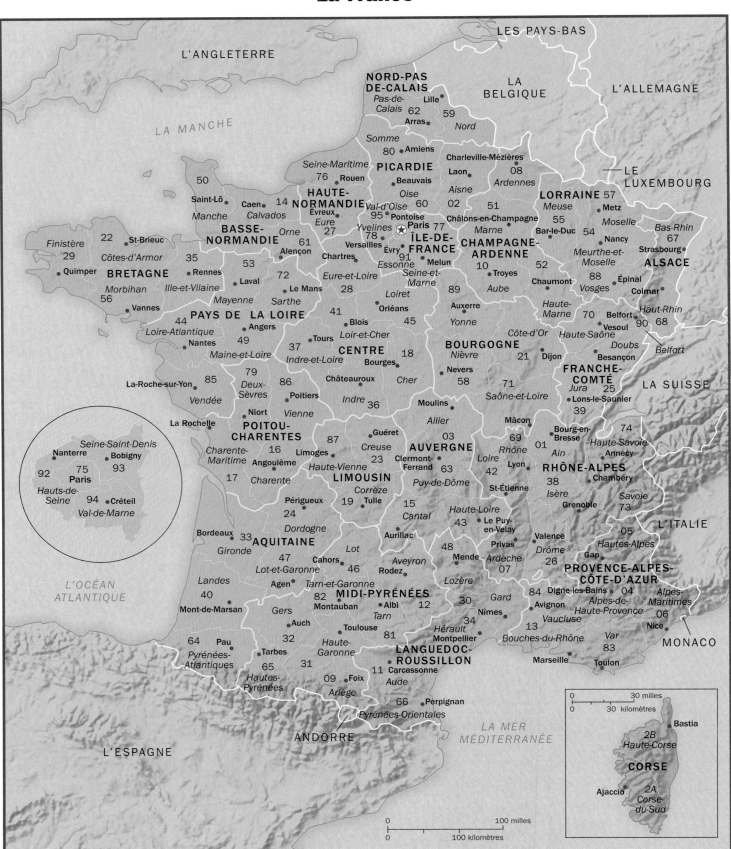

LES PAYS-BAS

L'ANGLETERRE

LA MANCHE

L'ALLEMAGNE

LA BELGIQUE

NORD-PAS-DE-CALAIS
Pas-de-Calais
Lille
62
Arras
59
Nord
Somme
80 • Amiens
Seine-Maritime
76 • Rouen
PICARDIE
Beauvais
Oise
Laon
Aisne
02
Charleville-Mézières
08
Ardennes
LE LUXEMBOURG

50
Saint-Lô
Caen
14
HAUTE-NORMANDIE
Évreux
Eure
27
Val-d'Oise
60
95 • Pontoise
Yvelines
78
Versailles
★ Paris
77
ÎLE-DE-FRANCE
51
Châlons-en-Champagne
Marne
55
Bar-le-Duc
LORRAINE 57
Meuse
Metz
Moselle
54
Nancy
Meurthe-et-Moselle
Bas-Rhin
67
Strasbourg
ALSACE

Manche
Calvados
BASSE-NORMANDIE
Orne
61
Alençon
Finistère
29
22 • St-Brieuc
Côtes-d'Armor
35
Rennes
Ille-et-Vilaine
Laval
53
72
Le Mans
Sarthe
28
Chartres
Eure-et-Loire
91
Essonne
Melun
Seine-et-Marne
10
Troyes
Aube
52
Chaumont
Haute-Marne
88
Vosges
Épinal
Colmar
Haut-Rhin
70
Belfort
Vesoul
90 68
Haute-Saône
Doubs
Belfort

• Quimper
BRETAGNE
Morbihan
56 • Vannes
Mayenne
PAYS DE LA LOIRE
44
Angers
Loire-Atlantique
49
Nantes
Maine-et-Loire
41 • Blois
Loir-et-Cher
45
Orléans
Loiret
Auxerre
Yonne
89
Côte-d'Or
21 • Dijon
BOURGOGNE
Besançon
FRANCHE-COMTÉ
Jura 25
LA SUISSE

La-Roche-sur-Yon
85
Deux-Sèvres
79
37
Tours
Indre-et-Loire
CENTRE
18
Bourges
Châteauroux
Cher
Nièvre
58 • Nevers
71
Saône-et-Loire
Mâcon
Lons-le-Saunier
39

• Niort
Vendée
86
Poitiers
Vienne
Indre
36
Moulins
Allier
69
Rhône
Bourg-en-Bresse
01
Ain
74
Haute-Savoie
Annecy

La Rochelle
POITOU-CHARENTES
87
Charente-Maritime
16
Limoges
Creuse
23
Guéret
03
AUVERGNE
Clermont-Ferrand
63
42
Loire
Lyon
St-Étienne
RHÔNE-ALPES
38
Isère
Chambéry

Seine-Saint-Denis
Nanterre
Bobigny
92 75 93
Paris
Hauts-de-Seine
94 • Créteil
Val-de-Marne

17
Charente
Angoulême
Haute-Vienne
LIMOUSIN
Corrèze
19 • Tulle
15
Cantal
43
Le Puy-en-Velay
Haute-Loire
Privas
Ardèche
07
Drôme
26 • Valence
Savoie
73
Grenoble
05
Hautes-Alpes
L'ITALIE

L'OCÉAN ATLANTIQUE

Bordeaux
33
AQUITAINE
Gironde
Périgueux
24
Dordogne
47
Lot-et-Garonne
Cahors
Lot
46
Aveyron
Rodez
48
Mende
Lozère
Gard
Puy-de-Dôme
Aurillac
Gap
Digne-les-Bains
84
Alpes-de-Haute-Provence
04
Alpes-Maritimes
06 • Nice
MONACO
PROVENCE-ALPES-CÔTE-D'AZUR

Landes
40
Mont-de-Marsan
Agen
Tarn-et-Garonne
82
Montauban
MIDI-PYRÉNÉES
Albi
12
Tarn
81
Gard
34
Nîmes
Bouches-du-Rhône
13
Var
83
Vaucluse
Avignon
Marseille
Toulon

64 • Pau
Pyrénées-Atlantiques
65
Tarbes
Gers
32
Auch
Toulouse
Haute-Garonne
31
09 • Foix
Ariège
Hautes-Pyrénées
11
Carcassonne
Aude
LANGUEDOC-ROUSSILLON
Hérault
Montpellier
LA MER MÉDITERRANÉE

L'ESPAGNE
ANDORRE
66 • Perpignan
Pyrénées-Orientales

0   30 milles
0   30 kilomètres

Bastia
2B
Haute-Corse
CORSE
Ajaccio
2A
Corse-du-Sud

0   100 milles
0   100 kilomètres

L'Europe

L'Afrique

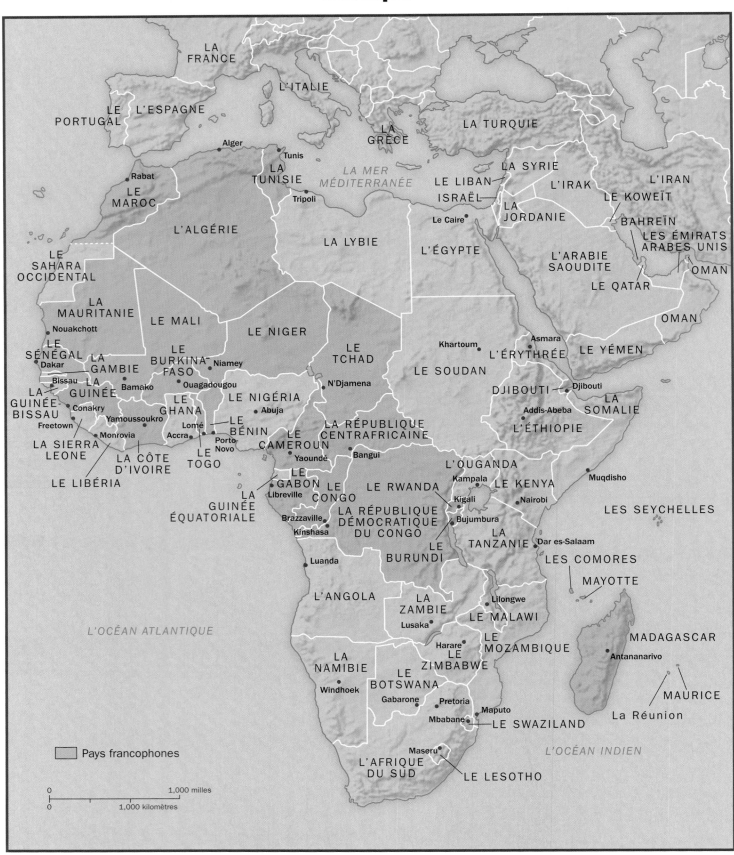

LA FRANCE

L'ITALIE

PORTUGAL · L'ESPAGNE

LA GRÈCE

LA TURQUIE

Alger

Tunis

Rabat

LA TUNISIE

LA SYRIE

LE LIBAN

L'IRAK

L'IRAN

LE MAROC

Tripoli

ISRAËL

LE KOWEÏT

Le Caire

LA JORDANIE

BAHREÏN

L'ALGÉRIE

LA LYBIE

L'ÉGYPTE

L'ARABIE SAOUDITE

LES ÉMIRATS ARABES UNIS

OMAN

LE SAHARA OCCIDENTAL

LE QATAR

LA MAURITANIE

OMAN

Nouakchott

LE MALI

LE NIGER

LE SÉNÉGAL

Khartoum

Asmara

LE YÉMEN

Dakar

LA GAMBIE

LE BURKINA-FASO

Niamey

LE TCHAD

L'ÉRYTHRÉE

Bissau

LA GUINÉE

Bamako

Ouagadougou

LE SOUDAN

Djibouti

DJIBOUTI

LA GUINÉE-BISSAU

Conakry

LE GHANA

N'Djamena

LA SOMALIE

Yamoussoukro

LE NIGÉRIA

Abuja

Addis-Abeba

Freetown

Lomé

LE BÉNIN

L'ÉTHIOPIE

Monrovia

Accra

Porto-Novo

LE CAMEROUN

LA RÉPUBLIQUE CENTRAFRICAINE

LA SIERRA LEONE

LA CÔTE D'IVOIRE

LE TOGO

Yaoundé

Bangui

L'OUGANDA

LE LIBÉRIA

LE GABON

LE CONGO

LE RWANDA

Kampala

LE KENYA

Muqdisho

LA GUINÉE ÉQUATORIALE

Libreville

Kigali

Nairobi

LES SEYCHELLES

Brazzaville

LA RÉPUBLIQUE DÉMOCRATIQUE DU CONGO

Bujumbura

Kinshasa

LE BURUNDI

LA TANZANIE

Dar es-Salaam

Luanda

LES COMORES

MAYOTTE

L'ANGOLA

LA ZAMBIE

Lilongwe

L'OCÉAN ATLANTIQUE

Lusaka

LE MALAWI

MADAGASCAR

Harare

LE MOZAMBIQUE

Antananarivo

LA NAMIBIE

LE ZIMBABWE

Windhoek

LE BOTSWANA

MAURICE

La Réunion

Gabarone

Pretoria

Maputo

Maseru

Mbabane

LE SWAZILAND

L'OCÉAN INDIEN

L'AFRIQUE DU SUD

LE LESOTHO

LA MER MÉDITERRANÉE

Pays francophones

0   1,000 milles

0   1,000 kilomètres

L'Amérique du Nord et du Sud

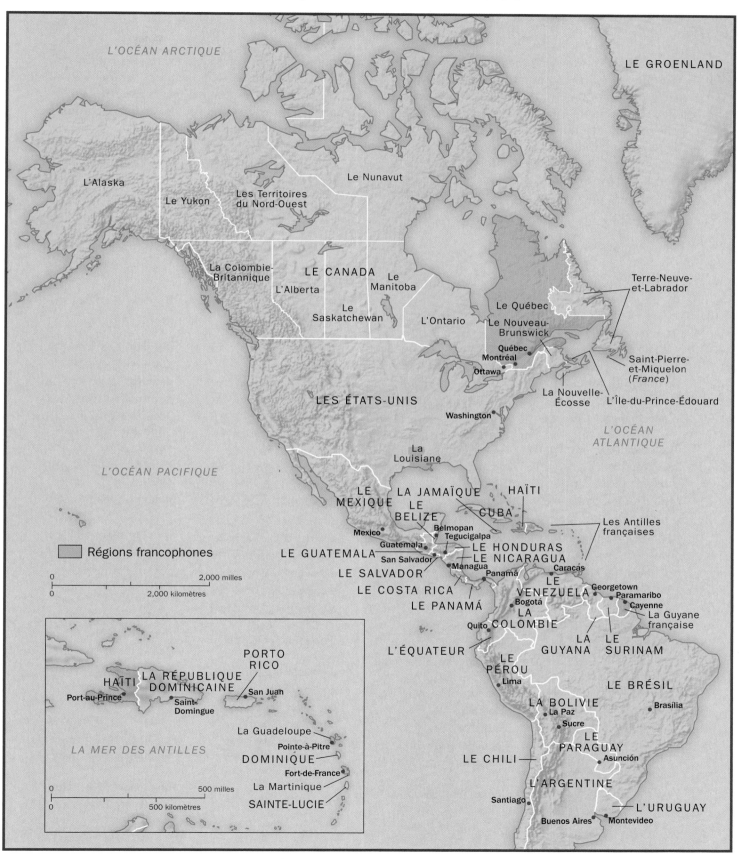

L'OCÉAN ARCTIQUE

LE GROENLAND

L'Alaska

Le Yukon

Le Nunavut

Les Territoires du Nord-Ouest

La Colombie-Britannique

LE CANADA

L'Alberta

Le Manitoba

Le Saskatchewan

L'Ontario

Terre-Neuve-et-Labrador

Le Québec

Le Nouveau-Brunswick

Québec

Montréal

Ottawa

Saint-Pierre-et-Miquelon *(France)*

La Nouvelle-Écosse

L'Île-du-Prince-Édouard

LES ÉTATS-UNIS

Washington

L'OCÉAN ATLANTIQUE

L'OCÉAN PACIFIQUE

La Louisiane

LE MEXIQUE

LA JAMAÏQUE

HAÏTI

LE BELIZE

CUBA

Les Antilles françaises

Mexico

Belmopan

Tegucigalpa

Guatemala

LE HONDURAS

LE GUATEMALA

San Salvador

LE NICARAGUA

LE SALVADOR

Managua

Panamá

Caracas

LE COSTA RICA

LE PANAMÁ

LE VENEZUELA

Georgetown

Paramaribo

Bogotá

Cayenne

Quito

LA COLOMBIE

La Guyane française

L'ÉQUATEUR

LA GUYANA

LE SURINAM

LE PÉROU

Lima

LE BRÉSIL

LA BOLIVIE

La Paz

Brasilia

Sucre

LE PARAGUAY

LE CHILI

Asunción

L'ARGENTINE

Santiago

L'URUGUAY

Buenos Aires

Montevideo

Régions francophones

0   2,000 milles
0   2,000 kilomètres

PORTO RICO

HAÏTI

LA RÉPUBLIQUE DOMINICAINE

San Juan

Port-au-Prince

Saint-Domingue

La Guadeloupe

Pointe-à-Pitre

LA MER DES ANTILLES

DOMINIQUE

Fort-de-France

La Martinique

SAINTE-LUCIE

0   500 milles
0   500 kilomètres

Verb Conjugation Tables

The list of verbs below and the model verb tables that start on page 437 show you how to conjugate the verbs that appear in **PROMENADES**. Each verb in the list is followed by a model verb conjugated according to the same pattern. The number in parentheses indicates where in the verb tables you can find the conjugated forms of the model verb. For example, if you want to find out how to conjugate the verb **offrir**, look up number 31 to refer to its model verb, **ouvrir**. The

phrase **p.c.** with **être** after a verb means that it is conjugated with **être** in the **passé composé**. Reminder: All reflexive (pronominal) verbs use **être** as their auxiliary verb in the **passé composé**. The infinitives of reflexive verbs begin with **se** (**s'**).

In the tables you will find the infinitive, past participles, and all the forms of each model verb you have learned.

abolir like finir (2)
aborder like parler (1)
abriter like parler (1)
accepter like parler (1)
accompagner like parler (1)
accueillir like ouvrir (31)
acheter (7)
adorer like parler (1)
afficher like parler (1)
aider like parler (1)
aimer like parler (1)
aller (13) **p.c.** with **être**
allumer like parler (1)
améliorer like parler (1)
amener like acheter (7)
animer like parler (1)
apercevoir like recevoir (36)
appeler (8)
applaudir like finir (2)
apporter like parler (1)
apprendre like prendre (35)
arrêter like parler (1)
arriver like parler (1) *except* **p.c.** with **être**
assister like parler (1)

attacher like parler (1)
attendre like vendre (3)
attirer like parler (1)
avoir (4)
balayer like essayer (10)
bavarder like parler (1)
boire (15)
bricoler like parler (1)
bronzer like parler (1)
célébrer like préférer (12)
chanter like parler (1)
chasser like parler (1)
chercher like parler (1)
choisir like finir (2)
classer like parler (1)
commander like parler (1)
commencer (9)
composer like parler (1)
comprendre like prendre (35)
compter like parler (1)
conduire (16)
connaître (17)
consacrer like parler (1)
considérer like préférer (12)
construire like conduire (16)

continuer like parler (1)
courir (18)
coûter like parler (1)
couvrir like ouvrir (31)
croire (19)
cuisiner like parler (1)
danser like parler (1)
débarrasser like parler (1)
décider like parler (1)
découvrir like ouvrir (31)
décrire like écrire (22)
décrocher like parler (1)
déjeuner like parler (1)
demander like parler (1)
démarrer like parler (1)
déménager like manger (11)
démissionner like parler (1)
dépasser like parler (1)
dépendre like vendre (3)
dépenser like parler (1)
déposer like parler (1)
descendre like vendre (3) *except* **p.c.** with **être**; **p.c.** w/**avoir** if takes a direct object
désirer like parler (1)

dessiner like parler (1)
détester like parler (1)
détruire like conduire (16)
développer like parler (1)
devenir like venir (41); **p.c.** with **être**
devoir (20)
dîner like parler (1)
dire (21)
diriger like parler (1)
discuter like parler (1)
divorcer like commencer (9)
donner like parler (1)
dormir like partir (32) *except* **p.c.** with **avoir**
douter like parler (1)
durer like parler (1)
échapper like parler (1)
échouer like parler (1)
écouter like parler (1)
écrire (22)
effacer like commencer (9)
embaucher like parler (1)
emménager like manger (11)
emmener like acheter (7)
employer like essayer (10)

emprunter like parler (1)
enfermer like parler (1)
enfler like parler (1)
enlever like acheter (7)
enregistrer like parler (1)
enseigner like parler (1)
entendre like vendre (3)
entourer like parler (1)
entrer like parler (1) *except* p.c. with **être**
entretenir like tenir (40)
envahir like finir (2)
envoyer like essayer (10)
épouser like parler (1)
espérer like préférer (12)
essayer (10)
essuyer like essayer (10)
éteindre (24)
éternuer like parler (1)
étrangler like parler (1)
être (5)
étudier like parler (1)
éviter like parler (1)
exiger like manger (11)
expliquer like parler (1)
explorer like parler (1)
faire (25)
falloir (26)
fermer like parler (1)
fêter like parler (1)
finir (2)
fonctionner like parler (1)
fonder like parler (1)
freiner like parler (1)
fréquenter like parler (1)
fumer like parler (1)
gagner like parler (1)
garder like parler (1)
garer like parler (1)
gaspiller like parler (1)
goûter like parler (1)
graver like parler (1)
grossir like finir (2)
guérir like finir (2)
habiter like parler (1)
imprimer like parler (1)
indiquer like parler (1)

interdire like dire (21)
inviter like parler (1)
jeter like appeler (8)
jouer like parler (1)
laisser like parler (1)
laver like parler (1)
lire (27)
loger like manger (11)
louer like parler (1)
lutter like parler (1)
maigrir like finir (2)
maintenir like tenir (40)
manger (11)
marcher like parler (1)
mêler like préférer (12)
mener like parler (1)
mettre (28)
monter like parler (1) *except* p.c. with **être**; p.c. w/**avoir** if takes a direct object
montrer like parler (1)
mourir (29); p.c. with **être**
nager like manger (11)
naître (30); p.c. with **être**
nettoyer like essayer (10)
noter like parler (1)
obtenir like tenir (40)
offrir like ouvrir (31)
organiser like parler (1)
oublier like parler (1)
ouvrir (31)
parler (1)
partager like manger (11)
partir (32); p.c. with **être**
passer like parler (1)
patienter like parler (1)
patiner like parler (1)
payer like essayer (10)
penser like parler (1)
perdre like vendre (3)
permettre like mettre (28)
pleuvoir (33)
plonger like manger (11)
polluer like parler (1)
porter like parler (1)
poser like parler (1)

posséder like préférer (12)
poster like parler (1)
pouvoir (34)
pratiquer like parler (1)
préférer (12)
prélever like parler (1)
prendre (35)
préparer like parler (1)
présenter like parler (1)
préserver like parler (1)
prêter like parler (1)
prévenir like tenir (40)
produire like conduire (16)
profiter like parler (1)
promettre like mettre (28)
proposer like parler (1)
protéger like préférer (12)
provenir like venir (41)
publier like parler (1)
quitter like parler (1)
raccrocher like parler (1)
ranger like manger (11)
réaliser like parler (1)
recevoir (36)
recommander like parler (1)
reconnaître like connaître (17)
recycler like parler (1)
réduire like conduire (16)
réfléchir like finir (2)
regarder like parler (1)
régner like préférer (12)
remplacer like parler (1)
remplir like finir (2)
rencontrer like parler (1)
rendre like vendre (3)
rentrer like parler (1) *except* p.c. with **être**
renvoyer like essayer (10)
réparer like parler (1)
repasser like parler (1)
répéter like préférer (12)
repeupler like parler (1)
répondre like vendre (3)
réserver like parler (1)

rester like parler (1) *except* p.c. with **être**
retenir like tenir (40)
retirer like parler (1)
retourner like parler (1) *except* p.c. with **être**
retrouver like parler (1)
réussir like finir (2)
revenir like venir (41); p.c. with **être**
revoir like voir (42)
rire (37)
rouler like parler (1)
salir like finir (2)
s'amuser like se laver (6)
s'asseoir (14)
sauvegarder like parler (1)
sauver like parler (1)
savoir (38)
se brosser like se laver (6)
se coiffer like se laver (6)
se composer like se laver (6)
se connecter like se laver (6)
se coucher like se laver (6)
se croiser like se laver (6)
se dépêcher like se laver (6)
se déplacer like se laver (6)
se déshabiller like se laver (6)
se détendre like vendre (3) *except* p.c. with **être**
se disputer like se laver (6)
s'embrasser like se laver (6)
s'endormir like partir (32) *except* p.c. with **être**
s'énerver like se laver (6)
s'ennuyer like essayer (10) *except* p.c. with **être**
s'excuser like se laver (6)
se fouler like se laver (6)

s'installer like se laver (6)

se laver (6)

se lever like se laver (6)

se maquiller like se laver (6)

se marier like se laver (6)

se promener like acheter (7) *except* **p.c.** with **être**

se rappeler like se laver (6)

se raser like se laver (6)

se rebeller like se laver (6)

se réconcilier like se laver (6)

se relever like se laver (6)

se reposer like se laver (6)

se réveiller like se laver (6)

servir like partir (32) *except* **p.c.** with **avoir**

se sécher like préférer (12) *except* **p.c.** with **être**

se souvenir like venir (41)

se tromper like se laver (6)

s'habiller like se laver (6)

sentir like partir (32) *except* **p.c.** with **avoir**

signer like parler (1)

s'inquiéter like préférer (12) *except* **p.c.** with **être**

s'intéresser like se laver (6)

skier like parler (1)

s'occuper like se laver (6)

sonner like parler (1)

s'orienter like se laver (6)

sortir like partir (32)

sourire like rire (37)

souffrir like ouvrir (31)

souhaiter like parler (1)

subvenir like venir (41) *except* **p.c.** with **avoir**

suffire like lire (27)

suggérer like préférer (12)

suivre (39)

surfer like parler (1)

surprendre like prendre (35)

télécharger like parler (1)

téléphoner like parler (1)

tenir (40)

tomber like parler (1) *except* **p.c.** with **être**

tourner like parler (1)

tousser like parler (1)

traduire like conduire (16)

travailler like parler (1)

traverser like parler (1)

trouver like parler (1)

tuer like parler (1)

utiliser like parler (1)

valoir like falloir (26)

vendre (3)

venir (41); **p.c.** with **être**

vérifier like parler (1)

visiter like parler (1)

vivre like suivre (39)

voir (42)

vouloir (43)

voyager like manger (11)

Regular verbs

Infinitive / Past participle	Subject Pronouns	INDICATIVE Present	Passé composé	Imperfect	Future	CONDITIONAL Present	SUBJUNCTIVE Present	IMPERATIVE
1 parler (*to speak*) parlé	je (j')	parle	ai parlé	parlais	parlerai	parlerais	parle	
	tu	parles	as parlé	parlais	parleras	parlerais	parles	parle
	il/elle/on	parle	a parlé	parlait	parlera	parlerait	parle	
	nous	parlons	avons parlé	parlions	parlerons	parlerions	parlions	parlons
	vous	parlez	avez parlé	parliez	parlerez	parleriez	parliez	parlez
	ils/elles	parlent	ont parlé	parlaient	parleront	parleraient	parlent	
2 finir (*to finish*) fini	je (j')	finis	ai fini	finissais	finirai	finirais	finisse	
	tu	finis	as fini	finissais	finiras	finirais	finisses	finis
	il/elle/on	finit	a fini	finissait	finira	finirait	finisse	
	nous	finissons	avons fini	finissions	finirons	finirions	finissions	finissons
	vous	finissez	avez fini	finissiez	finirez	finiriez	finissiez	finissez
	ils/elles	finissent	ont fini	finissaient	finiront	finiraient	finissent	
3 vendre (*to sell*) vendu	je (j')	vends	ai vendu	vendais	vendrai	vendrais	vende	
	tu	vends	as vendu	vendais	vendras	vendrais	vendes	vends
	il/elle/on	vend	a vendu	vendait	vendra	vendrait	vende	
	nous	vendons	avons vendu	vendions	vendrons	vendrions	vendions	vendons
	vous	vendez	avez vendu	vendiez	vendrez	vendriez	vendiez	vendez
	ils/elles	vendent	ont vendu	vendaient	vendront	vendraient	vendent	

Verb Conjugation Tables

Auxiliary verbs: *avoir* and *être*

4

Infinitive / Past participle	Subject Pronouns	INDICATIVE				CONDITIONAL	SUBJUNCTIVE	IMPERATIVE
		Present	Passé composé	Imperfect	Future	Present	Present	
avoir *(to have)*	j'	ai	ai eu	avais	aurai	aurais	aie	
	tu	as	as eu	avais	auras	aurais	aies	aie
eu	il/elle/on	a	a eu	avait	aura	aurait	ait	
	nous	avons	avons eu	avions	aurons	aurions	ayons	ayons
	vous	avez	avez eu	aviez	aurez	auriez	ayez	ayez
	ils/elles	ont	ont eu	avaient	auront	auraient	aient	

5

Infinitive / Past participle	Subject Pronouns	INDICATIVE				CONDITIONAL	SUBJUNCTIVE	IMPERATIVE
		Present	Passé composé	Imperfect	Future	Present	Present	
être *(to be)*	je (j')	suis	ai été	étais	serai	serais	sois	
	tu	es	as été	étais	seras	serais	sois	sois
été	il/elle/on	est	a été	était	sera	serait	soit	
	nous	sommes	avons été	étions	serons	serions	soyons	soyons
	vous	êtes	avez été	étiez	serez	seriez	soyez	soyez
	ils/elles	sont	ont été	étaient	seront	seraient	soient	

Reflexive (Pronominal)

6

Infinitive / Past participle	Subject Pronouns	INDICATIVE				CONDITIONAL	SUBJUNCTIVE	IMPERATIVE
		Present	Passé composé	Imperfect	Future	Present	Present	
se laver *(to wash oneself)*	je	me lave	me suis lavé(e)	me lavais	me laverai	me laverais	me lave	
	tu	te laves	t'es lavé(e)	te lavais	te laveras	te laverais	te laves	lave-toi
lavé	il/elle/on	se lave	s'est lavé(e)	se lavait	se lavera	se laverait	se lave	
	nous	nous lavons	nous sommes lavé(e)s	nous lavions	nous laverons	nous laverions	nous lavions	lavons-nous
	vous	vous lavez	vous êtes lavé(e)s	vous laviez	vous laverez	vous laveriez	vous laviez	lavez-vous
	ils/elles	se lavent	se sont lavé(e)s	se lavaient	se laveront	se laveraient	se lavent	

Verb Conjugation Tables

Verbs with spelling changes

7. acheter (to buy) — Past participle: acheté

Subject Pronouns	INDICATIVE Present	Passé composé	Imperfect	Future	CONDITIONAL Present	SUBJUNCTIVE Present	IMPERATIVE
j'	achète	ai acheté	achetais	achèterai	achèterais	achète	
tu	achètes	as acheté	achetais	achèteras	achèterais	achètes	achète
il/elle/on	achète	a acheté	achetait	achètera	achèterait	achète	
nous	achetons	avons acheté	achetions	achèterons	achèterions	achetions	achetons
vous	achetez	avez acheté	achetiez	achèterez	achèteriez	achetiez	achetez
ils/elles	achètent	ont acheté	achetaient	achèteront	achèteraient	achètent	

8. appeler (to call) — Past participle: appelé

Subject Pronouns	INDICATIVE Present	Passé composé	Imperfect	Future	CONDITIONAL Present	SUBJUNCTIVE Present	IMPERATIVE
j'	appelle	ai appelé	appelais	appellerai	appellerais	appelle	
tu	appelles	as appelé	appelais	appelleras	appellerais	appelles	appelle
il/elle/on	appelle	a appelé	appelait	appellera	appellerait	appelle	
nous	appelons	avons appelé	appelions	appellerons	appellerions	appelions	appelons
vous	appelez	avez appelé	appeliez	appellerez	appelleriez	appeliez	appelez
ils/elles	appellent	ont appelé	appelaient	appelleront	appelleraient	appellent	

9. commencer (to begin) — Past participle: commencé

Subject Pronouns	INDICATIVE Present	Passé composé	Imperfect	Future	CONDITIONAL Present	SUBJUNCTIVE Present	IMPERATIVE
je (j')	commence	ai commencé	commençais	commencerai	commencerais	commence	
tu	commences	as commencé	commençais	commenceras	commencerais	commences	commence
il/elle/on	commence	a commencé	commençait	commencera	commencerait	commence	
nous	commençons	avons commencé	commencions	commencerons	commencerions	commencions	commençons
vous	commencez	avez commencé	commenciez	commencerez	commenceriez	commenciez	commencez
ils/elles	commencent	ont commencé	commençaient	commenceront	commenceraient	commencent	

10. essayer (to try) — Past participle: essayé

Subject Pronouns	INDICATIVE Present	Passé composé	Imperfect	Future	CONDITIONAL Present	SUBJUNCTIVE Present	IMPERATIVE
j'	essaie	ai essayé	essayais	essaierai	essaierais	essaie	
tu	essaies	as essayé	essayais	essaieras	essaierais	essaies	essaie
il/elle/on	essaie	a essayé	essayait	essaiera	essaierait	essaie	
nous	essayons	avons essayé	essayions	essaierons	essaierions	essayions	essayons
vous	essayez	avez essayé	essayiez	essaierez	essaieriez	essayiez	essayez
ils/elles	essayent	ont essayé	essayaient	essaieront	essaieraient	essaient	

11. manger (to eat) — Past participle: mangé

Subject Pronouns	INDICATIVE Present	Passé composé	Imperfect	Future	CONDITIONAL Present	SUBJUNCTIVE Present	IMPERATIVE
je (j')	mange	ai mangé	mangeais	mangerai	mangerais	mange	
tu	manges	as mangé	mangeais	mangeras	mangerais	manges	mange
il/elle/on	mange	a mangé	mangeait	mangera	mangerait	mange	
nous	mangeons	avons mangé	mangions	mangerons	mangerions	mangions	mangeons
vous	mangez	avez mangé	mangiez	mangerez	mangeriez	mangiez	mangez
ils/elles	mangent	ont mangé	mangeaient	mangeront	mangeraient	mangent	

12

Infinitive / Past participle	Subject Pronouns	INDICATIVE Present	Passé composé	Imperfect	Future	CONDITIONAL Present	SUBJUNCTIVE Present	IMPERATIVE
préférer (*to prefer*) préféré	je (j')	préfère	ai préféré	préférais	préférerai	préférerais	préfère	
	tu	préfères	as préféré	préférais	préféreras	préférerais	préfères	préfère
	il/elle/on	préfère	a préféré	préférait	préférera	préférerait	préfère	
	nous	préférons	avons préféré	préférions	préférerons	préférerions	préférions	préférons
	vous	préférez	avez préféré	préfériez	préférerez	préféreriez	préfériez	préférez
	ils/elles	préfèrent	ont préféré	préféraient	préféreront	préféreraient	préfèrent	

Irregular verbs

13

Infinitive / Past participle	Subject Pronouns	INDICATIVE Present	Passé composé	Imperfect	Future	CONDITIONAL Present	SUBJUNCTIVE Present	IMPERATIVE
aller (*to go*) allé	je (j')	vais	suis allé(e)	allais	irai	irais	aille	
	tu	vas	es allé(e)	allais	iras	irais	ailles	va
	il/elle/on	va	est allé(e)	allait	ira	irait	aille	
	nous	allons	sommes allé(e)s	allions	irons	irions	allions	allons
	vous	allez	êtes allé(e)s	alliez	irez	iriez	alliez	allez
	ils/elles	vont	sont allé(e)s	allaient	iront	iraient	aillent	

14

Infinitive / Past participle	Subject Pronouns	INDICATIVE Present	Passé composé	Imperfect	Future	CONDITIONAL Present	SUBJUNCTIVE Present	IMPERATIVE
s'asseoir (*to sit down, to be seated*) assis	je	m'assieds	me suis assis(e)	m'asseyais	m'assiérai	m'assiérais	m'asseye	
	tu	t'assieds	t'es assis(e)	t'asseyais	t'assiéras	t'assiérais	t'asseyes	assieds-toi
	il/elle/on	s'assied	s'est assis(e)	s'asseyait	s'assiéra	s'assiérait	s'asseye	
	nous	nous asseyons	nous sommes assis(e)s	nous asseyions	nous assiérons	nous assiérions	nous asseyions	asseyons-nous
	vous	vous asseyez	vous êtes assis(e)s	vous asseyiez	vous assiérez	vous assiériez	vous asseyiez	asseyez-vous
	ils/elles	s'asseyent	se sont assis(e)s	s'asseyaient	s'assiéront	s'assiéraient	s'asseyent	

15

Infinitive / Past participle	Subject Pronouns	INDICATIVE Present	Passé composé	Imperfect	Future	CONDITIONAL Present	SUBJUNCTIVE Present	IMPERATIVE
boire (*to drink*) bu	je (j')	bois	ai bu	buvais	boirai	boirais	boive	
	tu	bois	as bu	buvais	boiras	boirais	boives	bois
	il/elle/on	boit	a bu	buvait	boira	boirait	boive	
	nous	buvons	avons bu	buvions	boirons	boirions	buvions	buvons
	vous	buvez	avez bu	buviez	boirez	boiriez	buviez	buvez
	ils/elles	boivent	ont bu	buvaient	boiront	boiraient	boivent	

Infinitive / Past participle	Subject Pronouns	INDICATIVE Present	Passé composé	Imperfect	Future	CONDITIONAL Present	SUBJUNCTIVE Present	IMPERATIVE
16 conduire (*to drive; to lead*) conduit	je (j')	conduis	ai conduit	conduisais	conduirai	conduirais	conduise	
	tu	conduis	as conduit	conduisais	conduiras	conduirais	conduises	conduis
	il/elle/on	conduit	a conduit	conduisait	conduira	conduirait	conduise	
	nous	conduisons	avons conduit	conduisions	conduirons	conduirions	conduisions	conduisons
	vous	conduisez	avez conduit	conduisiez	conduirez	conduiriez	conduisiez	conduisez
	ils/elles	conduisent	ont conduit	conduisaient	conduiront	conduiraient	conduisent	
17 connaître (*to know, to be acquainted with*) connu	je (j')	connais	ai connu	connaissais	connaîtrai	connaîtrais	connaisse	
	tu	connais	as connu	connaissais	connaîtras	connaîtrais	connaisses	connais
	il/elle/on	connaît	a connu	connaissait	connaîtra	connaîtrait	connaisse	
	nous	connaissons	avons connu	connaissions	connaîtrons	connaîtrions	connaissions	connaissons
	vous	connaissez	avez connu	connaissiez	connaîtrez	connaîtriez	connaissiez	connaissez
	ils/elles	connaissent	ont connu	connaissaient	connaîtront	connaîtraient	connaissent	
18 courir (*to run*) couru	je (j')	cours	ai couru	courais	courrai	courrais	coure	
	tu	cours	as couru	courais	courras	courrais	coures	cours
	il/elle/on	court	a couru	courait	courra	courrait	coure	
	nous	courons	avons couru	courions	courrons	courrions	courions	courons
	vous	courez	avez couru	couriez	courrez	courriez	couriez	courez
	ils/elles	courent	ont couru	couraient	courront	courraient	courent	
19 croire (*to believe*) cru	je (j')	crois	ai cru	croyais	croirai	croirais	croie	
	tu	crois	as cru	croyais	croiras	croirais	croies	crois
	il/elle/on	croit	a cru	croyait	croira	croirait	croie	
	nous	croyons	avons cru	croyions	croirons	croirions	croyions	croyons
	vous	croyez	avez cru	croyiez	croirez	croiriez	croyiez	croyez
	ils/elles	croient	ont cru	croyaient	croiront	croiraient	croient	
20 devoir (*to have to; to owe*) dû	je (j')	dois	ai dû	devais	devrai	devrais	doive	
	tu	dois	as dû	devais	devras	devrais	doives	dois
	il/elle/on	doit	a dû	devait	devra	devrait	doive	
	nous	devons	avons dû	devions	devrons	devrions	devions	devons
	vous	devez	avez dû	deviez	devrez	devriez	deviez	devez
	ils/elles	doivent	ont dû	devaient	devront	devraient	doivent	

Infinitive / Past participle	Subject Pronouns	INDICATIVE Present	INDICATIVE Passé composé	INDICATIVE Imperfect	INDICATIVE Future	CONDITIONAL Present	SUBJUNCTIVE Present	IMPERATIVE
21 dire *(to say, to tell)* dit	je (j')	dis	ai dit	disais	dirai	dirais	dise	
	tu	dis	as dit	disais	diras	dirais	dises	dis
	il/elle/on	dit	a dit	disait	dira	dirait	dise	
	nous	disons	avons dit	disions	dirons	dirions	disions	disons
	vous	dites	avez dit	disiez	direz	diriez	disiez	dites
	ils/elles	disent	ont dit	disaient	diront	diraient	disent	
22 écrire *(to write)* écrit	j'	écris	ai écrit	écrivais	écrirai	écrirais	écrive	
	tu	écris	as écrit	écrivais	écriras	écrirais	écrives	écris
	il/elle/on	écrit	a écrit	écrivait	écrira	écrirait	écrive	
	nous	écrivons	avons écrit	écrivions	écrirons	écririons	écrivions	écrivons
	vous	écrivez	avez écrit	écriviez	écrirez	écririez	écriviez	écrivez
	ils/elles	écrivent	ont écrit	écrivaient	écriront	écriraient	écrivent	
23 envoyer *(to send)* envoyé	j'	envoie	ai envoyé	envoyais	enverrai	enverrais	envoie	
	tu	envoies	as envoyé	envoyais	enverras	enverrais	envoies	envoie
	il/elle/on	envoie	a envoyé	envoyait	enverra	enverrait	envoie	
	nous	envoyons	avons envoyé	envoyions	enverrons	enverrions	envoyions	envoyons
	vous	envoyez	avez envoyé	envoyiez	enverrez	enverriez	envoyiez	envoyez
	ils/elles	envoient	ont envoyé	envoyaient	enverront	enverraient	envoient	
24 éteindre *(to turn off)* éteint	j'	éteins	ai éteint	éteignais	éteindrai	éteindrais	éteigne	
	tu	éteins	as éteint	éteignais	éteindras	éteindrais	éteignes	éteins
	il/elle/on	éteint	a éteint	éteignait	éteindra	éteindrait	éteigne	
	nous	éteignons	avons éteint	éteignions	éteindrons	éteindrions	éteignions	éteignons
	vous	éteignez	avez éteint	éteigniez	éteindrez	éteindriez	éteigniez	éteignez
	ils/elles	éteignent	ont éteint	éteignaient	éteindront	éteindraient	éteignent	
25 faire *(to do; to make)* fait	je (j')	fais	ai fait	faisais	ferai	ferais	fasse	
	tu	fais	as fait	faisais	feras	ferais	fasses	fais
	il/elle/on	fait	a fait	faisait	fera	ferait	fasse	
	nous	faisons	avons fait	faisions	ferons	ferions	fassions	faisons
	vous	faites	avez fait	faisiez	ferez	feriez	fassiez	faites
	ils/elles	font	ont fait	faisaient	feront	feraient	fassent	
26 falloir *(to be necessary)* fallu	il	faut	a fallu	fallait	faudra	faudrait	faille	

Infinitive / Past participle	Subject Pronouns	INDICATIVE Present	Passé composé	Imperfect	Future	CONDITIONAL Present	SUBJUNCTIVE Present	IMPERATIVE
27 lire (*to read*) lu	je (j')	lis	ai lu	lisais	lirai	lirais	lise	
	tu	lis	as lu	lisais	liras	lirais	lises	lis
	il/elle/on	lit	a lu	lisait	lira	lirait	lise	
	nous	lisons	avons lu	lisions	lirons	lirions	lisions	lisons
	vous	lisez	avez lu	lisiez	lirez	liriez	lisiez	lisez
	ils/elles	lisent	ont lu	lisaient	liront	liraient	lisent	
28 mettre (*to put*) mis	je (j')	mets	ai mis	mettais	mettrai	mettrais	mette	
	tu	mets	as mis	mettais	mettras	mettrais	mettes	mets
	il/elle/on	met	a mis	mettait	mettra	mettrait	mette	
	nous	mettons	avons mis	mettions	mettrons	mettrions	mettions	mettons
	vous	mettez	avez mis	mettiez	mettrez	mettriez	mettiez	mettez
	ils/elles	mettent	ont mis	mettaient	mettront	mettraient	mettent	
29 mourir (*to die*) mort	je	meurs	suis mort(e)	mourais	mourrai	mourrais	meure	
	tu	meurs	es mort(e)	mourais	mourras	mourrais	meures	meurs
	il/elle/on	meurt	est mort(e)	mourait	mourra	mourrait	meure	
	nous	mourons	sommes mort(e)s	mourions	mourrons	mourrions	mourions	mourons
	vous	mourez	êtes mort(e)s	mouriez	mourrez	mourriez	mouriez	mourez
	ils/elles	meurent	sont mort(e)s	mouraient	mourront	mourraient	meurent	
30 naître (*to be born*) né	je	nais	suis né(e)	naissais	naîtrai	naîtrais	naisse	
	tu	nais	es né(e)	naissais	naîtras	naîtrais	naisses	nais
	il/elle/on	naît	est né(e)	naissait	naîtra	naîtrait	naisse	
	nous	naissons	sommes né(e)s	naissions	naîtrons	naîtrions	naissions	naissons
	vous	naissez	êtes né(e)s	naissiez	naîtrez	naîtriez	naissiez	naissez
	ils/elles	naissent	sont né(e)s	naissaient	naîtront	naîtraient	naissent	
31 ouvrir (*to open*) ouvert	j'	ouvre	ai ouvert	ouvrais	ouvrirai	ouvrirais	ouvre	
	tu	ouvres	as ouvert	ouvrais	ouvriras	ouvrirais	ouvres	ouvre
	il/elle/on	ouvre	a ouvert	ouvrait	ouvrira	ouvrirait	ouvre	
	nous	ouvrons	avons ouvert	ouvrions	ouvrirons	ouvririons	ouvrions	ouvrons
	vous	ouvrez	avez ouvert	ouvriez	ouvrirez	ouvririez	ouvriez	ouvrez
	ils/elles	ouvrent	ont ouvert	ouvraient	ouvriront	ouvriraient	ouvrent	

Infinitive / Past participle	Subject Pronouns	INDICATIVE Present	Passé composé	Imperfect	Future	CONDITIONAL Present	SUBJUNCTIVE Present	IMPERATIVE
32 partir (*to leave*)	je	pars	suis parti(e)	partais	partirai	partirais	parte	
	tu	pars	es parti(e)	partais	partiras	partirais	partes	pars
	il/elle/on	part	est parti(e)	partait	partira	partirait	parte	
parti	nous	partons	sommes parti(e)s	partions	partirons	partirions	partions	partons
	vous	partez	êtes parti(e)(s)	partiez	partirez	partiriez	partiez	partez
	ils/elles	partent	sont parti(e)s	partaient	partiront	partiraient	partent	
33 pleuvoir (*to rain*)	il	pleut	a plu	pleuvait	pleuvra	pleuvrait	pleuve	
plu								
34 pouvoir (*to be able*)	je (j')	peux	ai pu	pouvais	pourrai	pourrais	puisse	
	tu	peux	as pu	pouvais	pourras	pourrais	puisses	
	il/elle/on	peut	a pu	pouvait	pourra	pourrait	puisse	
pu	nous	pouvons	avons pu	pouvions	pourrons	pourrions	puissions	
	vous	pouvez	avez pu	pouviez	pourrez	pourriez	puissiez	
	ils/elles	peuvent	ont pu	pouvaient	pourront	pourraient	puissent	
35 prendre (*to take*)	je (j')	prends	ai pris	prenais	prendrai	prendrais	prenne	
	tu	prends	as pris	prenais	prendras	prendrais	prennes	prends
	il/elle/on	prend	a pris	prenait	prendra	prendrait	prenne	
pris	nous	prenons	avons pris	prenions	prendrons	prendrions	prenions	prenons
	vous	prenez	avez pris	preniez	prendrez	prendriez	preniez	prenez
	ils/elles	prennent	ont pris	prenaient	prendront	prendraient	prennent	
36 recevoir (*to receive*)	je (j')	reçois	ai reçu	recevais	recevrai	recevrais	reçoive	
	tu	reçois	as reçu	recevais	recevras	recevrais	reçoives	reçois
	il/elle/on	reçoit	a reçu	recevait	recevra	recevrait	reçoive	
reçu	nous	recevons	avons reçu	recevions	recevrons	recevrions	recevions	recevons
	vous	recevez	avez reçu	receviez	recevrez	recevriez	receviez	recevez
	ils/elles	reçoivent	ont reçu	recevaient	recevront	recevraient	reçoivent	
37 rire (*to laugh*)	je (j')	ris	ai ri	riais	rirai	rirais	rie	
	tu	ris	as ri	riais	riras	rirais	ries	ris
	il/elle/on	rit	a ri	riait	rira	rirait	rie	
ri	nous	rions	avons ri	riions	rirons	ririons	riions	rions
	vous	riez	avez ri	riiez	rirez	ririez	riiez	riez
	ils/elles	rient	ont ri	riaient	riront	riraient	rient	

	Infinitive / Past participle	Subject Pronouns	INDICATIVE Present	INDICATIVE Passé composé	INDICATIVE Imperfect	INDICATIVE Future	CONDITIONAL Present	SUBJUNCTIVE Present	IMPERATIVE
38	savoir (to know) / su	je (j')	sais	ai su	savais	saurai	saurais	sache	
		tu	sais	as su	savais	sauras	saurais	saches	sache
		il/elle/on	sait	a su	savait	saura	saurait	sache	
		nous	savons	avons su	savions	saurons	saurions	sachions	sachons
		vous	savez	avez su	saviez	saurez	sauriez	sachiez	sachez
		ils/elles	savent	ont su	savaient	sauront	sauraient	sachent	
39	suivre (to follow) / suivi	je (j')	suis	ai suivi	suivais	suivrai	suivrais	suive	
		tu	suis	as suivi	suivais	suivras	suivrais	suives	suis
		il/elle/on	suit	a suivi	suivait	suivra	suivrait	suive	
		nous	suivons	avons suivi	suivions	suivrons	suivrions	suivions	suivons
		vous	suivez	avez suivi	suiviez	suivrez	suivriez	suiviez	suivez
		ils/elles	suivent	ont suivi	suivaient	suivront	suivraient	suivent	
40	tenir (to hold) / tenu	je (j')	tiens	ai tenu	tenais	tiendrai	tiendrais	tienne	
		tu	tiens	as tenu	tenais	tiendras	tiendrais	tiennes	tiens
		il/elle/on	tient	a tenu	tenait	tiendra	tiendrait	tienne	
		nous	tenons	avons tenu	tenions	tiendrons	tiendrions	tenions	tenons
		vous	tenez	avez tenu	teniez	tiendrez	tiendriez	teniez	tenez
		ils/elles	tiennent	ont tenu	tenaient	tiendront	tiendraient	tiennent	
41	venir (to come) / venu	je	viens	suis venu(e)	venais	viendrai	viendrais	vienne	
		tu	viens	es venu(e)	venais	viendras	viendrais	viennes	viens
		il/elle/on	vient	est venu(e)	venait	viendra	viendrait	vienne	
		nous	venons	sommes venu(e)s	venions	viendrons	viendrions	venions	venons
		vous	venez	êtes venu(e)(s)	veniez	viendrez	viendriez	veniez	venez
		ils/elles	viennent	sont venu(e)s	venaient	viendront	viendraient	viennent	
42	voir (to see) / vu	je (j')	vois	ai vu	voyais	verrai	verrais	voie	
		tu	vois	as vu	voyais	verras	verrais	voies	vois
		il/elle/on	voit	a vu	voyait	verra	verrait	voie	
		nous	voyons	avons vu	voyions	verrons	verrions	voyions	voyons
		vous	voyez	avez vu	voyiez	verrez	verriez	voyiez	voyez
		ils/elles	voient	ont vu	voyaient	verront	verraient	voient	
43	vouloir (to want, to wish) / voulu	je (j')	veux	ai voulu	voulais	voudrai	voudrais	veuille	
		tu	veux	as voulu	voulais	voudras	voudrais	veuilles	veuille
		il/elle/on	veut	a voulu	voulait	voudra	voudrait	veuille	
		nous	voulons	avons voulu	voulions	voudrons	voudrions	voulions	veuillons
		vous	voulez	avez voulu	vouliez	voudrez	voudriez	vouliez	veuillez
		ils/elles	veulent	ont voulu	voulaient	voudront	voudraient	veuillent	

Guide to Vocabulary

Abbreviations used in this glossary

adj.	adjective	*form.*	formal	*p.p.*	past participle
adv.	adverb	*imp.*	imperative	*pl.*	plural
art.	article	*indef.*	indefinite	*poss.*	possessive
comp.	comparative	*interj.*	interjection	*prep.*	preposition
conj.	conjunction	*interr.*	interrogative	*pron.*	pronoun
def.	definite	*inv.*	invariable	*refl.*	reflexive
dem.	demonstrative	*i.o.*	indirect object	*rel.*	relative
disj.	disjunctive	*m.*	masculine	*sing.*	singular
d.o.	direct object	*n.*	noun	*sub.*	subject
f.	feminine	*obj.*	object	*super.*	superlative
fam.	familiar	*part.*	partitive	*v.*	verb

French-English

A

à *prep.* at; in; to 4
À bientôt. See you soon. 1
à condition que on the condition that, provided that
à côté de *prep.* next to 3
À demain. See you tomorrow. 1
à droite (de) *prep.* to the right (of) 3
à gauche (de) *prep.* to the left (of) 3
à … heure(s) at … (o'clock) 4
à la radio on the radio
à la télé(vision) on television
à l'automne in the fall 5
à l'étranger abroad, overseas 7
à mi-temps half-time (*job*)
à moins que unless
à plein temps full-time (*job*)
À plus tard. See you later. 1
À quelle heure? What time?; When? 2
À qui? To whom? 4
À table! Let's eat! Food is on! 9
à temps partiel part-time (*job*)
À tout à l'heure. See you later. 1
au bout (de) *prep.* at the end (of) 12
au contraire on the contrary
au fait by the way 3
au printemps in the spring 5
Au revoir. Good-bye. 1
au secours help 11
au sujet de on the subject of, about 13
abolir *v.* to abolish 13
absolument *adv.* absolutely 8
accident *m.* accident 11
avoir un accident to have/to be in an accident 11
accompagner *v.* to accompany 12
acheter *v.* to buy 5
acteur *m.* actor 1
actif/active *adj.* active 3
activement *adv.* actively 8
actrice *f.* actress 1
addition *f.* check, bill 4
adieu farewell 13
adolescence *f.* adolescence 6
adorer *v.* to love 2
J'adore… I love… 2
adresse *f.* address 12
aérobic *m.* aerobics 5
faire de l'aérobic *v.* to do aerobics 5
aéroport *m.* airport 7
affaires *f., pl.* business 3
affiche *f.* poster 8
afficher *v.* to post
âge *m.* age 6
âge adulte *m.* adulthood 6
agence de voyages *f.* travel agency 7
agent *m.* officer; agent 11
agent de police *m.* police officer 11
agent de voyages *m.* travel agent 7
agent immobilier *m.* real estate agent
agréable *adj.* pleasant 1

agriculteur/agricultrice *m., f.* farmer
aider (à) *v.* to help (*to do something*) 5
aie (avoir) *imp. v.* have 7
ail *m.* garlic 9
aimer *v.* to like 2
aimer mieux to prefer 2
aimer que… to like that… 13
J'aime bien… I really like… 2
Je n'aime pas tellement… I don't like … very much. 2
aîné(e) *adj.* elder 3
algérien(ne) *adj.* Algerian 1
aliment *m.* food; a food 9
Allemagne *f.* Germany 7
allemand(e) *adj.* German 1
aller *v.* to go 4
aller à la pêche to go fishing 5
aller aux urgences to go to the emergency room 10
aller avec to go with 6
aller-retour *adj.* round-trip 7
billet aller-retour *m.* round-trip ticket 7
Allons-y! Let's go! 2
Ça va? What's up?; How are things? 1
Comment allez-vous? *form.* How are you? 1
Comment vas-tu? *fam.* How are you? 1
Je m'en vais. I'm leaving. 8
Je vais bien/mal. I am doing well/badly. 1
J'y vais. I'm going/coming. 8
Nous y allons. We're going/coming. 9
allergie *f.* allergy 10
allô (*on the phone*) hello 1
allumer *v.* to turn on 11

alors *adv.* so, then; at that moment 2
améliorer *v.* to improve
amende *f.* fine 11
amener *v.* to bring (*someone*) 5
américain(e) *adj.* American 1
　football américain *m.* football 5
ami(e) *m., f.* friend 1
　petit(e) ami(e) *m., f.* boy-friend/girlfriend 1
amitié *f.* friendship 6
amour *m.* love 6
amoureux/amoureuse *adj.* in love 6
　tomber amoureux/amoureuse *v.* to fall in love 6
amusant(e) *adj.* fun 1
an *m.* year 2
ancien(ne) *adj.* ancient, old; former
ange *m.* angel 1
anglais(e) *adj.* English 1
angle *m.* corner 12
Angleterre *f.* England 7
animal *m.* animal 13
année *f.* year 2
　cette année this year 2
anniversaire *m.* birthday 5
　C'est quand l'anniversaire de … ? When is …'s birthday? 5
　C'est quand ton/votre anniversaire? When is your birthday? 5
annuler (une réservation) *v.* to cancel (a reservation) 7
anorak *m.* ski jacket, parka 6
antipathique *adj.* unpleasant 3
août *m.* August 5
apercevoir *v.* to see, to catch sight of 12
aperçu (apercevoir) *p.p.* seen, caught sight of 12
appareil *m.* (on the phone) telephone
　appareil (électrique/ménager) *m.* (electrical/household) appliance 8
　appareil photo (numérique) *m.* (digital) camera 11
　C'est M./Mme/Mlle … à l'appareil. It's Mr./Mrs./Miss … on the phone.
　Qui est à l'appareil? Who's calling, please?
appartement *m.* apartment 7
appeler *v.* to call
applaudir *v.* to applaud
applaudissement *m.* applause

apporter *v.* to bring (something) 4
apprendre (à) *v.* to teach; to learn (to do something) 4
appris (apprendre) *p.p., adj.* learned 6
après (que) *adv.* after 2
après-demain *adv.* day after tomorrow 2
après-midi *m.* afternoon 2
　cet après-midi this afternoon 2
　de l'après-midi in the afternoon 2
　demain après-midi *adv.* tomorrow afternoon 2
　hier après-midi *adv.* yesterday afternoon 7
arbre *m.* tree 13
architecte *m., f.* architect 3
architecture *f.* architecture 2
argent *m.* money 12
　dépenser de l'argent *v.* to spend money 4
　déposer de l'argent *v.* to deposit money 12
　retirer de l'argent *v.* to withdraw money 12
armoire *f.* armoire, wardrobe 8
arrêt d'autobus (de bus) *m.* bus stop 7
arrêter (de faire quelque chose) *v.* to stop (doing something) 11
arrivée *f.* arrival 7
arriver (à) *v.* to arrive; to manage (to do something) 2
art *m.* art 2
　beaux-arts *m., pl.* fine arts
artiste *m., f.* artist 3
ascenseur *m.* elevator 7
aspirateur *m.* vacuum cleaner 8
　passer l'aspirateur to vacuum 8
aspirine *f.* aspirin 10
Asseyez-vous! (s'asseoir) *imp. v.* Have a seat! 10
assez *adv. (before adjective or adverb)* pretty; quite 8
　assez (de) *(before noun)* enough (of) 4
　pas assez (de) not enough (of) 4
assiette *f.* plate 9
assis (s'asseoir) *p.p., adj. (used as past participle)* sat down; *(used as adjective)* sitting, seated 10
assister *v.* to attend 2
assurance (maladie/vie) *f.* (health/life) insurance
athlète *m., f.* athlete 3
attacher *v.* to attach 11

attacher sa ceinture de sécurité to buckle one's seatbelt 11
attendre *v.* to wait 6
attention *f.* attention 5
　faire attention (à) *v.* to pay attention (to) 5
au (à + le) *prep.* to/at the 4
auberge de jeunesse *f.* youth hostel 7
aucun(e) *adj.* no; *pron.* none 10
　ne… aucun(e) none, not any 12
augmentation (de salaire) *f.* raise (in salary)
aujourd'hui *adv.* today 2
auquel (à + lequel) *pron., m., sing.* which one
aussi *adv.* too, as well; as 1
　Moi aussi. Me too. 1
　aussi … que *(used with an adjective)* as … as 9
autant de … que *adv. (used with noun to express quantity)* as much/as many … as 13
auteur/femme auteur *m., f.* author
autobus *m.* bus 7
　arrêt d'autobus (de bus) *m.* bus stop 7
　prendre un autobus to take a bus 7
automne *m.* fall 5
　à l'automne in the fall 5
autoroute *f.* highway 11
autour (de) *prep.* around 12
autrefois *adv.* in the past 8
aux (à + les) to/at the 4
auxquelles (à + lesquelles) *pron., f., pl.* which ones
auxquels (à + lesquels) *pron., m., pl.* which ones
avance *f.* advance 2
　en avance *adv.* early 2
avant (de/que) *adv.* before 7
avant-hier *adv.* day before yesterday 7
avec *prep.* with 1
　Avec qui? With whom? 4
aventure *f.* adventure
　film d'aventures *m.* adventure film
avenue *f.* avenue 12
avion *m.* airplane 7
　prendre un avion *v.* to take a plane 7
avocat(e) *m., f.* lawyer 3
avoir *v.* to have 2
　aie *imp. v.* have 7
　avoir besoin (de) to need (something) 2
　avoir chaud to be hot 2

avoir de la chance to be lucky 2
avoir envie (de) to feel like (*doing something*) 2
avoir faim to be hungry 4
avoir froid to be cold 2
avoir honte (de) to be ashamed (of) 2
avoir mal to have an ache 10
avoir mal au cœur to feel nauseated 10
avoir peur (de/que) to be afraid (of/that) 2
avoir raison to be right 2
avoir soif to be thirsty 4
avoir sommeil to be sleepy 2
avoir tort to be wrong 2
avoir un accident to have/to be in an accident 11
avoir un compte bancaire to have a bank account 12
en avoir marre to be fed up 3
avril *m.* April 5
ayez (avoir) *imp. v.* have 7
ayons (avoir) *imp. v.* let's have 7

B

bac(calauréat) *m.* an important exam taken by high-school students in France 2
baguette *f.* baguette 4
baignoire *f.* bathtub 8
bain *m.* bath 6
salle de bains *f.* bathroom 8
baladeur CD *m.* personal CD player 11
balai *m.* broom 8
balayer *v.* to sweep 8
balcon *m.* balcony 8
banane *f.* banana 9
banc *m.* bench 12
bancaire *adj.* banking 12
avoir un compte bancaire *v.* to have a bank account 12
bande dessinée (B.D.) *f.* comic strip 5
banlieue *f.* suburbs 4
banque *f.* bank 12
banquier/banquière *m., f.* banker
barbant *adj.*, **barbe** *f.* drag 3
baseball *m.* baseball 5
basket(-ball) *m.* basketball 5
baskets *f., pl.* tennis shoes 6
bateau *m.* boat 7
prendre un bateau *v.* to take a boat 7
bateau-mouche *m.* riverboat 7
bâtiment *m.* building 12
batterie *f.* drums
bavarder *v.* to chat 4

beau (belle) *adj.* handsome; beautiful 3
faire quelque chose de beau *v.* to be up to something interesting 12
Il fait beau. The weather is nice. 5
beaucoup (de) *adv.* a lot (of) 4
Merci (beaucoup). Thank you (very much). 1
beau-frère *m.* brother-in-law 3
beau-père *m.* father-in-law; stepfather 3
beaux-arts *m., pl.* fine arts
belge *adj.* Belgian 7
Belgique *f.* Belgium 7
belle *adj., f. (feminine form of* **beau***)* beautiful 3
belle-mère *f.* mother-in-law; stepmother 3
belle-sœur *f.* sister-in-law 3
besoin *m.* need 2
avoir besoin (de) to need (*something*) 2
beurre *m.* butter 4
bibliothèque *f.* library 1
bien *adv.* well 7
bien sûr *adv.* of course 2
Je vais bien. I am doing well. 1
Très bien. Very well. 1
bientôt *adv.* soon 1
À bientôt. See you soon. 1
bienvenu(e) *adj.* welcome 1
bière *f.* beer 6
bijouterie *f.* jewelry store 12
billet *m. (travel)* ticket 7; *(money)* bills, notes 12
billet aller-retour *m.* round-trip ticket 7
biologie *f.* biology 2
biscuit *m.* cookie 6
blague *f.* joke 2
blanc(he) *adj.* white 6
blessure *f.* injury, wound 10
bleu(e) *adj.* blue 3
blond(e) *adj.* blonde 3
blouson *m.* jacket 6
bœuf *m.* beef 9
boire *v.* to drink 4
bois *m.* wood 13
boisson (gazeuse) *f.* (carbonated) drink/beverage 4
boîte *f.* box; can 9
boîte aux lettres *f.* mailbox 12
boîte de conserve *f.* can (of food) 9
boîte de nuit *f.* nightclub 4
bol *m.* bowl 9
bon(ne) *adj.* kind; good 3
bon marché *adj.* inexpensive 6
Il fait bon. The weather is

good/warm. 5
bonbon *m.* candy 6
bonheur *m.* happiness 6
Bonjour. Good morning.; Hello. 1
Bonsoir. Good evening.; Hello. 1
bouche *f.* mouth 10
boucherie *f.* butcher's shop 9
boulangerie *f.* bread shop, bakery 9
boulevard *m.* boulevard 12
suivre un boulevard *v.* to follow a boulevard 12
bourse *f.* scholarship, grant 2
bout *m.* end 12
au bout (de) *prep.* at the end (of) 12
bouteille (de) *f.* bottle (of) 4
boutique *f.* boutique, store 12
bras *m.* arm 10
brasserie *f.* café; restaurant 12
Brésil *m.* Brazil 7
brésilien(ne) *adj.* Brazilian 7
bricoler *v.* to tinker; to do odd jobs 5
brillant(e) *adj.* bright 1
bronzer *v.* to tan 6
brosse (à cheveux/à dents) *f.* (hair/tooth)brush 10
brun(e) *adj.* (*hair*) dark 3
bu (boire) *p.p.* drunk 6
bureau *m.* desk; office 1
bureau de poste *m.* post office 12
bus *m.* bus 7
arrêt d'autobus (de bus) *m.* bus stop 7
prendre un bus *v.* to take a bus 7

C

ça *pron.* that; this; it 1
Ça dépend. It depends. 4
Ça ne nous regarde pas. That has nothing to do with us.; That is none of our business. 13
Ça suffit. That's enough. 5
Ça te dit? Does that appeal to you? 13
Ça va? What's up?; How are things? 1
ça veut dire that is to say 10
Comme ci, comme ça. So-so. 1
cabine téléphonique *f.* phone booth 12
cadeau *m.* gift 6
paquet cadeau wrapped gift 6
cadet(te) *adj.* younger 3

cadre/femme cadre *m., f.* executive

café *m.* café; coffee 1
  terrasse de café *f.* café terrace 4
  cuillére à café *f.* teaspoon 9

cafetière *f.* coffeemaker 8

cahier *m.* notebook 1

calculatrice *f.* calculator 1

calme *adj.* calm 1; *m.* calm 1

camarade *m., f.* friend 1
  camarade de chambre *m., f.* roommate 1
  camarade de classe *m., f.* classmate 1

caméra vidéo *f.* camcorder 11

caméscope *m.* camcorder 11

campagne *f.* country(side) 7
  pain de campagne *m.* country-style bread 4
  pâté (de campagne) *m.* pâté, meat spread 9

camping *m.* camping 5
  faire du camping *v.* to go camping 5

Canada *m.* Canada 7

canadien(ne) *adj.* Canadian 1

canapé *m.* couch 8

candidat(e) *m., f.* candidate; applicant

cantine *f.* cafeteria 9

capitale *f.* capital 7

capot *m.* hood 11

carafe (d'eau) *f.* pitcher (of water) 9

carotte *f.* carrot 9

carrefour *m.* intersection 12

carrière *f.* career

carte *f.* map 1; menu 9; card 12
  payer avec une carte de crédit to pay with a credit card 12
  carte postale *f.* postcard 12
  cartes *f. pl.* (*playing*) cards 5

casquette *f.* (baseball) cap 6

cassette vidéo *f.* videotape 11

catastrophe *f.* catastrophe 13

cave *f.* basement, cellar 8

CD *m.* CD(s) 11

CD-ROM *m.* CD-ROM(s) 11

ce *dem. adj., m., sing.* this; that 6
  ce matin this morning 2
  ce mois-ci this month 2
  Ce n'est pas grave. It's no big deal. 6
  ce soir this evening 2
  ce sont... those are... 1
  ce week-end this weekend 2

cédérom(s) *m.* CD-ROM(s) 11

ceinture *f.* belt 6
  attacher sa ceinture de sécurité *v.* to buckle one's seatbelt 11

célèbre *adj.* famous

célébrer *v.* to celebrate 5

célibataire *adj.* single 3

celle *pron., f., sing.* this one; that one; the one 13

celles *pron., f., pl.* these; those; the ones 13

celui *pron., m., sing.* this one; that one; the one 13

cent *m.* one hundred 3
  cent mille *m.* one hundred thousand 5
  cent un *m.* one hundred one 5
  cinq cents *m.* five hundred 5

centième *adj.* hundredth 7

centrale nucléaire *f.* nuclear plant 13

centre commercial *m.* shopping center, mall 4

centre-ville *m.* city/town center, downtown 4

certain(e) *adj.* certain 9
  Il est certain que... It is certain that... 13
  Il n'est pas certain que... It is uncertain that... 13

ces *dem. adj., m., f., pl.* these; those 6

c'est... it/that is... 1
  C'est de la part de qui? On behalf of whom?
  C'est le 1ᵉʳ (premier) octobre. It is October first. 5
  C'est M./Mme/Mlle ... (à l'appareil). It's Mr./Mrs./Miss ... (on the phone).
  C'est quand l'anniversaire de... ? When is ...'s birthday? 5
  C'est quand ton/votre anniversaire? When is your birthday? 5
  Qu'est-ce que c'est? What is it? 1

cet *dem. adj., m., sing.* this; that 6
  cet après-midi this afternoon 2

cette *dem. adj., f., sing.* this; that 6
  cette année this year 2
  cette semaine this week 2

ceux *pron., m., pl.* these; those; the ones 13

chaîne (de télévision) *f.* (television) channel 11

chaîne stéréo *f.* stereo system 11

chaise *f.* chair 1

chambre *f.* bedroom 8
  chambre (individuelle) *f.* (single) room 7
  camarade de chambre *m., f.* roommate 1

champ *m.* field 13

champagne *m.* champagne 6

champignon *m.* mushroom 9

chance *f.* luck 2
  avoir de la chance *v.* to be lucky 2

chanson *f.* song

chanter *v.* to sing 5

chanteur/chanteuse *m., f.* singer 1

chapeau *m.* hat 6

chaque *adj.* each 6

charcuterie *f.* delicatessen 9

charmant(e) *adj.* charming 1

chasse *f.* hunt 13

chasser *v.* to hunt 13

chat *m.* cat 3

châtain *adj.* (*hair*) brown 3

chaud *m.* heat 2
  avoir chaud *v.* to be hot 2
  Il fait chaud. (*weather*) It is hot. 5

chauffeur de taxi/de camion *m.* taxi/truck driver

chaussette *f.* sock 6

chaussure *f.* shoe 6

chef d'entreprise *m.* head of a company

chef-d'œuvre *m.* masterpiece

chemin *m.* path; way 12
  suivre un chemin *v.* to follow a path 12

chemise (à manches courtes/ longues) *f.* (short-/long-sleeved) shirt 6

chemisier *m.* blouse 6

chèque *m.* check 12
  compte de chèques *m.* checking account 12
  payer par chèque *v.* to pay by check 12

cher/chère *adj.* expensive 6

chercher *v.* to look for 2
  chercher un/du travail to look for work 12

chercheur/chercheuse *m., f.* researcher

chéri(e) *adj.* dear, beloved, darling 2

cheval *m.* horse 5
  faire du cheval *v.* to go horseback riding 5

cheveux *m., pl.* hair 9
  brosse à cheveux *f.* hairbrush 10
  cheveux blonds blond hair 3
  cheveux châtains brown hair 3
  se brosser les cheveux *v.* to brush one's hair 9

cheville *f.* ankle 10

se fouler la cheville *v.* to twist/sprain one's ankle 10
chez *prep.* at (*someone's*) house 3, at (*a place*) 3
  passer chez quelqu'un *v.* to stop by someone's house 4
chic *adj.* chic 4
chien *m.* dog 3
chimie *f.* chemistry 2
Chine *f.* China 7
chinois(e) *adj.* Chinese 7
chocolat (chaud) *m.* (hot) chocolate 4
chœur *m.* choir, chorus
choisir *v.* to choose 7
chômage *m.* unemployment
  être au chômage *v.* to be unemployed
chômeur/chômeuse *m., f.* unemployed person
chose *f.* thing 1
  quelque chose *m.* something; anything 4
chrysanthèmes *m., pl.* chrysanthemums 9
chut shh
-ci (*used with demonstrative adjective* **ce** *and noun or with demonstrative pronoun* **celui**) here 6
  ce mois-ci this month 2
ciel *m.* sky 13
cinéma (ciné) *m.* movie theater, movies 4
cinq *m.* five 1
cinquante *m.* fifty 1
cinquième *adj.* fifth 7
circulation *f.* traffic 11
clair(e) *adj.* clear 13
  Il est clair que... It is clear that... 13
classe *f.* (*group of students*) class 1
  camarade de classe *m., f.* classmate 1
  salle de classe *f.* classroom 1
clavier *m.* keyboard 11
clé *f.* key 7
client(e) *m., f.* client; guest 7
cœur *m.* heart 10
  avoir mal au cœur to feel nauseated 10
coffre *m.* trunk 11
coiffeur/coiffeuse *m., f.* hairdresser 3
coin *m.* corner 12
colis *m.* package 12
colocataire *m., f.* roommate (*in an apartment*) 1
Combien (de)... ? *adv.* How much/many... ? 1
  Combien coûte... ? How much is... ? 4

combiné *m.* receiver
comédie (musicale) *f.* comedy (musical)
commander *v.* to order 9
comme *adv.* how; like, as 2
  Comme ci, comme ça. So-so. 1
commencer (à) *v.* to begin (*to do something*) 2
comment *adv.* how 4
  Comment? *adv.* What? 4
  Comment allez-vous?, *form.* How are you? 1
  Comment t'appelles-tu? *fam.* What is your name? 1
  Comment vas-tu? *fam.* How are you? 1
  Comment vous appelez-vous? *form.* What is your name? 1
commerçant(e) *m., f.* shopkeeper 9
commissariat de police *m.* police station 12
commode *f.* dresser, chest of drawers 8
compact disque *m.* compact disc 11
complet (complète) *adj.* full (no vacancies) 7
composer (un numéro) *v.* to dial (a number) 11
compositeur *m.* composer
comprendre *v.* to understand 4
compris (comprendre) *p.p., adj.* understood; included 6
comptable *m., f.* accountant
compte *m.* account (*at a bank*) 12
  avoir un compte bancaire *v.* to have a bank account 12
  compte de chèques *m.* checking account 12
  compte d'épargne *m.* savings account 12
  se rendre compte *v.* to realize 10
compter sur quelqu'un *v.* to count on someone 8
concert *m.* concert
condition *f.* condition
  à condition que on the condition that..., provided that...
conduire *v.* to drive 6
conduit (conduire) *p.p., adj.* driven 6
confiture *f.* jam 9
congé *m.* day off 7
  jour de congé *m.* day off 7
  prendre un congé *v.* to take time off
congélateur *m.* freezer 8
connaissance *f.* acquaintance 5

faire la connaissance de *v.* to meet (*someone*) 5
connaître *v.* to know, to be familiar with 8
connecté(e) *adj.* connected 11
  être connecté(e) avec quelqu'un *v.* to be online with someone 7, 11
connu (connaître) *p.p., adj.* known; famous 8
conseil *m.* advice
conseiller/conseillère *m., f.* consultant; advisor
considérer *v.* to consider 5
constamment *adv.* constantly 8
construire *v.* to build, to construct 6
conte *m.* tale
content(e) *adj.* happy
  être content(e) que... *v.* to be happy that... 13
continuer (à) *v.* to continue (*doing something*) 12
contraire *adj.* contrary
  au contraire on the contrary
copain/copine *m., f.* friend 1
corbeille (à papier) *f.* wastebasket 1
corps *m.* body 10
costume *m.* (*man's*) suit 6
côte *f.* coast 13
coton *m.* cotton 12
cou *m.* neck 10
couche d'ozone *f.* ozone layer 13
  trou dans la couche d'ozone *m.* hole in the ozone layer 13
couleur *f.* color 6
  De quelle couleur... ? What color... ? 6
couloir *m.* hallway 8
couple *m.* couple 6
courage *m.* courage
courageux/courageuse *adj.* courageous, brave 3
couramment *adv.* fluently 8
courir *v.* to run 5
courrier *m.* mail 12
cours *m.* class, course 2
course *f.* errand 9
  faire les courses *v.* to go (grocery) shopping 9
court(e) *adj.* short 3
  chemise à manches courtes *f.* short-sleeved shirt 6
couru (courir) *p.p.* run 6
cousin(e) *m., f.* cousin 3
couteau *m.* knife 9
coûter *v.* to cost 4
  Combien coûte... ? How much is... ? 4
couvert (couvrir) *p.p.* covered 11
couverture *f.* blanket 8

couvrir *v.* to cover 11
covoiturage *m.* carpooling 13
cravate *f.* tie 6
crayon *m.* pencil 1
crème *f.* cream 9
  crème à raser *f.* shaving cream 10
crêpe *f.* crêpe 5
crevé(e) *adj.* deflated; blown up 11
  pneu crevé *m.* flat tire 11
critique *f.* review; criticism
croire (que) *v.* to believe (that) 13
  ne pas croire que... to not believe that... 13
croissant *m.* croissant 4
croissant(e) *adj.* growing 13
  population croissante *f.* growing population 13
cru (croire) *p.p.* believed 13
cruel/cruelle *adj.* cruel 3
cuillère (à soupe/à café) *f.* (soup/tea)spoon 9
cuir *m.* leather 12
cuisine *f.* cooking; kitchen 5
  faire la cuisine *v.* to cook 5
cuisiner *v.* to cook 9
cuisinier/cuisinière *m., f.* cook
cuisinière *f.* stove 8
curieux/curieuse *adj.* curious 3
curriculum vitæ (C.V.) *m.* résumé
cybercafé *m.* cybercafé 12

D

d'abord *adv.* first 7
d'accord *(tag question)* all right? 2; *(in statement)* okay 2
  être d'accord to be in agreement 2
d'autres *m., f.* others 4
d'habitude *adv.* usually 8
danger *m.* danger, threat 13
dangereux/dangereuse *adj.* dangerous 11
dans *prep.* in 3
danse *f.* dance
danser *v.* to dance 4
danseur/danseuse *m., f.* dancer
date *f.* date 5
  Quelle est la date? What is the date? 5
de/d' *prep.* of 3; from 1
  de l'après-midi in the afternoon 2
  de laquelle *pron., f., sing.* which one 13

De quelle couleur... ? What color... ? 6
De rien. You're welcome. 1
de taille moyenne of medium height 3
  de temps en temps *adv.* from time to time 8
débarrasser la table *v.* to clear the table 8
déboisement *m.* deforestation 13
début *m.* beginning; debut
décembre *m.* December 5
déchets toxiques *m., pl.* toxic waste 13
décider (de) *v.* to decide (*to do something*) 11
découvert (découvrir) *p.p.* discovered 11
découvrir *v.* to discover 11
décrire *v.* to describe 7
décrocher *v.* to pick up
décrit (décrire) *p.p., adj.* described 7
degrés *m., pl.* (*temperature*) degrees 5
  Il fait ... degrés. (*to describe weather*) It is ... degrees. 5
déjà *adv.* already 5
déjeuner *m.* lunch 9; *v.* to eat lunch 4
de l' *part. art., m., f., sing.* some 4
de la *part. art., f., sing.* some 4
délicieux/délicieuse delicious 8
demain *adv.* tomorrow 2
  À demain. See you tomorrow. 1
  après-demain *adv.* day after tomorrow 2
  demain matin/après-midi/ soir *adv.* tomorrow morning/ afternoon/evening 2
demander (à) *v.* to ask (*someone*), to make a request (*of someone*) 6
  demander que... *v.* to ask that... 13
démarrer *v.* to start up 11
déménager *v.* to move out 8
demie half 2
  et demie half past ... (o'clock) 2
demi-frère *m.* half-brother, step-brother 3
demi-sœur *f.* half-sister, stepsister 3
démissionner *v.* to resign
dent *f.* tooth 9
  brosse à dents *f.* tooth-brush 10
  se brosser les dents *v.* to brush one's teeth 9
dentifrice *m.* toothpaste 10

dentiste *m., f.* dentist 3
départ *m.* departure 7
dépasser *v.* to go over; to pass 11
dépense *f.* expenditure, expense 12
dépenser *v.* to spend 4
  dépenser de l'argent *v.* to spend money 4
  déposer de l'argent *v.* to deposit money 12
déprimé(e) *adj.* depressed 10
depuis *adv.* since; for 9
dernier/dernière *adj.* last 2
dernièrement *adv.* lastly, finally 8
derrière *prep.* behind 3
des *part. art., m., f., pl.* some 4
des (de + les) *m., f., pl.* of the 3
dès que *adv.* as soon as 12
désagréable *adj.* unpleasant 1
descendre *v.* to go down; to take down 6
désert *m.* desert 13
désirer (que) *v.* to want (that) 5
désolé(e) *adj.* sorry 6
  être désolé(e) que... to be sorry that... 13
desquelles (de + lesquelles) *pron., f., pl.* which ones 13
desquels (de + lesquels) *pron., m., pl.* which ones 13
dessert *m.* dessert 6
dessin animé *m.* cartoon
dessiner *v.* to draw 2
détester *v.* to hate 2
  Je déteste... I hate... 2
détruire *v.* to destroy 6
détruit (détruire) *p.p., adj.* destroyed 6
deux *m.* two 1
deuxième *adj.* second 7
devant *prep.* in front of 3
développer *v.* to develop 13
devenir *v.* to become 9
devoir *m.* homework 2; *v.* to have to, must 9
dictionnaire *m.* dictionary 1
différemment *adv.* differently 8
différence *f.* difference 1
différent(e) *adj.* different 1
difficile *adj.* difficult 1
dimanche *m.* Sunday 2
dîner *m.* dinner 9; *v.* to have dinner 2
diplôme *m.* diploma, degree 2
dire *v.* to say 7
  Ça te/vous dit? Does that appeal to you? 13
  ça veut dire that is to say 10
  veut dire *v.* means, signifies 9
diriger *v.* to manage

discret/discrète *adj.* discreet; unassuming 3
discuter *v.* discuss 6
disque *m.* disk 11
    compact disque *m.* compact disc 11
    disque dur *m.* hard drive 11
dissertation *f.* essay 11
distributeur automatique/de billets *m.* ATM 12
dit (dire) *p.p., adj.* said 7
divorce *m.* divorce 6
divorcé(e) *adj.* divorced 3
divorcer *v.* to divorce 3
dix *m.* ten 1
dix-huit *m.* eighteen 1
dixième *adj.* tenth 7
dix-neuf *m.* nineteen 1
dix-sept *m.* seventeen 1
documentaire *m.* documentary
doigt *m.* finger 10
doigt de pied *m.* toe 10
domaine *m.* field
dommage *m.* harm 13
    Il est dommage que... It's a shame that... 13
donc *conj.* therefore 7
donner (à) *v.* to give (*to someone*) 2
dont *rel. pron.* of which; of whom; that 11
dormir *v.* to sleep 5
dos *m.* back 10
    sac à dos *m.* backpack 1
douane *f.* customs 7
douche *f.* shower 8
    prendre une douche *v.* to take a shower 10
doué(e) *adj.* talented, gifted
douleur *f.* pain 10
douter (que) *v.* to doubt (that) 13
douteux/douteuse *adj.* doubtful 13
    Il est douteux que... It is doubtful that... 13
doux/douce *adj.* sweet; soft 3
douze *m.* twelve 1
dramaturge *m.* playwright
drame (psychologique) *m.* (psychological) drama
draps *m., pl.* sheets 8
droit *m.* law 2
droite *f.* the right (side) 3
    à droite de *prep.* to the right of 3
drôle *adj.* funny 3
du *part. art., m., sing.* some 4
du (de + le) *m., sing.* of the 3
dû (devoir) *p.p., adj.* (*used with infinitive*) had to; (*used with*

noun) due, owed 9
duquel (de + lequel) *pron., m., sing.* which one

E

eau (minérale) *f.* (mineral) water 4
    carafe d'eau *f.* pitcher of water 9
écharpe *f.* scarf 6
échecs *m., pl.* chess 5
échouer *v.* to fail 2
éclair *m.* éclair 4
école *f.* school 2
écologie *f.* ecology 13
écologique *adj.* ecological 13
économie *f.* economics 2
écotourisme *m.* ecotourism 13
écouter *v.* to listen (to) 2
écran *m.* screen 11
écrire *v.* to write 7
écrivain/femme écrivain *m., f.* writer
écrit (écrire) *p.p., adj.* written 7
écureuil *m.* squirrel 13
éducation physique *f.* physical education 2
effacer *v.* to erase 11
effet de serre *m.* greenhouse effect 13
égaler *v.* to equal 3
église *f.* church 4
égoïste *adj.* selfish 1
Eh! *interj.* Hey! 2
électrique *adj.* electric 8
    appareil électrique/ménager *m.* electrical/household appliance 8
électricien/électricienne *m., f.* electrician
élégant(e) *adj.* elegant 1
élevé *adj.* high
élève *m., f.* pupil, student 1
elle *pron., f.* she; it 1; her 3
    elle est... she/it is... 1
elles *pron., f.* they 1; them 3
    elles sont... they are... 1
e-mail *m.* e-mail 11
emballage (en plastique) *m.* (plastic) wrapping/packaging 13
embaucher *v.* to hire
embrayage *m.* (*automobile*) clutch 11
émission (de télévision) *f.* (television) program
emménager *v.* to move in 8
emmener *v.* to take (*someone*) 5
emploi *m.* job
    emploi à mi-temps/à temps partiel *m.* part-time job
    emploi à plein temps *m.*

full-time job
employé(e) *m., f.* employee 25
employer *v.* to use 5
emprunter *v.* to borrow 12
en *prep.* in 3
    en avance early 2
    en avoir marre to be fed up 6
    en effet indeed; in fact 13
    en été in the summer 5
    en face (de) *prep.* facing, across (from) 3
    en fait in fact 7
    en général *adv.* in general 8
    en hiver in the winter 5
    en plein air in fresh air 13
    en retard late 2
    en tout cas in any case 6
    en vacances on vacation 7
    être en ligne to be online 11
en *pron.* some of it/them; about it/them; of it/them; from it/them 10
    Je vous en prie. *form.* Please.; You're welcome. 1
    Qu'en penses-tu? What do you think about that? 13
enceinte *adj.* pregnant 10
Enchanté(e). Delighted. 1
encore *adv.* again; still 3
endroit *m.* place 4
énergie (nucléaire/solaire) *f.* (nuclear/solar) energy 13
enfance *f.* childhood 6
enfant *m., f.* child 3
enfin *adv.* finally, at last 7
enfler *v.* to swell 10
enlever la poussière *v.* to dust 8
ennuyeux/ennuyeuse *adj.* boring 3
énorme *adj.* enormous, huge 2
enregistrer *v.* to record 11
enseigner *v.* to teach 2
ensemble *adv.* together 6
ensuite *adv.* then, next 7
entendre *v.* to hear 6
entracte *m.* intermission
entre *prep.* between 3
entrée *f.* appetizer, starter 9
entreprise *f.* firm, business
entrer *v.* to enter 7
entretien: passer un entretien *to have an interview*
enveloppe *f.* envelope 12
envie *f.* desire, envy 2
    avoir envie (de) to feel like (*doing something*) 2
environnement *m.* environment 13
envoyer (à) *v.* to send (*to someone*) 5
épargne *f.* savings 12

compte d'épargne *m.* savings account 12
épicerie *f.* grocery store 4
épouser *v.* to marry 3
épouvantable *adj.* dreadful 5
Il fait un temps épouvantable. The weather is dreadful. 5
époux/épouse *m., f.* husband/wife 3
équipe *f.* team 5
escalier *m.* staircase 8
escargot *m.* escargot, snail 9
espace *m.* space 13
Espagne *f.* Spain 7
espagnol(e) *adj.* Spanish 1
espèce (menacée) *f.* (endangered) species 13
espérer *v.* to hope 5
essayer *v.* to try 5
essence *f.* gas 11
réservoir d'essence *m.* gas tank 11
voyant d'essence *m.* gas warning light 11
essentiel(le) *adj.* essential 13
Il est essentiel que... It is essential that... 13
essuie-glace *m.* **(essuie-glaces** *pl.***)** windshield wiper(s) 11
essuyer (la vaisselle/la table) *v.* to wipe (the dishes/the table) 8
est *m.* east 12
Est-ce que... ? *(used in forming questions)* 2
et *conj.* and 1
Et toi? *fam.* And you? 1
Et vous? *form.* And you? 1
étage *m.* floor 7
étagère *f.* shelf 8
étape *f.* stage 6
état civil *m.* marital status 6
États-Unis *m., pl.* United States 7
été *m.* summer 5
en été in the summer 5
été (être) *p.p.* been 6
éteindre *v.* to turn off 11
éternuer *v.* to sneeze 10
étoile *f.* star 13
étranger/étrangère *adj.* foreign 2
langues étrangères *f., pl.* foreign languages 2
étranger *m.* *(places that are)* abroad, overseas 7
à l'étranger abroad, overseas 7
étrangler *v.* to strangle
être *v.* to be 1
être bien/mal payé(e) to be well/badly paid

être connecté(e) avec quelqu'un to be online with someone 7, 11
être en ligne avec to be online with 11
être en pleine forme to be in good shape 10
études (supérieures) *f., pl.* studies; (higher) education 2
étudiant(e) *m., f.* student 1
étudier *v.* to study 2
eu (avoir) *p.p.* had 6
eux *disj. pron., m., pl.* they, them 3
évidemment *adv.* obviously, evidently; of course 8
évident(e) *adj.* evident, obvious 13
Il est évident que... It is evident that... 13
évier *m.* sink 8
éviter (de) *v.* to avoid *(doing something)* 10
exactement *adv.* exactly 9
examen *m.* exam; test 1
être reçu(e) à un examen *v.* to pass an exam 2
passer un examen *v.* to take an exam 2
Excuse-moi. *fam.* Excuse me. 1
Excusez-moi. *form.* Excuse me. 1
exercice *m.* exercise 10
faire de l'exercice *v.* to exercise 10
exigeant(e) *adj.* demanding
profession (exigeante) *f.* a (demanding) profession
exiger (que) *v.* to demand (that) 13
expérience (professionnelle) *f.* (professional) experience
expliquer *v.* to explain 2
explorer *v.* to explore 4
exposition *f.* exhibit
extinction *f.* extinction 13

F

facile *adj.* easy 2
facilement *adv.* easily 8
facteur *m.* mailman 12
faculté *f.* university; faculty 1
faible *adj.* weak 3
faim *f.* hunger 4
avoir faim *v.* to be hungry 4
faire *v.* to do; to make 5
faire attention (à) *v.* to pay attention (to) 5
faire quelque chose de beau *v.* to be up to something interesting 12
faire de l'aérobic *v.* to do aerobics 5

faire de la gym *v.* to work out 5
faire de la musique *v.* to play music
faire de la peinture *v.* to paint
faire de la planche à voile *v.* to go windsurfing 5
faire de l'exercice *v.* to exercise 10
faire des projets *v.* to make plans
faire du camping *v.* to go camping 5
faire du cheval *v.* to go horseback riding 5
faire du jogging *v.* to go jogging 5
faire du shopping *v.* to go shopping 7
faire du ski *v.* to go skiing 5
faire du sport *v.* to do sports 5
faire du vélo *v.* to go bike riding 5
faire la connaissance de *v.* to meet *(someone)* 5
faire la cuisine *v.* to cook 5
faire la fête *v.* to party 6
faire la lessive *v.* to do the laundry 8
faire la poussière *v.* to dust 8
faire la queue *v.* to wait in line 12
faire la vaisselle *v.* to do the dishes 8
faire le lit *v.* to make the bed 8
faire le ménage *v.* to do the housework 8
faire le plein *v.* to fill the tank 11
faire les courses *v.* to run errands 9
faire les musées *v.* to go to museums
faire les valises *v.* to pack one's bags 7
faire mal *v.* to hurt 10
faire plaisir à quelqu'un *v.* to please someone
faire sa toilette *v.* to wash up 10
faire une piqûre *v.* to give a shot 10
faire une promenade *v.* to go for a walk 5
faire une randonnée *v.* to go for a hike 5
faire un séjour *v.* to spend time *(somewhere)* 7
faire un tour (en voiture) *v.* to go for a walk (drive) 5
faire visiter *v.* to give a tour 8

fait (faire) *p.p., adj.* done; made 6
falaise *f.* cliff 13
faut (falloir) *v. (used with infinitive)* is necessary to... 5
   Il a fallu... It was necessary to... 6
   Il fallait... One had to... 8
   Il faut que... One must.../It is necessary that... 13
fallu (falloir) *p.p. (used with infinitive)* had to... 6
   Il a fallu... It was necessary to... 6
famille *f.* family 3
fatigué(e) *adj.* tired 3
fauteuil *m.* armchair 8
favori/favorite *adj.* favorite 3
fax *m.* fax (machine) 11
félicitations congratulations
femme *f.* woman; wife 1
   femme d'affaires business-woman 3
   femme au foyer housewife
   femme auteur author
   femme cadre executive
   femme écrivain writer
   femme peintre painter
   femme politique politician
   femme pompier firefighter
   femme sculpteur sculptor
fenêtre *f.* window 1
fer à repasser *m.* iron 8
férié(e) *adj.* holiday 6
   jour férié *m.* holiday 6
fermé(e) *adj.* closed 12
fermer *v.* to close; to shut off 11
festival (festivals pl.) *m.* festival
fête *f.* party 6; celebration 6
   faire la fête *v.* to party 6
fêter *v.* to celebrate 6
feu de signalisation *m.* traffic light 12
feuille de papier *f.* sheet of paper 1
feuilleton *m.* soap opera
février *m.* February 5
fiancé(e) *adj.* engaged 3
fiancé(e) *m., f.* fiancé 6
fichier *m.* file 11
fier/fière *adj.* proud 3
fièvre *f.* fever 10
   avoir de la fièvre *v.* to have a fever 10
fille *f.* girl; daughter 1
film (d'aventures, d'horreur, de science-fiction, policier) *m.* (adventure, horror, science-fiction, crime) film
fils *m.* son 3
fin *f.* end
finalement *adv.* finally 7

fini (finir) *p.p., adj.* finished, done, over 7
finir (de) *v.* to finish (*doing something*) 7
fleur *f.* flower 8
fleuve *m.* river 13
fois *f.* time 8
   une fois *adv.* once 8
   deux fois *adv.* twice 8
fonctionner *v.* to work, to function 11
fontaine *f.* fountain 12
foot(ball) *m.* soccer 5
   football américain *m.* football 5
forêt (tropicale) *f.* (tropical) forest 13
formation *f.* education; training
forme *f.* shape; form 10
   être en pleine forme *v.* to be in good shape 10
formidable *adj.* great 7
formulaire *m.* form 12
   remplir un formulaire to fill out a form 12
fort(e) *adj.* strong 3
fou/folle *adj.* crazy 3
four (à micro-ondes) *m.* (microwave) oven 8
fourchette *f.* fork 9
frais/fraîche *adj.* fresh; cool 5
   Il fait frais. (*weather*) It is cool. 5
fraise *f.* strawberry 9
français(e) *adj.* French 1
France *f.* France 7
franchement *adv.* frankly, honestly 8
freiner *v.* to brake 11
freins *m., pl.* brakes 11
fréquenter *v.* to frequent; to visit 4
frère *m.* brother 3
   beau-frère *m.* brother-in-law 3
   demi-frère *m.* half-brother, stepbrother 3
frigo *m.* refrigerator 8
frisé(e) *adj.* curly 3
frites *f., pl.* French fries 4
froid *m.* cold 2
   avoir froid to be cold 2
   Il fait froid. (*weather*) It is cold. 5
fromage *m.* cheese 4
fruit *m.* fruit 9
fruits de mer *m., pl.* seafood 9
fumer *v.* to smoke 10
funérailles *f., pl.* funeral 9
furieux/furieuse *adj.* furious 13
   être furieux/furieuse que... *v.* to be furious that... 13

G

gagner *v.* to win 5; to earn
gant *m.* glove 6
garage *m.* garage 8
garanti(e) *adj.* guaranteed 5
garçon *m.* boy 1
garder la ligne *v.* to stay slim 10
gare (routière) *f.* train station (bus station) 7
gaspillage *m.* waste 13
gaspiller *v.* to waste 13
gâteau *m.* cake 6
gauche *f.* the left (side) 3
   à gauche (de) *prep.* to the left (of) 3
gazeux/gazeuse *adj.* carbonated, fizzy 4
   boisson gazeuse *f.* carbonated drink/beverage 4
généreux/généreuse *adj.* generous 3
génial(e) *adj.* great 3
genou *m.* knee 10
genre *m.* genre
gens *m., pl.* people 7
gentil/gentille *adj.* nice 3
gentiment *adv.* nicely 8
géographie *f.* geography 2
gérant(e) *m., f.* manager
gestion *f.* business administration 2
glace *f.* ice cream 6
glaçon *m.* ice cube 6
glissement de terrain *m.* landslide 13
golf *m.* golf 5
gorge *f.* throat 10
goûter *m.* afternoon snack 9; *v.* to taste 9
gouvernement *m.* government 13
grand(e) *adj.* big 3
   grand magasin *m.* department store 4
grand-mère *f.* grandmother 3
grand-père *m.* grandfather 3
grands-parents *m., pl.* grandparents 3
gratin *m.* gratin 9
gratuit(e) *adj.* free
grave *adj.* serious 10
   Ce n'est pas grave. It's okay.; No problem. 6
graver *v.* to record, to burn (CD, DVD) 11
grille-pain *m.* toaster 8
grippe *f.* flu 10
gris(e) *adj.* gray 6
gros(se) *adj.* fat 3
grossir *v.* to gain weight 7
guérir *v.* to get better 10
guitare *f.* guitar

gym *f.* exercise 5
  faire de la gym *v.* to work out 5
gymnase *m.* gym 4

H
---

habitat *m.* habitat 13
  sauvetage des habitats *m.* habitat preservation 13
habiter (à) *v.* to live (in/at) 2
haricots verts *m., pl.* green beans 9
Hein? *interj.* Huh?; Right? 3
herbe *f.* grass 13
hésiter (à) *v.* to hesitate (*to do something*) 11
heure(s) *f.* hour, o'clock; time 2
  à … heure(s) at … (o'clock) 4
  À quelle heure? What time?; When? 2
  À tout à l'heure. See you later. 1
  Quelle heure avez-vous? *form.* What time do you have? 2
  Quelle heure est-il? What time is it? 2
heureusement *adv.* fortunately 8
heureux/heureuse *adj.* happy 3
  être heureux/heureuse que… to be happy that… 13
hier (matin/après-midi/soir) *adv.* yesterday (morning/afternoon/evening) 7
  avant-hier *adv.* day before yesterday 7
histoire *f.* history; story 2
hiver *m.* winter 5
  en hiver in the winter 5
homme *m.* man 1
  homme d'affaires *m.* businessman 3
  homme politique *m.* politician
honnête *adj.* honest 3
honte *f.* shame 2
  avoir honte (de) *v.* to be ashamed (of) 2
hôpital *m.* hospital 4
horloge *f.* clock 1
hors-d'œuvre *m.* hors d'œuvre, appetizer 9
hôte/hôtesse *m., f.* host 6
hôtel *m.* hotel 7
hôtelier/hôtelière *m., f.* hotel keeper 7
huile *f.* oil 9
  huile *f.* (automobile) oil 11
  huile d'olive *f.* olive oil 9

vérifier l'huile to check the oil 11
  voyant d'huile *m.* oil warning light 11
huit *m.* eight 1
huitième *adj.* eighth 7
humeur *f.* mood 8
  être de bonne/mauvaise humeur *v.* to be in a good/bad mood 8

I
---

ici *adv.* here 1
idée *f.* idea 3
il *sub. pron.* he; it 1
  il est… he/it is… 1
  Il n'y a pas de quoi. It's nothing.; You're welcome. 1
  Il vaut mieux que… It is better that… 13
  Il faut (falloir) *v.* (*used with infinitive*) It is necessary to… 6
  Il a fallu… It was necessary to… 6
  Il fallait… One had to… 8
  Il faut (que)… One must…/ It is necessary that… 13
il y a there is/are 1
  il y a eu there was/were 6
  il y avait there was/were 8
  Qu'est-ce qu'il y a? What is it?; What's wrong? 1
  Y a-t-il… ? Is/Are there… ? 2
  il y a… (*used with an expression of time*) … ago 9
île *f.* island 13
ils *sub. pron., m., pl.* they 1
  ils sont… they are… 1
immeuble *m.* building 8
impatient(e) *adj.* impatient 1
imperméable *m.* rain jacket 5
important(e) *adj.* important 1
  Il est important que… It is important that… 13
impossible *adj.* impossible 13
  Il est impossible que… It is impossible that… 13
imprimante *f.* printer 11
imprimer *v.* to print 11
incendie *m.* fire 13
  prévenir l'incendie to prevent a fire 13
incroyable *adj.* incredible 11
indépendamment *adv.* independently 8
indépendant(e) *adj.* independent 1
indications *f.* directions 12
indiquer *v.* to indicate 5
indispensable *adj.* essential, indispensable 13

Il est indispensable que… It is essential that… 13
individuel(le) *adj.* single, individual 7
  chambre individuelle *f.* single (hotel) room 7
infirmier/infirmière *m., f.* nurse 10
informations (infos) *f., pl.* news
informatique *f.* computer science 2
ingénieur *m.* engineer 3
inquiet/inquiète *adj.* worried 3
instrument *m.* instrument 1
intellectuel(le) *adj.* intellectual 3
intelligent(e) *adj.* intelligent 1
interdire *v.* to forbid, to prohibit 13
intéressant(e) *adj.* interesting 1
inutile *adj.* useless 2
invité(e) *m., f.* guest 6
inviter *v.* to invite 4
irlandais(e) *adj.* Irish 7
Irlande *f.* Ireland 7
Italie *f.* Italy 7
italien(ne) *adj.* Italian 1

J
---

jaloux/jalouse *adj.* jealous 3
jamais *adv.* never 5
  ne… jamais never, not ever 12
jambe *f.* leg 10
jambon *m.* ham 4
janvier *m.* January 5
Japon *m.* Japan 7
japonais(e) *adj.* Japanese 1
jardin *m.* garden; yard 8
jaune *adj.* yellow 6
je/j' *sub. pron.* I 1
  Je vous en prie. *form.* Please.; You're welcome. 1
jean *m., sing.* jeans 6
jeter *v.* to throw away 13
jeu *m.* game 5
  jeu télévisé *m.* game show
  jeu vidéo (des jeux vidéo) *m.* video game(s) 11
jeudi *m.* Thursday 2
jeune *adj.* young 3
  jeunes mariés *m., pl.* newlyweds 6
jeunesse *f.* youth 6
  auberge de jeunesse *f.* youth hostel 7
jogging *m.* jogging 5
  faire du jogging *v.* to go jogging 5
joli(e) *adj.* handsome; beautiful 3
joue *f.* cheek 10

jouer (à/de) *v.* to play (*a sport/a musical instrument*) 5
   jouer un rôle *v.* to play a role
joueur/joueuse *m., f.* player 5
jour *m.* day 2
   jour de congé *m.* day off 7
   jour férié *m.* holiday 6
   Quel jour sommes-nous? What day is it? 2
journal *m.* newspaper; journal 7
journaliste *m., f.* journalist 3
journée *f.* day 2
juillet *m.* July 5
juin *m.* June 5
jungle *f.* jungle 13
jupe *f.* skirt 6
jus (d'orange/de pomme) *m.* (orange/apple) juice 4
jusqu'à (ce que) *prep.* until 12
juste *adv.* just; right 3
   juste à côté right next door 3

K

kilo(gramme) *m.* kilo(gram) 9
kiosque *m.* kiosk 4

L

l' *def. art., m., f. sing.* the 1; *d.o. pron., m., f.* him; her; it 7
la *def. art., f. sing.* the 1; *d.o. pron., f.* her; it 7
là(-bas) (over) there 1
-là (*used with demonstrative adjective* **ce** *and noun or with demonstrative pronoun* **celui**) there 6
lac *m.* lake 13
laid(e) *adj.* ugly 3
laine *f.* wool 12
laisser *v.* to let, to allow 11
   laisser tranquille *v.* to leave alone 10
   laisser un message *v.* to leave a message
   laisser un pourboire *v.* to leave a tip 4
lait *m.* milk 4
laitue *f.* lettuce 9
lampe *f.* lamp 8
langues (étrangères) *f., pl.* (foreign) languages 2
lapin *m.* rabbit 13
laquelle *pron., f., sing.* which one 13
   à laquelle *pron., f., sing.* which one 13
   de laquelle *pron., f., sing.* which one 13
large *adj.* loose; big 6
lavabo *m.* bathroom sink 8

lave-linge *m.* washing machine 8
laver *v.* to wash 8
laverie *f.* laundromat 12
lave-vaisselle *m.* dishwasher 8
le *def. art., m. sing.* the 1; *d.o. pron.* him; it 7
lecteur de CD/DVD *m.* CD/DVD player 11
légume *m.* vegetable 9
lent(e) *adj.* slow 3
lequel *pron., m., sing.* which one 13
   auquel (à + lequel) *pron., m., sing.* which one 13
   duquel (de + lequel) *pron., m., sing.* which one 13
les *def. art., m., f., pl.* the 1; *d.o. pron., m., f., pl.* them 7
lesquelles *pron., f., pl.* which ones 13
   auxquelles (à + lesquelles) *pron., f., pl.* which ones 13
   desquelles (de + lesquelles) *pron., f., pl.* which ones 13
lesquels *pron., m., pl.* which ones 13
   auxquels (à + lesquels) *pron., m., pl.* which ones 13
   desquels (de + lesquels) *pron., m., pl.* which ones 13
lessive *f.* laundry 8
   faire la lessive *v.* to do the laundry 8
lettre *f.* letter 12
   boîte aux lettres *f.* mailbox 12
   lettre de motivation *f.* letter of application
   lettre de recommandation *f.* letter of recommendation, reference letter
lettres *f., pl.* humanities 2
leur *i.o. pron., m., f., pl.* them 6
leur(s) *poss. adj., m., f.* their 3
librairie *f.* bookstore 1
libre *adj.* available 7
lieu *m.* place 4
ligne *f.* figure, shape 10
   garder la ligne *v.* to stay slim 10
limitation de vitesse *f.* speed limit 11
limonade *f.* lemon soda 4
linge *m.* laundry 8
   lave-linge *m.* washing machine 8
   sèche-linge *m.* clothes dryer 8
liquide *m.* cash (*money*) 12
   payer en liquide *v.* to pay in cash 12
lire *v.* to read 7
lit *m.* bed 7
   faire le lit *v.* to make the bed 8
littéraire *adj.* literary
littérature *f.* literature 1
livre *m.* book 1

logement *m.* housing 8
logiciel *m.* software, program 11
loi *f.* law 13
loin de *prep.* far from 3
loisir *m.* leisure activity 5
long(ue) *adj.* long 3
   chemise à manches longues *f.* long-sleeved shirt 6
longtemps *adv.* a long time 5
louer *v.* to rent 8
loyer *m.* rent 8
lu (lire) *p.p.* read 7
lui *pron., sing.* he 1; him 3; *i.o. pron.* (*attached to imperative*) to him/her 9
l'un(e) à l'autre to one another 11
l'un(e) l'autre one another 11
lundi *m.* Monday 2
Lune *f.* moon 13
lunettes (de soleil) *f., pl.* (sun)glasses 6
lycée *m.* high school 1
lycéen(ne) *m., f.* high school student 2

M

ma *poss. adj., f., sing.* my 3
Madame *f.* Ma'am; Mrs. 1
Mademoiselle *f.* Miss 1
magasin *m.* store 4
   grand magasin *m.* department store 4
magazine *m.* magazine
magnétophone *m.* tape recorder 11
magnétoscope *m.* videocassette recorder (VCR) 11
mai *m.* May 5
maigrir *v.* to lose weight 7
maillot de bain *m.* swimsuit, bathing suit 6
main *f.* hand 5
   sac à main *m.* purse, handbag 6
maintenant *adv.* now 5
maintenir *v.* to maintain 9
mairie *f.* town/city hall; mayor's office 12
mais *conj.* but 1
   mais non (but) of course not; no 2
maison *f.* house 4
   rentrer à la maison *v.* to return home 2
mal *adv.* badly 7
   Je vais mal. I am doing badly. 1
   le plus mal *super. adv.* the worst 9
   se porter mal *v.* to be doing badly 10
mal *m.* illness; ache, pain 10

avoir mal *v.* to have an ache 10
avoir mal au cœur *v.* to feel nauseated 10
faire mal *v.* to hurt 10
malade *adj.* sick, ill 10
tomber malade *v.* to get sick 10
maladie *f.* illness
assurance maladie *f.* health insurance
malheureusement *adv.* unfortunately 2
malheureux/malheureuse *adj.* unhappy 3
manche *f.* sleeve 6
chemise à manches courtes/ longues *f.* short-/long-sleeved shirt 6
manger *v.* to eat 2
salle à manger *f.* dining room 8
manteau *m.* coat 6
maquillage *m.* makeup 10
marchand de journaux *m.* newsstand 12
marché *m.* market 4
bon marché *adj.* inexpensive 6
marcher *v.* to walk *(person)* 5; to work *(thing)* 11
mardi *m.* Tuesday 2
mari *m.* husband 3
mariage *m.* marriage; wedding *(ceremony)* 6
marié(e) *adj.* married 3
mariés *m., pl.* married couple 6
jeunes mariés *m., pl.* newlyweds 6
marocain(e) *adj.* Moroccan 1
marron *adj., inv.* (not for hair) brown 3
mars *m.* March 5
martiniquais(e) *adj.* from Martinique 1
match *m.* game 5
mathématiques (maths) *f., pl.* mathematics 2
matin *m.* morning 2
ce matin *adv.* this morning 2
demain matin *adv.* tomorrow morning 2
hier matin *adv.* yesterday morning 7
matinée *f.* morning 2
mauvais(e) *adj.* bad 3
Il fait mauvais. The weather is bad. 5
le/la plus mauvais(e) *super. adj.* the worst 9
mayonnaise *f.* mayonnaise 9
me/m' *pron., sing.* me; myself 6
mec *m.* guy 10
mécanicien *m.* mechanic 11
mécanicienne *f.* mechanic 11
méchant(e) *adj.* mean 3

médecin *m.* doctor 3
médicament (contre/pour) *m.* medication (against/for) 10
meilleur(e) *comp. adj.* better 9
le/la meilleur(e) *super. adj.* the best 9
membre *m.* member
même *adj.* even 5; same
-même(s) *pron.* -self/-selves 6
menacé(e) *adj.* endangered 13
espèce menacée *f.* endangered species 13
ménage *m.* housework 8
faire le ménage *v.* to do housework 8
ménager/ménagère *adj.* household 8
appareil ménager *m.* household appliance 8
tâche ménagère *f.* household chore 8
mention *f.* distinction
menu *m.* menu 9
mer *f.* sea 7
Merci (beaucoup). Thank you (very much). 1
mercredi *m.* Wednesday 2
mère *f.* mother 3
belle-mère *f.* mother-in-law; stepmother 3
mes *poss. adj., m., f., pl.* my 3
message *m.* message
laisser un message *v.* to leave a message
messagerie *f.* voicemail
météo *f.* weather
métier *m.* profession
métro *m.* subway 7
station de métro *f.* subway station 7
metteur en scène *m.* director *(of a play)*
mettre *v.* to put, to place 6
mettre la table to set the table 8
meuble *m.* piece of furniture 8
mexicain(e) *adj.* Mexican 1
Mexique *m.* Mexico 7
Miam! *interj.* Yum! 5
micro-onde *m.* microwave oven 8
four à micro-ondes *m.* microwave oven 8
midi *m.* noon 2
après-midi *m.* afternoon 2
mieux *comp. adv.* better 9
aimer mieux *v.* to prefer 2
le mieux *super. adv.* the best 9
se porter mieux *v.* to be doing better 10
mille *m.* one thousand 5
cent mille *m.* one hundred thousand 5

million, un *m.* one million 5
deux millions *m.* two million 5
minuit *m.* midnight 2
miroir *m.* mirror 8
mis (mettre) *p.p.* put, placed 6
mode *f.* fashion 2
modeste *adj.* modest
moi *disj. pron., sing.* I, me 3; *pron. (attached to an imperative)* to me, to myself 9
Moi aussi. Me too. 1
Moi non plus. Me neither. 2
moins *adv.* before … (o'clock) 2
moins (de) *adv.* less (of); fewer 4
le/la moins *super. adv. (used with verb or adverb)* the least 9
le moins de… *(used with noun to express quantity)* the least… 13
moins de… que… *(used with noun to express quantity)* less… than… 13
mois *m.* month 2
ce mois-ci this month 2
moment *m.* moment 1
mon *poss. adj., m., sing.* my 3
monde *m.* world 7
moniteur *m.* monitor 11
monnaie *f.* change, coins; money 12
Monsieur *m.* Sir; Mr. 1
montagne *f.* mountain 4
monter *v.* to go up, to come up; to get in/on 7
montre *f.* watch 1
montrer (à) *v.* to show *(to someone)* 6
morceau (de) *m.* piece, bit (of) 4
mort *f.* death 6
mort (mourir) *p.p., adj. (as past participle)* died; *(as adjective)* dead 7
mot de passe *m.* password 11
moteur *m.* engine 11
mourir *v.* to die 7
moutarde *f.* mustard 9
moyen(ne) *adj.* medium 3
de taille moyenne of medium height 3
mur *m.* wall 8
musée *m.* museum 4
faire les musées *v.* to go to museums
musical(e) *adj.* musical
comédie musicale *f.* musical
musicien(ne) *m., f.* musician 3
musique: faire de la musique *v.* to play music

N

nager *v.* to swim 4
naïf/naïve *adj.* naïve 3

naissance *f.* birth 6
naître *v.* to be born 7
nappe *f.* tablecloth 9
nationalité *f.* nationality 1
   Je suis de nationalité... I am of ... nationality. 1
   Quelle est ta nationalité? *fam.* What is your nationality? 1
   Quelle est votre nationalité? *fam., pl., form.* What is your nationality? 1
nature *f.* nature 13
naturel(le) *adj.* natural 13
   ressource naturelle *f.* natural resource 13
né (naître) *p.p., adj.* born 7
ne/n' no, not 1
   ne... aucun(e) none, not any 12
   ne... jamais never, not ever 12
   ne... ni... ni... neither... nor... 12
   ne... pas no, not 2
   ne... personne nobody, no one 12
   ne... plus no more, not anymore 12
   ne... que only 12
   ne... rien nothing, not anything 12
   N'est-ce pas? *(tag question)* Isn't it? 2
nécessaire *adj.* necessary 13
   Il est nécessaire que... It is necessary that... 13
neiger *v.* to snow 5
   Il neige. It is snowing. 5
nerveusement *adv.* nervously 8
nerveux/nerveuse *adj.* nervous 3
nettoyer *v.* to clean 5
neuf *m.* nine 1
neuvième *adj.* ninth 7
neveu *m.* nephew 3
nez *m.* nose 10
ni nor 12
   ne... ni... ni... neither... nor 12
nièce *f.* niece 3
niveau *m.* level
noir(e) *adj.* black 3
non no 2
   mais non (but) of course not; no 2
nord *m.* north 12
nos *poss. adj., m., f., pl.* our 3
note *f.* (academics) grade 2
notre *poss. adj., m., f., sing.* our 3
nourriture *f.* food, sustenance 9
nous *pron.* we 1; us 3; ourselves 10
nouveau/nouvelle *adj.* new 3
nouvelles *f., pl.* news

novembre *m.* November 5
nuage de pollution *m.* pollution cloud 13
nuageux/nuageuse *adj.* cloudy 5
   Le temps est nuageux. It is cloudy. 5
nucléaire *adj.* nuclear 13
   centrale nucléaire *f.* nuclear plant 13
   énergie nucléaire *f.* nuclear energy 13
nuit *f.* night 2
   boîte de nuit *f.* nightclub 4
nul(le) *adj.* useless 2
numéro *m.* (telephone) number 11
   composer un numéro *v.* to dial a number 11
   recomposer un numéro *v.* to redial a number 11

O

objet *m.* object 1
obtenir *v.* to get, to obtain
occupé(e) *adj.* busy 1
octobre *m.* October 5
œil (les yeux) *m.* eye (eyes) 10
œuf *m.* egg 9
œuvre *f.* artwork, piece of art
   chef-d'œuvre *m.* masterpiece
   hors-d'œuvre *m.* hors d'œuvre, starter 9
offert (offrir) *p.p.* offered 11
office du tourisme *m.* tourist office 12
offrir *v.* to offer 11
oignon *m.* onion 9
oiseau *m.* bird 3
olive *f.* olive 9
   huile d'olive *f.* olive oil 9
omelette *f.* omelette 5
on *sub. pron., sing.* one (we) 1
   on y va let's go 10
oncle *m.* uncle 3
onze *m.* eleven 1
onzième *adj.* eleventh 7
opéra *m.* opera
optimiste *adj.* optimistic 1
orageux/orageuse *adj.* stormy 5
   Le temps est orageux. It is stormy. 5
orange *adj. inv.* orange 6; *f.* orange 9
orchestre *m.* orchestra
ordinateur *m.* computer 1
ordonnance *f.* prescription 10
ordures *f., pl.* trash 13
   ramassage des ordures *m.* garbage collection 13
oreille *f.* ear 10

oreiller *m.* pillow 8
organiser (une fête) *v.* to organize/to plan (a party) 6
origine *f.* heritage 1
   Je suis d'origine... I am of... heritage. 1
orteil *m.* toe 10
ou *or* 3
où *adv., rel. pron.* where 4
ouais *adv.* yeah 2
oublier (de) *v.* to forget (*to do something*) 2
ouest *m.* west 12
oui *adv.* yes 2
ouvert (ouvrir) *p.p., adj.* (*as past participle*) opened; (*as adjective*) open 11
ouvrier/ouvrière *m., f.* worker, laborer
ouvrir *v.* to open 11
ozone *m.* ozone 13
   trou dans la couche d'ozone *m.* hole in the ozone layer 13

P

page d'accueil *f.* home page 11
pain (de campagne) *m.* (country-style) bread 4
panne *f.* breakdown, malfunction 11
   tomber en panne *v.* to break down 11
pantalon *m., sing.* pants 6
pantoufle *f.* slipper 10
papeterie *f.* stationery store 12
papier *m.* paper 1
   corbeille à papier *f.* wastebasket 1
   feuille de papier *f.* sheet of paper 1
paquet cadeau *m.* wrapped gift 6
par *prep.* by 3
   par jour/semaine/mois/an per day/week/month/year 5
parapluie *m.* umbrella 5
parc *m.* park 4
parce que *conj.* because 2
Pardon. Pardon (me). 1
Pardon? What? 4
pare-brise *m.* windshield 11
pare-chocs *m.* bumper 11
parents *m., pl.* parents 3
paresseux/paresseuse *adj.* lazy 3
parfait(e) *adj.* perfect 4
parfois *adv.* sometimes 5
parking *m.* parking lot 11
parler (à) *v.* to speak (to) 6

parler (au téléphone) *v.* to speak (on the phone) 2
partager *v.* to share 2
partir *v.* to leave 5
  partir en vacances *v.* to go on vacation 7
pas (de) *adv.* no, none 12
  ne... pas no, not 2
  pas de problème no problem 12
  pas du tout not at all 2
  pas encore not yet 8
  Pas mal. Not badly. 1
passager/passagère *m., f.* passenger 7
passeport *m.* passport 7
passer *v.* to pass by; to spend time 7
  passer chez quelqu'un *v.* to stop by someone's house 4
  passer l'aspirateur *v.* to vacuum 8
  passer un examen *v.* to take an exam 2
passe-temps *m.* pastime, hobby 5
pâté (de campagne) *m.* pâté, meat spread 9
pâtes *f., pl.* pasta 9
patiemment *adv.* patiently 8
patient(e) *m., f.* patient 10; *adj.* patient 1
patienter *v.* to wait (on the phone), to be on hold
patiner v. to skate 4
pâtisserie *f.* pastry shop, bakery 9
patron(ne) *m., f.* boss 25
pauvre *adj.* poor 3
payé (payer) *p.p., adj.* paid
  être bien/mal payé(e) *v.* to be well/badly paid
payer *v.* to pay 5
  payer avec une carte de crédit *v.* to pay with a credit card 12
  payer en liquide *v.* to pay in cash 12
  payer par chèque *v.* to pay by check 12
pays *m.* country 7
peau *f.* skin 10
pêche *f.* fishing 5; peach 9
  aller à la pêche *v.* to go fishing 5
peigne *m.* comb 10
peintre/femme peintre *m., f.* painter
peinture *f.* painting
pendant (que) *prep.* during, while 7
  pendant *(with time expression) prep.* for 9
pénible *adj.* tiresome 3

penser (que) *v.* to think (that) 2
  ne pas penser que... to not think that... 13
  Qu'en penses-tu? What do you think about that? 13
perdre *v.* to lose 6
  perdre son temps *v.* to lose/to waste time 6
perdu *p.p., adj.* lost 12
  être perdu(e) to be lost 12
père *m.* father 3
  beau-père *m.* father-in-law; stepfather 3
permettre (de) *v.* to allow (*to do something*) 6
permis *m.* permit; license 11
  permis de conduire *m.* driver's license 11
permis (permettre) *p.p., adj.* permitted, allowed 6
personnage (principal) *m.* (main) character
personne *f.* person 1; *pron.* no one 12
  ne... personne nobody, no one 12
pessimiste *adj.* pessimistic 1
petit(e) *adj.* small 3; short (*stature*) 3
  petit(e) ami(e) *m., f.* boyfriend/girlfriend 1
petit-déjeuner *m.* breakfast 9
petite-fille *f.* granddaughter 3
petit-fils *m.* grandson 3
petits-enfants *m., pl.* grandchildren 3
petits pois *m., pl.* peas 9
peu (de) *adv.* little; not much (of) 2
peur *f.* fear 2
  avoir peur (de/que) *v.* to be afraid (of/that) 2
peut-être *adv.* maybe, perhaps 2
phares *m., pl.* headlights 11
pharmacie *f.* pharmacy 10
pharmacien(ne) *m., f.* pharmacist 10
philosophie *f.* philosophy 2
photo(graphie) *f.* photo(graph) 3
physique *f.* physics 2
piano *m.* piano
pièce *f.* room 8
pièce de théâtre *f.* play
pièces de monnaie *f., pl.* change 12
pied *m.* foot 10
pierre *f.* stone 13
pilule *f.* pill 10
pique-nique *m.* picnic 13
piqûre *f.* shot, injection 10
  faire une piqûre *v.* to give a shot 10

pire *comp. adj.* worse 9
  le/la pire *super. adj.* the worst 9
piscine *f.* pool 4
placard *m.* closet; cupboard 8
place *f.* square; place 4; *f.* seat
plage *f.* beach 7
plaisir *m.* pleasure, enjoyment
  faire plaisir à quelqu'un *v.* to please someone
plan *m.* map 7
  utiliser un plan *v.* to use a map 7
planche à voile *f.* windsurfing 5
  faire de la planche à voile *v.* to go windsurfing 5
planète *f.* planet 13
  sauver la planète *v.* to save the planet 13
plante *f.* plant 13
plastique *m.* plastic 13
  emballage en plastique *m.* plastic wrapping/packaging 13
plat (principal) *m.* (main) dish 9
plein air *m.* outdoor, open-air 13
pleine forme *f.* good shape, good state of health 10
  être en pleine forme *v.* to be in good shape 10
pleurer *v.* to cry
pleuvoir *v.* to rain 5
  Il pleut. It is raining. 5
plombier *m.* plumber
plu (pleuvoir) *p.p.* rained 6
pluie acide *f.* acid rain 13
plus *adv. (used in comparatives, superlatives, and expressions of quantity)* more 4
  le/la plus ... *super. adv. (used with adjective)* the most 9
  le/la plus mauvais(e) *super. adj.* the worst 9
  le plus *super. adv. (used with verb or adverb)* the most 9
  le plus de... *(used with noun to express quantity)* the most... 13
  le plus mal *super. adv.* the worst 9
  plus... que *(used with adjective)* more... than 9
  plus de more of 4
  plus de... que *(used with noun to express quantity)* more... than 13
  plus mal *comp. adv.* worse 9
  plus mauvais(e) *comp. adj.* worse 9
plus *adv.* no more, not anymore 12
  ne... plus no more, not anymore 12
plusieurs *adj.* several 4
plutôt *adv.* rather 2
pneu (crevé) *m.* (flat) tire 11
  vérifier la pression des pneus *v.* to check the tire pressure 11

poème *m.* poem

poète/poétesse *m., f.* poet

point *m.* (*punctuation mark*) period 11

poire *f.* pear 9

poisson *m.* fish 3

poissonnerie *f.* fish shop 9

poitrine *f.* chest 10

poivre *m.* (*spice*) pepper 9

poivron *m.* (*vegetable*) pepper 9

poli(e) *adj.* polite 1

police *f.* police 11

   agent de police *m.* police officer 11

   commissariat de police *m.* police station 12

policier *m.* police officer 11

   film policier *m.* detective film

policière *f.* police officer 11

poliment *adv.* politely 8

politique *adj.* political 2

   femme politique *f.* politician

   homme politique *m.* politician

   sciences politiques (sciences po) *f., pl.* political science 2

polluer *v.* to pollute 13

pollution *f.* pollution 13

   nuage de pollution *m.* pollution cloud 13

pomme *f.* apple 9

pomme de terre *f.* potato 9

pompier/femme pompier *m., f.* firefighter

pont *m.* bridge 12

population croissante *f.* growing population 13

porc *m.* pork 9

portable *m.* cell phone 11

porte *f.* door 1

porter *v.* to wear 6

portière *f.* car door 11

portrait *m.* portrait 5

poser une question (à) *v.* to ask (*someone*) a question 6

posséder *v.* to possess, to own 5

possible *adj.* possible

   Il est possible que... It is possible that… 13

poste *f.* postal service; post office 12

   bureau de poste *m.* post office 12

poste *m.* position

poste de télévision *m.* television set 11

poster une lettre *v.* to mail a letter 12

postuler *v.* to apply

poulet *m.* chicken 9

pour *prep.* for 5

   pour qui? for whom? 4

pour rien for no reason 4

pour que so that

pourboire *m.* tip 4

   laisser un pourboire *v.* to leave a tip 4

pourquoi? *adv.* why? 2

poussière *f.* dust 8

   enlever/faire la poussière *v.* to dust 8

pouvoir *v.* to be able to; can 9

pratiquer *v.* to practice 5

préféré(e) *adj.* favorite, preferred 2

préférer (que) *v.* to prefer (that) 5

premier *m.* the first (*day of the month*) 5

   C'est le 1er (premier) octobre. It is October first. 5

premier/première *adj.* first 2

prendre *v.* to take 4; to have 4

   prendre sa retraite *v.* to retire 6

   prendre un train/avion/ taxi/autobus/bateau *v.* to take a train/plane/taxi/bus/boat 7

   prendre un congé *v.* to take time off

   prendre une douche *v.* to take a shower 10

   prendre (un) rendez-vous *v.* to make an appointment

préparer *v.* to prepare (for) 2

près (de) *prep.* close (to), near 3

   tout près (de) very close (to) 12

présenter *v.* to present, to introduce

   Je te présente... *fam.* I would like to introduce… to you. 1

   Je vous présente... *fam., form.* I would like to introduce… to you. 1

préservation *f.* protection 13

préserver *v.* to preserve 13

presque *adv.* almost 2

pressé(e) *adj.* hurried 9

pression *f.* pressure 11

   vérifier la pression des pneus to check the tire pressure 11

prêt(e) *adj.* ready 3

prêter (à) *v.* to lend (*to someone*) 6

prévenir l'incendie *v.* to prevent a fire 13

principal(e) *adj.* main, principal 9

   personnage principal *m.* main character

   plat principal *m.* main dish 9

printemps *m.* spring 5

   au printemps in the spring 5

pris (prendre) *p.p., adj.* taken 6

prix *m.* price 4

problème *m.* problem 1

prochain(e) *adj.* next 2

produire *v.* to produce 6

produit *m.* product 13

produit (produire) *p.p., adj.* produced 6

professeur *m.* teacher, professor 1

profession (exigeante) *f.* (demanding) profession

professionnel(le) *adj.* professional

   expérience professionnelle *f.* professional experience

profiter (de) *v.* to take advantage (of); to enjoy

programme *m.* program

projet *m.* project

   faire des projets *v.* to make plans

promenade *f.* walk, stroll 5

   faire une promenade *v.* to go for a walk 5

promettre *v.* to promise 6

promis (promettre) *p.p., adj.* promised 6

promotion *f.* promotion

proposer (que) *v.* to propose (that) 13

   proposer une solution *v.* to propose a solution 13

propre *adj.* clean 8

propriétaire *m., f.* owner 3; landlord/landlady 3

protection *f.* protection 13

protéger *v.* to protect 5

psychologie *f.* psychology 2

psychologique *adj.* psychological

psychologue *m., f.* psychologist

pu (pouvoir) *p.p.* (*used with infinitive*) was able to 9

publicité (pub) *f.* advertisement

publier *v.* to publish

puis *adv.* then 7

pull *m.* sweater 6

pur(e) *adj.* pure 13

Q

quand *adv.* when 4

   C'est quand l'anniversaire de ... ? When is …'s birthday? 5

   C'est quand ton/votre anniversaire? When is your birthday? 5

quarante *m.* forty 1

quart *m.* quarter 2

   et quart a quarter after… (o'clock) 2

quartier *m.* area, neighborhood 8

quatorze *m.* fourteen 1

quatre *m.* four 1

quatre-vingts *m.* eighty 3
quatre-vingt-dix *m.* ninety 3
quatrième *adj.* fourth 7
que/qu' *rel. pron.* that; which 11; *conj.* than 9, 13
   plus/moins … que (*used with adjective*) more/less … than 9
   plus/moins de … que (*used with noun to express quantity*) more/less … than 13
que/qu'…? *interr. pron.* what? 4
   Qu'en penses-tu? What do you think about that? 13
   Qu'est-ce que c'est? What is it? 1
   Qu'est-ce qu'il y a? What is it?; What's wrong? 1
que *adv.* only 12
   ne... que only 12
québécois(e) *adj.* from Quebec 1
quel(le)(s)? *interr. adj.* which? 4; what? 4
   À quelle heure? What time?; When? 2
   Quel jour sommes-nous? What day is it? 2
   Quelle est la date? What is the date? 5
   Quelle est ta nationalité? *fam.* What is your nationality? 1
   Quelle est votre nationalité? *form.* What is your nationality? 1
   Quelle heure avez-vous? *form.* What time do you have? 2
   Quelle heure est-il? What time is it? 2
   Quelle température fait-il? (*weather*) What is the temperature? 5
   Quel temps fait-il? What is the weather like? 5
quelqu'un *pron.* someone 12
quelque chose *m.* something; anything 4
   Quelque chose ne va pas. Something's not right. 5
quelquefois *adv.* sometimes 8
quelques *adj.* some 4
question *f.* question 6
   poser une question (à) to ask (*someone*) a question 6
queue *f.* line 12
   faire la queue *v.* to wait in line 12
qui? *interr. pron.* who? 4; whom? 4; *rel. pron.* who, that 11
   à qui? to whom? 4
   avec qui? with whom? 4
   C'est de la part de qui? On behalf of whom?

   Qui est à l'appareil? Who's calling, please?
   Qui est-ce? Who is it? 1
quinze *m.* fifteen 1
quitter (la maison) *v.* to leave (the house) 4
   Ne quittez pas. Please hold.
quoi? *interr. pron.* what? 1
   Il n'y a pas de quoi. It's nothing.; You're welcome. 1
   quoi que ce soit whatever it may be

R

raccrocher *v.* to hang up
radio *f.* radio
   à la radio on the radio
raide *adj.* straight 3
raison *f.* reason; right 2
   avoir raison *v.* to be right 2
ramassage des ordures *m.* garbage collection 13
randonnée *f.* hike 5
   faire une randonnée *v.* to go for a hike 5
ranger *v.* to tidy up, to put away 8
rapide *adj.* fast 3
rapidement *adv.* rapidly 8
rarement *adv.* rarely 5
rasoir *m.* razor 10
ravissant(e) *adj.* beautiful; delightful
réalisateur/réalisatrice *m., f.* director (*of a movie*)
récent(e) *adj.* recent
réception *f.* reception desk 7
recevoir *v.* to receive 12
réchauffement de la Terre *m.* global warming 13
rechercher *v.* to search for, to look for
recommandation *f.* recommendation
recommander (que) *v.* to recommend (that) 13
recomposer (un numéro) *v.* to redial (a number) 11
reconnaître *v.* to recognize 8
reconnu (reconnaître) *p.p., adj.* recognized 8
reçu *m.* receipt 12
reçu (recevoir) *p.p., adj.* received 7
   être reçu(e) à un examen to pass an exam 2
recyclage *m.* recycling 13
recycler *v.* to recycle 13
redémarrer *v.* to restart, to start again 11
réduire *v.* to reduce 6
réduit (réduire) *p.p., adj.* reduced 6
référence *f.* reference

réfléchir (à) *v.* to think (about), to reflect (on) 7
refuser (de) *v.* to refuse (*to do something*) 11
regarder *v.* to watch 2
   Ça ne nous regarde pas. That has nothing to do with us.; That is none of our business. 13
régime *m.* diet 10
   être au régime *v.* to be on a diet 9
région *f.* region 13
regretter (que) *v.* to regret (that) 13
remplir (un formulaire) *v.* to fill out (a form) 12
rencontrer *v.* to meet 2
rendez-vous *m.* date; appointment 6
   prendre (un) rendez-vous *v.* to make an appointment
rendre (à) *v.* to give back, to return (to) 6
   rendre visite (à) *v.* to visit 6
rentrer (à la maison) *v.* to return (home) 2
   rentrer (dans) *v.* to hit 11
renvoyer *v.* to dismiss, to let go
réparer *v.* to repair 11
repartir *v.* to go back
repas *m.* meal 9
repasser *v.* to take again
   repasser (le linge) *v.* to iron (the laundry) 8
   fer à repasser *m.* iron 8
répéter *v.* to repeat; to rehearse 5
répondeur (téléphonique) *m.* answering machine 11
répondre (à) *v.* to respond, to answer (to) 6
réservation *f.* reservation 7
   annuler une réservation *v.* to cancel a reservation 7
réservé(e) *adj.* reserved 1
réserver *v.* to reserve 7
réservoir d'essence *m.* gas tank 11
résidence *f.* residence 8
ressource naturelle *f.* natural resource 13
restaurant *m.* restaurant 4
   restaurant universitaire (resto U) *m.* university cafeteria 2
rester *v.* to stay 7
résultat *m.* result 2
retenir *v.* to keep, to retain 9
retirer (de l'argent) *v.* to withdraw (money) 12
retourner *v.* to return 7
retraite *f.* retirement 6
   prendre sa retraite *v.* to retire 6

retraité(e) *m., f.* retired person
retrouver *v.* to find (again); to meet up with 2
rétroviseur *m.* rear-view mirror 11
réunion *f.* meeting
réussir (à) *v.* to succeed (*in doing something*) 7
réussite *f.* success
réveil *m.* alarm clock 10
revenir *v.* to come back 9
rêver (de) *v.* to dream about 11
revoir *v.* to see again
  Au revoir. Good-bye. 1
revu (revoir) *p.p.* seen again
rez-de-chaussée *m.* ground floor 7
rhume *m.* cold 10
ri (rire) *p.p.* laughed 6
rideau *m.* curtain 8
rien *m.* nothing 12
  De rien. You're welcome. 1
  ne... rien nothing, not anything 12
  ne servir à rien *v.* to be good for nothing 9
rire *v.* to laugh 6
rivière *f.* river 13
riz *m.* rice 9
robe *f.* dress 6
rôle *m.* role 13
  jouer un rôle *v.* to play a role
roman *m.* novel
rose *adj.* pink 6
roue (de secours) *f.* (emergency) tire 11
rouge *adj.* red 6
rouler en voiture *v.* to ride in a car 7
rue *f.* street 11
  suivre une rue *v.* to follow a street 12

S

s'adorer *v.* to adore one another 11
s'aider *v.* to help one another 11
s'aimer (bien) *v.* to love (like) one another 11
s'allumer *v.* to light up 11
s'amuser *v.* to play; to have fun 10
  s'amuser à *v.* to pass time by 11
s'apercevoir *v.* to notice; to realize 12
s'appeler *v.* to be named, to be called 10
  Comment t'appelles-tu? *fam.* What is your name? 1
  Comment vous appelez-vous? *form.* What is your name? 1
  Je m'appelle... My name is... 1

s'arrêter *v.* to stop 10
s'asseoir *v.* to sit down 10
sa *poss. adj., f., sing.* his; her; its 3
sac *m.* bag 1
  sac à dos *m.* backpack 1
  sac à main *m.* purse, handbag 6
sain(e) *adj.* healthy 10
saison *f.* season 5
salade *f.* salad 9
salaire (élevé/modeste) *m.* (high/low) salary
  augmentation de salaire *f.* raise in salary
sale *adj.* dirty 8
salir *v.* to soil, to make dirty 8
salle *f.* room 8
  salle à manger *f.* dining room 8
  salle de bains *f.* bathroom 8
  salle de classe *f.* classroom 1
  salle de séjour *f.* living/family room 8
salon *m.* formal living room, sitting room 8
  salon de beauté *m.* beauty salon 12
Salut! Hi!; Bye! 1
samedi *m.* Saturday 2
sandwich *m.* sandwich 4
sans *prep.* without 8
  sans que *conj.* without
santé *f.* health 10
  être en bonne/mauvaise santé *v.* to be in good/bad health 10
saucisse *f.* sausage 9
sauvegarder *v.* to save 11
sauver (la planète) *v.* to save (the planet) 13
sauvetage des habitats *m.* habitat preservation 13
savoir *v.* to know (*facts*), to know how to do something 8
  savoir (que) *v.* to know (that) 13
  Je n'en sais rien. I don't know anything about it. 13
savon *m.* soap 10
sciences *f., pl.* science 2
  sciences politiques (sciences po) *f., pl.* political science 2
sculpture *f.* sculpture
sculpteur/femme sculpteur *m., f.* sculptor
se/s' *pron., sing., pl.* (*used with reflexive verb*) himself; herself; itself; 10 (*used with reciprocal verb*) each other 11
séance *f.* show; screening
se blesser *v.* to hurt oneself 10
se brosser (les cheveux/les dents) *v.* to brush one's (hair/teeth) 9

se casser *v.* to break 10
sèche-linge *m.* clothes dryer 8
se coiffer *v.* to do one's hair 10
se connaître *v.* to know one another 11
se coucher *v.* to go to bed 10
secours *m.* help 11
  Au secours! Help! 11
s'écrire *v.* to write one another 11
sécurité *f.* security; safety
  attacher sa ceinture de sécurité *v.* to buckle one's seatbelt 11
se dépêcher *v.* to hurry 10
se déplacer *v.* to move, to change location 12
se déshabiller *v.* to undress 10
se détendre *v.* to relax 10
se dire *v.* to tell one another 11
se disputer (avec) *v.* to argue (with) 10
se donner *v.* to give one another 11
se fouler (la cheville) *v.* to twist/to sprain one's (ankle) 10
se garer *v.* to park 11
seize *m.* sixteen 1
séjour *m.* stay 7
  faire un séjour *v.* to spend time (*somewhere*) 7
  salle de séjour *f.* living room 8
sel *m.* salt 9
se laver (les mains) *v.* to wash oneself (one's hands) 10
se lever *v.* to get up, to get out of bed 10
semaine *f.* week 2
  cette semaine this week 2
s'embrasser *v.* to kiss one another 11
se maquiller *v.* to put on makeup 10
se mettre *v.* to put (*something*) on (yourself) 10
  se mettre à *v.* to begin to 10
  se mettre en colère *v.* to become angry 10
s'endormir *v.* to fall asleep, to go to sleep 10
s'énerver *v.* to get worked up, to become upset 10
sénégalais(e) *adj.* Senegalese 1
s'ennuyer *v.* to get bored 10
s'entendre bien (avec) *v.* to get along well (with one another) 10
sentier *m.* path 13
sentir *v.* to feel; to smell; to sense 5
séparé(e) *adj.* separated 3

se parler *v.* to speak to one another 11
se porter mal/mieux *v.* to be ill/better 10
se préparer (à) *v.* to get ready; to prepare (*to do something*) 10
se promener *v.* to take a walk 10
sept *m.* seven 1
septembre *m.* September 5
septième *adj.* seventh 7
se quitter *v.* to leave one another 11
se raser *v.* to shave oneself 10
se réconcilier *v.* to make up 11
se regarder *v.* to look at oneself; to look at each other 10
se relever *v.* to get up again 10
se rencontrer *v.* to meet one another, to make each other's acquaintance 11
se rendre compte *v.* to realize 10
se reposer *v.* to rest 10
se retrouver *v.* to meet one another (*as planned*) 11
se réveiller *v.* to wake up 10
se sécher *v.* to dry oneself 10
se sentir *v.* to feel 10
sérieux/sérieuse *adj.* serious 3
serpent *m.* snake 13
serre *f.* greenhouse 13
  effet de serre *m.* greenhouse effect 13
serré(e) *adj.* tight 6
serveur/serveuse *m., f.* server 4
serviette *f.* napkin 9
  serviette (de bain) *f.* (bath) towel 10
servir *v.* to serve 5
ses *poss. adj., m., f., pl.* his; her; its 3
se souvenir (de) *v.* to remember 10
se téléphoner *v.* to phone one another 11
se tourner *v.* to turn (oneself) around 10
se tromper (de) *v.* to be mistaken (about) 10
se trouver *v.* to be located 10
seulement *adv.* only 8
s'habiller *v.* to dress 10
shampooing *m.* shampoo 10
shopping *m.* shopping 7
  faire du shopping *v.* to go shopping 7
short *m., sing.* shorts 6
si *conj.* if 11
si *adv.* (*when contradicting a negative statement or question*) yes 2
signer *v.* to sign 12

S'il te plaît. *fam.* Please. 1
S'il vous plaît. *form.* Please. 1
sincère *adj.* sincere 1
s'inquiéter *v.* to worry 10
s'intéresser (à) *v.* to be interested (in) 10
site Internet/web *m.* web site 11
six *m.* six 1
sixième *adj.* sixth 7
ski *m.* skiing 5
  faire du ski *v.* to go skiing 5
  station de ski *f.* ski resort 7
skier *v.* to ski 5
s'occuper (de) *v.* to take care (*of something*), to see to 10
sociable *adj.* sociable 1
sociologie *f.* sociology 1
sœur *f.* sister 3
  belle-sœur *f.* sister-in-law 3
  demi-sœur *f.* half-sister, stepsister 3
soie *f.* silk 12
soif *f.* thirst 4
  avoir soif *v.* to be thirsty 4
soir *m.* evening 2
  ce soir *adv.* this evening 2
  demain soir *adv.* tomorrow evening 2
  du soir *adv.* in the evening 2
  hier soir *adv.* yesterday evening 7
soirée *f.* evening 2
sois (être) *imp. v.* be 7
soixante *m.* sixty 1
soixante-dix *m.* seventy 3
solaire *adj.* solar 13
  énergie solaire *f.* solar energy 13
soldes *f., pl.* sales 6
soleil *m.* sun 5
  Il fait (du) soleil. It is sunny. 5
solution *f.* solution 13
  proposer une solution *v.* to propose a solution 13
sommeil *m.* sleep 2
  avoir sommeil *v.* to be sleepy 2
son *poss. adj., m., sing.* his; her; its 3
sonner *v.* to ring 11
s'orienter *v.* to get one's bearings 12
sorte *f.* sort, kind
sortie *f.* exit 7
sortir *v.* to go out, to leave 5; to take out 8
  sortir la/les poubelle(s) *v.* to take out the trash 8
soudain *adv.* suddenly 8
souffrir *v.* to suffer 11
souffert (souffrir) *p.p.* suffered 11
souhaiter (que) *v.* to wish (that) 13
soupe *f.* soup 4
  cuillère à soupe *f.* soupspoon 9

sourire *v.* to smile 6; *m.* smile 12
souris *f.* mouse 11
sous *prep.* under 3
sous-sol *m.* basement 8
sous-vêtement *m.* underwear 6
souvent *adv.* often 5
soyez (être) *imp. v.* be 7
soyons (être) *imp. v.* let's be 7
spécialiste *m., f.* specialist
spectacle *m.* show 5
spectateur/spectatrice *m., f.* spectator
sport *m.* sport(s) 5
  faire du sport *v.* to do sports 5
sportif/sportive *adj.* athletic 3
stade *m.* stadium 5
stage *m.* internship; professional training
station (de métro/de train) *f.* (subway/train) station 7
station de ski *f.* ski resort 7
station-service *f.* service station 11
statue *f.* statue 12
steak *m.* steak 9
studio *m.* studio (*apartment*) 8
stylisme *m.* **de mode** *f.* fashion design 2
stylo *m.* pen 1
su (savoir) *p.p.* known 8
sucre *m.* sugar 4
sud *m.* south 12
suggérer (que) *v.* to suggest (that) 13
sujet *m.* subject 13
  au sujet de on the subject of; about 13
suisse *adj.* Swiss 1
Suisse *f.* Switzerland 7
suivre (un chemin/une rue/ un boulevard) *v.* to follow (a path/a street/a boulevard) 12
supermarché *m.* supermarket 9
sur *prep.* on 3
sûr(e) *adj.* sure, certain 9
  bien sûr of course 2
  Il est sûr que... It is sure that... 13
  Il n'est pas sûr que... It is not sure that... 13
surfer sur Internet *v.* to surf the Internet 11
surpopulation *f.* overpopulation 13
surpris (surprendre) *p.p., adj.* surprised 6
  être surpris(e) que... *v.* to be surprised that... 13
  faire une surprise à quelqu'un *v.* to surprise someone 6
surtout *adv.* especially; above all 2

sympa(thique) *adj.* nice 1
symptôme *m.* symptom 10
syndicat *m.* (*trade*) union

T

ta *poss. adj., f., sing.* your 3
table *f.* table 1
  À table! Let's eat! Food is ready! 9
  débarrasser la table *v.* to clear the table 8
  mettre la table *v.* to set the table 8
tableau *m.* blackboard; picture 1; *m.* painting
tâche ménagère *f.* household chore 8
taille *f.* size; waist 6
  de taille moyenne of medium height 3
tailleur *m.* (*woman's*) suit; tailor 6
tante *f.* aunt 3
tapis *m.* rug 8
tard *adv.* late 2
  À plus tard. See you later. 1
tarte *f.* pie; tart 9
tasse (de) *f.* cup (of) 4
taxi *m.* taxi 7
  prendre un taxi *v.* to take a taxi 7
te/t' *pron., sing., fam.* you 7; yourself 10
tee-shirt *m.* tee shirt 6
télécarte *f.* phone card
télécharger *v.* to download 11
télécommande *f.* remote control 11
téléphone *m.* telephone 2
  parler au téléphone *v.* to speak on the phone 2
téléphoner (à) *v.* to telephone (*someone*) 2
téléphonique *adj.* (*related to the*) telephone 12
  cabine téléphonique *f.* phone booth 12
télévision *f.* television 1
  à la télé(vision) on television
  chaîne de télévision *f.* television channel 11
tellement *adv.* so much 2
  Je n'aime pas tellement... I don't like... very much. 2
température *f.* temperature 5
  Quelle température fait-il? What is the temperature? 5
temps *m., sing.* weather 5
  Il fait un temps épouvantable. The weather is dreadful. 5

  Le temps est nuageux. It is cloudy. 5
  Le temps est orageux. It is stormy. 5
  Quel temps fait-il? What is the weather like? 5
temps *m., sing.* time 5
  de temps en temps *adv.* from time to time 8
  emploi à mi-temps/à temps partiel *m.* part-time job
  emploi à plein temps *m.* full-time job
  temps libre *m.* free time 5
Tenez! (tenir) *imp. v.* Here! 9
tenir *v.* to hold 9
tennis *m.* tennis 5
terrasse (de café) *f.* (café) terrace 4
Terre *f.* Earth 13
  réchauffement de la Terre *m.* global warming 13
tes *poss. adj., m., f., pl.* your 3
tête *f.* head 10
thé *m.* tea 4
théâtre *m.* theater
thon *m.* tuna 5
ticket de bus/métro *m.* bus/subway ticket 7
Tiens! (tenir) *imp. v.* Here! 9
timbre *m.* stamp 12
timide *adj.* shy 1
tiret *m.* (*punctuation mark*) dash; hyphen 11
tiroir *m.* drawer 8
toi *disj. pron., sing., fam.* you 3; *refl. pron., sing., fam.* (*attached to imperative*) yourself 10
  toi non plus you neither 2
toilette *f.* washing up, grooming 10
  faire sa toilette to wash up 10
toilettes *f., pl.* restroom(s) 8
tomate *f.* tomato 9
tomber *v.* to fall 7
  tomber amoureux/amoureuse *v.* to fall in love 6
  tomber en panne *v.* to break down 11
  tomber/être malade *v.* to get/be sick 10
  tomber sur quelqu'un *v.* to run into someone 7
ton *poss. adj., m., sing.* your 3
tort *m.* wrong; harm 2
  avoir tort *v.* to be wrong 2
tôt *adv.* early 2
toujours *adv.* always 8
tour *m.* tour 5
  faire un tour (en voiture) *v.* to go for a walk (drive) 5
tourisme *m.* tourism 12

office du tourisme *m.* tourist office 12
tourner *v.* to turn 12
tousser *v.* to cough 10
tout *m., sing.* all 4
  tous les (*used before noun*) all the... 4
  tous les jours *adv.* every day 8
  toute la *f., sing.* (*used before noun*) all the... 4
  toutes les *f., pl.* (*used before noun*) all the... 4
  tout le *m., sing.* (*used before noun*) all the... 4
  tout le monde everyone 9
tout(e) *adv.* (*before adjective or adverb*) very, really 3
  À tout à l'heure. See you later. 1
  tout à coup suddenly 7
  tout à fait absolutely; completely 12
  tout de suite right away 7
  tout droit straight ahead 12
  tout d'un coup *adv.* all of a sudden 8
  tout près (de) really close by, really close (to) 3
toxique *adj.* toxic 13
  déchets toxiques *m., pl.* toxic waste 13
trac *m.* stage fright
traduire *v.* to translate 6
traduit (traduire) *p.p., adj.* translated 6
tragédie *f.* tragedy
train *m.* train 7
tranche *f.* slice 9
tranquille *adj.* calm, serene 10
  laisser tranquille *v.* to leave alone 10
travail *m.* work 12
  chercher un/du travail *v.* to look for work 12
  trouver un/du travail *v.* to find a job 12
travailler *v.* to work 2
travailleur/travailleuse *adj.* hard-working 3
traverser *v.* to cross 12
treize *m.* thirteen 1
trente *m.* thirty 1
très *adv.* (*before adjective or adverb*) very, really 8
  Très bien. Very well. 1
triste *adj.* sad 3
  être triste que... *v.* to be sad that... 13
trois *m.* three 1
troisième *adj.* third 7
trop (de) *adv.* too many/much (of) 4

tropical(e) *adj.* tropical 13
　forêt tropicale *f.* tropical forest 13
trou (dans la couche d'ozone) *m.* hole (in the ozone layer) 13
troupe *f.* company, troupe
trouver *v.* to find; to think 2
　trouver un/du travail *v.* to find a job
truc *m.* thing 7
tu *sub. pron., sing., fam.* you 1

U

un *m. (number)* one 1
un(e) *indef. art.* a; an 1
universitaire *adj. (related to the)* university 1
　restaurant universitaire (resto U) *m.* university cafeteria 2
université *f.* university 1
urgences *f., pl.* emergency room 10
　aller aux urgences *v.* to go to the emergency room 10
usine *f.* factory 13
utile *adj.* useful 2
utiliser (un plan) *v.* use (a map) 7

V

vacances *f., pl.* vacation 7
　partir en vacances *v.* to go on vacation 7
vache *f.* cow 13
vaisselle *f.* dishes 8
　faire la vaisselle *v.* to do the dishes 8
　lave-vaisselle *m.* dishwasher 8
valise *f.* suitcase 7
　faire les valises *v.* to pack one's bags 7
vallée *f.* valley 13
variétés *f., pl.* popular music
vaut (valloir) *v.*
　Il vaut mieux que It is better that 13
vélo *m.* bicycle 5
　faire du vélo *v.* to go bike riding 5
velours *m.* velvet 12
vendeur/vendeuse *m., f.* seller 6
vendre *v.* to sell 6
vendredi *m.* Friday 2
venir *v.* to come 9
　venir de *v. (used with an infinitive)* to have just 9
vent *m.* wind 5
　Il fait du vent. It is windy. 5
ventre *m.* stomach 10

vérifier (l'huile/la pression des pneus) *v.* to check (the oil/the tire pressure) 11
véritable *adj.* true, real 12
verre (de) *m.* glass (of) 4
vers *adv.* about 2
vert(e) *adj.* green 3
　haricots verts *m., pl.* green beans 9
vêtements *m., pl.* clothing 6
　sous-vêtement *m.* underwear 6
vétérinaire *m., f.* veterinarian
veuf/veuve *adj.* widowed 3
veut dire (vouloir dire) *v.* means, signifies 9
viande *f.* meat 9
vie *f.* life 6
　assurance vie *f.* life insurance
vieille *adj., f. (feminine form of vieux)* old 3
vieillesse *f.* old age 6
vietnamien(ne) *adj.* Vietnamese 1
vieux/vieille *adj.* old 3
ville *f.* city; town 4
vin *m.* wine 6
vingt *m.* twenty 1
vingtième *adj.* twentieth 7
violet(te) *adj.* purple; violet 6
violon *m.* violin
visage *m.* face 10
visite *f.* visit 6
　rendre visite (à) *v.* to visit (a person or people) 6
visiter *v.* to visit (a place) 2
　faire visiter *v.* to give a tour 8
vite *adv.* quickly 1; quick, hurry 4
vitesse *f.* speed 11
voici here is/are 1
voilà there is/are 1
voir *v.* to see 12
voisin(e) *m., f.* neighbor 3
voiture *f.* car 11
　faire un tour en voiture *v.* to go for a drive 5
　rouler en voiture *v.* to ride in a car 7
vol *m.* flight 7
volant *m.* steering wheel 11
volcan *m.* volcano 13
volley(-ball) *m.* volleyball 5
volontiers *adv.* willingly 10
vos *poss. adj., m., f., pl.* your 3
votre *poss. adj., m., f., sing.* your 3
vouloir *v.* to want; to mean (*with* **dire**) 9
　ça veut dire that is to say 10
　veut dire *v.* means, signifies 9
　vouloir (que) *v.* to want (that) 13

voulu (vouloir) *p.p., adj. (used with infinitive)* wanted to… ; *(used with noun)* planned to/for 9
vous *pron., sing., pl., fam., form.* you 1; *d.o. pron.* you 7; yourself, yourselves 10
voyage *m.* trip 7
　agence de voyages *f.* travel agency 7
　agent de voyages *m.* travel agent 7
voyager *v.* to travel 2
voyant (d'essence/d'huile) *m.* (gas/oil) warning light 11
vrai(e) *adj.* true; real 3
　Il est vrai que… It is true that… 13
　Il n'est pas vrai que… It is untrue that… 13
vraiment *adv.* really, truly 5
vu (voir) *p.p.* seen 12

W

W.-C. *m., pl.* restroom(s) 8
week-end *m.* weekend 2
　ce week-end this weekend 2

Y

y *pron.* there; at (*a place*) 10
　j'y vais I'm going/coming 8
　nous y allons we're going/coming 9
　on y va let's go 10
　Y a-t-il… ? Is/Are there… ? 2
yaourt *m.* yogurt 9
yeux (œil) *m., pl.* eyes 3

Z

zéro *m.* zero 1
zut *interj.* darn 6

English-French

A

a **un(e)** *indef. art.* 1
able: to be able to **pouvoir** *v.* 9
abolish **abolir** *v.* 13
about **vers** *adv.* 2
abroad **à l'étranger** 7
absolutely **absolument** *adv.* 8;
  tout à fait *adv.* 6
accident **accident** *m.* 10
  to have/to be in an accident
  avoir un accident *v.* 11
accompany **accompagner** *v.* 12
account (at a bank) **compte** *m.* 12
  checking account **compte** *m.*
  de chèques 12
  to have a bank account **avoir**
  un compte bancaire *v.* 12
accountant **comptable** *m., f.*
acid rain **pluie acide** *f.* 13
across from **en face de** *prep.* 3
acquaintance **connaissance** *f.* 5
active **actif/active** *adj.* 3
actively **activement** *adv.* 8
actor **acteur/actrice** *m., f.* 1
address **adresse** *f.* 12
administration: business
  administration **gestion** *f.* 2
adolescence **adolescence** *f.* 6
adore **adorer** 2
  I love… **J'adore…** 2
  to adore one another
  s'adorer *v.* 11
adulthood **âge adulte** *m.* 6
adventure **aventure** *f.*
  adventure film **film** *m.*
  d'aventures
advertisement **publicité (pub)** *f.*
advice **conseil** *m.*
advisor **conseiller/conseillère**
  m., f.
aerobics **aérobic** *m.* 5
  to do aerobics **faire de**
  l'aérobic *v.* 5
afraid: to be afraid of/that **avoir**
  peur de/que *v.* 13
after **après (que)** *adv.* 7
afternoon **après-midi** *m.* 2
  … (o'clock) in the afternoon
  … heure(s) de l'après-midi 2
afternoon snack **goûter** *m.* 9
again **encore** *adv.* 3
age **âge** *m.* 6
agent: travel agent **agent de**
  voyages *m.* 7
  real estate agent **agent**
  immobilier *m.*

ago (with an expression of time)
  il y a… 9
agree: to agree (with) **être**
  d'accord (avec) *v.* 2
airport **aéroport** *m.* 7
alarm clock **réveil** *m.* 10
Algerian **algérien(ne)** *adj.* 1
all **tout** *m., sing.* 4
  all of a sudden **soudain** *adv.* 8;
  tout à coup *adv.*; **tout d'un**
  coup *adv.* 7
all right? (tag question) **d'accord?** 2
allergy **allergie** *f.* 10
allow (to do something) **laisser** *v.*
  11; **permettre (de)** *v.* 6
allowed **permis (permettre)**
  p.p., adj. 6
all the… (agrees with noun that
  follows) **tout le…** *m., sing;*
  toute la… *f., sing;* **tous les…**
  m., pl.; **toutes les…** *f., pl.* 4
almost **presque** *adv.* 5
a lot (of) **beaucoup (de)** *adv.* 4
alone: to leave alone **laisser**
  tranquille *v.* 10
already **déjà** *adv.* 3
always **toujours** *adv.* 8
American **américain(e)** *adj.* 1
an **un(e)** *indef. art.* 1
ancient (placed after noun)
  ancien(ne) *adj.*
and **et** *conj.* 1
  And you? **Et toi?**, *fam.;* **Et**
  vous? *form.* 1
angel **ange** *m.* 1
angry: to become angry
  s'énerver *v.* 10; **se mettre**
  en colère *v.* 10
animal **animal** *m.* 13
ankle **cheville** *f.* 10
answering machine **répondeur**
  téléphonique *m.* 11
apartment **appartement** *m.* 7
appetizer **entrée** *f.* 9;
  hors-d'œuvre *m.* 9
applaud **applaudir** *v.*
applause **applaudissement** *m.*
apple **pomme** *f.* 9
appliance **appareil** *m.* 8
  electrical/household appliance
  appareil *m.* **électrique/**
  ménager 8
applicant **candidat(e)** *m., f.*
apply **postuler** *v.*
appointment **rendez-vous** *m.*
  to make an appointment
  prendre (un) rendez-vous *v.*
April **avril** *m.* 5
architect **architecte** *m., f.* 3
architecture **architecture** *f.* 2

Are there… ? **Y a-t-il… ?** 2
area **quartier** *m.* 8
argue (with) **se disputer**
  (avec) *v.* 10
arm **bras** *m.* 10
armchair **fauteuil** *m.* 8
armoire **armoire** *f.* 8
around **autour (de)** *prep.* 12
arrival **arrivée** *f.* 7
arrive **arriver (à)** *v.* 2
art **art** *m.* 2
  artwork, piece of art **œuvre** *f.*
  fine arts **beaux-arts** *m., pl.*
artist **artiste** *m., f.* 3
as (like) **comme** *adv.* 6
  as … as (used with adjective to
  compare) **aussi … que** 9
  as much … as (used with
  noun to express comparative quantity) **autant de …**
  que 13
  as soon as **dès que** *adv.* 12
ashamed: to be ashamed of
  avoir honte de *v.* 2
ask **demander** *v.* 2
  to ask (someone) **demander**
  (à) *v.* 6
  to ask (someone) a question
  poser une question (à) *v.* 6
  to ask that… **demander**
  que… 13
aspirin **aspirine** *f.* 10
at **à** *prep.* 4
  at … (o'clock) **à … heure(s)** 4
  at the doctor's office **chez le**
  médecin *prep.* 2
  at (someone's) house **chez…**
  prep. 2
  at the end (of) **au bout (de)**
  prep. 12
  at last **enfin** *adv.* 11
athlete **athlète** *m., f.* 3
ATM **distributeur** *m.* **automa-**
  tique/de billets *m.* 12
attend **assister** *v.* 2
August **août** *m.* 5
aunt **tante** *f.* 3
author **auteur/femme auteur**
  m., f.
autumn **automne** *m.* 5
  in autumn **à l'automne** 5
available (free) **libre** *adj.* 7
avenue **avenue** *f.* 12
avoid **éviter de** *v.* 10

B

back **dos** *m.* 10
backpack **sac à dos** *m.* 1
bad **mauvais(e)** *adj.* 3

to be in a bad mood **être de mauvaise humeur** 8
to be in bad health **être en mauvaise santé** 10
badly **mal** *adv.* 7
I am doing badly. **Je vais mal.** 1
to be doing badly **se porter mal** *v.* 10
baguette **baguette** *f.* 4
bakery **boulangerie** *f.* 9
balcony **balcon** *m.* 8
banana **banane** *f.* 9
bank **banque** *f.* 12
to have a bank account **avoir un compte bancaire** *v.* 12
banker **banquier/banquière** *m., f.*
banking **bancaire** *adj.* 12
baseball **baseball** *m.* 5
baseball cap **casquette** *f.* 6
basement **sous-sol** *m.;* **cave** *f.* 8
basketball **basket(-ball)** *m.* 5
bath **bain** *m.* 6
bathing suit **maillot de bain** *m.* 6
bathroom **salle de bains** *f.* 8
bathtub **baignoire** *f.* 8
be **être** *v.* 1
  sois (être) *imp. v.* 7;
  soyez (être) *imp. v.* 7
beach **plage** *f.* 7
beans **haricots** *m., pl.* 9
  green beans **haricots verts** *m., pl.* 9
bearings: to get one's bearings **s'orienter** *v.* 12
beautiful **beau (belle)** *adj.* 3
beauty salon **salon** *m.* **de beauté** 12
because **parce que** *conj.* 2
become **devenir** *v.* 9
bed **lit** *m.* 7
  to go to bed **se coucher** *v.* 10
bedroom **chambre** *f.* 8
beef **bœuf** *m.* 9
been **été (être)** *p.p.* 6
beer **bière** *f.* 6
before **avant (de/que)** *adv.* 7
  before (o'clock) **moins** *adv.* 2
begin (to do something) **commencer (à)** *v.* 2; **se mettre à** *v.* 10
beginning **début** *m.*
behind **derrière** *prep.* 3
Belgian **belge** *adj.* 7
Belgium **Belgique** *f.* 7
believe (that) **croire (que)** *v.* 13
believed **cru (croire)** *p.p.* 13
belt **ceinture** *f.* 6
  to buckle one's seatbelt **attacher sa ceinture de sécurité** *v.* 11
bench **banc** *m.* 12

best: the best **le mieux** *super. adv.* 9; **le/la meilleur(e)** *super. adj.* 9
better **meilleur(e)** *comp. adj.;* **mieux** *comp. adv.* 9
  It is better that… **Il vaut mieux que/qu'…** 13
  to be doing better **se porter mieux** *v.* 10
  to get better (from illness) **guérir** *v.* 10
between **entre** *prep.* 3
beverage (carbonated) **boisson** *f.* **(gazeuse)** 4
bicycle **vélo** *m.* 5
  to go bike riding **faire du vélo** *v.* 5
big **grand(e)** *adj.* 3; (clothing) **large** *adj.* 6
bill (in a restaurant) **addition** *f.* 4
bills (money) **billets** *m., pl.* 12
biology **biologie** *f.* 2
bird **oiseau** *m.* 3
birth **naissance** *f.* 6
birthday **anniversaire** *m.* 5
bit (of) **morceau (de)** *m.* 4
black **noir(e)** *adj.* 3
blackboard **tableau** *m.* 1
blanket **couverture** *f.* 8
blonde **blond(e)** *adj.* 3
blouse **chemisier** *m.* 6
blue **bleu(e)** *adj.* 3
boat **bateau** *m.* 7
body **corps** *m.* 10
book **livre** *m.* 1
bookstore **librairie** *f.* 1
bored: to get bored **s'ennuyer** *v.* 10
boring **ennuyeux/ennuyeuse** *adj.* 3
born: to be born **naître** *v.* 7; **né (naître)** *p.p., adj.* 7
borrow **emprunter** *v.* 12
bottle (of) **bouteille (de)** *f.* 4
boulevard **boulevard** *m.* 12
boutique **boutique** *f.* 12
bowl **bol** *m.* 9
box **boîte** *f.* 9
boy **garçon** *m.* 1
boyfriend **petit ami** *m.* 1
brake **freiner** *v.* 11
brakes **freins** *m., pl.* 11
brave **courageux/courageuse** *adj.* 3
Brazil **Brésil** *m.* 7
Brazilian **brésilien(ne)** *adj.* 7
bread **pain** *m.* 4
  country-style bread **pain** *m.* **de campagne** 4
bread shop **boulangerie** *f.* 9
break **se casser** *v.* 10
breakdown **panne** *f.* 11
break down **tomber en panne** *v.* 11

break up (to leave one another) **se quitter** *v.* 11
breakfast **petit-déjeuner** *m.* 9
bridge **pont** *m.* 12
bright **brillant(e)** *adj.* 1
bring (a person) **amener** *v.* 5; (a thing) **apporter** *v.* 4
broom **balai** *m.* 8
brother **frère** *m.* 3
brother-in-law **beau-frère** *m.* 3
brown **marron** *adj., inv.* 3
  brown (hair) **châtain** *adj.* 3
brush (hair/tooth) **brosse** *f.* **(à cheveux/à dents)** 10
  to brush one's hair/teeth **se brosser les cheveux/les dents** *v.* 9
buckle: to buckle one's seatbelt **attacher sa ceinture de sécurité** *v.* 11
build **construire** *v.* 6
building **bâtiment** *m.* 12; **immeuble** *m.* 8
bumper **pare-chocs** *m.* 11
burn (CD/DVD) **graver** *v.* 11
bus **autobus** *m.* 7
bus stop **arrêt d'autobus (de bus)** *m.* 7
business (profession) **affaires** *f., pl.* 3; (company) **entreprise** *f.*
business administration **gestion** *f.* 2
businessman **homme d'affaires** *m.* 3
businesswoman **femme d'affaires** *f.* 3
busy **occupé(e)** *adj.* 1
but **mais** *conj.* 1
butcher's shop **boucherie** *f.* 9
butter **beurre** *m.* 4
buy **acheter** *v.* 5
by **par** *prep.* 3
Bye! **Salut!** *fam.* 1

C

cabinet **placard** *m.* 8
café **café** *m.* 1; **brasserie** *f.* 12
  café terrace **terrasse** *f.* **de café** 4
  cybercafé **cybercafé** *m.* 12
cafeteria **cantine** *f.* 9
cake **gâteau** *m.* 6
calculator **calculatrice** *f.* 1
call **appeler** *v.*
calm **calme** *adj.* 1; **calme** *m.* 1
camcorder **caméra vidéo** *f.* 11; **caméscope** *m.* 11
camera **appareil photo** *m.* 11
  digital camera **appareil photo** *m.* **numérique** 11
camping **camping** *m.* 5

to go camping **faire du camping** *v.* 5

can (of food) **boîte (de conserve)** *f.* 9

Canada **Canada** *m.* 7

Canadian **canadien(ne)** *adj.* 1

cancel (a reservation) **annuler (une réservation)** *v.* 7

candidate **candidat(e)** *m., f.*

candy **bonbon** *m.* 6

cap: baseball cap **casquette** *f.* 6

capital **capitale** *f.* 7

car **voiture** *f.* 11
  to ride in a car **rouler en voiture** *v.* 7

card (*letter*) **carte postale** *f.* 12; credit card **carte** *f.* **de crédit** 12
  to pay with a credit card **payer avec une carte de crédit** *v.* 12
  cards (*playing*) **cartes** *f.* 5

carbonated drink/beverage **boisson** *f.* **gazeuse** 4

career **carrière** *f.*

carpooling **covoiturage** *m.* 13

carrot **carotte** *f.* 9

cartoon **dessin animé** *m.*

case: in any case **en tout cas** 6

cash **liquide** *m.* 12
  to pay in cash **payer en liquide** *v.* 12

cat **chat** *m.* 3

catastrophe **catastrophe** *f.* 13

catch sight of **apercevoir** *v.* 12

CD(s) **CD** *m.* 11

CD/DVD player **lecteur de CD/DVD** *m.* 11

CD-ROM(s) **CD-ROM, cédérom(s)** *m.* 11

celebrate **célébrer** *v.* 5; **fêter** *v.* 6

celebration **fête** *f.* 6

cellar **cave** *f.* 8

cell(ular) phone **portable** *m.* 11

center: city/town center **centre-ville** *m.* 4

certain **certain(e)** *adj.* 9; **sûr(e)** *adj.* 13
  It is certain that… **Il est certain que…** 13
  It is uncertain that… **Il n'est pas certain que…** 13

chair **chaise** *f.* 1

champagne **champagne** *m.* 6

change (*coins*) (**pièces** *f. pl.* **de**) **monnaie** 12

channel (television) **chaîne** *f.* **(de télévision)** 11

character **personnage** *m.*
  main character **personnage principal** *m.*

charming **charmant(e)** *adj.* 1

chat **bavarder** *v.* 4

check **chèque** *m.* 12; (*bill*) **addition** *f.* 4
  to pay by check **payer par chèque** *v.* 12;
  to check (the oil/the air pressure) **vérifier (l'huile/la pression des pneus)** *v.* 11

checking account **compte** *m.* **de chèques** 12

cheek **joue** *f.* 10

cheese **fromage** *m.* 4

chemistry **chimie** *f.* 2

chess **échecs** *m., pl.* 5

chest **poitrine** *f.* 10
  chest of drawers **commode** *f.* 8

chic **chic** *adj.* 4

chicken **poulet** *m.* 9

child **enfant** *m., f.* 3

childhood **enfance** *f.* 6

China **Chine** *f.* 7

Chinese **chinois(e)** *adj.* 7

choir **chœur** *m.*

choose **choisir** *v.* 7

chorus **chœur** *m.*

chrysanthemums **chrysanthèmes** *m., pl.* 9

church **église** *f.* 4

city **ville** *f.* 4

city hall **mairie** *f.* 12

city/town center **centre-ville** *m.* 4

class (*group of students*) **classe** *f.* 1; (*course*) **cours** *m.* 2

classmate **camarade de classe** *m., f.* 1

classroom **salle** *f.* **de classe** 1

clean **nettoyer** *v.* 5; **propre** *adj.* 8

clear **clair(e)** *adj.* 13
  It is clear that… **Il est clair que…** 13
  to clear the table **débarrasser la table** 8

client **client(e)** *m., f.* 7

cliff **falaise** *f.* 13

clock **horloge** *f.* 1
  alarm clock **réveil** *m.* 10

close (to) **près (de)** *prep.* 3
  very close (to) **tout près (de)** 12

close **fermer** *v.* 11

closed **fermé(e)** *adj.* 12

closet **placard** *m.* 8

clothes dryer **sèche-linge** *m.* 8

clothing **vêtements** *m., pl.* 6

cloudy **nuageux/nuageuse** *adj.* 5
  It is cloudy. **Le temps est nuageux.** 5

clutch **embrayage** *m.* 11

coast **côte** *f.* 13

coat **manteau** *m.* 6

coffee **café** *m.* 1

coffeemaker **cafetière** *f.* 8

coins **pièces** *f. pl.* **de monnaie** 12

cold **froid** *m.* 2
  to be cold **avoir froid** *v.* 2
  (*weather*) It is cold. **Il fait froid.** 5

cold **rhume** *m.* 10

color **couleur** *f.* 6
  What color is… ? **De quelle couleur est… ?** 6

comb **peigne** *m.* 10

come **venir** *v.* 7

come back **revenir** *v.* 9

comedy **comédie** *f.*

comic strip **bande dessinée (B.D.)** *f.* 5

compact disc **compact disque** *m.* 11

company (*troop*) **troupe** *f.*

completely **tout à fait** *adv.* 6

composer **compositeur** *m.*

computer **ordinateur** *m.* 1

computer science **informatique** *f.* 2

concert **concert** *m.*

congratulations **félicitations**

consider **considérer** *v.* 5

constantly **constamment** *adv.* 8

construct **construire** *v.* 6

consultant **conseiller/conseillère** *m., f.*

continue (*doing something*) **continuer (à)** *v.* 12

cook **cuisiner** *v.* 9; **faire la cuisine** *v.* 5; **cuisinier/cuisinière** *m., f.*

cookie **biscuit** *m.* 6

cooking **cuisine** *f.* 5

cool: (*weather*) It is cool. **Il fait frais.** 5

corner **angle** *m.* 12; **coin** *m.* 12

cost **coûter** *v.* 4

cotton **coton** *m.* 6

couch **canapé** *m.* 8

cough **tousser** *v.* 10

count (on someone) **compter (sur quelqu'un)** *v.* 8

country **pays** *m.* 7
  country(side) **campagne** *f.* 7

country-style **de campagne** *adj.* 4

couple **couple** *m.* 6

courage **courage**

courageous **courageux/courageuse** *adj.* 3

course **cours** *m.* 2

cousin **cousin(e)** *m., f.* 3

cover **couvrir** *v.* 11

covered **couvert (couvrir)** *p.p.* 11

cow **vache** *f.* 13

crazy **fou/folle** *adj.* 3

cream **crème** *f.* 9

credit card **carte** *f.* **de crédit** 12
  to pay with a credit card **payer avec une carte de crédit** *v.* 12

crêpe **crêpe** *f.* 5
crime film **film policier** *m.*
croissant **croissant** *m.* 4
cross **traverser** *v.* 12
cruel **cruel/cruelle** *adj.* 3
cry **pleurer** *v.*
cup (of) **tasse (de)** *f.* 4
cupboard **placard** *m.* 8
curious **curieux/curieuse** *adj.* 3
curly **frisé(e)** *adj.* 3
currency **monnaie** *f.* 12
curtain **rideau** *m.* 8
customs **douane** *f.* 7
cybercafé **cybercafé** *m.* 12

D

dance **danse** *f.*
    to dance **danser** *v.* 4
danger **danger** *m.* 13
dangerous **dangereux/dangereuse** *adj.* 11
dark (*hair*) **brun(e)** *adj.* 3
darling **chéri(e)** *adj.* 2
darn **zut** 11
dash (*punctuation mark*) **tiret** *m.* 11
date (*day, month, year*) **date** *f.* 5; (*meeting*) **rendez-vous** *m.* 6
    to make a date **prendre (un) rendez-vous** *v.*
daughter **fille** *f.* 1
day **jour** *m.* 2; **journée** *f.* 2
    day after tomorrow **après-demain** *adv.* 2
    day before yesterday **avant-hier** *adv.* 7
    day off **congé** *m.*, **jour de congé** 7
dear **cher/chère** *adj.* 2
death **mort** *f.* 6
December **décembre** *m.* 5
decide (*to do something*) **décider (de)** *v.* 11
deforestation **déboisement** *m.* 13
degree **diplôme** *m.* 2
degrees (*temperature*) **degrés** *m., pl.* 5
    It is... degrees. **Il fait... degrés.** 5
delicatessen **charcuterie** *f.* 9
delicious **délicieux/délicieuse** *adj.* 4
Delighted. **Enchanté(e).** *p.p., adj.* 1
demand (that) **exiger (que)** *v.* 13
demanding **exigeant(e)** *adj.*
    demanding profession **profession** *f.* **exigeante**
dentist **dentiste** *m., f.* 3
department store **grand magasin** *m.* 4

departure **départ** *m.* 7
deposit: to deposit money **déposer de l'argent** *v.* 12
depressed **déprimé(e)** *adj.* 10
describe **décrire** *v.* 7
described **décrit (décrire)** *p.p., adj.* 7
desert **désert** *m.* 13
design (*fashion*) **stylisme (de mode)** *m.* 2
desire **envie** *f.* 2
desk **bureau** *m.* 1
dessert **dessert** *m.* 6
destroy **détruire** *v.* 6
destroyed **détruit (détruire)** *p.p., adj.* 6
detective film **film policier** *m.*
detest **détester** *v.* 2
    I hate... **Je déteste...** 2
develop **développer** *v.* 13
dial (a number) **composer (un numéro)** *v.* 11
dictionary **dictionnaire** *m.* 1
die **mourir** *v.* 7
died **mort (mourir)** *p.p., adj.* 7
diet **régime** *m.* 10
    to be on a diet **être au régime** 9
difference **différence** *f.* 1
different **différent(e)** *adj.* 1
differently **différemment** *adv.* 8
difficult **difficile** *adj.* 1
digital camera **appareil photo** *m.* **numérique** 11
dining room **salle à manger** *f.* 8
dinner **dîner** *m.* 9
    to have dinner **dîner** *v.* 2
diploma **diplôme** *m.* 2
directions **indications** *f.* 12
director (*movie*) **réalisateur/réalisatrice** *m., f.;* (*play/show*) **metteur en scène** *m.*
dirty **sale** *adj.* 8
discover **découvrir** *v.* 11
discovered **découvert (découvrir)** *p.p.* 11
discreet **discret/discrète** *adj.* 3
discuss **discuter** *v.* 11
dish (*food*) **plat** *m.* 9
    to do the dishes **faire la vaisselle** *v.* 8
dishwasher **lave-vaisselle** *m.* 8
dismiss **renvoyer** *v.*
distinction **mention** *f.*
divorce **divorce** *m.* 6
    to divorce **divorcer** *v.* 3
divorced **divorcé(e)** *p.p., adj.* 3
do (*make*) **faire** *v.* 5
    to do odd jobs **bricoler** *v.* 5
doctor **médecin** *m.* 3
documentary **documentaire** *m.*
dog **chien** *m.* 3

done **fait (faire)** *p.p., adj.* 6
door (*building*) **porte** *f.* 1; (*automobile*) **portière** *f.* 11
doubt (that)... **douter (que)...** *v.* 13
doubtful **douteux/douteuse** *adj.* 13
    It is doubtful that... **Il est douteux que...** 13
download **télécharger** *v.* 11
downtown **centre-ville** *m.* 4
drag **barbant** *adj.* 3; **barbe** *f.* 3
drape **rideau** *m.* 8
draw **dessiner** *v.* 2
drawer **tiroir** *m.* 8
dreadful **épouvantable** *adj.* 5
dream (about) **rêver (de)** *v.* 11
dress **robe** *f.* 6
    to dress **s'habiller** *v.* 10
dresser **commode** *f.* 8
drink (carbonated) **boisson** *f.* **(gazeuse)** 4
    to drink **boire** *v.* 4
drive **conduire** *v.* 6
    to go for a drive **faire un tour en voiture** 5
driven **conduit (conduire)** *p.p.* 6
driver (taxi/truck) **chauffeur (de taxi/de camion)** *m.*
driver's license **permis** *m.* **de conduire** 11
drums **batterie** *f.*
drunk **bu (boire)** *p.p.* 6
dryer (*clothes*) **sèche-linge** *m.* 8
dry oneself **se sécher** *v.* 10
due **dû(e) (devoir)** *adj.* 9
during **pendant** *prep.* 7
dust **enlever/faire la poussière** *v.* 8

E

each **chaque** *adj.* 6
ear **oreille** *f.* 10
early **en avance** *adv.* 2; **tôt** *adv.* 2
earn **gagner** *v.*
Earth **Terre** *f.* 13
easily **facilement** *adv.* 8
east **est** *m.* 12
easy **facile** *adj.* 2
eat **manger** *v.* 2
    to eat lunch **déjeuner** *v.* 4
éclair **éclair** *m.* 4
ecological **écologique** *adj.* 13
ecology **écologie** *f.* 13
economics **économie** *f.* 2
ecotourism **écotourisme** *m.* 13
education **formation** *f.*
effect: in effect **en effet** 13
egg **œuf** *m.* 9

eight **huit** *m.* 1
eighteen **dix-huit** *m.* 1
eighth **huitième** *adj.* 7
eighty **quatre-vingts** *m.* 3
eighty-one **quatre-vingt-un** *m.* 3
elder **aîné(e)** *adj.* 3
electric **électrique** *adj.* 8
    electrical appliance **appareil**
    m. **électrique** 8
electrician **électricien/**
    électricienne *m., f.*
elegant **élégant(e)** *adj.* 1
elevator **ascenseur** *m.* 7
eleven **onze** *m.* 1
eleventh **onzième** *adj.* 7
e-mail **e-mail** *m.* 11
emergency room **urgences**
    f., pl. 10
    to go to the emergency room
    aller aux urgences *v.* 10
end **fin** *f.*
endangered **menacé(e)** *adj.* 13
    endangered species **espèce** *f.*
    menacée 13
engaged **fiancé(e)** *adj.* 3
engine **moteur** *m.* 11
engineer **ingénieur** *m.* 3
England **Angleterre** *f.* 7
English **anglais(e)** *adj.* 1
enormous **énorme** *adj.* 2
enough (of) **assez (de)** *adv.* 4
    not enough (of) **pas assez**
    (de) 4
enter **entrer** *v.* 7
envelope **enveloppe** *f.* 12
environment **environnement**
    m. 13
equal **égaler** *v.* 3
erase **effacer** *v.* 11
errand **course** *f.* 9
escargot **escargot** *m.* 9
especially **surtout** *adv.* 2
essay **dissertation** *f.* 11
essential **essentiel(le)** *adj.* 13
    It is essential that… **Il est**
    essentiel/indispensable
    que… 13
even **même** *adv.* 5
evening **soir** *m.;* **soirée** *f.* 2
    … (o'clock) in the evening
    … heures du soir 2
every day **tous les jours** *adv.* 8
everyone **tout le monde** *m.* 9
evident **évident(e)** *adj.* 13
    It is evident that… **Il est**
    évident que… 13
evidently **évidemment** *adv.* 8
exactly **exactement** *adv.* 9
exam **examen** *m.* 1
Excuse me. **Excuse-moi.** *fam.* 1;
    Excusez-moi. *form.* 1

executive **cadre/femme cadre**
    m., f.
exercise **exercice** *m.* 10
    to exercise **faire de l'exercice**
    v. 10
exhibit **exposition** *f.*
exit **sortie** *f.* 7
expenditure **dépense** *f.* 12
expensive **cher/chère** *adj.* 6
explain **expliquer** *v.* 2
explore **explorer** *v.* 4
extinction **extinction** *f.* 13
eye (eyes) **œil (yeux)** *m.* 10

face **visage** *m.* 10
facing **en face (de)** *prep.* 3
fact: in fact **en fait** 7
factory **usine** *f.* 13
fail **échouer** *v.* 2
fall **automne** *m.* 5
    in the fall **à l'automne** 5
    to fall **tomber** *v.* 7
    to fall in love **tomber amou-**
    reux/amoureuse *v.* 6
    to fall asleep **s'endormir** *v.* 10
family **famille** *f.* 3
famous **célèbre** *adj.;* **connu**
    (connaître) *p.p., adj.* 8
far (from) **loin (de)** *prep.* 3
farewell **adieu** *m.* 13
farmer **agriculteur/**
    agricultrice *m., f.*
fashion **mode** *f.* 2
    fashion design **stylisme**
    de mode *m.* 2
fast **rapide** *adj.* 3; **vite** *adv.* 8
fat **gros(se)** *adj.* 3
father **père** *m.* 3
father-in-law **beau-père** *m.* 3
favorite **favori/favorite** *adj.* 3;
    préféré(e) *adj.* 2
fax machine **fax** *m.* 11
fear **peur** *f.* 2
    to fear that **avoir peur que**
    v. 13
February **février** *m.* 5
fed up: to be fed up **en avoir**
    marre *v.* 3
feel *(to sense)* **sentir** *v.* 5; *(state of*
    being) **se sentir** *v.* 10
    to feel like *(doing something)*
    avoir envie (de) 2
    to feel nauseated **avoir mal au**
    cœur 10
festival (festivals) **festival**
    (festivals) *m.*
fever **fièvre** *f.* 10
    to have fever **avoir de la**
    fièvre *v.* 10
fiancé **fiancé(e)** *m., f.* 6

field *(terrain)* **champ** *m.* 13;
    (of study) **domaine** *m.*
fifteen **quinze** *m.* 1
fifth **cinquième** *adj.* 7
fifty **cinquante** *m.* 1
figure *(physique)* **ligne** *f.* 10
file **fichier** *m.* 11
fill: to fill out a form **remplir un**
    formulaire *v.* 12
    to fill the tank **faire le**
    plein *v.* 11
film **film** *m.*
    adventure/crime film **film** *m.*
    d'aventures/policier
finally **enfin** *adv.* 7; **finalement**
    adv. 7; **dernièrement** *adv.* 8
find (a job) **trouver (un/du**
    travail) *v.*
    to find again **retrouver** *v.* 2
fine **amende** *f.* 11
fine arts **beaux-arts** *m., pl.*
finger **doigt** *m.* 10
finish *(doing something)* **finir (de)**
    v. 11
fire **incendie** *m.* 13
firefighter **pompier/femme**
    pompier *m., f.*
firm *(business)* **entreprise** *f.*
first **d'abord** *adv.* 7; **premier/**
    première *adj.* 2; **premier** *m.* 5
    It is October first. **C'est le 1er**
    (premier) octobre. 5
fish **poisson** *m.* 3
fishing **pêche** *f.* 5
    to go fishing **aller à la**
    pêche *v.* 5
fish shop **poissonnerie** *f.* 9
five **cinq** *m.* 1
flat tire **pneu** *m.* **crevé** 11
flight *(air travel)* **vol** *m.* 7
floor **étage** *m.* 7
flower **fleur** *f.* 8
flu **grippe** *f.* 10
fluently **couramment** *adv.* 8
follow (a path/a street/a boulevard)
    suivre (un chemin/une rue/
    un boulevard) *v.* 12
food **aliment** *m.* 9; **nourriture** *f.* 9
foot **pied** *m.* 10
football **football américain** *m.* 5
for **pour** *prep.* 5; **pendant** *prep.* 9
    For whom? **Pour qui?** 4
forbid **interdire** *v.* 13
foreign **étranger/étrangère** *adj.* 2
    foreign languages **langues**
    f., pl. **étrangères** 2
forest **forêt** *f.* 13
    tropical forest **forêt tropicale**
    f. 13
forget *(to do something)* **oublier**
    (de) *v.* 2
fork **fourchette** *f.* 9

form **formulaire** *m.* 12
former *(placed before noun)*
   ancien(ne) *adj.*
fortunately **heureusement** *adv.* 8
forty **quarante** *m.* 1
fountain **fontaine** *f.* 12
four **quatre** *m.* 1
fourteen **quatorze** *m.* 1
fourth **quatrième** *adj.* 7
France **France** *f.* 7
frankly **franchement** *adv.* 8
free *(at no cost)* **gratuit(e)** *adj.*
   free time **temps libre** *m.* 5
freezer **congélateur** *m.* 8
French **français(e)** *adj.* 1
French fries **frites** *f., pl.* 4
frequent *(to visit regularly)*
   fréquenter *v.* 4
fresh **frais/fraîche** *adj.* 5
Friday **vendredi** *m.* 2
friend **ami(e)** *m., f.* 1; **copain/
   copine** *m., f.* 1
friendship **amitié** *f.* 6
from **de/d'** *prep.* 1
   from time to time **de temps en
   temps** *adv.* 8
front: in front of **devant** *prep.* 3
fruit **fruit** *m.* 9
full *(no vacancies)* **complet
   (complète)** *adj.* 7
full-time job **emploi** *m.*
   à plein temps
fun **amusant(e)** *adj.* 1
   to have fun *(doing something)*
   s'amuser (à) *v.* 11
funeral **funérailles** *f., pl.* 9
funny **drôle** *adj.* 3
furious **furieux/furieuse** *adj.* 13
   to be furious that... **être
   furieux/furieuse que...** *v.* 13

G

gain: gain weight **grossir** *v.* 7
game *(amusement)* **jeu** *m.* 5;
   (sports) **match** *m.* 5
game show **jeu télévisé** *m.*
garage **garage** *m.* 8
garbage **ordures** *f., pl.* 13
garbage collection **ramassage**
   m. **des ordures** 13
garden **jardin** *m.* 8
garlic **ail** *m.* 9
gas **essence** *f.* 11
gas tank **réservoir d'essence**
   m. 11
gas warning light **voyant** *m.*
   d'essence 11
generally **en général** *adv.* 8
generous **généreux/généreuse**
   adj. 3
genre **genre** *m.*

gentle **doux/douce** *adj.* 3
geography **géographie** *f.* 2
German **allemand(e)** *adj.* 1
Germany **Allemagne** *f.* 7
get *(to obtain)* **obtenir** *v.*
get along well (with) **s'entendre
   bien (avec)** *v.* 10
get up **se lever** *v.* 10
   get up again **se relever** *v.* 10
gift **cadeau** *m.* 6
   wrapped gift **paquet cadeau**
   m. 6
gifted **doué(e)** *adj.*
girl **fille** *f.* 1
girlfriend **petite amie** *f.* 1
give *(to someone)* **donner (à)** *v.* 2
   to give a shot **faire une
   piqûre** *v.* 10
   to give a tour **faire visiter** *v.* 8
   to give back **rendre (à)** *v.* 6
   to give one another **se donner**
   v. 11
glass (of) **verre (de)** *m.* 4
glasses **lunettes** *f., pl.* 6
   sunglasses **lunettes de soleil**
   f., pl. 6
global warming **réchauffement**
   m. **de la Terre** 13
glove **gant** *m.* 6
go **aller** *v.* 4
   Let's go! **Allons-y!** 4; **On y va!** 10
   I'm going. **J'y vais.** 8
   to go back **repartir** *v.*
   to go down **descendre** *v.* 6
   to go out **sortir** *v.* 7
   to go over **dépasser** *v.* 11
   to go up **monter** *v.* 7
   to go with **aller avec** *v.* 6
golf **golf** *m.* 5
good **bon(ne)** *adj.* 3
   Good evening. **Bonsoir.** 1
   Good morning. **Bonjour.** 1
   to be good for nothing **ne
   servir à rien** *v.* 9
   to be in a good mood **être de
   bonne humeur** *v.* 8
   to be in good health **être en
   bonne santé** *v.* 10
   to be in good shape **être en
   pleine forme** *v.* 10
   to be up to something interesting **faire quelque chose de
   beau** *v.* 12
Good-bye. **Au revoir.** 1
government **gouvernement** *m.* 13
grade *(academics)* **note** *f.* 2
grandchildren **petits-enfants**
   m., pl. 3
granddaughter **petite-fille** *f.* 3
grandfather **grand-père** *m.* 3
grandmother **grand-mère** *f.* 3
grandparents **grands-parents**

m., pl. 3
grandson **petit-fils** *m.* 3
grant **bourse** *f.* 2
grass **herbe** *f.* 13
gratin **gratin** *m.* 9
gray **gris(e)** *adj.* 6
great **formidable** *adj.* 7;
   génial(e) *adj.* 3
green **vert(e)** *adj.* 3
green beans **haricots verts**
   m., pl. 9
greenhouse **serre** *f.* 13
   greenhouse effect **effet de serre**
   m. 13
grocery store **épicerie** *f.* 4
groom: to groom oneself *(in the
   morning)* **faire sa toilette** *v.* 10
ground floor **rez-de-chaussée**
   m. 7
growing population **population**
   f. **croissante** 13
guaranteed **garanti(e)** *p.p., adj.* 5
guest **invité(e)** *m., f.* 6; **client(e)**
   m., f. 7
guitar **guitare** *f.*
guy **mec** *m.* 10
gym **gymnase** *m.* 4

H

habitat **habitat** *m.* 13
   habitat preservation **sauvetage
   des habitats** *m.* 13
had **eu (avoir)** *p.p.* 6
   had to **dû (devoir)** *p.p.* 9
hair **cheveux** *m., pl.* 9
   to brush one's hair **se brosser
   les cheveux** *v.* 9
   to do one's hair **se coiffer** *v.* 10
hairbrush **brosse** *f.* **à cheveux** 10
hairdresser **coiffeur/coiffeuse**
   m., f. 3
half **demie** *f.* 2
   half past ... (o'clock)
   ... et demie 2
half-brother **demi-frère** *m.* 3
half-sister **demi-sœur** *f.* 3
half-time job **emploi** *m.* **à
   mi-temps**
hallway **couloir** *m.* 8
ham **jambon** *m.* 4
hand **main** *f.* 5
handbag **sac à main** *m.* 6
handsome **beau** *adj.* 3
hang up **raccrocher** *v.*
happiness **bonheur** *m.* 6
happy **heureux/heureuse** *adj.;*
   content(e)
   to be happy that... **être
   content(e) que...** *v.* 13;
   **être heureux/heureuse
   que...** *v.* 13

hard drive **disque (dur)** *m.* 11

hard-working **travailleur/ travailleuse** *adj.* 3

hat **chapeau** *m.* 6

hate **détester** *v.* 2
  I hate… **Je déteste…** 2

have **avoir** *v.* 2; **aie (avoir)** *imp.*, *v.* 7; **ayez (avoir)** *imp. v.* 7; **prendre** *v.* 4
  to have an ache **avoir mal** *v.* 10
  to have to (must) **devoir** *v.* 9

he **il** *sub. pron.* 1

head (body part) **tête** *f.* 10; (of a company) **chef** *m.* **d'entreprise**

headache: to have a headache **avoir mal à la tête** *v.* 10

headlights **phares** *m., pl.* 11

health **santé** *f.* 10
  to be in good health **être en bonne santé** *v.* 10

health insurance **assurance** *f.* **maladie**

healthy **sain(e)** *adj.* 10

hear **entendre** *v.* 6

heart **cœur** *m.* 10

heat **chaud** *m.* 2

hello (on the phone) **allô** 1; (in the evening) **Bonsoir.** 1; (in the morning or afternoon) **Bonjour.** 1

help **au secours** 11
  to help (to do something) **aider (à)** *v.* 5
  to help one another **s'aider** *v.* 11

her **la/l'** *d.o. pron.* 7; **lui** *i.o. pron.* 6; (attached to an imperative) **-lui** *i.o. pron.* 9

her **sa** *poss. adj., f., sing.* 3; **ses** *poss. adj., m., f., pl.* 3; **son** *poss. adj., m., sing.* 3

Here! **Tenez!** *form., imp. v.* 9; **Tiens!** *fam., imp. v.* 9

here **ici** *adv.* 1; (used with demonstrative adjective **ce** and noun or with demonstrative pronoun **celui**); **-ci** 6;
  Here is…. **Voici…** 1

heritage: I am of… heritage. **Je suis d'origine…** 1

herself (used with reflexive verb) **se/s'** *pron.* 10

hesitate (to do something) **hésiter (à)** *v.* 11

Hey! **Eh!** *interj.* 2

Hi! **Salut!** *fam.* 1

high **élevé(e)** *adj.*

high school **lycée** *m.* 1
  high school student **lycéen(ne)** *m., f.* 2

higher education **études supérieures** *f., pl.* 2

highway **autoroute** *f.* 11

hike **randonnée** *f.* 5
  to go for a hike **faire une randonnée** *v.* 5

him **lui** *i.o. pron.* 6; **le/l'** *d.o. pron.* 7; (attached to imperative) **-lui** *i.o. pron.* 9

himself (used with reflexive verb) **se/s'** *pron.* 10

hire **embaucher** *v.*

his **sa** *poss. adj., f., sing.* 3; **ses** *poss. adj., m., f., pl.* 3; **son** *poss. adj., m., sing.* 3

history **histoire** *f.* 2

hit **rentrer (dans)** *v.* 11

hold **tenir** *v.* 9
  to be on hold **patienter** *v.*

hole in the ozone layer **trou dans la couche d'ozone** *m.* 13

holiday **jour férié** *m.* 6; **férié(e)** *adj.* 6

home (house) **maison** *f.* 4
  at (someone's) home **chez…** *prep.* 4

home page **page d'accueil** *f.* 11

homework **devoir** *m.* 2

honest **honnête** *adj.*

honestly **franchement** *adv.* 8

hood **capot** *m.* 11

hope **espérer** *v.* 5

hors d'œuvre **hors-d'œuvre** *m.* 9

horse **cheval** *m.* 5
  to go horseback riding **faire du cheval** *v.* 5

hospital **hôpital** *m.* 4

host **hôte/hôtesse** *m., f.* 6

hot **chaud** *m.* 2
  It is hot (weather). **Il fait chaud.** 5
  to be hot **avoir chaud** *v.* 2

hot chocolate **chocolat chaud** *m.* 4

hotel **hôtel** *m.* 7
  (single) hotel room **chambre** *f.* **(individuelle)** 7

hotel keeper **hôtelier/ hôtelière** *m., f.* 7

hour **heure** *f.* 2

house **maison** *f.* 4
  at (someone's) house **chez…** *prep.* 2
  to leave the house **quitter la maison** *v.* 4
  to stop by someone's house **passer chez quelqu'un** *v.* 4

household **ménager/ménagère** *adj.* 8

household appliance **appareil** *m.* **ménager** 8

household chore **tâche ménagère** *f.* 8

housewife **femme au foyer** *f.*

housework: to do the housework **faire le ménage** *v.* 8

housing **logement** *m.* 8

how **comme** *adv.* 2; **comment?** *interr. adv.* 4
  How are you? **Comment allez-vous?** *form.* 1; **Comment vas-tu?** *fam.* 1
  How many/How much (of)? **Combien (de)?** 1
  How much is… ? **Combien coûte… ?** 4

huge **énorme** *adj.* 2

Huh? **Hein?** *interj.* 3

humanities **lettres** *f., pl.* 2

hundred: one hundred **cent** *m.* 5
  five hundred **cinq cents** *m.* 5
  one hundred one **cent un** *m.* 5
  one hundred thousand **cent mille** *m.* 5

hundredth **centième** *adj.* 7

hunger **faim** *f.* 4

hungry: to be hungry **avoir faim** *v.* 4

hunt **chasse** *f.* 13
  to hunt **chasser** *v.* 13

hurried **pressé(e)** *adj.* 9

hurry **se dépêcher** *v.* 10

hurt **faire mal** *v.* 10
  to hurt oneself **se blesser** *v.* 10

husband **mari** *m.*; **époux** *m.* 3

hyphen (punctuation mark) **tiret** *m.* 11

I

I **je** *sub. pron.* 1; **moi** *disj. pron., sing.* 3

ice cream **glace** *f.* 6

ice cube **glaçon** *m.* 6

idea **idée** *f.* 3

if **si** *conj.* 11

ill: to become ill **tomber malade** *v.* 10

illness **maladie** *f.*

immediately **tout de suite** *adv.* 4

impatient **impatient(e)** *adj.* 1

important **important(e)** *adj.* 1
  It is important that… **Il est important que…** 13

impossible **impossible** *adj.* 13
  It is impossible that… **Il est impossible que…** 13

improve **améliorer** *v.*

in **dans** *prep.* 3; **en** *prep.* 3; **à** *prep.* 4

included **compris (comprendre)** *p.p., adj.* 6

incredible **incroyable** *adj.* 11

independent **indépendant(e)** *adj.* 1

independently **indépendamment** *adv.* 8

indicate **indiquer** *v.* 5

indispensable **indispensable** *adj.* 13
inexpensive **bon marché** *adj.* 6
injection **piqûre** *f.* 10
   to give an injection **faire une piqûre** *v.* 10
injury **blessure** *f.* 10
instrument **instrument** *m.* 1
insurance (health/life) **assurance** *f.* **(maladie/vie)**
intellectual **intellectuel(le)** *adj.* 3
intelligent **intelligent(e)** *adj.* 1
interested: to be interested (in) **s'intéresser (à)** *v.* 10
interesting **intéressant(e)** *adj.* 1
intermission **entracte** *m.*
internship **stage** *m.*
intersection **carrefour** *m.* 12
interview: to have an interview **passer un entretien**
introduce **présenter** *v.* 1
   I would like to introduce (*name*) to you. **Je te présente…** , *fam.* 1
   I would like to introduce (*name*) to you. **Je vous présente…** , *form.* 1
invite **inviter** *v.* 4
Ireland **Irlande** *f.* 7
Irish **irlandais(e)** *adj.* 7
iron **fer à repasser** *m.* 8
   to iron (the laundry) **repasser (le linge)** *v.* 8
isn't it? (*tag question*) **n'est-ce pas?** 2
island **île** *f.* 13
Italian **italien(ne)** *adj.* 1
Italy **Italie** *f.* 7
it: It depends. **Ça dépend.** 4
   It is… **C'est…** 1
itself (*used with reflexive verb*) **se/s'** *pron.* 10

jacket **blouson** *m.* 6
jam **confiture** *f.* 9
January **janvier** *m.* 5
Japan **Japon** *m.* 7
Japanese **japonais(e)** *adj.* 1
jealous **jaloux/jalouse** *adj.* 3
jeans **jean** *m. sing.* 6
jewelry store **bijouterie** *f.* 12
jogging **jogging** *m.* 5
   to go jogging **faire du jogging** *v.* 5
joke **blague** *f.* 2
journalist **journaliste** *m., f.* 3
juice (orange/apple) **jus** *m.* **(d'orange/de pomme)** 4
July **juillet** *m.* 5

June **juin** *m.* 5
jungle **jungle** *f.* 13
just (*barely*) **juste** *adv.* 3

keep **retenir** *v.* 9
key **clé** *f.* 7
keyboard **clavier** *m.* 11
kilo(gram) **kilo(gramme)** *m.* 9
kind **bon(ne)** *adj.* 3
kiosk **kiosque** *m.* 4
kiss one another **s'embrasser** *v.* 11
kitchen **cuisine** *f.* 8
knee **genou** *m.* 10
knife **couteau** *m.* 9
know (*as a fact*) **savoir** *v.* 8; (*to be familiar with*) **connaître** *v.* 8
   to know one another **se connaître** *v.* 11
   I don't know anything about it. **Je n'en sais rien.** 13
   to know that… **savoir que…** 13
known (*as a fact*) **su (savoir)** *p.p.* 8; (*famous*) **connu (connaître)** *p.p., adj.* 8

laborer **ouvrier/ouvrière** *m., f.*
lake **lac** *m.* 13
lamp **lampe** *f.* 8
landlord **propriétaire** *m.* 3
landslide **glissement de terrain** *m.* 13
language **langue** *f.* 2
   foreign languages **langues** *f., pl.* **étrangères** 2
last **dernier/dernière** *adj.* 2
lastly **dernièrement** *adv.* 8
late (*when something happens late*) **en retard** *adv.* 2; (*in the evening, etc.*) **tard** *adv.* 2
laugh **rire** *v.* 6
laughed **ri (rire)** *p.p.* 6
laundromat **laverie** *f.* 12
laundry: to do the laundry **faire la lessive** *v.* 8
law (*academic discipline*) **droit** *m.* 2; (*ordinance or rule*) **loi** *f.* 13
lawyer **avocat(e)** *m., f.* 3
lay off (*let go*) **renvoyer** *v.*
lazy **paresseux/paresseuse** *adj.* 3
learned **appris (apprendre)** *p.p.* 6
least **moins** 9
   the least… (*used with adjective*) **le/la moins…** *super. adv.* 9
   the least… , (*used with noun to express quantity*) **le moins de…** 13

the least… (*used with verb or adverb*) **le moins…** *super. adv.* 9
leather **cuir** *m.* 6
leave **partir** *v.* 5; **quitter** *v.* 4
   to leave alone **laisser tranquille** *v.* 10
   to leave one another **se quitter** *v.* 11
   I'm leaving. **Je m'en vais.** 8
left: to the left (of) **à gauche (de)** *prep.* 3
leg **jambe** *f.* 10
leisure activity **loisir** *m.* 5
lemon soda **limonade** *f.* 4
lend (*to someone*) **prêter (à)** *v.* 6
less **moins** *adv.* 4
   less of… (*used with noun to express quantity*) **moins de…** 4
   less … than (*used with noun to compare quantities*) **moins de… que** 13
   less… than (*used with adjective to compare qualities*) **moins… que** 9
let **laisser** *v.* 11
   to let go (*to fire or lay off*) **renvoyer** *v.*
   Let's go! **Allons-y!** 4; **On y va!** 10
letter **lettre** *f.* 12
   letter of application **lettre** *f.* **de motivation**
   letter of recommendation/reference **lettre** *f.* **de recommandation**
lettuce **laitue** *f.* 9
level **niveau** *m.*
library **bibliothèque** *f.* 1
license: driver's license **permis** *m.* **de conduire** 11
life **vie** *f.* 6
life insurance **assurance** *f.* **vie**
light: warning light (*automobile*) **voyant** *m.* 11
   oil/gas warning light **voyant** *m.* **d'huile/d'essence** 11
   to light up **s'allumer** *v.* 11
like (*as*) **comme** *adv.* 6; to like **aimer** *v.* 2
   I don't like … very much. **Je n'aime pas tellement…** 2
   I really like… **J'aime bien…** 2
   to like one another **s'aimer bien** *v.* 11
   to like that… **aimer que…** *v.* 13
line **queue** *f.* 12
   to wait in line **faire la queue** *v.* 12
listen (to) **écouter** *v.* 2
literary **littéraire** *adj.*
literature **littérature** *f.* 1

little (not much) (of) **peu (de)**
adv. 4
live (in) **habiter (à)** v. 2
living room (informal room)
salle de séjour f. 8; (formal
room) **salon** m. 8
located: to be located **se trouver**
v. 10
long **long(ue)** adj. 3
a long time **longtemps** adv. 5
look (at one another) **se regarder**
v. 11; (at oneself) **se regarder**
v. 10
look for **chercher** v. 2
to look for work **chercher
du/un travail** 12
loose (clothing) **large** adj. 6
lose: to lose (time) **perdre (son
temps)** v. 6
to lose weight **maigrir** v. 7
lost: to be lost **être perdu(e)** v. 12
lot: a lot of **beaucoup de** adv. 4
love **amour** m. 6
to love **adorer** v. 2
I love… **J'adore…** 2
to love one another **s'aimer**
v. 11
to be in love **être amoureux/
amoureuse** v. 6
luck **chance** f. 2
to be lucky **avoir de la chance**
v. 2
lunch **déjeuner** m. 9
to eat lunch **déjeuner** v. 4

M

ma'am **Madame.** f. 1
machine: answering machine
répondeur m. 11
mad: to get mad **s'énerver** v. 10
made **fait (faire)** p.p., adj. 6
magazine **magazine** m.
mail **courrier** m. 12
mailbox **boîte** f. **aux lettres** 12
mailman **facteur** m. 12
main character **personnage
principal** m.
main dish **plat (principal)** m. 9
maintain **maintenir** v. 9
make **faire** v. 5
makeup **maquillage** m. 10
to put on makeup **se
maquiller** v. 10
make up **se réconcilier** v.
malfunction **panne** f. 11
man **homme** m. 1
manage (in business) **diriger** v. ;
(to do something) **arriver à** v. 2
manager **gérant(e)** m., f.
many (of) **beaucoup (de)** adv. 4
How many (of)? **Combien**

(de)? 1
map (of a city) **plan** m. 7;
(of the world) **carte** f. 1
March **mars** m. 5
marital status **état civil** m. 6
market **marché** m. 4
marriage **mariage** m. 6
married **marié(e)** adj. 3
married couple **mariés** m., pl. 6
marry **épouser** v. 3
Martinique: from Martinique
martiniquais(e) adj. 1
masterpiece **chef-d'œuvre** m.
mathematics **mathématiques
(maths)** f., pl. 2
May **mai** m. 5
maybe **peut-être** adv. 2
mayonnaise **mayonnaise** f. 9
mayor's office **mairie** f. 12
me **moi** disj. pron., sing. 3;
(attached to imperative) **-moi**
pron. 9; **me/m'** i.o. pron. 6;
me/m' d.o. pron. 7
Me too. **Moi aussi.** 1
Me neither. **Moi non plus.** 2
meal **repas** m. 9
mean **méchant(e)** adj. 3
to mean (with **dire**) **vouloir**
v. 9
means: that means **ça veut dire** v. 9
meat **viande** f. 9
mechanic **mécanicien/
mécanicienne** m., f. 11
medication (against/for) **médicament (contre/pour)**
m., f. 10
meet (to encounter, to run into)
rencontrer v. 2; (to make
the acquaintance of) **faire la
connaissance de** v. 5, **se
rencontrer** v. 11; (planned
encounter) **se retrouver** v. 11
meeting **réunion** f. ;
rendez-vous m. 6
member **membre** m.
menu **menu** m. 9; **carte** f. 9
message **message** m.
to leave a message **laisser
un message** v.
Mexican **mexicain(e)** adj. 1
Mexico **Mexique** m. 7
microwave oven **four à micro-
ondes** m. 8
midnight **minuit** m. 2
milk **lait** m. 4
mineral water **eau** f. **minérale** 4
mirror **miroir** m. 8
Miss **Mademoiselle** f. 1
mistaken: to be mistaken (about
something) **se tromper (de)**
v. 10
modest **modeste** adj.

moment **moment** m. 1
Monday **lundi** m. 2
money **argent** m. 12; (currency)
monnaie f. 12
to deposit money **déposer de
l'argent** v. 12
monitor **moniteur** m. 11
month **mois** m. 2
this month **ce mois-ci** 2
moon **Lune** f. 13
more **plus** adv. 4
more of **plus de** 4
more … than (used with noun
to compare quantities)
plus de… que 13
more … than (used with adjective to compare qualities)
plus… que 9
morning **matin** m. 2; **matinée**
f. 2
this morning **ce matin** 2
Moroccan **marocain(e)** adj. 1
most **plus** 9
the most… (used with adjective)
le/la plus… super. adv. 9
the most… (used with noun to
express quantity) **le plus de…** 13
the most… (used with verb or
adverb) **le plus…** super. adv. 9
mother **mère** f. 3
mother-in-law **belle-mère** f. 3
mountain **montagne** f. 4
mouse **souris** f. 11
mouth **bouche** f. 10
move (to get around) **se déplacer**
v. 12
to move in **emménager** v. 8
to move out **déménager** v. 8
movie **film** m.
adventure/horror/science-
fiction/crime movie **film** m.
**d'aventures/d'horreur/de
science-fiction/policier**
movie theater **cinéma (ciné)** m. 4
much (as much … as) (used with
noun to express quantity)
autant de … que adv. 13
How much (of something)?
Combien (de)? 1
How much is… ? **Combien
coûte… ?** 4
museum **musée** m. 4
to go to museums **faire les
musées** v.
mushroom **champignon** m. 9
music: to play music **faire de la
musique**
musical **comédie** f. **musicale;
musical(e)** adj.
musician **musicien(ne)** m., f. 3
must (to have to) **devoir** v. 9 One
must **Il faut…** 5

mustard **moutarde** *f.* 9
my **ma** *poss. adj., f., sing.* 3; **mes**
  poss. adj., m., f., pl. 3; **mon**
  poss. adj., m., sing. 3
myself **me/m'** *pron., sing.* 10;
  (attached to an imperative)
  -moi *pron.* 9

N

naïve **naïf (naïve)** *adj.* 3
name: My name is… **Je**
  m'appelle… 1
named: to be named
  s'appeler *v.* 10
napkin **serviette** *f.* 9
nationality **nationalité** *f.*
  I am of … nationality. **Je suis**
  de nationalité… 1
natural **naturel(le)** *adj.* 13
natural resource **ressource**
  naturelle *f.* 13
nature **nature** *f.* 13
nauseated: to feel nauseated
  avoir mal au cœur *v.* 10
near (to) **près (de)** *prep.* 3
  very near (to) **tout près (de)** 12
necessary **nécessaire** *adj.* 13
  It was necessary… *(followed*
  by infinitive or subjunctive)
  Il a fallu… 6
  It is necessary…. *(followed by*
  infinitive or subjunctive)
  Il faut que… 5
  It is necessary that… *(followed by*
  subjunctive) **Il est nécessaire**
  que/qu'… 13
neck **cou** *m.* 10
need **besoin** *m.* 2
  to need **avoir besoin (de)** *v.* 2
neighbor **voisin(e)** *m., f.* 3
neighborhood **quartier** *m.* 8
neither… nor **ne… ni… ni…**
  conj. 12
nephew **neveu** *m.* 3
nervous **nerveux/nerveuse** *adj.* 3
nervously **nerveusement** *adv.* 8
never **jamais** *adv.* 5; **ne…**
  jamais *adv.* 12
new **nouveau/nouvelle** *adj.* 3
newlyweds **jeunes mariés**
  m., pl. 6
news **informations (infos)**
  f., pl; **nouvelles** *f., pl.*
newspaper **journal** *m.* 7
newsstand **marchand de**
  journaux *m.* 12
next **ensuite** *adv.* 7;
  prochain(e) *adj.* 2
  next to **à côté de** *prep.* 3
nice **gentil/gentille** *adj.* 3;
  sympa(thique) *adj.* 1

nicely **gentiment** *adv.* 8
niece **nièce** *f.* 3
night **nuit** *f.* 2
nightclub **boîte (de nuit)** *f.* 4
nine **neuf** *m.* 1
nine hundred **neuf cents** *m.* 5
nineteen **dix-neuf** *m.* 1
ninety **quatre-vingt-dix** *m.* 3
ninth **neuvième** *adj.* 7
no *(at beginning of statement to*
  indicate disagreement)
  (mais) non 2; **aucun(e)**
  adj. 10
  no more **ne… plus** 12
  no problem **pas de prob-**
  lème 12
  no reason **pour rien** 4
  no, none **pas (de)** 12
nobody **ne… personne** 12
none (not any) **ne… aucun(e)**
  12
noon **midi** *m.* 2
no one **personne** *pron.* 12
north **nord** *m.* 12
nose **nez** *m.* 10
not **nez ne… pas** 2
  not at all **pas du tout** *adv.* 2
  Not badly. **Pas mal.** 1
  to not believe that **ne pas**
  croire que *v.* 13
  to not think that **ne pas**
  penser que *v.* 13
  not yet **pas encore** *adv.* 8
notebook **cahier** *m.* 1
notes **billets** *m., pl.* 11
nothing **rien** *indef. pron.* 12
  It's nothing. **Il n'y a pas de**
  quoi. 1
notice **s'apercevoir** *v.* 12
novel **roman** *m.*
November **novembre** *m.* 5
now **maintenant** *adv.* 5
nuclear **nucléaire** *adj.* 13
nuclear energy **énergie nucléaire**
  f. 13
nuclear plant **centrale nucléaire**
  f. 13
nurse **infirmier/infirmière**
  m., f. 10

O

object **objet** *m.* 1
obtain **obtenir** *v.*
obvious **évident(e)** *adj.* 13
  It is obvious that… **Il est**
  évident que… 13
obviously **évidemment** *adv.* 8
o'clock: It's… (o'clock). **Il est…**
  heure(s). 2
  at … (o'clock) **à … heure(s)** 4
October **octobre** *m.* 5

of **de/d'** *prep.* 3
  of medium height **de taille**
  moyenne *adj.* 3
  of the **des (de + les)** 3
  of the **du (de + le)** 3
  of which, of whom **dont**
  rel. pron. 11
of course **bien sûr** *adv.;*
  évidemment *adv.* 2
  of course not *(at beginning*
  of statement to indicate
  disagreement) **(mais) non** 2
offer **offrir** *v.* 11
offered **offert (offrir)** *p.p.* 11
office **bureau** *m.* 4
  at the doctor's office **chez le**
  médecin *prep.* 2
often **souvent** *adv.* 5
oil **huile** *f.* 9
  automobile oil **huile** *f.* 11
  oil warning light **voyant** *m.*
  d'huile 11
  olive oil **huile** *f.* **d'olive** 9
  to check the oil **vérifier**
  l'huile *v.* 11
okay **d'accord** 2
old **vieux/vieille** *adj.; (placed*
  after noun) **ancien(ne)** *adj.* 3
old age **vieillesse** *f.* 6
olive **olive** *f.* 9
olive oil **huile** *f.* **d'olive** 9
omelette **omelette** *f.* 5
on **sur** *prep.* 3
  On behalf of whom? **C'est de**
  la part de qui?
  on the condition that… **à**
  condition que
  on television **à la télé(vision)**
  on the contrary **au contraire**
  on the radio **à la radio**
  on the subject of **au sujet**
  de 13
  on vacation **en vacances** 7
once **une fois** *adv.* 8
one **un** *m.* 1
  one **on** *sub. pron., sing.* 1
  one another **l'un(e) à**
  l'autre 11
  one another **l'un(e) l'autre** 11
  one had to… **il fallait…** 8
  One must… **Il faut que/**
  qu'… 13
  One must… **Il faut…** *(followed*
  by infinitive or subjunctive) 5
one million **un million** *m.* 5
  one million *(things)* **un mil-**
  lion de… 5
onion **oignon** *m.* 9
online **en ligne** 11
  to be online **être en ligne** *v.* 11
  to be online (with someone)
  être connecté(e) (avec

quelqu'un) *v.* 7, 11
only **ne… que** 12; **seulement** *adv.* 8
open **ouvrir** *v.* 11; **ouvert(e)** *adj.* 11
opened **ouvert (ouvrir)** *p.p.* 11
opera **opéra** *m.*
optimistic **optimiste** *adj.* 1
or **ou** 3
orange **orange** *f.* 9; **orange** *inv. adj.* 6
orchestra **orchestre** *m.*
order **commander** *v.* 9
organize (a party) **organiser (une fête)** *v.* 6
orient oneself **s'orienter** *v.* 12
others **d'autres** 4
our **nos** *poss. adj., m., f., pl.* 3; **notre** *poss. adj., m., f., sing.* 3
outdoor (open-air) **plein air** 13
over **fini** *adj., p.p.* 7
overpopulation **surpopulation** *f.* 13
overseas **à l'étranger** *adv.* 7
over there **là-bas** *adv.* 1
owed **dû (devoir)** *p.p., adj.* 9
own **posséder** *v.* 5
owner **propriétaire** *m., f.* 3
ozone **ozone** *m.* 13
   hole in the ozone layer **trou dans la couche d'ozone** *m.* 13

P

pack: to pack one's bags **faire les valises** 7
package **colis** *m.* 12
paid **payé (payer)** *p.p., adj.*
   to be well/badly paid **être bien/ mal payé(e)**
pain **douleur** *f.* 10
paint **faire de la peinture** *v.*
painter **peintre/femme peintre** *m., f.*
painting **peinture** *f.*; **tableau** *m.*
pants **pantalon** *m., sing.* 6
paper **papier** *m.* 1
Pardon (me). **Pardon.** 1
parents **parents** *m., pl.* 3
park **parc** *m.* 4
   to park **se garer** *v.* 11
parka **anorak** *m.* 6
parking lot **parking** *m.* 11
part-time job **emploi** *m.* **à mi-temps/à temps partiel** *m.*
party **fête** *f.* 6
   to party **faire la fête** *v.* 6
pass **dépasser** *v.* 11; **passer** *v.* 7
   to pass an exam **être reçu(e) à un examen** *v.* 2
passenger **passager/passagère** *m., f.* 7

passport **passeport** *m.* 7
password **mot de passe** *m.* 11
past: in the past **autrefois** *adv.* 8
pasta **pâtes** *f., pl.* 9
pastime **passe-temps** *m.* 5
pastry shop **pâtisserie** *f.* 9
pâté **pâté (de campagne)** *m.* 9
path **sentier** *m.* 13; **chemin** *m.* 12
patient **patient(e)** *adj.* 1
patiently **patiemment** *adv.* 8
pay **payer** *v.* 5
   to pay by check **payer par chèque** *v.* 12
   to pay in cash **payer en liquide** *v.* 12
   to pay with a credit card **payer avec une carte de crédit** *v.* 12
   to pay attention (to) **faire attention (à)** *v.* 5
peach **pêche** *f.* 9
pear **poire** *f.* 9
peas **petits pois** *m., pl.* 9
pen **stylo** *m.* 1
pencil **crayon** *m.* 1
people **gens** *m., pl.* 7
pepper (spice) **poivre** *m.* 9; (vegetable) **poivron** *m.* 9
per day/week/month/year **par jour/semaine/mois/an** 5
perfect **parfait(e)** *adj.* 2
perhaps **peut-être** *adv.* 2
period (punctuation mark) **point** *m.* 11
permit **permis** *m.* 11
permitted **permis (permettre)** *p.p., adj.* 6
person **personne** *f.* 1
personal CD player **baladeur CD** *m.* 11
pessimistic **pessimiste** *adj.* 1
pharmacist **pharmacien(ne)** *m., f.* 10
pharmacy **pharmacie** *f.* 10
philosophy **philosophie** *f.* 2
phone booth **cabine téléphonique** *f.* 12
phone card **télécarte** *f.*
phone one another **se téléphoner** *v.* 11
photo(graph) **photo(graphie)** *f.* 3
physical education **éducation physique** *f.* 2
physics **physique** *f.* 2
piano **piano** *m.*
pick up **décrocher** *v.*
picnic **pique-nique** *m.* 13
picture **tableau** *m.* 1
pie **tarte** *f.* 9
piece (of) **morceau (de)** *m.* 4
   piece of furniture **meuble** *m.* 8

pill **pilule** *f.* 10
pillow **oreiller** *m.* 8
pink **rose** *adj.* 6
pitcher (of water) **carafe (d'eau)** *f.* 9
place **endroit** *m.* 4; **lieu** *m.* 4
planet **planète** *f.* 13
plans: to make plans **faire des projets** *v.*
plant **plante** *f.* 13
plastic **plastique** *m.* 13
plastic wrapping **emballage en plastique** *m.* 13
plate **assiette** *f.* 9
play **pièce de théâtre** *f.*
play **s'amuser** *v.* 10; (a sport/a musical instrument) **jouer (à/de)** *v.* 5
   to play sports **faire du sport** *v.* 5
   to play a role **jouer un rôle** *v.*
player **joueur/joueuse** *m., f.* 5
playwright **dramaturge** *m.*
pleasant **agréable** *adj.* 1
please: to please someone **faire plaisir à quelqu'un** *v.*
   Please. **S'il te plaît.** *fam.* 1
   Please. **S'il vous plaît.** *form.* 1
   Please. **Je vous en prie.** *form.* 1
   Please hold. **Ne quittez pas.**
plumber **plombier** *m.*
poem **poème** *m.*
poet **poète/poétesse** *m., f.*
police **police** *f.* 11
police officer **agent de police** *m.* 11; **policier** *m.* 11; **policière** *f.* 11
police station **commissariat de police** *m.* 12
polite **poli(e)** *adj.* 1
politely **poliment** *adv.* 8
political science **sciences politiques (sciences po)** *f., pl.* 2
politician **homme/femme politique** *m., f.*
pollute **polluer** *v.* 13
pollution **pollution** *f.* 13
   pollution cloud **nuage de pollution** *m.* 13
pool **piscine** *f.* 4
poor **pauvre** *adj.* 3
popular music **variétés** *f., pl.*
population **population** *f.* 13
   growing population **population** *f.* **croissante** 13
pork **porc** *m.* 9
portrait **portrait** *m.* 5
position (job) **poste** *m.*
possess (to own) **posséder** *v.* 5
possible **possible** *adj.*
   It is possible that… **Il est**

possible que... 13
post **afficher** v.
post office **bureau de poste**
   m. 12
postal service **poste** *f.* 12
postcard **carte postale** *f.* 12
poster **affiche** *f.* 8
potato **pomme de terre** *f.* 9
practice **pratiquer** v. 5
prefer **aimer mieux** v. 2;
   préférer (que) v. 5
pregnant **enceinte** *adj.* 10
prepare (for) **préparer** v. 2
   to prepare (*to do something*) **se**
   préparer (à) v. 10
prescription **ordonnance** *f.* 10
present **présenter** v.
preservation: habitat preservation
   sauvetage des habitats *m.* 13
preserve **préserver** v. 13
pressure **pression** *f.* 11
   to check the tire pressure
   vérifier la pression des
   pneus v. 11
pretty **joli(e)** *adj.* 3; (*before an
   adjective or adverb*) **assez** *adv.* 8
prevent: to prevent a fire **prévenir**
   l'incendie v. 13
price **prix** *m.* 4
principal **principal(e)** *adj.* 12
print **imprimer** v. 11
printer **imprimante** *f.* 11
problem **problème** *m.* 1
produce **produire** v. 6
produced **produit (produire)**
   p.p., adj. 6
product **produit** *m.* 13
profession **métier** *m.*;
   profession *f.*
   demanding profession
   profession *f.* **exigeante**
professional **professionnel(le)**
   adj.
   professional experience **expéri-**
   ence professionnelle *f.*
program **programme** *m.*;
   (*software*) **logiciel** *m.* 11;
   (*television*) **émission** *f.* **de**
   télévision
prohibit **interdire** v. 13
project **projet** *m.*
promise **promettre** v. 6
promised **promis (promettre)**
   p.p., adj. 6
promotion **promotion** *f.*
propose that... **proposer que...**
   v. 13
   to propose a solution
   proposer une solution v. 13
protect **protéger** v. 5
protection **préservation** *f.* 13;
   protection *f.* 13

proud **fier/fière** *adj.* 3
psychological **psychologique**
   adj.
psychological drama **drame**
   psychologique *m.*
psychology **psychologie** *f.* 2
psychologist **psychologue**
   m., f.
publish **publier** v.
pure **pur(e)** *adj.* 13
purple **violet(te)** *adj.* 6
purse **sac à main** *m.* 6
put **mettre** v. 6
   to put (on) (yourself) **se**
   mettre v. 10
   to put away **ranger** v. 8
   to put on makeup **se**
   maquiller v. 10
put **mis (mettre)** *p.p.* 6

Q

quarter **quart** *m.* 2
   a quarter after ... (o'clock)
   ... et quart 2
Quebec: from Quebec
   québécois(e) *adj.* 1
question **question** *f.* 6
   to ask (*someone*) a question
   poser une question (à) v. 6
quick **vite** *adv.* 4
quickly **vite** *adv.* 1
quite (*before an adjective or
   adverb*) **assez** *adv.* 8

R

rabbit **lapin** *m.* 13
rain **pleuvoir** v. 5
   acid rain **pluie** *f.* **acide** 13
   It is raining. **Il pleut.** 5
   It was raining. **Il pleuvait.** 8
rain forest **forêt tropicale** *f.* 13
rain jacket **imperméable** *m.* 5
rained **plu (pleuvoir)** *p.p.* 6
raise (in salary) **augmentation**
   (de salaire) *f.*
rapidly **rapidement** *adv.* 8
rarely **rarement** *adv.* 5
rather **plutôt** *adv.* 1
ravishing **ravissant(e)** *adj.*
razor **rasoir** *m.* 10
read **lire** v. 7
read **lu (lire)** *p.p., adj.* 7
ready **prêt(e)** *adj.* 3
real (*true*) **vrai(e)** *adj.*; **véritable**
   adj. 3
real estate agent **agent immobilier**
   m., f.
realize **se rendre compte** v. 10
really **vraiment** *adv.* 5; (*before
   adjective or adverb*) **tout(e)**

adv. 3; (*before adjective or
   adverb*) **très** *adv.* 8
   really close by **tout près** 3
rear-view mirror **rétroviseur** *m.* 11
reason **raison** *f.* 2
receive **recevoir** v. 12
received **reçu (recevoir)** *p.p.,
   adj.* 12
receiver **combiné** *m.*
recent **récent(e)** *adj.*
reception desk **réception** *f.* 7
recognize **reconnaître** v. 8
recognized **reconnu (reconnaître)**
   p.p., adj. 8
recommend that... **recommander**
   que... v. 13
recommendation
   recommandation *f.*
record **enregistrer** v. 11
   (*CD, DVD*) **graver** v. 11
recycle **recycler** v. 13
recycling **recyclage** *m.* 13
red **rouge** *adj.* 6
redial **recomposer (un numéro)**
   v. 11
reduce **réduire** v. 6
reduced **réduit (réduire)** *p.p., adj.* 6
reference **référence** *f.*
reflect (on) **réfléchir (à)** v. 7
refrigerator **frigo** *m.* 8
refuse (*to do something*)
   refuser (de) v. 11
region **région** *f.* 13
regret that... **regretter que...** 13
relax **se détendre** v. 10
remember **se souvenir (de)** v. 10
remote control **télécommande**
   f. 11
rent **loyer** *m.* 8
   to rent **louer** v. 8
repair **réparer** v. 11
repeat **répéter** v. 5
research **rechercher** v.
researcher **chercheur/**
   chercheuse *m., f.*
reservation **réservation** *f.* 7
   to cancel a reservation **annuler**
   une réservation 7
reserve **réserver** v. 7
reserved **réservé(e)** *adj.* 1
residence **résidence** *f.* 8
resign **démissionner** v.
resort (ski) **station** *f.* **(de ski)** 7
respond **répondre (à)** v. 6
rest **se reposer** v. 10
restart **redémarrer** v. 11
restaurant **restaurant** *m.* 4
restroom(s) **toilettes** *f., pl.* 8;
   W.-C. *m., pl.*
result **résultat** *m.* 2
résumé **curriculum vitæ**
   (C.V.) *m.*

retake **repasser** *v.*
retire **prendre sa retraite** *v.* 6
retired person **retraité(e)** *m., f.*
retirement **retraite** *f.* 6
return **retourner** *v.* 7
    to return (home) **rentrer (à la maison)** *v.* 2
review (*criticism*) **critique** *f.*
rice **riz** *m.* 9
ride: to go horseback riding **faire du cheval** *v.* 5
    to ride in a car **rouler en voiture** *v.* 7
right **juste** *adv.* 3
    to the right (of) **à droite (de)** *prep.* 3
    to be right **avoir raison** 2
    right away **tout de suite** 7
    right next door **juste à côté** 3
ring **sonner** *v.* 11
river **fleuve** *m.* 13; **rivière** *f.* 13
riverboat **bateau-mouche** *m.* 7
role **rôle** *m.* 13
room **pièce** *f.* 8; **salle** *f.* 8
    bedroom **chambre** *f.* 7
    classroom **salle** *f.* **de classe** 1
    dining room **salle** *f.* **à manger** 8
    single hotel room **chambre** *f.* **individuelle** 7
roommate **camarade de chambre** *m., f.* 1
    (*in an apartment*) **colocataire** *m., f.* 1
round-trip **aller-retour** *adj.* 7
    round-trip ticket **billet** *m.* **aller-retour** 7
rug **tapis** *m.* 8
run **courir** *v.* 5; **couru (courir)** *p.p., adj.* 6
    to run into someone **tomber sur quelqu'un** *v.* 7

S

sad **triste** *adj.* 3
    to be sad that... **être triste que...** *v.* 13
safety **sécurité** *f.* 11
said **dit (dire)** *p.p., adj.* 7
salad **salade** *f.* 9
salary (a high, low) **salaire (élevé, modeste)** *m.*
sales **soldes** *f., pl.* 6
salon: beauty salon **salon** *m.* **de beauté** 12
salt **sel** *m.* 9
sandwich **sandwich** *m.* 4
sat (down) **assis (s'asseoir)** *p.p.* 10
Saturday **samedi** *m.* 2
sausage **saucisse** *f.* 9
save **sauvegarder** *v.* 11

save the planet **sauver la planète** *v.* 13
savings **épargne** *f.* 12
savings account **compte d'épargne** *m.* 12
say **dire** *v.* 7
scarf **écharpe** *f.* 6
scholarship **bourse** *f.* 2
school **école** *f.* 2
science **sciences** *f., pl.* 2
    political science **sciences politiques (sciences po)** *f., pl.* 2
screen **écran** *m.* 11
screening **séance** *f.*
sculpture **sculpture** *f.*
sculptor **sculpteur/femme sculpteur** *m., f.*
sea **mer** *f.* 7
seafood **fruits de mer** *m., pl.* 9
search for **chercher** *v.* 2
    to search for work **chercher du travail** *v.* 12
season **saison** *f.* 5
seat **place** *f.*
seatbelt **ceinture de sécurité** *f.* 11
    to buckle one's seatbelt **attacher sa ceinture de sécurité** *v.* 11
seated **assis(e)** *p.p., adj.* 10
second **deuxième** *adj.* 7
security **sécurité** *f.* 11
see **voir** *v.* 12; (*catch sight of*) **apercevoir** *v.* 12
    to see again **revoir** *v.* 12
    See you later. **À plus tard.** 1
    See you later. **À tout à l'heure.** 1
    See you soon. **À bientôt.** 1
    See you tomorrow. **À demain.** 1
seen **aperçu (apercevoir)** *p.p.* 12; **vu (voir)** *p.p.* 12
    seen again **revu (revoir)** *p.p.* 12
self/-selves **même(s)** *pron.* 6
selfish **égoïste** *adj.* 1
sell **vendre** *v.* 6
seller **vendeur/vendeuse** *m., f.* 6
send **envoyer** *v.* 5
    to send (*to someone*) **envoyer (à)** *v.* 6
    to send a letter **poster une lettre** 12
Senegalese **sénégalais(e)** *adj.* 1
sense **sentir** *v.* 5
separated **séparé(e)** *adj.* 3
September **septembre** *m.* 5
serious **grave** *adj.* 10; **sérieux/sérieuse** *adj.* 3
serve **servir** *v.* 5
server **serveur/serveuse** *m., f.* 4
service station **station-service** *f.* 11

set the table **mettre la table** *v.* 8
seven **sept** *m.* 1
seven hundred **sept cents** *m.* 5
seventeen **dix-sept** *m.* 1
seventh **septième** *adj.* 7
seventy **soixante-dix** *m.* 3
several **plusieurs** *adj.* 4
shame **honte** *f.* 2
    It's a shame that... **Il est dommage que...** 13
shampoo **shampooing** *m.* 10
shape (*state of health*) **forme** *f.* 10
share **partager** *v.* 2
shave (oneself) **se raser** *v.* 10
shaving cream **crème à raser** *f.* 10
she **elle** *pron.* 1
sheet of paper **feuille de papier** *f.* 1
sheets **draps** *m., pl.* 8
shelf **étagère** *f.* 8
shh **chut**
shirt (short-/long-sleeved) **chemise (à manches courtes/longues)** *f.* 6
shoe **chaussure** *f.* 6
shopkeeper **commerçant(e)** *m., f.* 9
shopping **shopping** *m.* 7
    to go shopping **faire du shopping** *v.* 7
    to go (grocery) shopping **faire les courses** *v.* 9
shopping center **centre commercial** *m.* 4
short **court(e)** *adj.* 3; (*stature*) **petit(e)** 3
shorts **short** *m.* 6
shot (*injection*) **piqûre** *f.* 10
    to give a shot **faire une piqûre** *v.* 10
show **spectacle** *m.* 5; (*movie or theater*) **séance** *f.*
    to show (*to someone*) **montrer (à)** *v.* 6
shower **douche** *f.* 8
shut off **fermer** *v.* 11
shy **timide** *adj.* 1
sick: to get/be sick **tomber/être malade** *v.* 10
sign **signer** *v.* 12
silk **soie** 6
since **depuis** *adv.* 9
sincere **sincère** *adj.* 1
sing **chanter** *v.* 5
singer **chanteur/chanteuse** *m., f.* 1
single (*marital status*) **célibataire** *adj.* 3
    single hotel room **chambre** *f.* **individuelle** 7
sink **évier** *m.* 8; (*bathroom*) **lavabo** *m.* 8

sir **Monsieur** *m.* 1
sister **sœur** *f.* 3
sister-in-law **belle-sœur** *f.* 3
sit down **s'asseoir** *v.* 10
sitting **assis(e)** *adj.* 10
six **six** *m.* 1
six hundred **six cents** *m.* 5
sixteen **seize** *m.* 1
sixth **sixième** *adj.* 7
sixty **soixante** *m.* 1
size **taille** *f.* 6
skate **patiner** *v.* 4
ski **skier** *v.* 5; **faire du ski** 5
skiing **ski** *m.* 5
ski jacket **anorak** *m.* 6
ski resort **station** *f.* **de ski** 7
skin **peau** *f.* 10
skirt **jupe** *f.* 6
sky **ciel** *m.* 13
sleep **sommeil** *m.* 2
   to sleep **dormir** *v.* 5
   to be sleepy **avoir sommeil** *v.* 2
sleeve **manche** *f.* 6
slice **tranche** *f.* 9
slipper **pantoufle** *f.* 10
slow **lent(e)** *adj.* 3
small **petit(e)** *adj.* 3
smell **sentir** *v.* 5
smile **sourire** *m.* 6
   to smile **sourire** *v.* 6
smoke **fumer** *v.* 10
snack (afternoon) **goûter** *m.* 9
snake **serpent** *m.* 13
sneeze **éternuer** *v.* 10
snow **neiger** *v.* 5
   It is snowing. **Il neige.** 5
   It was snowing… **Il
   neigeait…** 8
so **si** 11; **alors** *adv.* 1
   so that **pour que**
soap **savon** *m.* 10
soap opera **feuilleton** *m.*
soccer **foot(ball)** *m.* 5
sociable **sociable** *adj.* 1
sociology **sociologie** *f.* 1
sock **chaussette** *f.* 6
software **logiciel** *m.* 11
soil (*to make dirty*) **salir** *v.* 8
solar **solaire** *adj.* 13
solar energy **énergie solaire** *f.* 13
solution **solution** *f.* 13
some **de l'** *part. art., m., f., sing.* 4
   some **de la** *part. art., f., sing.* 4
   some **des** *part. art., m., f., pl.* 4
   some **du** *part. art., m., sing.* 4
   some **quelques** *adj.* 4
   some (of it/them) **en** *pron.* 10
someone **quelqu'un** *pron.* 12
something **quelque chose** *m.* 4
   Something's not right.
   Quelque chose ne va pas. 5
sometimes **parfois** *adv.* 5;

quelquefois *adv.* 8
son **fils** *m.* 3
song **chanson** *f.*
sorry **désolé(e)** 11
   to be sorry that… **être
   désolé(e) que…** *v.* 13
sort **sorte** *f.*
So-so. **Comme ci, comme ça.** 1
soup **soupe** *f.* 4
soupspoon **cuillère à soupe**
   f. 9
south **sud** *m.* 12
space **espace** *m.* 13
Spain **Espagne** *f.* 7
Spanish **espagnol(e)** *adj.* 1
speak (on the phone) **parler
   (au téléphone)** *v.* 2
   to speak (to) **parler (à)** *v.* 6
   to speak to one another **se
   parler** *v.* 11
specialist **spécialiste** *m., f.*
species **espèce** *f.* 13
   endangered species **espèce** *f.*
   menacée 13
spectator **spectateur/
   spectatrice** *m., f.*
speed **vitesse** *f.* 11
speed limit **limitation de vitesse**
   f. 11
spend **dépenser** *v.* 4
   to spend money **dépenser de
   l'argent** 4
   to spend time **passer** *v.* 7
   to spend time (*somewhere*)
   faire un séjour 7
spoon **cuillère** *f.* 9
sport(s) **sport** *m.* 5
   to play sports **faire du sport**
   v. 5
sporty **sportif/sportive** *adj.* 3
sprain one's ankle **se fouler la
   cheville** 10
spring **printemps** *m.* 5
   in the spring **au printemps** 5
square (*place*) **place** *f.* 4
squirrel **écureuil** *m.* 13
stadium **stade** *m.* 5
stage (*phase*) **étape** *f.* 6
stage fright **trac**
staircase **escalier** *m.* 8
stamp **timbre** *m.* 12
star **étoile** *f.* 13
starter **entrée** *f.* 9
start up **démarrer** *v.* 11
station **gare** *f.* 7; **station** *f.* 7
   bus station **gare routière** *f.* 7
   subway station **station** *f.* **de
   métro** 7
   train station **gare** *f.* 7; **station**
   f. **de train** 7
stationery store **papeterie** *f.* 12
statue **statue** *f.* 12

stay **séjour** *m.* 7; **rester** *v.* 7
   to stay slim **garder la ligne**
   v. 10
steak **steak** *m.* 9
steering wheel **volant** *m.* 11
stepbrother **demi-frère** *m.* 3
stepfather **beau-père** *m.* 3
stepmother **belle-mère** *f.* 3
stepsister **demi-sœur** *f.* 3
stereo system **chaîne stéréo** *f.* 11
still **encore** *adv.* 3
stomach **ventre** *m.* 10
   to have a stomach ache **avoir
   mal au ventre** *v.* 10
stone **pierre** *f.* 13
stop (doing something) **arrêter
   (de faire quelque chose)** *v.;*
   (*to stop oneself*) **s'arrêter** *v.* 10
   to stop by someone's house
   passer chez quelqu'un *v.* 4
   bus stop **arrêt d'autobus (de
   bus)** *m.* 7
store **magasin** *m.;* **boutique** *f.* 12
   grocery store **épicerie** *f.* 4
stormy **orageux/orageuse** *adj.* 5
   It is stormy. **Le temps est
   orageux.** 5
story **histoire** *f.* 2
stove **cuisinière** *f.* 8
straight **raide** *adj.* 3
   straight ahead **tout droit** *adv.* 12
strangle **étrangler** *v.*
strawberry **fraise** *f.* 9
street **rue** *f.* 11
   to follow a street **suivre une
   rue** *v.* 12
strong **fort(e)** *adj.* 3
student **étudiant(e)** *m., f.* 1;
   élève *m., f.* 1
   high school student **lycéen(ne)**
   m., f. 2
studies **études** *f.* 2
studio (*apartment*) **studio** *m.* 8
study **étudier** *v.* 2
suburbs **banlieue** *f.* 4
subway **métro** *m.* 7
subway station **station** *f.* **de
   métro** 7
succeed (*in doing something*)
   réussir (à) *v.* 7
success **réussite** *f.*
suddenly **soudain** *adv.* 8; **tout à
   coup** *adv.* 7.; **tout d'un coup**
   adv. 8
suffer **souffrir** *v.* 11
suffered **souffert (souffrir)**
   p.p. 11
sugar **sucre** *m.* 4
suggest (that) **suggérer (que)** *v.* 13
suit (*man's*) **costume** *m.* 6;
   (*woman's*) **tailleur** *m.* 6
suitcase **valise** *f.* 7

summer **été** *m.* 5
  in the summer **en été** 5
sun **soleil** *m.* 5
  It is sunny. **Il fait (du) soleil.** 5
Sunday **dimanche** *m.* 2
sunglasses **lunettes de soleil**
  f., pl. 6
supermarket **supermarché** *m.* 9
sure **sûr(e)** 9
  It is sure that… **Il est sûr**
  que… 13
  It is unsure that… **Il n'est**
  pas sûr que… 13
surf on the Internet **surfer sur**
  Internet 11
surprise (someone) **faire une**
  surprise (à quelqu'un) *v.* 6
surprised **surpris (surprendre)**
  p.p., adj. 6
  to be surprised that… **être**
  surpris(e) que… *v.* 13
sweater **pull** *m.* 6
sweep **balayer** *v.* 8
swell **enfler** *v.* 10
swim **nager** *v.* 4
swimsuit **maillot de bain** *m.* 6
Swiss **suisse** *adj.* 1
Switzerland **Suisse** *f.* 7
symptom **symptôme** *m.* 10

T

table **table** *f.* 1
  to clear the table **débarrasser**
  la table *v.* 8
tablecloth **nappe** *f.* 9
take **prendre** *v.* 4
  to take a shower **prendre une**
  douche 10
  to take a train (plane, taxi, bus,
  boat) **prendre un train (un**
  avion, un taxi, un autobus,
  un bateau) *v.* 7
  to take a walk **se promener**
  v. 10
  to take advantage of **profiter**
  de *v.*
  to take an exam **passer un**
  examen *v.* 2
  to take care (of something)
  s'occuper (de) *v.* 10
  to take out the trash **sortir la/**
  les poubelle(s) *v.* 8
  to take time off **prendre un**
  congé *v.*
  to take (someone) **emmener**
  v. 5
taken **pris (prendre)** *p.p., adj.* 6
tale **conte** *m.*
talented (*gifted*) **doué(e)** *adj.*
tan **bronzer** *v.* 6
tape recorder **magnétophone**

m. 11
tart **tarte** *f.* 9
taste **goûter** *v.* 9
taxi **taxi** *m.* 7
tea **thé** *m.* 4
teach **enseigner** *v.* 2
  to teach (*to do something*)
  apprendre (à) *v.* 4
teacher **professeur** *m.* 1
team **équipe** *f.* 5
teaspoon **cuillère à café** *f.* 9
tee shirt **tee-shirt** *m.* 6
teeth **dents** *f., pl.* 9
  to brush one's teeth **se brosser**
  les dents *v.* 9
telephone (*receiver*) **appareil** *m.*
  to telephone (*someone*)
  téléphoner (à) *v.* 2
  It's Mr./Mrs./Miss … (on the
  phone.) **C'est M./Mme/**
  Mlle … (à l'appareil.)
television **télévision** *f.* 1
  television channel **chaîne** *f.*
  de télévision 11
  television program **émission**
  f. **de télévision**
  television set **poste de**
  télévision *m.* 11
tell one another **se dire** *v.* 11
temperature **température** *f.* 5
ten **dix** *m.* 1
tennis **tennis** *m.* 5
tennis shoes **baskets** *f., pl.* 6
tenth **dixième** *adj.* 7
terrace (café) **terrasse** *f.* **de café** 4
test **examen** *m.* 1
than **que/qu'** *conj.* 9, 13
thank: Thank you (very
  much). **Merci (beaucoup).** 1
that **ce/c', ça** 1; **que** *rel.*
  pron. 11
  Is that… ? **Est-ce… ?** 2
  That's enough. **Ça suffit.** 5
  That has nothing to do with us.
  That is none of our business. **Ça**
  ne nous regarde pas. 13
  that is… **c'est…** 1
  that is to say **ça veut dire** 10
theater **théâtre** *m.*
their **leur(s)** *poss. adj., m., f.* 3
them **les** *d.o. pron.* 7, **leur**
  i.o. pron., m., f., pl. 6
then **ensuite** *adv.* 7, **puis** *adv.* 7,
  puis 4; **alors** *adv.* 7
there **là** 1; **y** *pron.* 10
  Is there… ? **Y a-t-il… ?** 2
  over there **là-bas** *adv.* 1
  (over) there (*used with demonstrative adjective* **ce** *and noun
  or with demonstrative pronoun*
  celui) **-là** 6
  There is/There are… **Il y a…** 1

There is/There are…. **Voilà…** 1
There was… **Il y a eu…** 6;
  Il y avait… 8
therefore **donc** *conj.* 7
these/those **ces** *dem. adj., m., f.,*
  pl. 6
  these/those **celles** *pron., f.,*
  pl. 13
  these/those **ceux** *pron., m.,*
  pl. 13
they **ils** *sub. pron., m.* 1;
  elles *sub. and disj. pron., f.* 1;
  eux *disj. pron., pl.* 3
thing **chose** *f.* 1, **truc** 7
think (about) **réfléchir (à)** *v.* 7
  to think (that) **penser**
  (que) *v.* 2
third **troisième** *adj.* 7
thirst **soif** *f.* 4
  to be thirsty **avoir soif** *v.* 4
thirteen **treize** *m.* 1
thirty **trente** *m.* 1
thirty-first **trente et unième**
  adj. 7
this/that **ce** *dem. adj., m., sing.* 6;
  cet *dem. adj., m., sing.* 6;
  cette *dem. adj., f., sing.* 6
  this afternoon **cet après-midi** 2
  this evening **ce soir** 2
  this one/that one
  celle *pron., f., sing.* 13;
  celui *pron., m., sing.* 13
  this week **cette semaine** 2
  this weekend **ce week-end** 2
  this year **cette année** 2
those are… **ce sont…** 1
thousand: one thousand **mille** *m.* 5
  one hundred thousand
  cent mille *m.* 5
threat **danger** *m.* 13
three **trois** *m.* 1
three hundred **trois cents** *m.* 5
throat **gorge** *f.* 10
throw away **jeter** *v.* 13
Thursday **jeudi** *m.* 2
ticket **billet** *m.* 7
  round-trip ticket **billet** *m.*
  aller-retour 7
  bus/subway ticket **ticket de**
  bus/de métro *m.* 7
tie **cravate** *f.* 6
tight **serré(e)** *adj.* 6
time (*occurence*) **fois** *f.*; (*general
  sense*) **temps** *m., sing.* 5
  a long time **longtemps** *adv.* 5
  free time **temps libre** *m.* 5
  from time to time **de temps
  en temps** *adv.* 8
  to lose time **perdre son temps**
  v. 6
tinker **bricoler** *v.* 5
tip **pourboire** *m.* 4

to leave a tip **laisser un pourboire** *v.* 4
tire **pneu** *m.* 11
  flat tire **pneu** *m.* **crevé** 11
  (emergency) tire **roue (de secours)** *f.* 11
  to check the tire pressure **vérifier la pression des pneus** *v.* 11
tired **fatigué(e)** *adj.* 3
tiresome **pénible** *adj.* 3
to **à** *prep.* 4; **au (à + le)** 4; **aux (à + les)** 4
toaster **grille-pain** *m.* 8
today **aujourd'hui** *adv.* 2
toe **orteil** *m.* 10; **doigt de pied** *m.* 10
together **ensemble** *adv.* 6
tomato **tomate** *f.* 9
tomorrow (morning, afternoon, evening) **demain (matin, après-midi, soir)** *adv.* 2
  day after tomorrow **après-demain** *adv.* 2
too **aussi** *adv.* 1
  too many/much (of) **trop (de)** 4
tooth **dent** *f.* 9
  to brush one's teeth **se brosser les dents** *v.* 9
toothbrush **brosse** *f.* **à dents** 10
toothpaste **dentifrice** *m.* 10
tour **tour** *m.* 5
tourism **tourisme** *m.* 12
tourist office **office du tourisme** *m.* 12
towel (bath) **serviette (de bain)** *f.* 10
town **ville** *f.* 4
town hall **mairie** *f.* 12
toxic **toxique** *adj.* 13
toxic waste **déchets toxiques** *m., pl.* 13
traffic **circulation** *f.* 11
traffic light **feu de signalisation** *m.* 12
tragedy **tragédie** *f.*
train **train** *m.* 7
train station **gare** *f.* 7; **station** *f.* **de train** 7
training **formation** *f.*
translate **traduire** *v.* 6
translated **traduit (traduire)** *p.p., adj.* 6
trash **ordures** *f., pl.* 13
travel **voyager** *v.* 2
travel agency **agence de voyages** *f.* 7
travel agent **agent de voyages** *m.* 7
tree **arbre** *m.* 13
trip **voyage** *m.* 7
troop (company) **troupe** *f.*
tropical **tropical(e)** *adj.* 13
  tropical forest **forêt tropicale**

f. 13
true **vrai(e)** *adj.* 3; **véritable** *adj.* 6
  It is true that… **Il est vrai que…** 13
  It is untrue that… **Il n'est pas vrai que…** 13
trunk **coffre** *m.* 11
try **essayer** *v.* 5
Tuesday **mardi** *m.* 2
tuna **thon** *m.* 9
turn **tourner** *v.* 12
  to turn off **éteindre** *v.* 11
  to turn on **allumer** *v.* 11
  to turn (oneself) around **se tourner** *v.* 10
twelve **douze** *m.* 1
twentieth **vingtième** *adj.* 7
twenty **vingt** *m.* 1
twenty-first **vingt et unième** *adj.* 7
twenty-second **vingt-deuxième** *adj.* 7
twice **deux fois** *adv.* 8
twist one's ankle **se fouler la cheville** *v.* 10
two **deux** *m.* 1
two hundred **deux cents** *m.* 5
two million **deux millions** *m.* 5
type **genre** *m.*

ugly **laid(e)** *adj.* 3
umbrella **parapluie** *m.* 5
uncle **oncle** *m.* 3
under **sous** *prep.* 3
understand **comprendre** *v.* 4
understood **compris (comprendre)** *p.p., adj.* 6
underwear **sous-vêtement** *m.* 6
undress **se déshabiller** *v.* 10
unemployed person **chômeur/chômeuse** *m., f.*
  to be unemployed **être au chômage** *v.*
unemployment **chômage** *m.*
unfortunately **malheureusement** *adv.* 2
unhappy **malheureux/malheureuse** *adj.* 3
union **syndicat** *m.*
United States **États-Unis** *m., pl.* 7
university **faculté** *f.* 1; **université** *f.* 1
university cafeteria **restaurant universitaire (resto U)** *m.* 2
unless **à moins que** *conj.*
unpleasant **antipathique** *adj.* 3; **désagréable** *adj.* 1
until **jusqu'à** *prep.* 12; **jusqu'à ce que** *conj.*
upset: to become upset **s'énerver** *v.* 10

us **nous** *i.o. pron.* 6; **nous** *d.o. pron.* 7
use **employer** *v.* 5
  to use a map **utiliser un plan** *v.* 7
useful **utile** *adj.* 2
useless **inutile** *adj.* 2; **nul(le)** *adj.* 2
usually **d'habitude** *adv.* 8

vacation **vacances** *f., pl.* 7
  vacation day **jour de congé** *m.* 7
vacuum **aspirateur** *m.* 8
  to vacuum **passer l'aspirateur** *v.* 8
valley **vallée** *f.* 13
vegetable **légume** *m.* 9
velvet **velours** 6
very (before adjective) **tout(e)** *adv.* 3; (before adverb) **très** *adv.* 8
  Very well. **Très bien.** 1
veterinarian **vétérinaire** *m., f.*
videocassette recorder (VCR) **magnétoscope** *m.* 11
video game(s) **jeu vidéo (des jeux vidéo)** *m.* 11
videotape **cassette vidéo** *f.* 11
Vietnamese **vietnamien(ne)** *adj.* 1
violet **violet(te)** *adj.* 6
violin **violon** *m.*
visit **visite** *f.* 6
  to visit (a place) **visiter** *v.* 2; (a person or people) **rendre visite (à)** *v.* 6; (to visit regularly) **fréquenter** *v.* 4
voicemail **messagerie** *f.*
volcano **volcan** *m.* 13
volleyball **volley(-ball)** *m.* 5

waist **taille** *f.* 6
wait **attendre** *v.* 6
  to wait (on the phone) **patienter** *v.*
  to wait in line **faire la queue** *v.* 12
wake up **se réveiller** *v.* 10
walk **promenade** *f.* 5; **marcher** *v.* 5
  to go for a walk **faire une promenade** 5; **faire un tour** 5
wall **mur** *m.* 8
want **désirer** *v.* 5; **vouloir** *v.* 9
wardrobe **armoire** *f.* 8
warming: global warming **réchauffement de la Terre** *m.* 13
warning light (gas/oil) **voyant** *m.* **(d'essence/d'huile)** 11
wash **laver** *v.* 8
  to wash oneself (one's hands) **se**

laver (les mains) *v.* 10
to wash up (in the morning)
faire sa toilette *v.* 10
washing machine **lave-linge** *m.* 8
waste **gaspillage** *m.* 13;
gaspiller *v.* 13
wastebasket **corbeille (à papier)**
f. 1
watch **montre** *f.* 1; **regarder** *v.* 2
water **eau** *f.* 4
mineral water **eau** *f.* **minérale** 4
way (*by the way*) **au fait** 3;
(*path*) **chemin** 12
we **nous** *pron.* 1
weak **faible** *adj.* 3
wear **porter** *v.* 6
weather **temps** *m., sing.* 5;
météo *f.*
The weather is bad. **Il fait**
mauvais. 5
The weather is dreadful. **Il fait**
un temps épouvantable. 5
The weather is good/warm. **Il**
fait bon. 5
The weather is nice. **Il fait**
beau. 5
web site **site Internet/web**
m. 11
wedding **mariage** *m.* 6
Wednesday **mercredi** *m.* 2
weekend **week-end** *m.* 2
this weekend **ce week-end** *m.* 2
welcome **bienvenu(e)** *adj.* 1
You're welcome. **Il n'y a pas**
de quoi. 1
well **bien** *adv.* 7
I am doing well/badly. **Je vais**
bien/mal. 1
west **ouest** *m.* 12
What? **Comment?** *adv.* 4;
Pardon? 4; **Quoi?** 1 *interr.*
pron. 4
What day is it? **Quel jour**
sommes-nous? 2
What is it? **Qu'est-ce que**
c'est? *prep.* 1
What is the date? **Quelle est**
la date? 5
What is the temperature?
Quelle température fait-il? 5
What is the weather like? **Quel**
temps fait-il? 5
What is your name? **Comment**
t'appelles-tu? *fam.* 1
What is your name? **Comment**
vous appelez-vous? *form.* 1
What is your nationality?
Quelle est ta nationalité?
sing., fam. 1
What is your nationality?
Quelle est votre nationalité?
sing., pl., fam., form. 1

What time do you have?
Quelle heure avez-vous?
form. 2
What time is it? **Quelle heure**
est-il? 2
What time? **À quelle**
heure? 2
What do you think about that?
Qu'en penses-tu? 13
What's up? **Ça va?** 1
whatever it may be **quoi que**
ce soit
What's wrong? **Qu'est-ce qu'il**
y a? 1
when **quand** *adv.* 4
When is …'s birthday? **C'est**
quand l'anniversaire de …? 5
When is your birthday?
C'est quand ton/votre
anniversaire? 5
where **où** *adv., rel. pron.* 4
which? **quel(le)(s)?** *adj.* 4
which one **à laquelle** *pron., f.,*
sing. 13
which one **auquel (à + lequel)**
pron., m., sing. 13
which one **de laquelle** *pron., f.,*
sing. 13
which one **duquel (de +**
lequel) *pron., m., sing.* 13
which one **laquelle** *pron., f.,*
sing. 13
which one **lequel** *pron., m.,*
sing. 13
which ones **auxquelles (à +**
lesquelles) *pron., f., pl.* 13
which ones **auxquels (à +**
lesquels) *pron., m., pl.* 13
which ones **desquelles (de +**
lesquelles) *pron., f., pl.* 13
which ones **desquels (de +**
lesquels) *pron., m., pl.* 13
which ones **lesquelles** *pron.,*
f., pl. 13
which ones **lesquels** *pron., m.,*
pl. 13
while **pendant que** *prep.* 7
white **blanc(he)** *adj.* 6
who? **qui?** *interr. pron.* 4; **qui** *rel.*
pron. 11
Who is it? **Qui est-ce?** 1
Who's calling, please? **Qui est**
à l'appareil?
whom? **qui?** *interr.* 4
For whom? **Pour qui?** 4
To whom? **À qui?** 4
why? **pourquoi?** *adv.* 2, 4
widowed **veuf/veuve** *adj.* 3
wife **femme** *f.* 1; **épouse** *f.* 3
willingly **volontiers** *adv.* 10
win **gagner** *v.* 5
wind **vent** *m.* 5

It is windy. **Il fait du vent.** 5
window **fenêtre** *f.* 1
windshield **pare-brise** *m.* 11
windshield wiper(s) **essuie-**
glace (essuie-glaces *pl.*)
m. 11
windsurfing **planche à voile** *v.* 5
to go windsurfing **faire de la**
planche à voile *v.* 5
wine **vin** *m.* 6
winter **hiver** *m.* 5
in the winter **en hiver** 5
wipe (the dishes/the table)
essuyer (la vaisselle/la
table) *v.* 8
wish that… **souhaiter que…** *v.* 13
with **avec** *prep.* 1
with whom? **avec qui?** 4
withdraw money **retirer de**
l'argent *v.* 12
without **sans** *prep.* 8; **sans**
que *conj.* 5
woman **femme** *f.* 1
wood **bois** *m.* 13
wool **laine** *f.* 6
work **travail** *m.* 12
to work **travailler** *v.* 2; **marcher**
v. 11; **fonctionner** *v.* 11
work out **faire de la gym** *v.* 5
worker **ouvrier/ouvrière** *m., f.*
world **monde** *m.* 7
worried **inquiet/inquiète** *adj.* 3
worry **s'inquiéter** *v.* 10
worse **pire** *comp. adj.* 9; **plus mal**
comp. adv. 9; **plus mauvais(e)**
comp. adj. 9
worst: the worst **le plus mal**
super. adv. 9; **le/la pire**
super. adj. 9; **le/la plus**
mauvais(e) *super. adj.* 9
wound **blessure** *f.* 10
wounded: to get wounded
se blesser *v.* 10
write **écrire** *v.* 7
to write one another **s'écrire**
v. 11
writer **écrivain/femme écrivain**
m., f.
written **écrit (écrire)** *p.p., adj.* 7
wrong **tort** *m.* 2
to be wrong **avoir tort** *v.* 2

Y

yeah **ouais** 2
year **an** *m.* 2; **année** *f.* 2
yellow **jaune** *adj.* 6
yes **oui** 2; (*when making a*
contradiction) **si** 2
yesterday (morning/afternoon
evening) **hier (matin/après-**

midi/soir) *adv.* 7
day before yesterday **avant-hier** *adv.* 7
yogurt **yaourt** *m.* 9
you **toi** *disj. pron., sing., fam.* 3; **tu** *sub. pron., sing., fam.* 1; **vous** *pron., sing., pl., fam., form.* 1
  you neither **toi non plus** 2
  You're welcome. **De rien.** 1
young **jeune** *adj.* 3
younger **cadet(te)** *adj.* 3
your **ta** *poss. adj., f., sing.* 3; **tes** *poss. adj., m., f., pl.* 3; **ton** *poss. adj., m., sing.* 3; **vos** *poss. adj., m., f., pl.* 3; **votre** *poss. adj., m., f., sing.* 3;
yourself **te/t'** *refl. pron., sing., fam.* 10; **toi** *refl. pron., sing., fam.* 10; **vous** *refl. pron., form.* 10
youth **jeunesse** *f.* 6
youth hostel **auberge de jeunesse** *f.* 7
Yum! **Miam!** *interj.* 5

Z

zero **zéro** *m.* 1

Text Credits

153 © Reprinted by permission of Nouveau Monde DDB and of Assessorat du Tourisme de la Vallée d'Aoste **217** © Reprinted by permission of Comité du tourisme des îles de Guadeloupe; ad produced by Comité du tourisme des îles de Guadeloupe in 2005 **333** © Reprinted by permission of BlackBerry® **363** © Reprinted by permission of Relais du Silence Silencehotel **422–423** © Excerpt from LE PETIT PRINCE by Antoine de Saint-Exupéry, copyright 1943 by Harcourt, Inc. and renewed 1971 by Consuelo de Saint-Exupéry, reprinted by permission of the publisher.

Fine Art Credits

62 *Joan of Arc Kissing the Sword of Deliverance* by Dante Gabriel Rossetti. **191** *Troubadour Plays Six Musical Instruments.* **201** *Blue Dancers* by Edgar Degas. **255** *Entry of Joan of Arc Into Orleans* by J.J. Scherrer. **319** *Portrait of Jean Jacques Rousseau* by Lacretelle. **351** *The Son of Man* by René Magritte. **421** *Tahitian Women on the Beach* by Paul Gauguin.

Photography Credits

Alamy Images: **9** (t) © Ian Dagnall. **31** (tl) © Robert McGouey. **41** (t) © Megapress. **63** (tl) © David Gregs. **94** (left panel, br) ©Popperfoto. **119** (t) © Yadid Levy, (m) © Kevin Foy. **126** (right panel, ml) © David Osborne. **127** (bl) © Brian Harris. **169** (m) © Trevor Pearson. **191** (tl) © Foodfolio. **215** (t) © Johner Images. **222** (t) © bilderlounge. **232** (tr) © Michele Molinari. **247** (tl) © Ace Stock Limited. **281** (bl) © Design Pics Inc. **350** (right panel, t, ml) © Paul Springett, (right panel, mr) © Melba Photo Agency. **351** (tl) © Danita Delimont. **362** (right panel, tr) © David Sanger, (right panel, mr) © Ray Roberts, (right panel, (bl) © DanitaDelimont. com. **382** (mt) © Stephen Saks Photography, (mb) Jupiterimages/Ablestock. **383** (bl) © Rubens Abboud. **384** (t) © Mehdi Chebil. **385** (tl) © Stephen Lloyd Photography Co UK, (bl) © Paul Springett. **406** (r) © Jeremy Horner. **410** (l) © Vincent Lowe. **416** (right panel) © Nick Greaves. **418** (t) © brianafrica, (right planel, ml) © Authors Image. **419** (bl) Kevin Schafer. **420** (right planel, ml) © Melba Photo Agency, (right panel, b) © David Sanger.

Corbis: cover © Tim Pannell. **24** (right panel, tl) © Rune Hellestad. **25** (left panel, tr) © Reuters/Shaun Best, (left panel, tl) © Frank Trapper, (left panel, bmr) © Reuters/Lucy Nicholson. **30** (left panel, t) © Hulton-Deutsch Collection, (left panel, tm) © Caroline Penn, (left panel, bm) © Jean-Pierre Amet/Bel Ombra, (left panel, b) © Eddy Lemaistre/For Pictures, (right panel, b) © Eddy Lemaistre. **31** (tr) © Antoine Gyori, (bl) Owen Franken. **34** Tom Stewart. **62** (left panel, t) © Christie's Images, (left panel, m) © Bettmann, (left panel, b) © Antoine Gyori. **87** (tl) © Henri Tuillio, (tr) © Patrick Roncen, (mr) © Pascal Ito. **94** (left panel, t) © Hulton-Deutsch Collection, (left panel, bl) © Rufus F. Folkks. **95** (bl) © Keren Su. **105** (t) © Inge Yspeert, (m) © France Soir/PH.Cabaret. **119** (b) © Garcia/photocuisine. **126** (left panel, t) © Chris Hellier, (left panel, b) © Hulton-Deutsch Collection, (right panel, t) © Chris Lisle. **136** (r) © Neil Marchand/Liewig Media Sports. **137** (t) © Victor Fraile, (m) © Reuters/Arko Datta. **151** (m) © Reuters/Stefano Rellandini, (b) © Corbis TempSport. **158** (left panel, t) © Bettmann, (left panel, b) © Hulton-Deutsch Collection, (right panel, t) © Dean Conger, (right panel, ml) © Reuters/Daniel Joubert. **159** (bl) © Reuters/Daniel Joubert. **168** (l) © Eric Gaillard, (r) © Earl & Nazima Kowall. **169** (t) © Reuters/Mal Langsdon. **182** (l) © Philippe Wojazer. **183** (t) © Hulton-Deutsch Collection, (m) © Corbis Sugma/Pierre Vauthey, (b) © Corbis Sygma/Tierry Orban. **190** (left panel, t, b) © Bettmann, (right panel, t) © Frederik Astier, (right panel, b) © Bettmann. **191** (bl) © Owen Franken, (br) © Historical Picture Archive. **201** (mr) © Archivo Iconograpfico, S.A.. **214** (l) © Hubert Stadler. **222** (left panel, t) © Patric Forestier (Special), (left panel, bl) © Bettmann, (left panel, br) © Stefano Bianchetti, (right panel, mr) © Larry Dale Gordon/zefa, (right panel, b) © Tom Brakefield. **223** (tl) © Frederic Pitchal, (tr) © Reuters/John Schults. **247** (mr) © Robert Holmes. **254** (left panel, t) © Bettmann, (left panel, b) © Stephane Cardinale. **255** (tr) © Dianni Dagli Orti, (bl) © Thierry Tronnel, (br) © Annie Griffiths Belt. **279** (tl) © Sergio Pitamitz. **286** (left panel, t, m) © Bettmann, (left panel, b) © Paris Claude, (right panel, ml) © Adam Woolfitt. **287** (br) © Corbis. **310** (br) © Gilles Fonlupt. **318** (left panel, t) © Bettmann, (left panel, b) © Pierre Vauthey, (right panel, b) © Carl & Ann Purcell. **319** (tr) © Archivo Iconografico. **329** (t) © Alain Nogues, (b) © Philippe Eranian. **343** (t) © Bettmann. **350** (left panel, t) © Corbis KIPA, (left panel, bl) © Robert Galbraith, (left panel, br) © Stephane Cardinale. **351** (bl) © Dave Bartruff, (br) © Christie's Images. **361** (t) © Reuters/Matt Dunham. **362** (right panel, br) © Richard Klune. **382** (left panel, t) © Sophie Bassouls, (left panel, ml) © Stephane Cardinale, (left panel, b) © Reuters/Jason Cohn, (right panel, b) © Richard T. Nowitz. **383** (tl) © Reuters/Mike Blake. **384** (left panel) © Mike King, (right panel, mr) © Nik Wheeler, (right panel, b) © Frans Lemmens/zefa. **385** (tr) © Sophie Bassouls, (br) © Jonny Le Fortune/zefa. **396** (l) © Bernard Bisson. **397** (t) © Yann Arthus-Bertrand, (m) © Bernard Bisson, (b) © Manfred Vollmer. **405** © Paul S. Souders. **411** (b) © Christophe Russeil. **417** © Kevin Flemming. **418** (left panel, t) © Reuters/Shaun Best, (left panel, b) © Reuters/Kai Pfaffenbach. **419** (tl) © Sophie Bassouls, (tr) © Eric Fougere/VIP Images. **422** © Bettmann. **420** (left panel, t) © Sophie Bassouls, (left panel, b) © Lori Conn, (right panel, t) © MedioImages. **421** (tl) © Bettmann, (br) © Philippe Giraud. **464** © Annebicque/Corbis Sygma. **472** (tl) © Stephane Ruet/Corbis Sygma, (bl) © Morton Beebe, (br) © Stephanie Maze. **483** (tr) © Corbis KIPA, (bl) © Christie's Images. **485** © Paul A. Souders. **519** © Swim Ink 2, LLC. **526** (br) © Kelly/Mooney Photography.

Fotolia: **28** © Robert Lerich. **62** (right panel, ml) © Martine Coquilleau. **94** (br) © Benjamin Herzoq. **286** (tr) © Robert Paul Van Beets. **319** (mr) © David Hughes. **384** (right panel, ml) © A. Anwar Secca. **421** (tr) © Frederic.

Video Credits

Le zapping Credits

About the Authors

Cherie Mitschke received her Ph.D. in Foreign Language Education with specializations in French and English as a Second Language from the University of Texas at Austin in 1996. She has taught French at Southwest Texas State University, Austin Community College, and was Assistant Professor of French at Southwestern University in Georgetown, Texas. Dr. Mitschke is also an experienced writer and editor of French educational materials who has worked with several major educational publishing houses.

Cheryl Tano received her M.A. in Spanish and French from Boston College and has also completed all course work toward a Ph.D. in Applied Linguistics with a concentration in Second Language Acquisition at Boston University. She is currently teaching French at Emmanuel College and Spanish at Tufts University.

About the Illustrators

A French Canadian living in the province of Quebec, **Sophie Casson** has been a professional illustrator for more than ten years. Her illustrations have appeared in local and national magazines throughout Canada, as well as in children's books.

Born in Caracas, Venezuela, **Hermann Mejía** studied illustration at the **Instituto de Diseño de Caracas**. Hermann currently lives and works in the United States.

Pere Virgili lives and works in Barcelona, Spain. His illustrations have appeared in textbooks, newspapers, and magazines throughout Spain and Europe.